（典藏版）

百部国学传世经典

中华国学经典盛宴／获取先贤核心智慧

庄 子

【战国】庄 周／著
林少华／主编

漓江出版社

图书在版编目(CIP)数据

庄子 / (战国)庄周著;林少华主编. --桂林:
漓江出版社,2017.8
(百部国学传世经典)
ISBN 978-7-5407-8210-8
Ⅰ.①庄… Ⅱ.①庄… ②林… Ⅲ.①道家②《庄子》-注释
③《庄子》-译文 Ⅳ.①B223.5
中国版本图书馆 CIP 数据核字(2017)第 195326 号

庄　子

作　　者　【战国】庄周　著
主　　编　林少华

策划统筹　陈植武　林晓鸿
责任编辑　李浩清

出 版 人　刘迪才
出版发行　漓江出版社
社　　址　广西桂林市南环路 22 号
邮　　编　541002
网　　址　www. lijiangbooks. com
印　　制　北京飞达印刷有限责任公司
开　　本　710 mm×1000 mm　1/16
印　　张　30
字　　数　461 千字
版　　次　2017 年 8 月第 1 版
印　　次　2023 年 7 月第 4 次印刷
书　　号　ISBN 978-7-5407-8210-8
定　　价　45.00 元

前言

中华民族有着数千年的文明历史，创造了光辉灿烂的古代文化，其中中国传统国学是我国辉煌灿烂的文化典籍的核心部分，它博大精深、源远流长，显示出中华文化的深厚根基，给人类留下了丰富的精神财富。它是我们炎黄子孙的文化精髓，它塑造了我们中华民族的民族精神，是培育民族精神的重要资源。它开启心智，滋润生命，陶冶人格，塑造灵魂。

开卷有益，忙碌的人们闲暇之时，应该用传统国学来陶冶自己的情操，开阔自己的心胸，提高自己的人文修养，用先人的哲思来涤荡自己忙碌的心灵。我们应该坚持阅读的爱好，在潮流文化的强大攻势下，让传统文化永驻我们的心田。“复兴国学，从根本上讲，是复兴中华民族的自尊心、自信心。”我们要甄选传世经典著作中最经典的部分来读，要以开放的胸襟和燃烧的激情去承接古人的经典大论与哲思华章，以自豪而不狂妄、执着而不僵化的精神风貌来直面当今社会的竞争与挑战。

为了弘扬中国传统文化，帮助读者深刻了解我们的历史与文化，用经典历史文学知识陶冶情操、提高文化修养，同时使国学得到承传，得以弘扬光大，我们精心编排了本书。为了便于读者理解和领会古代先贤的思想与精神，我们在文章中选取了与正文相契合的插画，将插画与正文有机地结合在一起，可大大增加读者的阅读趣味。

本书选取了国学经典著作中很多优秀的作品及资料，博采各类经典作品的长处，并有所创新，以使得本书风格迥异、卓然超群，相信会给读者带来全新的感受。

由于时间仓促，书中难免有不尽之处，恳请读者朋友们提出宝贵意见，在此深表谢意。

目录

内篇

外篇

杂篇

内篇

逍遥游

原文

北冥[①]有鱼，其名为鲲[②]。鲲之大，不知其几千里也；化而为鸟，其名为鹏[③]。鹏之背，不知其几千里也，怒[④]而飞，其翼若垂[⑤]天之云。是鸟也，海运[⑥]则将徙于南冥。南冥者，天池[⑦]也。

注解

①冥：亦作溟，海之意。北冥，就是北方的大海。

②鲲（kūn）：本指鱼卵，这里借表大鱼之名。

③鹏：古代的“凤”字，这里是指大鸟。

④怒：奋起。

⑤垂：边远，这个意义后人写作“陲”。一说遮，遮天。

⑥海运：海水的运动。

⑦天池：自然生成的大池。

译文

北方的大海里有一条鱼，它的名字叫做鲲。鲲非常的巨大，真不知道大到几千里；变化成为鸟，它的名字就叫做鹏。鹏的脊背，真不知道长到几千里，当它奋起直飞的时候，那展开的双翅就像天边的云彩。这只鹏鸟呀，随着海上汹涌的波涛迁徙到南方的大海。南方的大海是个天然的大池子。

原文

《齐谐[1]》者，志怪者也。《谐》之言曰：“鹏之徙于南冥也，水击[2]三千里，抟[3]扶摇[4]而上者九万里，去以六月息[5]者也。”野马[6]也，尘埃也，生物[7]之以息相吹也。天之苍苍，其正色邪？其远而无所至极邪？其视下也，亦若是则已矣。

注解

①齐谐：一说是人名，一说是书名，一般认为是书名，记载的内容怪异。

②击：拍打，这里指鹏鸟奋飞而起，双翼拍打水面。

③抟：环绕。一说“抟”当作“搏”，拍击的意思。

④扶摇：旋风，也叫做“飙”。

⑤去：离，这里指离开北海。息：停歇。

⑥野马：指空中的游气，因为它浮动起来好像野马奔腾一样。

⑦生物：各种有生命的东西。

译文

《齐谐》这本书，是一部记载怪异事情的书。书上记载：“鹏往南方的大海迁徙的时候，翅膀拍打水面能激起三千里的浪涛，环绕着旋风直冲上了九万里的高空，离开北海用了六个月的时间才停歇下来。”像野马奔腾一样的雾气，飘飘扬扬的尘埃，活动着的生物都因为风吹而运动。天空苍苍茫茫的，难道这就是它本来的颜色吗？它的辽阔高远也是没有尽头的吗？鹏从高处往下看的时候，看见的不过也是这个样子罢了。

原文

且夫水之积也不厚，则其负[①]大舟也无力。覆[②]杯水于坳堂之上，则芥[③]为之舟；置杯焉则胶[④]，水浅而舟大也。风之积也不厚，则其负大翼也无力。故九万里，则风斯在下矣，而后乃今[⑤]培风[⑥]，背负青天而莫之夭阏[⑦]者，而后乃今将图南。

注解

①负：承载。

②覆：倾倒。

③芥：小草。

④胶：粘住。

⑤而后乃今：倒装句，从今往后的意思。

⑥培风：培，依靠、凭借。凭借着风的力量。

⑦夭阏：又写作“夭遏”，阻挡的意思。

译文

如果汇积的水不深，那么它负载大船就没有力量了。在堂前低洼的地方倒上一杯水，小小的芥草也可以给它当作船了；放一个杯子在上面就会被粘住，这是水太浅而船却太大的原因。如果聚积的风不够强大的话，那么负载一个巨大的翅膀也就没有力量了。因此，鹏在九万里的高空飞行，风就在它的身下，方可凭借着风力，背负着青天毫无阻挡，然后才能开始朝南方飞去。

原文

蜩[1]与学鸠[2]笑之曰："我决[3]起而飞，抢[4]榆枋，时则不至而控[5]于地而已矣，奚以之九万里而南为？"适莽苍者，三飡而反，腹犹果然；适百里者，宿舂粮；适千里者，三月聚粮。之二虫又何知！

注解

①蜩（tiáo）：蝉的一种。

②学鸠：小斑鸠，这里指小鸟。

③决（xuè）：疾飞的样子。

④抢（qiāng）：撞倒。

⑤控：摔落到地上。

译文

蝉和小斑鸠讥笑鹏说："我从地面是疾速起飞，碰到榆树和檀树的时候，偶尔飞不上去时就有可能摔倒在地上，为什么要到九万里的高空而向南海飞呢？"到郊野去的，只带着三顿饭到当天回来的时候，肚子还是饱的；到百里以外的人，

需要准备一夜的粮食；去千里外的远地方，就要准备三个月的粮食。这两只小鸟又怎么能够理解！

原文

小知①不及大知，小年不及大年。奚以②知其然也？朝菌③不知晦朔④，蟪蛄⑤不知春秋，此小年也。楚之南有冥灵⑥者，以五百岁为春，五百岁为秋；上古有大椿⑦者，以八千岁为春，八千岁为秋，此大年也。而彭祖乃今以久特闻，众人匹⑧之，不亦悲乎！

注解

①知：通“智”，智慧。

②奚以：何以。

③朝菌：早晨出生傍晚就会死的动物。

④晦朔：一个月的最后一天和最初一天。一说“晦”指黑夜，“朔”指清晨。

⑤蟪蛄（huì gū）：蝉的一种。

⑥冥灵：乌龟。

⑦大椿：传说中的古树名。

⑧匹：对比。

译文

有小智慧的人赶不上有大智慧的人，短命的赶不上长寿的。怎么知道是这样的呢？早晨出生傍晚就会死去的动物不知道一个月的时间，春季生夏季死的蝉，不会知道一年的时光，这就是“小年”。楚国的南部有一只龟，把五百年的时间当作春，把五百年的时间当作秋；上古的时候有一棵大椿树，更改用八百年的时间当作一个春，用八百年的时间当作一个秋，这就是“大年”。直到现在彭祖还以长寿而闻名于世，众人都和彭祖进行对比，这难道不是很悲哀吗！

原文

汤[1]之问棘[2]也是已：

汤问棘曰：“上下四方有极乎？”

棘曰：“无极之外，复无极也。穷发[3]之北有冥海者，天池也。有鱼焉，其广数千里，未有知其修[4]者，其名为鲲。有鸟焉，其名为鹏，背若泰山，翼若垂天之云，抟扶摇羊角[5]而上者九万里，绝[6]云气，负青天，然后图南，且适南冥也。斥鴳[7]笑之曰：‘彼且奚适也？我腾跃而上，不过数仞[8]而下，翱翔蓬蒿之间，此亦飞之至也。而彼且奚适也？’”此小大之辩[9]也。

注解

①汤：指商汤，商代第一个国君。

②棘：指夏革，汤时的贤大夫。

③穷发：不长草木的地方，即不毛之地。

④修：长。

⑤羊角：旋风，回旋向上如羊角状。

⑥绝：穿越。

⑦斥鴳：小麻雀。

⑧仞：古代长度单位，周制为八尺，汉制为七尺。这里应从周制。

⑨辩：通作“辨”，辨别、区分的意思。

译文

商汤这样问过棘：

商汤说："上下四方有极限吗？"

棘回答："没有尽头之外，还是没有尽头！在北方的不毛之地，有个宽阔而且深的大海，它是天然形成的大池子。那里面有一条鱼，它有数千里宽，但是没有人知道它有多长，它的名字叫做鲲。还有一只鸟，它的名字叫做鹏，它的脊背像座大山，翅膀好像挂在天边的云彩，乘着旋风能够飞到九万里的高空，穿越云气，背对着青天，然后飞向南方的大海。小麻雀嘲笑它说：'它打算飞到哪里去呢？我用尽全力跳跃起来向上飞，也不过几丈就掉下来了，盘旋于蓬蒿丛中，这也是我飞翔的极限了。而它究竟打算飞到哪里去呢？'"这就是小和大的不同了。

原文

故夫知效一官，行[①]比[②]一乡，德合一君而[③]征一国者，其自视也亦若此矣。而宋荣子犹然[④]笑之。且举世而誉之而不加劝，举世而非之而不加沮，定乎内外之分，辩乎荣辱之境，斯已矣。彼其于世未数数然[⑤]也。虽然，犹有未树[⑥]也。夫列子[⑦]御风而行，泠然[⑧]善也，旬有五日而后反。彼于致福者，未数数然也。此虽免乎行，犹有所待者也。

若夫乘天地之正，而御六气之辩，以游无穷者，彼且恶乎待哉！

故曰：至人无己，神人无功，圣人无名。

注解

①行：品德行为。

②比：符合。

③而：通“能”，能力，才能。

④犹然：讥笑。

⑤数数然：急匆匆的样子。

⑥树：建树。

⑦列子：人名，即列御寇，春秋时期郑国的思想家。

⑧泠然：轻飘美妙的样子。

译文

所以，那些才智能够胜任一官的职守，品行能够符合一乡的习俗，品德能使国君满意而又能取信于一国人民的人，他们看待自己也如同这只小麻雀。但宋荣子却忍不住嘲笑他们。世人都称赞他，他却不会感到奋勉鼓励；世人都非议他，他不会感觉到沮丧。他能确定外在事物和内心自我的差别，区分荣耀和耻辱的界限，仅此而已。他对于世俗的东西，不会急匆匆地去追求。虽然这样，他也有尚未树立的。列子乘着风行走，样子极其轻巧，过了十五天后方才返回。他对于寻求幸福的事情，也没有急急忙忙地追求。这样做虽然免去了行走的辛劳，毕竟还是有所依靠的呀。

至于能够遵循自然的规律，掌握“六气”的变化，在无边无际的境界里可以遨游，他还能依赖什么呢！

因此说：道德修养极高的人能够达到忘我的境界，精神世界超脱于物外的人不追求功业，贤圣明智的人不追求名誉和地位。

原文

尧[1]让天下于许由[2]，曰："日月出矣，而爝火不息，其于光也，不亦难乎？时雨降矣，而犹浸灌[3]，其于泽也，不亦劳乎？夫子立，而天下治，而我犹尸之，吾自视缺然[4]，请致天下。"

许由曰："子治天下，天下既已治也。而我犹代子，吾将为名乎？名者实之宾也，吾将为宾乎？鹪鹩[5]巢于深林，不过一枝；偃鼠[6]饮河，不过满腹。归休乎君，予无所用天下为！庖人[7]虽不治庖，尸祝[8]不越樽俎[9]而代之矣。"

注解

①尧：传说中的古帝王。

②许由：隐士。

③浸灌：灌溉。

④缺然：不足的样子。

⑤鹪鹩：鸟的一种，善于筑巢。

⑥偃鼠：鼹鼠。

⑦庖人：厨师。

⑧尸祝：主持祭祀的人。

⑨樽俎：酒杯和盛肉的器皿，这里指厨房里的事情。

译文

尧打算把天下让给许由，他说："太阳和月亮都已升起来了，但是火把还没有熄灭，想和太阳和月亮的光进行对比，不是很困难吗？季雨及时降落了，可是还在不停地浇水灌地，如此费力的人工灌溉对于整个大地的润泽，不是徒劳吗？先生如能居于国君之位，国家一定会被治理得很好，可是我还空居其位，我自己越看越觉得能力不够，请允许我把天下交给你。”

许由回答说：“你治理天下，天下已被你治理得安定了。而我却还要去替代你，我将为了名声吗？‘名’是‘实’所派生出来的次要东西，我将去追求这次要的东西吗？鹪鹩在森林中筑巢，不过占用一个树枝；鼹鼠到大河边饮水，不过喝满肚子。你还是打消念头回去吧，天下对于我来说没有什么用处啊！厨师即使不下厨，主持祭祀的人也不会越俎代庖的！”

原文

肩吾问于连叔[1]曰：“吾闻言于接舆[2]，大而无当[3]，往而不返。吾惊怖其言，犹河汉而无极也；大有径庭[4]，不近人情焉。”

连叔曰：“其言谓何哉？”

“曰：‘藐[5]姑射[6]之山，有神人居焉。肌肤若冰雪，绰约[7]若处子，不食五谷，吸风饮露；乘云气，御飞龙，而游乎四海之外。其神凝[8]，使物不疵疠而年谷熟。’吾以是狂而不信也。”

连叔曰：“然！瞽者[9]无以与乎文章之观，聋者无以与乎钟鼓之声。岂唯形骸有聋盲哉？夫知亦有之。是其言也，犹时女[10]也。之人也，之德也，将旁礴[11]万物以为一，世蕲[12]乎乱，孰弊弊焉以天下为事！之人也，物莫之伤，大浸稽天[13]而不溺，大旱金石流、土山焦而不热。是其尘垢秕糠，将犹陶铸尧舜者也，孰肯分分然以物为事！”

注解

①肩吾，连叔：人名，已不可考，传说都是古代的贤人。

②接舆：人名，姓陆名通，字接舆，楚国的隐士。

③无当：当，适当；没有边际。

④大有径庭：大相径庭，指和话题相差很远，不着边际。

⑤藐：遥远。

⑥姑射：山名。

⑦绰约：轻巧美好的样子。

⑧神凝：聚精会神，非常专注。

⑨瞽者：瞎子。

⑩时女：是你，时，通“是”，女通“汝”。

⑪旁礴：混同，混合。

⑫蕲：追求。

⑬大浸稽天：大水滔天的样子。稽通“及”，达到。

译文

肩吾向连叔求教：“我听接舆所说的话，没有边际又不恰当，说起来就回不到话题上了。我十分惊恐他的言论，就像银河一样无边无际，与一般人的言谈相差太远，确实是太不近情理了。”

连叔问：“那他说的都是什么呢？”

“他说：‘遥远的姑射山上，有一个神仙住在那儿。他的皮肤像冰雪一样洁白，体态轻巧美好如同处女一般，不吃五谷杂粮，而是吸取清风和甘露；乘着云气，驾着飞龙，在四海之外遨游。他的精神专注，能使万事万物免受灾害，连年都五谷丰登。’我认为这些都是狂话不能相信。”

连叔说：“是啊！我们没有能和瞎子一起观赏美妙文采的办法，也没有办法和聋子一起欣赏钟鼓声音的美妙。难道只是在形体上有聋子和瞎子吗？思想上也是有的。这就是指你啊。那个神仙，他的德行，能使万物和为一个整体。世俗混乱，他怎么会忙忙碌碌地去处理天下的事情呢！像这样的人，外界的事物伤害不了他，大水滔天也淹溺不到他，天下大旱融化金石、烧焦土山也不会使他感到炎热。他所留下的尘垢和秕糠之类的东西也能造就出尧、舜那样圣贤的人君来，他怎么会把纷纷乱乱的俗事当成自己的事情呢！”

原文

宋人资[1]章甫[2]而适诸越，越人断发文身，无所用之。尧治天下之民，平海内之政，往见四子[3]藐姑射之山、汾水之阳，窅然[4]丧其天下焉。

注解

①资：卖，贩卖。

②章甫：殷代的一种帽子。

③四子：一说是指王倪、啮缺、被衣、许由，另一种说法是他们都是虚构的。

④窅（yǎo）然：迷茫，茫然。

译文

北方的宋国有人贩卖帽子到南方的越国，越国人不蓄头发满身刺着花纹，没什么地方用得着帽子。尧治理好天下的百姓，安定了海内的政局，到姑射山上、汾水北面，去拜见四位得道的高士，不禁怅然若失，忘记了自己居于治理天下的地位。

原文

惠子[1]谓庄子曰：“魏王[2]贻[3]我大瓠[4]之种，我树之成，而实五石。以盛水浆，其坚不能自举也。剖之以为瓢，则瓠落[5]无所容。非不呺[6]然大也，吾为其无用而掊之。”

庄子曰：“夫子固拙于用大矣！宋人有善为不龟手之药者，世世以洴澼絖为事。客闻之，请买其方以百金。聚族而谋曰：‘我世

世为洴澼絖，不过数金；今一朝而鬻⑦技百金，请与之。’客得之，以说吴王。越有难，吴王使之将，冬与越人水战，大败越人，裂⑧地而封之。能不龟手一⑨也；或以封，或不免于洴澼絖，则所用之异也。今子有五石之瓠，何不虑以为大樽而浮乎江湖，而忧其瓠落无所容？则夫子犹有蓬⑩之心也夫！”

注解

①惠子：人名，宋国人，姓惠名施，做过梁惠王的相。惠施本是庄子的朋友，为先秦名家代表。

②魏王：魏惠王，也称为梁惠王。

③贻：赠送。

④瓠：葫芦。

⑤瓠落：联绵词，也称廓落，形容极其庞大的东西。

⑥呺（xiāo）然：庞大而又中空的样子。

⑦鬻（yù）：卖，出售。

⑧裂：划分出。

⑨一：同一，一样的。

⑩蓬：草名，其状弯曲不直。有蓬之心，喻指见识浅薄不能通晓大道理。

译文

惠子对庄子说：“魏惠王送给我一颗大葫芦的种子，我把它种植长大，它结的果实有五石大。拿它来盛水浆的话，它的坚固程度承受不了水的压力。把它剖割开来做瓢的话，又太大没有地方放得下。不是它不够大，我因为它没有什么用处就把它打碎了。”

庄子说：“先生您原来不善于使用大东西啊！宋国有一户擅长制作不皲手药的人家，世世代代都做漂洗丝絮的事。有一个客人听说以后，请求用百金购买他们的秘方。全家人都聚集在一起商量说：‘我们世世代代漂洗丝絮，只不过才得到数金，现在把秘方卖掉一下子就能得到百金，就把秘方卖给他吧。’客人得到这个秘方以后，就去游说吴王。正在这个时候越国起兵进攻吴国，吴王就任命他去将兵。冬天，他们和越国军队进行水战，大败越国军队，于是吴王割地封赏了他。同样是不皲手的药膏，有的人因为它而得到封赏，有的人却只能漂洗丝絮，这就是使用的方法不一样。现在你有一个五石的大葫芦，为什么不把它制成一个腰舟在江湖之上飘游呢，却担心它太大没有地方放置呢？看来你还是心窍不通啊！”

原文

惠子谓庄子曰：“吾有大树，人谓之樗①。其大本拥肿而不中绳墨，其小枝卷曲而不中规矩，立之途，匠者不顾。今子之言，大而无用，众所同去也。”

庄子曰：“子独不见狸狌②乎？卑身而伏，以候敖者；东西跳梁，不避高下；中于机辟③，死于罔罟。今夫斄牛④，其大若垂天之云。此能为大矣，而不能执鼠。今子有大树，患其无用，何不树之于无何有之乡。广莫之野，彷徨⑤乎无为其侧，逍遥⑥乎寝卧其下。不夭斤斧⑦物无害者，无所可用，安所困苦⑧哉！”

注解

①樗：一种落叶乔木，木质较差不能使用。

②狸狌：狸猫和黄鼠狼。

③机辟：用来捕捉动物的器具。

④斄牛：牦牛。

⑤彷徨：徘徊。

⑥逍遥：自由自在。

⑦斤斧：斧头。

⑧困苦：灾难，祸害。

译文

惠子告诉庄子说："我有棵大树，人们都叫它'樗'。它的树干盘结疙瘩，绳墨不能够在它上面取直，枝杈弯弯曲曲的，与圆规和角尺的取材标准也不相符。即使长在路边，木匠连看都不会去看它一眼。现在你所说的这些话，夸大而没有实际用处，大家都会丢弃的。"

庄子说："你难道没有看见狸猫和黄鼠狼吗？它们弯着身子伏在地下，等待那些出洞觅食或游乐的小动物；一会儿东，一会儿西，跳来跳去，不分辨高低，不小心碰到机关，就会死在网中。现在还有牦牛，身体庞大得好像挂在天边的云彩。它的能力很强，但是却不能抓老鼠。现在你有这么一棵大树，还担心它没有用，为什么不把它种在空荡荡的地方？在广阔的田野里，悠闲地在树两旁徘徊，自由自在地睡在大树的下面。大树不会被斧子砍伐，外界的事物也不能损害它，它虽没有什么用处，又会有什么灾难呢？"

点评

"逍遥"，优游自得的样子。"逍遥游"即无任何束缚地、自由自在地活动。

《逍遥游》是《庄子》的代表篇目之一，文章想象奇特，具有强烈的浪漫主义色彩，将说理寓于寓言和生动的比喻中，形成独特的风格。"逍遥游"代表着庄子哲学思想的一个重要方面。全篇反复阐述无所依凭的观点，追求精神世界的绝对自由。在庄子看来，客观现实中的万事万物，包括人类本身都是既对立又依存的关系，也就是说世界上没有绝对的自由，要想无所依凭就得无己。所以他希望万事万物都顺乎自然，超脱现实之外，否定人在社会生活中的能动作用，将人类生活与万物生存混为一体看待，主张不滞于物，追求毫无条件的精神自由。

齐物论

原文

南郭子綦[①]隐机[②]而坐，仰天而嘘[③]，荅焉[④]似丧其耦。颜成子游[⑤]立侍乎前，曰："何居乎？形固可使如槁木[⑥]，而心固可使如死灰乎？今之隐机者，非昔之隐机者也。"

子綦曰："偃，不亦善乎，而问之也！今者吾丧我，汝知之乎？汝闻人籁[⑦]而未闻地籁，汝闻地籁而未闻天籁夫！"

子游曰："敢问其方。"

子綦曰："夫大块[⑧]噫气，其名为风。是唯无作，作则万窍怒呺。而独不闻之翏翏[⑨]乎？山林之畏佳[⑩]，大木百围之窍穴，似鼻，似口，似耳，似枅，似圈，似臼，似洼者，似污[⑪]者。激者，謞者，叱者，吸者，叫者，譹者，宎者，咬者。前者唱于而随者唱喁。泠风[⑫]则小和，飘风则大和，厉风济则众窍为虚。而独不见之调调之刁刁[⑬]乎？"

子游曰："地籁则众窍是已，人籁则比竹是已，敢问天籁。"

子綦曰："夫吹万不同，而使其自已也，咸其自取，怒者其谁邪！"

注解

①南郭子綦：人名，指得道的人。

②隐机：靠着几案。隐，倚靠。机，通“几”，几案，小方桌。

③嘘：呼出气息。

④荅（tà）焉：木然。

⑤颜成子游：人名，南郭子綦的学生，复姓颜成，名偃，字子游。

⑥槁木：干枯的木头。

⑦籁：声响。

⑧大块：大地。

⑨翏（liù）翏：风声。

⑩畏佳：崔嵬，雄峻高大的样子。

⑪污：小池塘。

⑫泠风：微风。

⑬调调、刁刁：草木被风吹动的样子。

译文

南郭子綦靠着几案而坐，仰首向天缓缓地吐着气，那离神去智的样子真好像精神脱出了躯体。他的学生颜成子游陪站在跟前说道：“这是怎么啦？形体诚然可以使它像干枯的树木，精神和思想难道也可以使它像死灰那样吗？你今天凭几而坐，跟往昔凭几而坐的情景大不一样呢。”

子綦回答：“偃，你这个问题问得很好！今天我忘记了自我，你知道吗？你听过人为的声音而没有听过大地自然生成的地籁；你即使听过大地自然生成的地籁，你也没有听过天空的天籁之音！”

子游说：“请问它们究竟是怎么回事呢？”

子綦说：“大地吐出来的气叫做风。风不起的话没有什么，一旦刮起来，上万种不同的小孔就都会怒号起来。你没有听见过大风呼啸的声音吧？山林中高下盘回的地方，百围大树上的孔穴，有像鼻子的，有像嘴巴的，有像耳朵的，有像梁柱上穿孔的，有像圈栏的，有像舂米器具的，有像深池的，有像浅塘的。它们所发出来的声音，有的像激流冲击的河水，有的像箭发射的声音，有的像大声地呵斥，有的像呼吸的声音，有的像叫喊，有的像哭嚎，有的像山谷中低沉的声音，有的像悲伤哀叹的声音。好像前面的风在唱，后面的风在附和。小风附和的声音小，大风附和的声音大，暴风停止以后那些小孔穴也就静寂无声了。你没有看见那些草木还在摇晃吗？"

子游说："地籁是各种小孔穴里发出来的声音，人籁是吹动并排的竹管发出的声音，那么请问天籁是什么声音呢？"

子綦说："风吹动成千上万的小孔发出声音，它们互相之间千差万别，使它们有差别的是因为自己的形状不同，但是吹动它们发出声音的还有谁呢？"

原文

大知闲闲[1]，小知间间[2]；大言炎炎[3]，小言詹詹[4]。其寐也魂交[5]，其觉也形开；与接为构[6]，日以心斗。缦[7]者，窖者，密者。小恐惴惴[8]，大恐缦缦。其发若机栝，其司[9]是非之谓也；其留如诅盟，其守胜之谓也。其杀[10]若秋冬，以言其日消也；其溺之所为之，不可使复之也；其厌也如缄，以言其老洫也；近死之心，莫使复阳也。喜怒哀乐，虑[11]叹[12]变慹，姚[13]佚启态。乐出虚，蒸成菌。日夜相代乎前，而莫知其所萌。已乎，已乎！旦暮得此，其所由以生乎。

注解

①闲闲：宽广博大的样子。

②间间：精细狭小的样子。

③炎炎：猛烈盛大，这里指人说话气势很大。

④詹詹：啰嗦不休。

⑤魂交：神魂交错。

⑥构：交构。

⑦缦：缓慢不精神的样子，通“慢”。

⑧惴惴：担心不安的样子。

⑨司：通“伺”，伺机。

⑩杀：同“衰”，衰退。

⑪虑：忧虑。

⑫叹：感叹。

⑬姚：轻浮。

译文

才智超群的人广博豁达，只有点小聪明的人则乐于细察、斤斤计较；合于大道的言论就像猛火烈焰一样气焰凌人，拘于智巧的言论则琐细无方、没完没了。他们睡眠时神魂交构，醒来后身形开朗；跟外界交接相应，整日里钩心斗角。有的疏怠迟缓，有的高深莫测，有的辞慎语谨。小的惧怕惴惴不安，大的惊恐失魂落魄。他们说话就好像利箭发自弩机快疾而又尖刻，那就是说是与非都由此而产生；他们将心思存留心底就好像盟约誓言坚守不渝，那就是说持守胸臆坐待胜机。他们衰败犹如秋冬的草木，这说明他们日益销毁；他们沉湎于所从事的各种事情，致使他们不可能再恢复到原有的情状；他们心灵闭塞好像被绳索缚住，这说明他们衰老颓败，没法使他们恢复生气。他们欣喜、愤怒、悲哀、欢乐，他们忧思、叹惋、反复、恐惧，他们躁动轻浮、奢华放纵、情张欲狂、造姿作态。好像乐声从中空的乐管中发出，又像菌类由地气蒸腾而成。这种种情态日夜在面前相互对应地更换与替代，却不知道是怎么萌生的。算了吧，算了吧！一旦悟到这些情感产生的道理，就能够明白这些情感产生的原因。

原文

非彼[①]无我，非我无所取[②]。是亦近矣，而不知所为使。若有真宰[③]，而特不得其眹，可行己信，而不见其形，有情[④]而无形。百骸、九窍、六藏，赅而存焉，吾谁与为亲？汝皆说[⑤]之乎？其有私[⑥]焉？如是皆有为臣妾乎？其臣妾不足以相治乎？其递相为君臣乎？其有真君[⑦]存焉？如求得其情与不得，无益损乎其真。一受其成形，不亡以待尽[⑧]。与物相刃相靡，其行尽如驰，而莫之能止，不亦悲乎！终身役役而不见其成功，苶然[⑨]疲役而不知其所归，可不哀邪！人谓之不死，奚益！其形化，其心与之然，可不谓大哀乎？人之生也，固若是芒[⑩]乎？其我独芒，而人亦有不芒者乎？

注解

①彼：指上面所讲的各种情态。

②取：显现。

③真宰：自我主宰。

④情：真实的东西。

⑤说：通“悦”，高兴，喜悦。

⑥有私：有所偏爱。私，偏爱。

⑦真君：与“真宰”相同，也是指自我。

⑧尽：消亡。

⑨苶然：疲倦的样子。

⑩芒：通“茫”，迷茫。

译文

没有我的对应面就没有我本身，没有我本身就没法呈现我的对应面，这样认识也就接近于事物的本质。我和它是统一于一体的，但是却不知道是被什么东西指使的。好像有一个自我，但是却寻不到它的迹象。可以从它的行为上去验证，虽然见不到它的形体，它虽然没有形体确实是真实存在。百骸、九窍、六脏完整地存在于我的身体，我和哪一个最亲近呢？我是都喜欢它们呢？还是对它们有什么偏爱呢？如果对它们都一样喜欢，能把它们都当作是自己的妾吗？如果把它们都当作妾就谁也不能指使谁了吗？还是轮流着做君臣呢？难道真的有“真君”存在吗？无论能不能寻求到真君的真实情况，对它本身是都不会有什么增减的。人一旦受天地之气成为形体的话，不参与变化而只是等待形体的消亡，和外界的事物接触相互摩擦，奔驰追逐而不停止，这不是非常可悲的吗！终生劳碌却没有成就有什么意思呢！总是疲顿困苦的样子却又不知道自己为的是什么原因，不是很悲哀的吗？这种人虽说他们不死，但是又有什么益处呢！人的形体慢慢衰老，人的精神也因困于其中而衰老，这能说不是大的悲哀吗？人生在世，本来就像这样迷昧无知吗？难道只有我才这么迷昧无知，而世人也有不迷昧无知的吗？

原文

夫随其成心[①]而师[②]之，谁独且无师乎？奚必知代[③]而心自取者有之？愚者与有焉。未成乎心而有是非，是今日适越而昔至也。是以无有为有。无有为有，虽有神禹，且不能知，吾独且奈何哉！

夫言非吹[④]也，言者有言，其所言者特未定也。果有言邪？其未尝有言邪？其以为异于鷇[⑤]音，亦有辩乎，其无辩[⑥]乎？道恶乎隐[⑦]而有真伪？言恶乎隐而有是非？道恶乎往而不存？言恶乎存而

不可？道隐于小成[8]，言隐于荣华。故有儒墨之是非，以是其所非而非其所是。欲是其所非而非其所是，则莫若以明。

注解

①成心：偏见。

②师：动词用法，取法、效法的意思。

③代：更替。

④吹：风吹。

⑤鷇（gòu）：刚出生的小鸟。

⑥辩：通“辨”，分辨。

⑦隐：隐蔽。

⑧小成：局部的、片面的成就。

译文

如果把自己的成见当作判断是非的标准，那么谁会没有标准呢？何必一定能认识自然变化规律的智者才有呢？愚昧的人也有标准。如果还没有自己的成见就已经先有了是非，就好像是说今天要去越国但是昨天已经到达了一样。这就是把没有当作了有。即使是神明的大禹都不能够理解，我又能有什么办法呢？

言论不像是风的吹动，发言的人各抒己见，所说的却不能形成一个定论。这就算是发了言吗？还是等于没有发言呢？他们都认为自己的言论不像鸟叫的声音，有分别，还是没有分别呢？道是怎么被隐藏而有了真和假的区别呢？言论是怎么隐藏从而有了是和非的争辩呢？道在哪里却不存在呢？言论为什么会存在不可以的呢？道是被局部的成功给隐蔽了，言论被华美的词藻掩盖了。因此，才有了儒家和墨家关于是非的争论，他们互相肯定对方否定了的东西，否定对方肯定的东西。想要肯定对方所否定的东西而非难对方所肯定的东西，那么不如用事物的本然去加以观察而求得明鉴。

原文

物无非彼，物无非是。自彼则不见，自知则知之。故曰：彼出于是，是亦因彼。彼是方①生之说也。虽然，方生方死，方死方生；方可方不可，方不可方可；因是因非，因非因是。是以圣人不由，而照之于天，亦因②是也。是亦彼也，彼亦是也。彼亦一是非，此亦一是非。果且有彼是乎哉？果且无彼是乎哉？彼是莫得其偶，谓之道枢③。枢始得其环中，以应无穷。是亦一无穷，非亦一无穷也。故曰莫若以明。

注解

①方：并，一起。

②因：遵循。

③枢：中枢。

译文

世界上的万事万物没有不是“彼”，也没有不是“此”的。从“彼”的方面看就看不见这方面，从自己这方面才能够了解自己。因此说：彼是因为此而存在的，此也是因为彼而存在。彼和此是相对存在的，可以用“方生”的说法来形容。虽然这样，事物刚刚产生就灭亡了，刚刚灭亡又产生；刚说可以就转向了不可以，刚说不可以又转向可以了；刚认为是又变成了非，刚认为非又变成了是。因此圣人不会走这条路，而是对待事物的本真面目，也是顺应自然的道理。此也就是彼，彼也就是此，彼有自己的是非，此也有它自己的是非。真的有彼此的分别吗？还是真的没有彼此的分别呢？彼和此没有相互对立的方面，就是道的枢纽。符合道的标准才好像是进入了环的中心，就可以应对无穷尽的发展变化。是的变化没有尽头，非的变化也没有尽头。因此说，不如用明静的心态去对待事物本真的面貌。

原文

以指喻[1]指之非指，不若以非指喻指之非指也；以马喻马之非马，不若以非马喻马之非马也。天地一指也，万物一马也。

注解

①喻：说明，表明。

译文

用手指来说明手指不是手指，不如用不是手指的东西来说明它不是手指；用白马来说明白马不是马，不如用不是白马的马来说明白马不是马。天和地就是一根手指，万事万物就是一匹马。

原文

可乎可，不可乎不可。道行之而成，物谓之而然。有自也而可，有自也而不可。有自也而然，有自也而不然。恶乎然？然于然。恶乎不然？不然于不然。恶乎可？可于可。恶乎不可？不可于不可。物固有所然，物固有所可。无物不然，无物不可。故为是举莛[1]与楹[2]，厉[3]与西施，恢恑憰怪[4]，道通为一。其分[5]也，成也；其成也，毁也。凡物无成与毁，复通为一。唯达者知通为一，为是

不用而寓诸庸，庸也者，用也；用也者，通也；通也者，得也，适得而几矣。因是已。已而不知其然，谓之道。劳神明为一，而不知其同也，谓之朝三。何谓朝三？狙公[6]赋芧[7]曰："朝三而暮四。"众狙皆怒。曰："然则朝四而暮三。"众狙皆悦。名实未亏而喜怒为用，亦因是也。是以圣人和[8]之以是非而休乎天钧[9]，是之谓两行[10]。

注解

①莛：草的茎。

②楹：木柱子。

③厉：此处指丑陋的人。

④恢恑憰怪：诡异、怪异的事情。

⑤分：分离。

⑥狙公：狙，猴子。饲养猴子的人。

⑦芧：栗子，也叫橡子。

⑧和：调和。

⑨钧：通"均"，均衡。

⑩两行：王先谦说，"物与我各得其所，是两行也"。

译文

说"可"，是人们认为这是"可"；说"不可"，是人们认为这是"不可"。道路是由人走出来的，事物的名称是由人叫出来的。可以有它可以的原因，不可以有它不可以的原因；对有它对的原因，不对有它不对的原因。为什么是对的呢？因为它有对的道理。为什么说不对呢？因为有不对的道理。为什么可以呢？因为有可以的道理。为什么不可以呢？因为有不可以的道理。事物本来就有它对的地方，有它可以的地方，没有什么事物不对，没有什么不可以。因此，小草和大柱子，丑陋的女人和美丽的西施，和其他诡异奇怪的事情，道可以使它们通达为一。事物的分离，必然有所成就；事物有所成就，必定会有别的事物毁灭。所以，一切事物整体看都没有成就与毁坏，它们都是通达于一个整体的。只有贤达的人才能明白它们通达为一个整体的道理，因此他不会把自己的成见寄寓在万物之上。所谓“庸”，就是在平常日用中去领会，在平常日用中去领会就可以通达于道，通达于道之后就可以心意自得，达到心意自得的状态也就差不多了。这就是顺其自然的道理。顺应自然的通达不知道原因，就叫做道。耗尽心机去追求统一，却不知道它们原本就是相同的，这就叫做“朝三”。什么是“朝三”呢？有一个饲养猴子的人，他分给猴子们栗子的时候，说：“早上给三升晚上给四升。”猴子们听后都非常生气。他又说：“那就早上给四升晚上给三升。”猴子们听了都非常高兴。名和实的情况都没有改变，猴子的喜和怒却发生了变化，是因为顺着猴子的心理了。因此，圣人不坚持对于是非的论争，而是保持事理自然的均衡，这叫做“两行”。

原文

古之人，其知有所至矣。恶乎至？有以为未始有物者，至矣，尽矣，不可以加矣。其次，以为有物矣，而未始有封[1]也。其次，以为有封焉，而未始有是非也。是非之彰也，道之所以亏也。道之所以亏，爱[2]之所以成。果且有成与亏乎哉？果且无成与亏乎哉？有成与亏，故昭氏之鼓琴也；无成与亏，故昭氏之不鼓琴也。昭文之鼓琴也，师旷[3]之枝策也，惠子之据梧也，三子之知几乎！皆其盛者也，故载之末年。唯其好[4]之也，以异于彼；其好之也，欲以明之。彼非所明而明之，故以坚白之昧[5]终。而其子又以文之纶终，终身无成。若是而可谓成乎？虽我亦成也。若是而不可谓成乎？物与我无成也。是故滑疑[6]之耀，圣人之所图[7]也。为是不用而寓诸庸，此之谓以明。

注解

①封：界限。

②爱：偏爱。

③师旷：人名，晋国的乐师。

④好：爱好。

⑤昧：愚昧。

⑥滑（gǔ）疑：迷乱的样子。

⑦图："否"字的借用，即遗弃的意思。

译文

古代的人，他们的智慧和认识是有极限的。极限在哪里呢？有人认为宇宙还没有形成万物的时候，是智慧和认识的极限，达到最完善，不能再有所增加。次一点的，认为事物存在，但却不严格分出界限。再次一点的，认为事物是有分别的，但是没有是非。是非产生后，道就有了亏损。道的亏损，是由于偏爱形成的。真的能够完成却不亏损吗？真的有不成却亏损吗？有成就和亏损，就跟昭文弹琴一样。没有成就和亏损，就跟昭文不弹琴了一样。昭文弹琴，师旷击节，惠子倚靠在梧桐树下的辩论，他们三个人的技艺，都可以称得上是很高的了，所以直到晚年还享有盛誉。正因为他们有所爱好，一再展现给别人；他们各有所好，也想彰显于别人。不是别人想要了解的却勉强让别人了解，因此最终以"坚白论说"愚昧终身。昭文的儿子继承了父亲的事业，导致终生没有成就。像这样的情况能叫做有成就吗？那么即使我没有成就，也能够说是成功了。像这样不能叫做成功的话，那么别人和我都没有成功。所以说迷惑世人的炫耀，是圣人要抛弃的东西。所以圣人不把"知见说"夸饰于人寄托在万物上，这就叫做"以明"。

原文

今且有言于此，不知其与是类乎？其与是不类乎？类与不类，相与为类，则与彼无以异矣。虽然，请尝言之。有始也者，有未始有始也者，有未始有夫未始有始也者。有有也者，有无也者，有未始有无也者，有未始有夫未始有无也者。俄而[1]有无矣，而未知有无之果孰有孰无也。今我则已有谓矣，而未知吾所谓之其果有谓乎？其果无谓乎？

天下莫大于秋毫[2]之末，而太山为小；莫寿于殇子[3]，而彭祖为夭。天地与我并生，而万物与我为一。既已为一矣，且得有言乎？既已谓之一矣，且得无言乎？一与言为二，二与一为三。自此以往，巧历不能得，而况其凡[4]乎！故自无适有以至于三，而况自有适有乎！无适焉，因是已。

注解

①俄而：形容时间极短。

②秋毫：秋天鸟兽身上新长的细毛，比喻最细微的事物。

③殇子：未成年就死去的孩子。

④凡：一般。

译文

现在我在这说些话，不知道和其他人说的话是否相同，还是不同的呢？无论是相同还是不相同，都能算是一类的了，和其他人的话就没有什么差别了。虽然这样，我还是试着讲一讲。宇宙开始，有一个没有开始的开始，还有一个没有开始的开始的开始。宇宙初始的形态有它的有，也有无，更有还没有无的无，更有还没有有无的无。突然之间就有了有和无，但是还不知道是不是真的有和无。现在我说了这些话了，但是不知道我是不是真的说了，还是没有说？

天下没有比秋天鸟兽身上新长的细毛的末端更大的东西了，泰山也是小的；天下没有比未成年就死去的孩子更长寿的了，彭祖也是夭折的。天与地和我共生，万物与我是一体的。既然一体，能有什么语言吗？既然一体，能没有什么语言吗？整体加上语言是二了，二再加上一就是三了。就这么算下去，即使是善于计算的人也不能够算出最后的结果，更何况我们这种凡人呢！从无到有已经有了三，更何况是从有到有呢！不用去算了，顺其自然吧。

原文

夫道未始有封，言未始有常①，为是而有畛②也，请言其畛：有左有右，有伦有义，有分有辩，有竞有争，此之谓八德。六合③之外，圣人存而不论；六合之内，圣人论而不议。春秋经世先王之志，圣人议而不辩。故分④也者，有不分也；辩也者，有不辩也。曰：何也？圣人怀之，众人辩之以相示也。故曰辩也者，有不见也。夫大道不称，大辩不言，大仁不仁，大廉不嗛⑤，大勇不忮。道昭⑥而不道，言辩而不及⑦，仁常而不成，廉清而不信，勇忮而不成。五者圆而几向方矣。故知止其所不知，至矣。孰知不言之辩，不道之道？若有能知，此之谓天府⑧。注焉而不满，酌焉而不竭，而不知其所由来，此之谓葆⑨光。

注解

①常：常论，定论。

②畛：界限。

③六合：指宇宙。

④分：区分。

⑤嗛：通“谦”，谦虚。

⑥昭：昭示。

⑦及：到。

⑧天府：天然的仓库，这里是指宇宙。

⑨葆：隐蔽，隐藏。

译文

道原来是没有界限的，语言原来也是没有定论的，为了争论才划出许多界限来。请让我说一下这些界限：比如有左右；有伦义；有差别；有区分；有辩解，有争论，这就叫做八德。宇宙以外的事情，圣人不去论说；宇宙以内的事情，圣人论述却不评价。春秋那些史书是记载先王治世的，圣人只是论说却不进行争辩。天下的事情有能分别的，有没有分别的；有要争辩的，有不要争辩的，这是怎么说的呢？圣人藏在心里，众人争辩不停互相显示。因此说：争辩的人都有自己没看到的一面。大道是没有名称的，善辩的人是不用言说的，至仁的人是不用展示自己的仁爱的，最廉洁的人不会表示谦虚，最勇敢的人不会受到伤害的。把大道讲明白了就不是道，用言语争辩就不如不用语言的，常守着仁就不能为仁，表现得太清廉了别人就不会相信，有害人的想法就不能够成为勇。这五个方面都能注意到而不会去做差不多就接近于道了。所以，能够在他不知道的东西前面停止，就达到极点了。谁知道不用语言的争辩，不用讲出来的道呢？如果有能知道的人，就是上天天然的仓库了。无论向里面灌输多少都不会满，无论从里面取走多少都不会枯竭，但是却不知道源头来自哪里，这就是隐蔽着的光明。

原文

故昔者尧问于舜曰："我欲伐宗、脍、胥敖①，南面而不释然②，其故何也？"

舜曰："夫三子者，犹存乎蓬艾之间。若不释然，何哉？昔者十日并出，万物皆照，而况德之进③乎日者乎！"

注解

①宗、脍、胥敖：国家的名字，都是小国。

②不释然：释，喜悦。不释然，不高兴的样子。

③进：胜过，更进一步。

译文

从前尧问舜："我想进攻宗、脍、胥敖这三个国家，每次上朝的时候心里都不安宁，这是什么原因啊？"

舜回答："这三个国家的君主，就好像在蓬蒿艾草中生存着一样。你为什么要不安宁呢？从前十个太阳一起出来的时候，光亮能够照耀万物，更何况你的德行比十个太阳的光芒还更胜一筹呢！"

原文

啮缺问乎王倪[①]曰："子知物之所同是乎？"

曰："吾恶乎知之！"

"子知子之所不知邪？"

曰："吾恶乎知之！"

"然则物无知邪？"

曰："吾恶乎知之！虽然，尝试言之。庸讵知吾所谓知之非不知邪？庸讵知吾所谓不知之非知邪？且吾尝试问乎汝：民湿寝则腰疾偏死[②]，鳅然乎哉？木处则惴慄恂惧，猨猴然乎哉？三者孰知正处？民食刍豢[③]，麋鹿食荐[④]，蝍蛆[⑤]甘带，鸱[⑥]鸦耆鼠，四者孰知正味？猨猵狙[⑦]以为雌，麋与鹿交，鳅与鱼游。毛嫱、丽姬，人之所美也；鱼见之深入，鸟见之高飞，麋鹿见之决骤[⑧]。四者孰知天下之正色哉？自我观之，仁义之端，是非之塗，樊然殽乱，吾恶能知其辩！"

啮缺曰："子不知利害，则至人固不知利害乎？"

王倪曰："至人神矣！大泽焚而不能热，河汉沍[⑨]而不能寒，疾雷破山而不能伤，飘风振海而不能惊。若然者，乘云气，骑日月，而游乎四海之外。死生无变于己，而况利害之端乎！"

注解

①啮缺、王倪：人名，都是虚构的人物。

②偏死：偏瘫，即半身不遂。

③刍豢：泛指家畜。

④荐：长得茂盛的草。

⑤蝍蛆：蜈蚣。

⑥鸱：猫头鹰。

⑦猵狙：与猴相像，却不属于猴类的一种动物。

⑧决骤：快速奔跑。

⑨沍：结冰。

译文

啮缺问王倪说："你知道万事万物之间的共同之处吗？"

王倪答："我怎么能够知道呢？"

啮缺又问他："你知道那些你不知道的东西吗？"

王倪回答："我怎么能够知道呢？"

"那么万事万物就没有办法去认识了吗？"

王倪回答说："我怎么能知道呢？虽然是这样，还是让我来说说吧。你怎么知道我所说的知道不是不知道呢？你怎么知道我所说的不知道不是知道呢？暂且让我问一下你：人在潮湿的地方睡觉会腰痛半身不遂，那么泥鳅会这样吗？人爬到很高的树上就会恐惧害怕，那么猴子也会这样吗？这三者到底谁才是合乎正道的呢？人吃家畜，麋鹿吃长得鲜美的草，蜈蚣把小蛇当成美味，猫头鹰和乌鸦都吃老鼠，它们四个谁的口味才是合于正道的呢？猿猴和猵狙互为配偶，麋鹿喜欢与鹿交配，泥鳅和鱼交配。毛嫱和丽姬，人们都认为美；鱼见了她们会游到海底深处，鸟见了她们就飞向高空，麋鹿见了她们就会快速地奔跑。她们四种到底谁才是合于正道的美丽呢？让我来看的话，仁义的开端，是非的途径，混乱纷杂，我怎么能够分辨出来呢？"

啮缺说："你不明白利害，难道道德高深的人也不明白吗？"

王倪回答说："道德高深的人太神了！焚烧山泽林木不能使他感觉到炎热，江河冻结起来也不能够使他感觉寒冷，疾雷劈山、狂风卷起大浪都不能使他感觉到震惊。这样的人，他们驾着云气，骑着日月，在四海之外遨游。生和死对他们都没有影响，更何况是利害的观念呢？"

原文

瞿鹊子问乎长梧子[1]曰："吾闻诸夫子[2]，圣人不从事于务，不就利，不违害，不喜求，不缘[3]道；无谓有谓，有谓无谓，而游乎尘垢之外。夫子以为孟浪[4]之言，而我以为妙道之行也。吾子以为奚若？"

长梧子曰："是黄帝之所听荧[5]也，而丘也何足以知之！且汝亦大早计，见卵而求时夜，见弹而求鸮炙[6]。予尝为汝妄言之，汝以妄听之！奚傍日月，挟宇宙，为其吻合，置其滑涽，以隶相尊。众人役役，圣人愚芚，参万岁而一成纯。万物尽[7]然，而以是相蕴[8]。

"予恶乎知说生之非惑邪！予恶乎知恶死之非弱丧而不知归者邪！丽之姬，艾封人之子也，晋国之始得之也，涕泣沾襟，及其至于王所，与王同筐床，食刍豢，而后悔其泣也。予恶乎知夫死者不悔其始之蕲[9]生乎！梦饮酒者，旦而哭泣；梦哭泣者，旦而田猎。方其梦也，不知其梦也，梦之中又占其梦焉，觉而后知其梦也。且有大觉而后知此其大梦也。而愚者自以为觉，窃窃然知之。君乎，牧乎，固哉！丘也与汝，皆梦也；予谓汝梦，亦梦也。是其言也，其名为吊诡[10]。万世之后而一遇大圣，知其解者，是旦暮[11]遇之也。"

注解

①瞿鹊子、长梧子：人名，都是虚构的人物。

②夫子：这里指孔子。

③缘：遵循。

④孟浪：轻率的，不切实际的。

⑤听荧：听后感到疑惑不明白。

⑥炙：用火烤。

⑦尽：全部。

⑧蕴：蕴积，蕴藏。

⑨蕲：祈求。

⑩吊诡：奇异古怪。

⑪旦暮：早晨和傍晚，指时间比较短。

译文

瞿鹊子向长梧子请教说："我听孔子说过这样的话，'圣人不去从事世俗的事情，不去追逐利益，不躲避灾害，不喜欢妄求于世，不拘泥于道；没有说话却好像说了，说了话又好像没有说，因而心神在俗世之外遨游'。孔子认为这些话是无稽之谈，我却认为这是妙道的行径。你认为怎么样呢？"

长梧子答："这些话即使是黄帝听了也会疑惑不解，孔丘又怎么能够了解呢！而你又操之过急，就像看到了鸡蛋就想得到一只报晓的公鸡，看见弹子就想吃到烤的鸮肉一样。我暂且给你说说，你姑且听听如何？圣人依傍着日月，胸怀宇宙，和万事万物融为一体，对混乱复杂的是非置之不理，把世俗的尊卑、贱贵分别看做是相同的。大众熙熙攘攘，圣人则浑然相安，把古今的无数变化糅合在一起，自己却是精纯的。万事万物都一样，相互蕴积于精纯中。

"我怎么知道贪生不是困惑呢！我怎么知道怕死的不像那些流落在外不知道回家的人呢！丽姬是艾地守疆土人的女儿，刚被迎娶到晋国的时候，她把衣襟都哭得湿透了，她到晋国的宫里时，和国王一起睡在舒适的床上，吃着美味的肉食，就后悔自己当初不应该伤心地哭泣。我又怎么能知道死去不应该后悔当初的贪生呢！梦中梦到饮酒取乐的人，醒来以后可能会遇到悲伤的事情而哭泣；梦里悲伤哭泣的人，醒来以后可能会有一场打猎的快乐。人在梦中的时候，并不知道自己是在做梦，甚至有时梦中还会再做梦，醒后才知自己在做梦。只有相当清醒的人才知道人生就像是一场梦。但愚昧的人却认为自己是清醒的，以为自己什么都知道的国君和臣子都是鄙陋的。我感觉孔丘和你都是在做梦。我说你在做梦，我也是在梦中。这些话，可以说是奇怪的言论。万世以后或许会遇到一个大圣人，能够了悟这个大道理，和早晚遇到的一样。”

原文

“既使我①与若辩矣，若胜我，我不若胜，若果是也，我果非也邪？我胜若，若不吾胜，我果是也，而果非也邪？其或是也，其或非也邪？其俱是也，其俱非也邪？我与若不能相知也，则人固受其黮暗②，吾谁使正之？使同乎若者正之，既与若同矣，恶能正之！使同乎我者正之，既同乎我矣，恶能正之！使异乎我与若者正之，既异乎我与若矣，恶能正之！使同乎我与若者正之，既同乎我与若矣，恶能正之！然则我与若与人俱不能相知也，而待彼也邪？

“化声之相待，若其不相待，和之以天倪，因之以曼衍③，所以穷年也。何谓和之以天倪？”

曰：“是不是，然不然。是若果是也，则是之异乎不是也亦无辩；然若果然也，则然之异乎不然也亦无辩。忘年忘义，振于无竟④，故寓⑤诸无竟。”

注解

①我：指长梧子。

②黮暗：幽暗不明。

③曼衍：变化。

④竟：境地。

⑤寓：寄托。

译文

“假使我和你进行辩论，你胜过我，我没有胜过你，你真的对吗，我真的是不对的吗？我胜过你，你没有胜过我，那我果真是对的，你果真是错的吗？还是我们两个人有一个是对的，有一个是错呢？还是我们两个人都是对的，或者我们都是错的？我和你都不知道，凡人都是有偏见的，我们让谁来判断是非呢？如果请和你观点相同的人来判断，他和你的观点相同，怎么能够进行判断呢！请和我相同观点的人判断的话，他和我的观点相同怎么判断呢！如果请和我们观点不同的人来进行判断，和我们的观点不同，怎么进行判断呢！请和我们观点相同的人来判断，既然和我们的观点相同，怎么判断呢！那么，我和你还有别的人都不能够判断谁是谁非了，能等待谁来判断呢？

“变化的声音是相对立而成的，如果它们不对立，就用自然的分际来调和它，我的言论不守常规，顺应着变化过一生。什么叫做用‘自然的分际’调和是非呢？”

长梧子说：“任何事物有是就会有不是，有然就会有不然。是果真的是，那么它和不是就有区别，如果这样就不需要争辩了；然真的是然，那么它和不然的区别就不需要争辩。忘记生死年龄，忘记是非仁义，在没有穷尽的领域里遨游，因此也就能寓托于无穷的领域。”

原文

罔两[①]问景[②]曰：“曩[③]子行，今子止；曩子坐，今子起。何其无特操与？”

景曰：“吾有待[④]而然者邪？吾所待又有待而然者邪？吾待蛇蚹蜩翼邪？恶识所以然！恶识所以不然！”

注解

①罔两：影外微阴的影子。

②景：通“影”，影子。

③曩：刚才。

④待：依靠。

译文

影子外面的阴影问影子说：“刚才你移动，现在你又停下来了；刚才你还坐着，现在你又站起来了。你为什么没有自己独特的操守呢？”

影子答：“我因为有依靠的东西才会这样吗？我依靠的东西又有所依靠的东西才是这个样子的吗？我所依靠的东西就好像是蛇依靠肚子上的鳞和蝉依靠翅膀吗？我怎么知道为什么会这样呢！我又怎么能知道为什么不是这样的呢！”

原文

昔者庄周梦为胡蝶，栩栩然[①]胡蝶也，自喻适志[②]与！不知周也。俄然觉，则蘧蘧然[③]周也。不知周之梦为胡蝶与，胡蝶之梦为周与？周与胡蝶，则必有分矣。此之谓“物化”[④]。

注解

①栩栩然：翩然飞舞的样子。

②适志：合乎心意。

③蘧蘧然：睡觉的时候突然惊醒的样子。

④物化：指事物之间融为一体。

译文

从前庄周做梦的时候梦见自己变成了一只蝴蝶，一只翩然飞舞的蝴蝶，自由自在地在各处飞翔，感觉非常合自己的心意，竟然忘了自己是庄周。突然之间被惊醒了，发现自己仍然是庄周。不知道是庄周做梦变成了蝴蝶，还是蝴蝶做梦变成了庄周？庄周和蝴蝶一定是有所区别的。这种变化就叫做“物化”。

点评

本篇也是《庄子》的代表篇目之一。“齐物论”有齐物与齐论两层意思。庄子认为世界万物表面上是千差万别的，但从本质上来说又是齐一的，这就是“齐物”。庄子还认为人类的思维与观点，尽管其表现千差万别，但因为世界上一切存在都是齐一的，所以从本质上看也应是齐一的，并无所谓是非与不同，这就是“齐论”。“齐物”和“齐论”合起来就是本篇的主旨。

“齐物”与“齐论”也是庄子哲学体系的一个重要方面，与“逍遥游”共同构建了庄子哲学体系的主体。庄子发现了客观事物存在着区别，认识到了事物的矛盾对立。然而因为秉持万物一体的认识，因而在他看来一切又都是统一的，浑然一体的，并且双方都在向其对立面不断转化，所以也都是毫无区别的。庄子还认为一切学派和论争均是毫无价值的。是非也好，正误也罢，从事物源自一体的观点来看也没有存在的意义。其观点既涉及宇宙观的探讨，也牵涉到认识论的诸多问题，所以在我国古代哲学研究中具有重要地位。本篇充满辩证的观点，不过也不时涉足形而上学的领域，因此需要认真研读与领悟。

养生主

原文

吾生也有涯[1]，而知[2]也无涯。以有涯随无涯，殆[3]已！已而为知者，殆而已矣！为善无近[4]名，为恶无近刑。缘督以为经[5]，可以保身，可以全生[6]，可以养亲，可以尽年。

注解

①涯：边际，尽头。

②知：通“智”，智慧。

③殆：疲倦，困倦。

④近：追逐，追求。

⑤经：常，常法。

⑥生：在这里做“性”解。

译文

我们的生命都是有限的，但是知识却是没有尽头的。用有限的生命追求没有尽头的知识，就会使人疲倦困顿！既然如此还要去追求知识，只会更加的疲倦困顿！做善事不要有追求名利的想法，做恶事也不要使自己有遭受刑戮的危险。遵循自然之道并把它当作是常法，就能够保护自身，保全天性，养护双亲，享尽天年。

原文

庖丁[①]为文惠君解牛，手之所触[②]，肩之所倚[③]，足之所履，膝之所踦，砉然向然，奏刀騞[④]然，莫不中音，合于《桑林[⑤]》之舞，乃中《经首[⑥]》之会[⑦]。

文惠君曰："譆，善哉！技盖[⑧]至此乎？"

庖丁释刀对曰："臣之所好者道也，进乎技矣。始臣之解牛之时，所见无非全牛者。三年之后，未尝见全牛也。方今之时，臣以神遇而不以目视，官[⑨]知止而神欲行。依乎天理[⑩]，批[⑪]大郤，导大窾[⑫]，因[⑬]其固然，技经肯[⑭]綮[⑮]之未尝微碍，而况大軱乎！良庖岁更刀，割也；族[⑯]庖月更刀，折也。今臣之刀十九年矣，所解数千牛矣，而刀刃若新发于硎[⑰]。彼节者有间，而刀刃者无厚，以无厚入有间，恢恢乎其于游刃必有余地矣。是以十九年而刀刃若新发于硎。虽然，每至于族，吾见其难为，怵然[⑱]为戒，视为止，行为迟。动刀甚微，謋然已解，牛不知其死也，如土委地。提刀而立，为之四顾，为之踌躇满志，善[⑲]刀而藏之。"

文惠君曰："善哉！吾闻庖丁之言，得养生焉。"

注解

①庖丁：厨师。

②触：接触。

③倚：靠。

④砉、騞：拟声词。

⑤桑林：殷代的乐曲。

国学经典

庄子

⑥经首：尧时的音乐。

⑦会：节拍。

⑧盖：通“盍”，怎么。

⑨官：器官。

⑩天理：天然形成的纹理。理，纹理。

⑪批：击。

⑫窾：空。

⑬因：顺着。

⑭肯：连着骨头的肉。

⑮綮：骨肉连接紧密的地方。

⑯族：一般。

⑰硎：磨刀石。

⑱怵然：谨慎的样子。

⑲善：擦拭。

译文

一个叫做丁的厨师给文惠君解牛，他的手触及的地方，肩膀靠着的地方，脚踩着的地方，都砉砉地响，进刀的时候发出哗哗的声音，没有一个不合于音节的，能合得上桑林乐章的舞步，合于经首乐的节奏。

文惠君说：“啊，非常好！技术怎么能达到这种地步呢？”

庖丁放下刀回答说：“我爱好的是道，是比技术更高的东西。我刚开始杀牛的时候，眼睛里看见的不过是一头牛而已。三年之后，再也没见过完整的牛了。到现在，我是用心去体会而不是用眼睛看，眼睛停止作用但是心还在运行。按照牛天生的纹理，用刀劈大的缝隙，把刀引进骨头间空的地方，顺着牛的结构走下去；即使是经脉骨肉连着的地方都没有一点阻碍，更何况是大骨头呢！好厨师一年换一把刀，是因为他们是在割肉；一般的厨师一个月换一把刀，是因为他们在砍骨头。现在我这把刀已经用了十九年了，杀过的牛也已经有几千头了，而刀刃看起来好像还是刚在磨刀石上磨过的一样。牛骨节之间是有缝隙的，但是刀刃没有厚度，用没有厚度的东西插入有缝隙的骨节之间，刀刃运转肯定是有余地的啊。因此这把刀用了十九年了还好像刚从磨刀石上拿下来一样。虽然是这样，每次我遇到筋骨庞杂的地方，我见它比较难解，就小心谨慎，目光专注，动作缓慢。用刀十分轻微，牛被解开后，不知道自己已经死了，就好像是土堆在地上一样。我提着刀站立起来，向四方看一看，感到非常满意，就把刀擦干净收藏起来。”

文惠君说：“好啊！我听了庖丁说的话，也懂得了养生的道理。”

原文

公文轩[1]见右师[2]而惊曰：“是何人也？恶乎介[3]也？天与，其人与？”

曰：“天也，非人也。天之生是使独[4]也，人之貌有与也。以是知其天也，非人也。”

注解

①公文轩：人名，复姓公文，名轩，宋国人。

②右师：官名。

③介：只有一只脚的人。

④独：单独。

译文

公文轩看见右师时惊奇地说：“这是个什么人？怎么会只有一只脚呢？是天生的还是人为弄掉的呢？”

他回答说：“是天生的，不是人为的。天生就只有一只脚，人的外貌是上天赐予的。因此是天生的，不是人为的。”

原文

泽雉[1]十步一啄，百步一饮，不蕲[2]畜[3]乎樊[4]中。神虽王[5]，不善也。

注解

①泽雉：野鸡。

②蕲：祈求。

③畜：畜养。

④樊：牢笼。

⑤王：通“旺”，兴旺，旺盛。

译文

野鸡走十步才啄一口食，走百步才能喝到一口水，可是它一点也不希望被畜养在笼子里。在笼子里精神虽然很旺盛，但是一点儿都不自由。

原文

老聃[1]死，秦失[2]吊之，三号而出。弟子曰：“非夫子之友邪?”

曰：“然。”

“然则吊焉若此，可乎?”

曰：“然。始也吾以为其人也，而今非也。向[3]吾入而吊焉，有老者哭之，如哭其子，少者哭之，如哭其母。彼其所以会[4]之，必有不蕲言而言，不蕲哭而哭者。是遁天[5]倍情，忘其所受，古者谓之遁天之刑。适来，夫子时也；适去，夫子顺也。安时而处顺，哀乐不能入也，古者谓是帝之县解。”

指穷于为薪，火传也，不知其尽也。

注解

①老聃：老子，姓李名聃。

②秦失：人名，老聃的朋友。

③向：刚才。

④会：聚集。

⑤遁天：违背自然。遁，违背；天，自然。

译文

老聃死了，他的朋友秦失前来吊唁，大哭几声后就出来了。老聃的弟子们问："我们的老师不是你的朋友吗？"

秦失回答说："是的。"

弟子问："那么像你这样吊唁可以吗？"

秦失说："可以。原来我以为他是超于物外的人，但是现在我发现不是。刚才我进去吊唁的时候，有老人哭他像哭自己的儿子，有少年哭他像哭自己的母亲。他们这么悲伤地哭他，一定是不该说的话说了，不该哭的哭了。这是违背自然和情理的事情，忘记了我们所禀受于天的生命长短，这就是古人所说的违背天理。该来的时候，老聃应时而生；该去的时候，顺乎自然而死亡。应时而生又顺乎自然而死，悲哀和欢乐的情绪不能进入人的心中，古人把这叫做自然的解除倒悬。"

柴薪的燃烧是会有穷尽的，但是火种却能流传下去，没有尽头。

点评

本篇论述的是养生之道。“养生主”意为“养生的要领”。在庄子看来，养生之道重在顺应自然，忘却情感，不为外物所滞。庄子的思想中心，一为无所依凭、自由自在，一为反对人为、顺其自然，本篇尽管谈论的是养生，但本质上却是表达庄子的哲学思想和生活旨趣。

人间世

原文

颜回[①]见仲尼，请行。

曰：“奚之？”

曰：“将之卫。”

曰：“奚为焉？”

曰：“回闻卫君，其年壮，其行独[②]；轻用其国，而不见其过；轻用民死，死者以国量乎泽，若蕉，民其无如矣。回尝闻之夫子曰：‘治国去之，乱国就之，医门多疾。’愿以所闻思其则，庶几其国有瘳乎！”

仲尼曰：“譆！若殆[③]往而刑耳！夫道不欲杂，杂则多，多则

扰，扰则忧，忧而不救。古之至人，先存诸己而后存诸人。所存于己者未定，何暇至于暴人之所行！

“且若亦知夫德之所荡而知之所为出乎哉？德荡乎名，知出乎争。名也者，相轧也；知也者，争之器也。二者凶器，非所以尽行也。

“且德厚信矼，未达人气，名闻不争，未达人心。而强以仁义绳墨之言术暴人之前者，是以人恶有其美也，命之曰灾人。灾人者，人必反灾之，若殆为人灾夫！

“且苟为悦贤而恶不肖，恶用而求有以异？若唯无诏，王公必将乘人而斗其捷。而目将荧[④]之，而色将平之，口将营[⑤]之，容将形之，心且成之。是以火救火，以水救水，名之曰益多。顺始无穷，若殆以不信厚言，必死于暴人之前矣！

“且昔者桀杀关龙逢，纣杀王子比干，是皆修其身以下伛拊[⑥]人之民，以下拂其上者也，故其君因其修以挤之。是好名者也。

“昔者尧攻丛、枝、胥敖，禹攻有扈[⑦]，国为虚[⑧]厉，身为刑戮，其用兵不止，其求实无已，是皆求名实者也。而独不闻之乎？名实者，圣人之所不能胜也，而况若乎！虽然，若必有以也，尝[⑨]以语我来！”

注解

①颜回：人名，姓颜名回，字子渊，鲁国人，是孔子最得意的弟子。

②行独：独断，专断。

③殆：恐将。

④荧：迷惑。

⑤营：营救，解救，这里是指解脱。

⑥伛拊：爱护，抚爱。

⑦丛、枝、胥敖、有扈：古国名。

⑧虚：通“墟”，废墟。

⑨尝：尝试，试着。

译文

颜回去拜见孔子，向他辞行。

孔子说：“你要去哪里呢？”

颜回回答说：“我要去卫国。”

孔子又问：“去卫国做什么呢？”

颜回说：“我听说卫国的国君，年轻气盛，独断专行；处理国家政事非常轻率，但是自己却不知道自己的过错；轻易就去用兵而不知道珍惜百姓的生命，国家死的人就好像山泽中的小草不计其数，老百姓都失去了依靠。我曾经听您说过：‘离开治理得好的国家，到惑乱的国家里去，就好像医生门前有很多病人等待一样。’我希望能够实行我从您这里学到的东西，或许卫国能够治理好而使百姓免受疾苦吧！”

孔子说：“唉！恐怕你去了那就会遭受杀害啊！道是不能够杂乱的，杂乱的话事情就会很多，事情多就会扰乱人心，人心乱了就会有忧患，有忧患自己也没有办法解救了。古代修养极高的人，都是先使自己充实，然后再去帮助他人。自己的修行还不够充实，哪里有能力去管别人的残暴行为啊！

“而且，你也知道道德丢失而智慧显露的原因吧？道德丢失是因为去追逐名声，智慧显露是因为争论是非。名声使人们互相倾轧，智慧使人们互相争论。它们俩都是凶器，不能在世上尽行。

“而且，一个人虽然德行诚实淳厚，但是还不能够达到使别人了解的程度，即使不和别人争名声，也不能够使别人明白自己。假如勉强残暴的人听关于仁义道德的言论，他会认为你是揭露他的过失来显示自己的美德，因为你是害人的。害人的人，别人肯定会反过来害他，你恐怕会被别人害了！

“如果说卫国的国君喜爱贤人、厌恶不肖之徒的话，哪里还用你显示和别人的不同呢？除非你不向他进谏，不然国君一定会抓你说的漏洞展示他的辩才。这时候你会感到迷惑，面色平静，嘴巴里只知道解救自己，于是外表和内心都将迁就他。这就是用火来救火用水去救水，反而会使水火越大。有了顺从他的开始，以后就会没完没了地顺从他，假如他还不相信你的忠诚之言，你就会死在暴人的前面了！

“从前桀杀死关龙逢，纣王杀死比干，都是因为他们修养自己的德行对下体恤百姓，但是对上却违逆了君王的猜忌，因此，桀和纣王就因为他们德行高尚排挤杀害他们。这就是追求名声的结果。

“从前尧进攻丛、枝、胥敖，大禹进攻有扈国，使这几个国家都变成废墟，国君也被杀死，是因为他们不断地用兵，无休止地追逐利益，这都是追求名利的结果。你难道没有听说过吗？名声和利益，即使是圣人也没有办法战胜它们，更何况是你呢？虽然这么说，但是你肯定有好的想法，试着说给我听听吧！”

原文

颜回曰：“端而虚[①]，勉[②]而一，则可乎？”

曰：“恶，恶可！夫以阳为充孔[③]扬，采色不定[④]，常人之所不违，因案人之所感，以求容与其心。名之曰日渐之德不成，而况大德乎！将执[⑤]而不化，外合而内不訾。其庸讵可乎！”

“然则我内直而外曲，成而上比。内直者，与天为徒。与天为徒者，知天子之与己皆天之所子。而独以己言蕲乎而人善之，蕲乎而人不善之邪？若然者，人谓之童子[⑥]，是之谓与天为徒。外曲者，与人之为徒也。擎跽曲拳，人臣之礼也，人皆为之，吾敢不为邪？为人之所为者，人亦无疵[⑦]焉，是之谓与人为徒。成而上比者，与古为徒。其言虽教，谪之实也，古之有也，非吾有也。若然者，虽直而不病，是之谓与古为徒。若是则可乎？”

仲尼曰：“恶，恶可！大多政法而不谍，虽固亦无罪。虽然，止是耳矣，夫胡可以及化！犹师心[⑧]者也。”

注解

①端而虚：端庄正派，内心谦虚。

②勉：勤勉。

③孔：很，非常。

④采色不定：面部表情变化无常。

⑤执：固执。

⑥童子：尚没有失去自然天性的孩子。

⑦疵：缺点，此处指诽谤。

⑧师心：把自己的心当作老师。

译文

颜回说："如果外表端庄正派内心又谦虚，始终勤勉专一，这样可以吗？"

孔子说："不行，这怎么可以呢？卫国的国王表现得非常阳刚骄横，面部表情变化无常，平常的人都不去违抗他，他压抑别人的感觉来求得自己内心的舒适。这种人即使每天用小德去感化他都不会有成效，更何况是用大道去感化他呢！他固执不开化，即使是表面赞同心里也不会同意。你所说的怎么可以呢？"

颜回又说："那么我就内心正直表面上委曲求全吧，内心有主见并和古代圣贤作比较。内心正直的，和自然是一类的。和自然是一类的人，知道君王和自己都是自然所生的。那么何必期望自己所说的话被大家都称赞是好的，又何必在乎别人指责自己说得不对呢？像这样的话，别人就把我认为是'童子'了，就和自然是一类的了。外表委曲求全，就和平常人是一类的了。执笏下跪，这是作为人臣应有的礼节，世人都是这么做的，我又怎么能不这样做呢？做别人所做的，大家就不会责难了，这就叫做和世人一类。内心有主见并和古代圣贤作比较，是和古人同类的。那样我所说的话虽然是教育别人的，但是这些话都是有依据的，古代就有，并不是我自己造的。像这样，即使说话直率也不会被怨恨，这就叫做和古时同类。这样可以吗？”

孔子说：“不，不可以！要去纠正人家的方法太多就会不稳妥。这些方法虽然固陋但是可以免去自己的罪。然而，也只是如此而已，他怎么能够被感化呢？你还是过于执着自己的成见了。”

原文

颜回曰：“吾无以进矣，敢问其方。”

仲尼曰：“斋[1]，吾将语若！有心而为之，其易邪？易之者，皞天不宜。”

颜回曰：“回之家贫，唯不饮酒、不茹荤者数月矣。若此，则可以为斋乎？”

曰：“是祭祀之斋，非心斋也。”

回曰：“敢问心斋。”

仲尼曰：“若一志，无听之以耳而听之以心，无听之以心而听之以气。听止于耳，心止于符[2]。气也者，虚而待物者也。唯道集虚。虚者，心斋也。”

颜回曰：“回之未始得使，实自回也；得使之也，未始有回也，可谓虚乎？”

夫子曰：“尽矣。吾语若：若能入游其樊而无感其名，入则鸣，不入则止。无门无毒，一宅而寓于不得已，则几矣。绝迹易，无行地难。为人使易以伪，为天使难以伪。闻以有翼飞者矣，未闻以无翼飞者也；闻以有知知者矣，未闻以无知知者也。瞻彼阕者，虚室[3]生白[4]，吉祥止止。夫且不止，是之谓坐驰。夫徇耳目内通而外于心知，鬼神将来舍，而况人乎！是万物之化也，禹、舜之所纽[5]也，伏羲、几蘧之所行终，而况散[6]焉者乎！”

注解

①斋：斋戒，此处指平心静气。

②符：符合。

③虚室：空灵纯洁的心态。

④白：洁净，纯净。

⑤纽：枢纽。

⑥散：疏散，这里指普通的。

译文

颜回说："我没有更好的方法了，请问还有什么方法吗？"

孔子说："你先去斋戒，然后我再告诉你！难道有心去做事情，就会那样容易吗？如果认为容易的话，那就和自然的道理不合了。"

颜回回答说："我家很贫困，已经有几个月没有喝过酒吃过肉了。这样算不算是斋戒呢？"

孔子说："你这是祭祀的斋戒，不是心斋。"

颜回说："请问什么是心斋呢？"

孔子说："使你的心志专一，不要用耳朵去听，而是要去用心体会；不仅要用心去体会，还要用气息去感受。耳朵的作用只是听，心的作用只是去体会而与外物符合。气息就是空虚而能容纳事物。大道都是集于虚明的。虚明就是指心斋。"

颜回说："我在还没有听到有关心斋教诲的时候，确实有一个自我存在；听到关于心斋的教诲以后，再没有自我的存在了，这样可以叫做虚明吗？"

孔子说："完整了！我告诉你，如果你能够在樊篱之中遨游而不为名利所动，能够接受你的观点你就说，不接受就不要说。不去营求什么，心思凝聚去除杂念，处理事务于不得已，这样就差不多了。不走路容易，走路不在地上留下痕迹就很困难了。被情所驱容易作伪，顺其自然而行就难以作伪了。我听说过有翅膀才能飞翔的，没听说过没有翅膀也能飞翔的；只听说过能用心智取得知识，没有听说过不用心智也能取得知识的。关照虚明的心境，虚空的心境能够生出纯洁的光芒，吉祥福善的事情都会聚集心中。假如心境不平静，就是坐在那儿思想也还在飞驰。要使耳朵和眼睛通达于内，把心机排出去，鬼神都会过来依附于你，更何况是人呢！这样的话万事万物都可以被感化，这是禹、舜治世的关键所在，伏羲、几蘧行为所遵从的准则，更何况是普通人呢！”

原文

叶公子高[①]将使于齐，问于仲尼曰：“王使诸梁也甚重，齐之待使者，盖将甚敬而不急。匹夫犹未可动，而况诸侯乎！吾甚慄之。子常语诸梁也，曰：‘凡事若小若大，寡不道以欢成。事若不成，则必有人道之患；事若成，则必有阴阳之患。若成若不成而后无患者，唯有德者能之。’吾食也执粗[②]而不臧，爨[③]无欲清之人。今吾朝受命而夕饮冰，我其内热与！吾未至乎事之情，而既有阴阳之患矣；事若不成，必有人道之患。是两也，为人臣者不足以任[④]之，子其有以语我来！”

仲尼曰：“天下有大戒二：其一命也，其一义也。子之爱亲，命也，不可解于心；臣之事君，义也，无适而非君也，无所逃于天地之间。是之谓大戒。是以夫事其亲者，不择地而安之，孝之至也；夫事其君者，不择事而安之，忠之盛也；自事其心者，哀乐不易施[⑤]乎前，知其不可奈何而安之若命，德之至也。为人臣子者，固有所不得已。行事之情而忘其身，何暇至于悦生而恶死！夫子其行可矣！

“丘请复以所闻：凡交，近则必相靡以信，远则必忠之以言，言必或传之。夫传两喜两怒之言，天下之难者也。夫两喜必多溢美之言，两怒必多溢[⑥]恶之言。凡溢之类妄[⑦]，妄则其信之也莫，莫则

传言者殃。故《法言》曰：‘传其常情，无传其溢言，则几乎全。’

“且以巧斗力者，始乎阳，常卒乎阴，大至则多奇巧；以礼饮酒者，始乎治[⑧]，常卒乎乱，泰至则多奇乐。凡事亦然。始乎谅，常卒乎鄙；其作始也简，其将毕也必巨。夫言者，风波也；行者，实丧也。夫风波易以动，实丧易以危。故忿设无由，巧言偏[⑨]辞。兽死不择音，气息茀然，于是并生心厉。剋核大至，则必有不肖之心应之，而不知其然也。苟为不知其然也，孰知其所终！故《法言》曰：‘无迁[⑩]令，无劝[⑪]成，过度益也。’迁令劝成殆[⑫]事，美成在久，恶成不及改，可不慎与！且夫乘物以游心，托不得已以养中，至矣。何作为报也！莫若为致命，此其难者[⑬]。”

注解

①叶公子高：人名，姓沈名诸梁，字子高，楚国的大夫，被封于叶。

②执粗：食用粗茶淡饭。

③爨：烹煮食物，这里是指厨师。

④任：承担。

⑤施：改变。

⑥溢：满溢。

⑦妄：虚妄。

⑧治：合乎常理。

⑨偏：片面。

⑩迁：变迁。

⑪劝：劝勉，勉励。

⑫殆：危险，祸患。

⑬难者：“不难者”之误。

译文

叶公子高将要出使齐国，他问孔子："楚王交给我的任务非常重大，齐国对待来使，表面上非常恭敬实际上却怠慢。平常人尚且不能被说动，何况是诸侯呢？我非常害怕。您经常对我说：'无论事情的大小，不合于道有好结果的事情是非常少的。事情如果没有办成，一定会受到国君的惩罚；如果事情办成功，那么阴阳失调就一定会得病。无论事情成与不成都没有后患，只有道德高尚的人才能够做到。'我平常都吃粗茶淡饭不追求精致，家中没有追求清凉的人。现在我早上接到命令晚上就要喝冰水了，我是内心焦灼了吧！我还没有了解到事情究竟是怎么回事，就已经是阴阳失调而导致患病；事情如果办不成功，一定会遭受到国君的惩罚。这两种灾难降临在身上，做人臣子的实在承担不起，先生您可以教导我吗？"

孔子说："世界上有两个可以为戒的大法，一个是天命，一个是人的道义。子女亲近父母，这是人的天性，不能解释的；臣子侍奉君主，这是不得不然的。任何国家都不能没有国君的统治，这是没有办法逃脱的。这就是可以为戒的大法。因此子女奉养双亲，无论何种境地都要使父母生活舒适，这是孝顺到了极点；臣子侍奉君王，无论如何都要安然处之，这是忠诚到了极点；从事修养自心的人，不受喜怒哀乐的束缚，知道事情的艰难没有办法改变就安心去做，这是德行高到了极点。做人臣子的，固然会有不得已的事情，但是能够认真做事而忘了自己的存在，这样哪里会有贪生和怕死的念头呢？你如果能这样做就行了！

"我再把我听到的告诉你：凡是国家与国家之间的交往，距离近的话就用诚信来往，远的就用忠诚的语言，这些语言肯定要靠使者传递。传递两个国君喜怒的语言，是天底下最难做的事情了。如果是两个国君高兴的话必定会再增加一些赞美的言辞，如果是愤怒的语言一定会再添加一些坏话。凡是添加的这些话都是虚妄的，虚妄的话两国国君就都不会相信，不相信的话，传话的使者就要遭殃了。因此古代的格言说：'要传达真正的言辞，不要传达那些虚妄的话，这样就可以保全自己了。'

“那些用机巧互相争斗的人，开始的时候明着斗，到最后就会使用阴谋，更过分的就会运用诡计；按照礼数喝酒的人，刚开始的时候还规规矩矩，到最后就会混乱迷茫，到极点就会狂乐了。任何事情都是这个样子的。开始的时候互相谅解，到最后就敲诈欺骗了；开始的时候简单，结束的时候就会大而艰难了。言语就好像是风波，传递言语就会有得有失。风波容易被吹动，得失容易产生灾难。因此，愤怒的产生是没有原因的，就是因为花言巧语和偏激的言词。野兽要死的时候不辨声音的乱叫，忽然发怒就产生要伤人的恶念头了。过分的苛责别人时，别人一定会产生恶念去报复他，但是他自己还不知道是为什么呢。如果自己都不知道怎么回事，谁知道它的结果呢！因此，古代的格言说：‘不要改变自己接受的命令，不要强求成功，过度就会满溢。’改变命令强求成功是一件危险的事情，完成一件好事需要很长的时间，做坏事后悔也来不及，不能不谨慎！顺应事物的自然发展使心情舒畅，把事情寄托于不得已而畜养心中的精气，这就是最好的。何必去完成君王的使命呢？不如顺应自然的分际，这也是非常困难的。”

原文

颜阖[①]将傅卫灵公太子，而问于蘧伯玉[②]曰：“有人于此，其德天杀[③]。与之为无方[④]，则危吾国；与之为有方，则危吾身。其知适足以知人之过，而不知其所以过。若然者，吾奈之何？”

蘧伯玉曰：“善哉问乎！戒之，慎之，正汝身也哉！形莫若就，心莫若和[⑤]。虽然，之二者有患。就不欲入，和不欲出[⑥]。形就而入，且为颠为灭，为崩为蹶。心和而出，且为声为名，为妖为孽。彼且为婴儿，亦与之为婴儿；彼且为无町畦，亦与之为无町畦；彼且为无崖，亦与之为无崖。达之，入于无疵[⑦]。

“汝不知夫螳螂乎？怒其臂以当车辙，不知其不胜任也，是其才之美者也。戒之，慎之，积伐[⑧]而美者以犯之，几矣。

“汝不知夫养虎者乎？不敢以生物与之，为其杀之之怒也；不

敢以全物与之，为其决之之怒也；时其饥饱，达其怒心。虎之与人异类而媚养己者，顺也；故其杀者，逆也。

“夫爱马者，以筐盛矢，以蜄盛溺。适有蚊虻仆缘，而拊⑨之不时，则缺衔毁首碎胸。意有所至而爱有所亡，可不慎邪！”

注解

①颜阖：人名，鲁国的贤人。

②蘧伯玉：人名，姓蘧名瑗，字伯玉，卫国的大夫。

③天杀：天性刻薄顽劣。

④方：法度。

⑤和：调和。

⑥出：显露。

⑦疵：瑕疵。

⑧伐：炫耀，夸耀。

⑨拊：拍击。

译文

颜阖即将去给卫国的太子做师傅了，他去向蘧伯玉请教说：“有一个这样的人，他天生残酷顽劣。如果顺应他，我们的国家就会有危害；如果用法度来约束他，就会危及我自己。他的聪明才智足够认识到别人所犯的过错，但却不知道自己所犯的过错。像这样的情况，我应该怎么办呢？”

蘧伯玉答：“你问得好！一定要小心谨慎，稳定你的自身！外表不如表现出亲近的神态，而内心里要有引导之意。即使这样，还是有隐患的。亲近他也不能太过分，引导他的时候也不要太明显。如果过于亲近他，就会颠覆失败。引导他太过明显的话，就会被误认为是为了名声，而带来灾祸。如果他像婴儿一样单纯，你也顺应他像婴儿一样单纯；如果他和你不分界线，那么你和他也不要分界线；如果他无拘无束的样子，那么你也随着他一样无拘无束。如果能像这样引导他，就会把他引到没有过失的路上来。

“你不知道螳螂吗？它奋力地举起自己的手臂去阻挡车轮的前进，却不知道自己的力量不能够承担，是因为把它自己的才智看得太高了。要小心谨慎，如果经常夸耀自己的才能惹怒他的话，那就很危险。

“你不知道那些饲养老虎的人吗？他们不敢用活物喂老虎，怕老虎捕食活物时会激起它残杀的天性；不敢用完整的食物喂它吃，怕激起它残杀的天性；知道它饥饱的时刻，就顺着它喜怒的性情。老虎和人不是同类，老虎却能驯服于喂养它的人，因为能顺着它的性情；而老虎之所以要去伤人，是因为悖逆了它的性情。

“那些喜爱马的人，用竹筐去接马的粪便，用珍贵的器具去盛马尿。恰巧有蚊子牛虻叮咬马的身体，爱马的人就常常出其不意去拍蚊子牛虻，马却会因为受惊而咬坏口勒、毁掉头部和胸前的辔头。本意是对马好，但结果却恰恰相反，能不小心谨慎吗？”

原文

匠石[①]之齐，至于曲辕，见栎社树。其大蔽数千牛，絜[②]之百围，其高临山，十仞而后有枝，其可以为舟者旁十数。观者如市，匠伯不顾，遂行不辍[③]。

弟子厌观[④]之，走及匠石，曰：“自吾执斧斤以随夫子，未尝见材如此其美也。先生不肯视，行不辍，何邪？”

曰：“已矣，勿言之矣！散木也，以为舟则沉，以为棺椁则速腐，以为器则速毁，以为门户则液樠，以为柱则蠹[⑤]，是不材之木也，无所可用，故能若是之寿。”

匠石归，栎社见梦曰：“汝将恶乎比予哉？若将比予于文木邪？夫柤梨橘柚，果蓏之属，实熟则剥，剥则辱；大枝折，小枝泄。此以其能苦其生者也，故不终其天年而中道夭，自掊[⑥]击于世俗者也。

物莫不若是。且予求无所可用久矣，几死，乃今得之，为予大用。使予也而有用，且得有此大也邪？且也若与予也皆物也，奈何哉其相物也？而几死之散人，又恶知散木！"

匠石觉而诊其梦。弟子曰："趣[⑦]取无用，则为社何邪？"

曰："密！若无言！彼亦直寄焉，以为不知己者诟厉[⑧]也。不为社者，且几有翦乎！且也彼其所保与众异，而以义喻之，不亦远乎！"

注解

①匠石：名字叫石的木匠。

②絜：测量。

③辍：停止。

④厌观：看够。

⑤蠹：被蛀虫咬坏。

⑥掊：打破。

⑦趣：情趣。

⑧诟厉：谩骂。

译文

有个叫石的木匠要到齐国去，走到曲辕时，看见一棵被人们当作社神的栎树。这棵树大到能够供数千头牛乘凉，测量一下它的树干有百尺那么粗，树身高到了山头，几丈以上又生出树枝，能够用来造船的旁枝就有十几枝。前来欣赏的人就像集市一样，但匠石却没看一眼，仍旧不停地往前走。

他的弟子站在那儿看了个够，跑着追上匠石的时候说："自从我开始拿起斧头追随您以来，还没有见过这么好的木材。但您却没有看一眼，不停地往前走，这是为什么呢？”

匠石说：“停止吧，不要再说了。那是没有用的散木，用它做成船会沉没，做成棺材很快就会腐烂，做成器具很快会被折坏，用它做成门户会流出浆来，用它做屋柱会被虫子蛀掉，是不成材的木头，没有什么用处，因此才能有如此长的寿命。”

匠石回到家以后，夜里梦见那棵被当作社神的栎树对他说：“你要用什么东西和我对比呢？你要把我和那些有用的文木比较吗？那些山楂梨橘子柚子瓜果之类的树，果实成熟后会被摘掉，摘掉就会被扭折；大的树枝被折断，小的树枝被拽下来。都是因为有才能而使自己一生受苦，还不能享受天年中途就夭折了，都是因为自己有用途才招来世俗的打击。事物没有不是这样的。我寻求使自己没用的方法已经很久了，几乎被砍死，到现在才算保全了自己的性命，这正是我最大的用处。假如我有用处，我还能够长这么大吗？而且你和我都是物，为什么你要这样看待物呢？你是将要死的散人，又怎能知道没用的散木呢！”

匠石醒来后就把自己做的梦告诉了弟子。弟子说：“它意在追求没有用处，为什么还要做社神呢？”

匠石说：“停止！你不要再说了！栎树只不过是寄托于社而已。不理解它的人非议它，如果它不做社树，不就要遭到砍伐之害了吗？并且它用来保全自己的方式和别的树不一样，你只是按照常理来度量它，不是相差得太远了吗？”

原文

南伯子綦[①]游乎商之丘[②]，见大木焉，有异，结驷[③]千乘，隐将芘[④]其所藾。

子綦曰：“此何木也哉？此必有异材夫？”仰而视其细枝，则拳曲而不可以为栋梁；俯而视其大根[⑤]，则轴解而不可以为棺椁；咶其叶，则口烂而为伤；嗅之，则使人狂酲[⑥]，三日而不已。子綦曰：

“此果不材之木也，以至于此其大也。嗟乎神人，以此不材！”

宋有荆氏[7]者，宜楸柏桑。其拱把而上者，求狙猴之杙者斩之；三围四围，求高名之丽者斩之；七围八围，贵人富商之家求椫傍者斩之。故未终其天年，而中道之夭于斧斤，此材之患也。故解之以牛之白颡者与豚之亢鼻者，与人有痔病者不可以适河。此皆巫祝[8]以知之矣，所以为不祥也。此乃神人之所以为大祥也。

注解

①南伯子綦：人名，就是《齐物论》中的南郭子綦。

②商之丘：地名，现在的河南商丘。

③驷：四匹马拉的车。

④芘：隐蔽。

⑤大根：树干。

⑥酲：酒醉。

⑦荆氏：地名，位于宋国境内。

⑧巫祝：巫师。

译文

南伯子綦在商丘游玩，看见一棵与众不同的大树，可以让上千乘马车在树下乘凉歇息。

子綦说：“这是棵什么树啊？一定有奇特的材质啊！”他抬起头看大树的细枝，只见它们弯弯曲曲地不能够用来做栋梁；再看它的大树干，只见木头纹理稀疏也不能够做棺材；用舌头舔一下树叶，嘴巴就会溃烂受伤；闻一闻，就能使人大醉三天醒不过来。子綦说：“这果真是不能成材的树木，所以才能长得这么大。唉！神人就是这样显示不才来保全自己的。”

宋国的荆氏这个地方，适合种植楸树、柏树和桑树。树干长到两手掌合抱那么粗的时候，想用做系猴子木桩的人就把它砍掉了；长到三四围粗的时候，想用来做高大屋梁的人就把它砍掉了；长到七八围粗的时候，富贵人家想用来做棺材的就把它砍掉了。因此不能够享尽天年就会中途夭折在斧头之下，这就是有用的祸患。因此，古时祭祀神灵的时候，凡是白额头的牛，和鼻孔朝天的猪以及长痔疮的人，都不能够用来祭河神，这是巫师都知道的，他们认为那是不吉祥的。但这是神人认为最吉祥的。

原文

支离疏[①]者，颐[②]隐于齐[③]，肩高于顶[④]，会撮[⑤]指天，五管在上，两髀为胁。挫针治繲，足以糊口；鼓筴[⑥]播精，足以食十人。上征武士，则支离攘臂而游于其间；上有大役，则支离以有常疾不受功；上与病者粟，则受三钟[⑦]与十束薪。夫支离其形者，犹足以养其身，终其天年，又况支离其德者乎！

注解

①支离疏：虚构的形体不健全的人物。

②颐：面部。

③齐：通“脐”，指肚脐。

④顶：头顶。

⑤会撮：发髻。

⑥筴：箕。

⑦钟：计量单位。

译文

有一个叫做支离疏的形体不健全的人，他的脸藏在肚脐的下面，肩膀比头顶还高，发髻朝天，五脏的血管向上，两条大腿和肋骨长在一起。他靠替人缝补衣衫来糊口度日；用簸箕筛米，能够养活十个人。国家征兵的时候，支离疏就捋着袖子在中间走来走去；国家要征劳役的时候，他会因为残疾而免于被征；国君要救济贫困的时候，他能够领到三钟米和十捆柴。身体有残疾的人，还能够养活自己，使自己安享天年，更何况忘记道德的人呢！

原文

孔子适[1]楚，楚狂接舆游其门曰："凤兮凤兮，何如德之衰也！来世不可待，往世不可追也。天下有道，圣人成[2]焉；天下无道，圣人生[3]焉。方今之时，仅免刑焉。福轻乎羽，莫之知载；祸重乎地，莫之知避。已乎已乎，临人以德！殆乎殆乎，画地而趋！迷阳[4]迷阳，无伤吾行！吾行郤曲，无伤吾足！"

注解

①适：去。

②成：成就。

③生：保全自己的生命。

④迷阳：荆棘。

译文

孔子来到楚国，楚国的狂人接舆走到孔子门前的时候唱道："凤啊！凤啊！你的德行怎么会衰退！来世是不能期待的，过去了的时光不能再回来。天下有道，圣人能够成就自己的事业；天下无道，圣人就只能保全自己的生命。现在这个时候，只能免遭受刑戮的伤害。幸福是比羽毛还要轻的，却不知道如何能够获得；灾难是比大地还要重的，但是却不知道怎样去躲避。罢了！罢了！不要在别人的面前显示自己的德行了。危险！危险！选择地块而走。荆棘啊！荆棘啊！不要阻挡我前进的路径。转个弯走，转个弯走，不要弄伤了自己的脚。"

原文

山木自寇①也，膏火自煎②也。桂可食，故伐之；漆可用，故割之。人皆知有用之用，而莫知无用之用也。

注解

①自寇：自己招来砍伐的祸害。

②自煎：自己招来煎熬的祸害。

译文

山上的树木自己招来被砍伐的祸害，膏火自己招来煎熬的灾难。桂皮因为可以吃，所以就遭到砍伐；漆树因为可以用，所以就要遭受刀割的祸害。人们都知道它们有用的用处，却没有人知道无用的用处。

点评

《人间世》探讨的是处世之道，既阐述了庄子处人与自处的人生态度，也表明了庄子的处世哲学。

全文分为前后两部分，前一部分至“可不惧邪”，以下为后一部分。

前一部分通过三个故事来说明处世之难，因此不可不慎，以及如何应付艰难世事的方法。

后一部分着重阐释“无用”即是有用的观点，举出树木不成材却终享天年，支离疏身负残疾却避灾免祸来证明。

前后两部分是互补关系，因世事艰难故而推出“无用”之用的观点，“无用”之用恰是“虚以待物”之体现。“无用”之用表明了庄子“虚无”的人生态度，然而也充满了辩证法思想，有用与无用是客观的存在，然而也是矛盾对立的，并且在特定情况下还会相互转化。

德充符

原文

鲁有兀[①]者王骀[②]，从之游者，与仲尼相若。常季[③]问于仲尼曰：“王骀，兀者也，从之游者，与夫子中分鲁。立不教，坐不议，虚而往，实而归。固有不言之教，无形而心成者邪？是何人也？”

仲尼曰：“夫子，圣人也，丘也直后而未往耳。丘将以为师，而况不若丘者乎！奚假鲁国，丘将引天下而与从之。”

常季曰："彼兀者也，而王先生，其与庸[4]亦远矣。若然[5]者，其用心也独若之何？"

仲尼曰："死生亦大矣，而不得与之变，虽天地覆坠，亦将不与之遗。审[6]乎无假而不与物迁，命物之化而守其宗也。"

常季曰："何谓也？"

仲尼曰："自其异者视之，肝胆楚越也；自其同者视之，万物皆一也。夫若然者，且不知耳目之所宜，而游心[7]乎德之和；物视其所一而不见其所丧[8]，视丧其足犹遗土也。"

常季曰："彼为己，以其知得其心，以其心得其常心，物何为最[9]之哉？"

仲尼曰："人莫鉴于流水，而鉴于止水，唯止能止众止。受命于地，唯松柏独也在冬夏青青；受命于天，唯尧、舜独也正，在万物之首。幸能正生，以正众生。夫保始之征[10]，不惧之实。勇士一人，雄入于九军。将求名而能自要者，而犹若是，而况官天地，府万物[11]，直寓六骸，象耳目，一知之所知而心未尝死者乎！彼且择日而登假，人则从是也。彼且何肯以物为事乎！"

注解

①兀：独脚的人，与前文中"介"同。

②王骀：虚构的人物。

③常季：孔子的弟子，鲁国的贤人。

④庸：平庸，指一般的人。

⑤若然：像这个样子。

⑥审：审明。

⑦游心：心灵遨游。

⑧丧：丧失。

⑨最：聚集。

⑩征：应验。

⑪官天地，府万物：官、府，名词用作动词。

译文

鲁国有个独脚的人叫王骀，向他求学的人和向孔子求学的人一样多。常季问孔子："王骀是个独脚的人，而在鲁国向他求学的人却和向您求学的人一样多。他站着的时候不教育人，坐着的时候也不发表议论，向他求学的人初学时感到很空，却能够满载而归。难道真的有不需要用语言教导，潜移默化中就能感化别人的吗？这是什么样的人呢？"

孔子说："他是一位圣人，我也是落在他的后面却没有前去拜访过呢！我也即将拜他为老师，更何况那些不如我的人呢！不仅是在鲁国，我将要引导天下的人向他学习。"

常季说："他是一个断了一只脚的人，却能够胜过您，他一定比普通人要深远很多。如果是这样的话，他是怎样运用自己与众不同的心志的呢？"

孔子说："死生是很大的事情了，但却不能够影响到他，即使是天翻地覆，他也不会随着这些遗落毁灭。他处于无所待的境界而不受万物变迁的影响，主宰事物的变化，执守万物应坚守的准则。"

常季问："这是什么意思呢？"

孔子说："从事物的差异方面去看，肝和胆就像楚国和越国一样；从它们相同的方面去看，万事万物都是一样的。如果了解了这一点，就不会知道眼睛和耳朵适合什么样的颜色和声音了，而让心灵在德行和谐的环境中自由自在地遨游；看事物看到它们相同的一面就不会失去什么，看见自己断了一只脚就好像掉了块泥巴一样。"

常季说："王骀修养自身，是在用他的智慧分析理解分别一切的心，然后用自己的心理推究得出符合天道的常心，大家为什么会归附他呢？"

孔子说："人不在水流动的时候照影子，而是在水静止时照影子，只有静止的事物才能让万物静止。从大地接受生命，只有松树和柏树得到了自然的正气，因而能够无论冬夏都青翠；接受生命于天，只有尧和舜得到了性命的正气，因而成为万物的首领。所幸他们都能端正自己，因此才能够引导众人。假如能够保全刚开始的经验，勇士无所畏惧的品质，就能冲进千军万马中。将士追求名声尚且要求自己做到这样，更何况是天地的长官，包容万事万物，将身体当作寄居的地方，把耳朵和眼睛所听所见当作幻象，仅凭一个人的智慧就能明白众人所能想得到而精神世界从未想到过死的人呢？他将会择日超脱物外，因而众人都会追随他。他怎么会把吸引众人当作自己的事情呢！”

原文

申徒嘉[1]，兀者也，而与郑子产[2]同师于伯昏无人[3]。子产谓申徒嘉曰：“我先出则子止，子先出则我止。”

其明日，又与合堂同席而坐。子产谓申徒嘉曰：“我先出则子止，子先出则我止。今我将出，子可以止乎，其未邪？且子见执政而不违[4]，子齐执政乎？”

申徒嘉曰：“先生之门，固有执政焉如此哉？子而悦子之执政而后人[5]者也？闻之曰：‘鉴明则尘垢不止，止则不明也。久与贤人处则无过。’今子之所取大者，先生也，而犹出言若是，不亦过乎！”

子产曰：“子既若是矣，犹与尧争善，计子之德，不足以自反邪？”

申徒嘉曰：“自状其过，以不当亡者众，不状其过，以不当存者寡，知不可奈何，而安之若命，唯有德者能之。游于羿[6]之彀[7]

中，中央者，中地也，然而不中者，命也。人以其全足笑吾不全足者多矣，我怫然而怒；而适先生之所，则废然而反。不知先生之洗我以善邪？吾与夫子游十九年矣，而未尝知吾兀者也。今子与我游于形骸之内，而子索我于形骸之外，不亦过乎！”

子产蹴然[8]改容更貌曰：“子无乃称！”

注解

①申徒嘉：人名，姓申徒名嘉，郑国人。

②郑子产：人名，复姓公孙名侨，字子产，郑国的大夫。

③伯昏无人：虚构人物。

④违：避讳。

⑤后人：瞧不起别人。

⑥羿：俗称后羿，神话传说中射日的人。

⑦彀：箭射出的范围。

⑧蹴然：因羞愧而紧张不安的样子。

译文

申徒嘉是个独脚的人，他和郑子产一起向伯昏无人求学。子产对申徒嘉说：“如果我先出去你就停下来，如果你先出去我就停下来。”

到第二天，他们又合堂坐在一张席子上。子产对申徒嘉说：“如果我先出去你就停下来，如果你先出去我就停下来。我现在要出去了，你能在这儿停一下吗？还是不停呢？而且你见了我这个执政大臣也不回避，你以为自己也是在执政吗？”

申徒嘉回答说：“先生的门下，有像你这样执政的吗？你显摆自己的执政就看不起人吗？我听说：‘镜子明亮上面就不会有灰尘，有灰尘的话就不明亮。如果能长期和贤能的人交往，自己就不会犯过失。’现在你是来向先生求学修养自身的，说出这种话，难道不过分吗？”

子产说：“你已经是这样了，还要去和尧争善，估量一下自己的德行，你还不够自我反省吗？”

申徒嘉说：“一个人辩解自己的错误，认为自身不应当残缺的人很多，自身残缺后，不辩解自己的过失，认为自己不应当健全的人很少。知道对事情的无奈能安于命运的，只有有德的人才能够做到。在后羿的射程之内，正中间的地方，进入了必然能被射中的地方，但却没有射中，这是命。因为自己有两只脚就嘲笑只有一只脚的人很多，我非常愤怒；但是到了先生这里，怒气就消失了。这难道不是先生用善道洗净我的心灵吗？我向先生求学已经十九年了，先生从没有觉得我是个只有一只脚的人。现在你与我以德相交，但是你却要用我的外表来衡量我，不是过分吗？”

子产感到羞愧，改变脸色说：“请不要说下去了。”

原文

鲁有兀者叔山无趾[1]，踵[2]见仲尼。仲尼曰：“子不谨，前既犯患若是矣。虽今来，何及矣！”

无趾曰：“吾唯不知务而轻用吾身，吾是以亡足。今吾来也，犹有尊足者存，吾是以务全之也。夫天无不覆，地无不载，吾以夫子为天地，安知夫子之犹若是也！”

孔子曰：“丘则陋[3]矣。夫子胡不入乎，请讲以所闻！”

无趾出。孔子曰：“弟子勉之！夫无趾，兀者也，犹务学以复补前行之恶，而况全德之人乎！”

无趾语老聃曰：“孔丘之于至人，其未邪？彼何宾宾以学子为？彼且蕲以諔诡幻怪之名闻，不知至人之以是为己桎梏[4]邪？”

老聃曰：“胡不直使彼以死生为一条，以可不可为一贯者，解其桎梏，其可乎？”

无趾曰：“天刑之，安[5]可解！”

注解

①叔山无趾：虚构的人物，因为遭到刖刑所以称为无趾。

②踵：脚后跟，此处指用脚后跟走路。

③陋：浅陋。

④桎梏：束缚。

⑤安：如何。

译文

鲁国有个被砍去脚趾的人叫做叔山无趾，他踮着脚后跟去拜见孔子。孔子说："因为你不谨慎，所以犯了过错遭受这样的惩罚。即使现在来求教，怎么能够来得及呢！"

无趾说："我因为不明白事理所以轻率作践自身，因此才失去了脚趾。现在我来，是因为还存有比脚趾更贵重的东西要保存，我要尽力保全它。没有什么东西不是被天覆盖着，没有什么东西不是被地负载着，我把您当作是天地，怎么知道先生原来是这样的啊！"

孔子说："是我鄙陋。你为什么不进来，讲给我听听吧！"

无趾走了。孔子对弟子们说："你们要努力啊！无趾是一个被砍掉脚趾的人，都努力修学希望能够弥补以前所犯的过错，更何况是没有犯过错的人呢！"

无趾告诉老聃说："说孔子是道德修养极高的人，恐怕他还没有达到那个程度吧？他为什么还频频地来向您求教呢？而且他还祈求能以奇异的名声闻达天下，难道他不知道道德修养极高的人把名声当作是一种束缚吗？"

老聃说："你为什么不使他明白死和生是一样的，可和不可是平齐的道理呢，从而解除他的束缚呢，这可以吗？"

无趾说："这是大自然加给他的刑法，怎么能够解除呢？"

原文

鲁哀公问于仲尼曰："卫有恶人[1]焉，曰哀骀它[2]。丈夫与之处者，思而不能去也。妇人见之，请于父母曰：'与为人妻，宁为夫子妾'者，十数而未止也。未尝有闻其唱者也，常和人而已矣。无君人之位以济乎人之死，无聚禄以望人之腹。又以恶骇[3]天下，和而不唱，知不出乎四域，且而雌雄[4]合乎前，是必有异乎人者也。寡人召而观之，果以恶骇天下。与寡人[5]处，不至以月数，而寡人有意乎其为人也；不至乎期年，而寡人信之。国无宰，寡人传国焉。闷然而后应，氾而若辞，寡人丑乎，卒授之国。无几何也，去寡人而行，寡人卹焉若有亡也，若无与乐是国也。是何人者也？"

仲尼曰："丘也尝使于楚矣，适见㹠子食于其死母者，少焉眴若皆弃之而走。不见己焉尔，不得类焉尔。所爱其母者，非爱其形[6]也，爱使其形者也。战而死者，其人之葬也不以翣资；刖者之屦，无为爱之，皆无其本矣。为天子之诸御，不爪翦，不穿耳；取妻者止于外，不得复使。形全犹足以为尔，而况全德之人乎！今哀骀它未言而信，无功而亲，使人授己国，唯恐其不受也，是必才全而德不形者也。"

哀公曰："何谓才全？"

仲尼曰："死生存亡，穷达[7]贫富，贤与不肖毁誉，饥渴寒暑，是事之变，命之行也；日夜相代乎前，而知不能规[8]乎其始者也。故不足以滑和，不可入于灵府。使之和豫，通而不失于兑[9]，使日夜无郤[10]，而与物为春，是接而生时于心者也，是之谓才全。"

"何谓德不形？"

曰："平者，水停之盛也。其可以为法也，内保之而外不荡也。德者，成和之修也。德不形者，物不能离也。"

哀公异日以告闵子曰："始也吾以南面而君天下，执民之纪而

忧其死，吾自以为至通矣。今吾闻至人之言，恐吾无其实，轻用吾身而亡其国。吾与孔丘，非君臣也，德友而已矣！”

注解

①恶人：此处指相貌丑陋的人。

②哀骀它：虚构的人物。

③骇：惊扰，惊动。

④雌雄：泛指男人和女人。

⑤寡人：国君的自称。

⑥形：显现，显露。

⑦达：通达。

⑧规：通“窥”，窥见。

⑨兑：通“悦”，喜悦，高兴。

⑩郤：通“隙”，缝隙。

译文

鲁哀公问孔子：“卫国有一个相貌十分丑陋的人，名字叫做哀骀它。男人和他相处的话，就会想念他而不愿意离开。女人见他后，都向父母请求：‘与其去做别人的妻子，不如去做哀骀它的妾。’这样的女人不止十几个。从来也没有听见哀骀它倡导什么，只是见他经常附和别人而已。他没有能够救济别人灾难的权势，也没有俸禄积攒去填饱别人的肚子。而且丑陋的相貌能使天下人都感到惊骇，他只是附和并不倡导什么，才智也没有超出世人之外，但是男人女人都聚集在他跟前，一定是有异于常人的地方。我把他招来看了看，果然是丑陋到可以惊骇天下人的地步。但我和他相处还不到一个月，我就感觉他有过人之处；不到一年，我已经十分信任他了。恰好当时国家没有宰相，我就把国事委托他处理。他淡然地应承下来，漫然却并没有推辞，我觉得非常惭愧，终于把国事委托给他了。没有过多久，他就离开我走了，我心里非常烦闷，好像失落了什么一样，感觉似乎这个国家再也没有人可以和我同乐了。他到底是个什么样的人呢？”

孔子说：“我也曾经去过楚国，刚巧看见一群小猪在刚刚死去的母猪身上吃奶，不一会儿就惊慌失措地离开母猪逃走了。因为母猪已经死去，见它不能像活着的时候喂养自己。小猪们爱母猪，不是爱她的外表，爱的是支配着形体的精神。在沙场上征战死去的人，埋葬他们的时候就不用棺材；被砍掉脚的人对于他们的鞋子，就不会再去爱惜了，是因为失去了脚这个根本。天子的妃嫔如果不剪指甲，不穿耳洞；娶了妻子的人可以留在外面止宿，就不能在宫里做事了。为了保全自己身体完整的人都能做到这点，何况是德行高尚的人呢！如今哀骀它还没有说话已经取得了别人的信任，没有功业也有人亲近，能使别人把国事交给他处理，还要担心他是否接受，他一定是个‘才全’但‘德不形’的人。”

哀公问：“什么叫做‘才全’呢？”

孔子答：“死、生、存、亡，穷、达、贫、富，贤良与不肖，诋毁与赞誉，饥、渴、寒、暑，都是世事的变化，自然规律的运行；就好像白天和夜晚的轮回，但自己却看不见它们的起始一样。因此，就不能够扰乱我们的内心，不会使它们进入自己的心灵。使内心平和安适通达又不失愉悦，日夜不停歇好像与万物处于春天的和乐之中，顺应外物使自己的心灵发生感应，这就叫做才全。”

哀公问：“什么叫‘德不形’呢？”

孔子答：“水平是水静止的最高状态。它可以作为取法的法则，如果自己内心能够保持平静就不会因为外界事物而动荡。德是最高的修养。德不显露在外面，万物就会依附离不开它。”

鲁哀公有一天对闵子说：“我刚开始执掌国家大权的时候，掌握国家的纲纪而担忧百姓的生死，我以为自己已经处于尽善尽美的最高境界了。现在我听了圣人的言论，恐怕我没有实在的政绩，轻率使用自己的身体导致国家的危亡。我和孔子不是君臣，是以德相交的朋友。”

原文

闉跂支离无脤说[1]卫灵公，灵公说[2]之；而视全人，其脰[3]肩肩[4]。瓮㼜大瘿[5]说齐桓公，桓公说之；而视全人，其脰肩肩。故德有所长，而形有所忘。人不忘其所忘，而忘其所不忘，此谓诚忘。

故圣人有所游，而知为孽[6]，约为胶，德为接，工为商。圣人不谋，恶用知？不斫，恶用胶？无丧，恶用德？不货，恶用商？四者，天鬻[7]也，天鬻者，天食也。既受食于天，又恶用人！

有人之形，无人之情。有人之形，故群于人；无人之情，故是非不得于身。眇乎小哉，所以属于人也！謷[8]乎大哉，独成其天！

注解

①说：游说，劝说。

②说：通“悦”，喜悦，高兴。

③脰：脖子。

④肩肩：细小状。

⑤瓮㼜大瘿：形容颈部的瘤子非常大。

⑥孽：灾孽，灾祸。

⑦天鬻：自然养育。天，自然。鬻，通“育”，抚育，养育。

⑧謷：高大貌。

译文

有个跛脚、驼背、缺嘴的人去游说卫灵公，卫灵公非常喜欢他；等到再看见形体健全的人，反倒觉得他们的脖子太细小。一个脖子里长着大瘤子的人去游说齐桓公，齐桓公非常喜欢他；等到再看见健全的人就觉得他们的脖子太细了。因此，德行过人的人，形体上的残缺就会被别人忘记。人们如果没有忘记应该忘记的残缺形体，而忘记了不应该忘记的德行，才叫做真正的遗忘。

因此圣人悠然自在，把智慧取巧看做是灾孽，结誓盟约看做是胶着的束缚，施恩惠看做是交接的手段，工于取巧看做是商贾的作为。圣人没有什么要谋求的，哪儿用得着取巧呢？顺其自然，又怎么会用得着结誓盟约呢？浑然缺失，哪里还要德行呢？不求私利，怎么用得着通商？这四个方面就叫做天养，天养就是受到自然的喂养。既然受到了自然的喂养，哪里还用得着人为呢！

有人的形体，但却没有人的偏执情感。有人的形体，因此和人交往形成群体；没有人的偏执情感，因此，普通人的是非不能够影响他。渺小啊！和人属于同类。伟大啊！和自然同为一体。

原文

惠子谓庄子曰："人故无情乎？"

庄子曰："然。"

惠子曰："人而无情，何以谓之人？"

庄子曰："道与之貌，天与之形，恶得不谓之人？"

惠子曰："既谓之人，恶得无情？"

庄子曰："是非吾所谓情也。吾所谓无情者，言人之不以好恶内伤其身，常因[①]自然而不益[②]生也。"

惠子曰："不益生，何以有其身？"

庄子曰："道与之貌，天与之形，无以好恶内伤其身。今子外

乎子之神，劳乎子之精，倚树而吟，据槁梧而瞑。天选子之形，子以坚白鸣！”

注解

①因：因循。

②益：增添。

译文

惠子问庄子：“人原本是没有情的吗？”

庄子回答说：“是的。”

惠子说：“如果人没有情，怎么能够叫做人呢？”

庄子说：“道给予人容貌，天给人形体，怎么不能称作是人呢？”

惠子说：“既然叫做人，怎么会没有情呢？”

庄子说：“这不是我所说的情。我说的无情，是指人不用好恶去损害自己的本性，经常顺应自然而不人为进行增益。”

惠子说：“不人为进行增益，怎么能保全自己的身体呢？”

庄子说：“道给予人容貌，天给予人形体，不因好恶而使自己的本性受到损害。现在你弥散你的心神，费你的精神，倚在树下吟咏，靠着几案歇息。上天给你形体，你却对坚白论自鸣得意。”

点评

本篇主要探讨人的精神世界，以及精神世界如何反映宇宙万物的本原观念和一体性观念。

本篇中的“德”，与惯常所说的道德或者德行并无关联，此处的“德”代表着一种心态。庄子认为宇宙的本源于“道”，因此世间事物虽有差别，但在本质上却又是浑然为一的。从此两点来看，在人的观念形态上便应体现出“忘形”与“忘情”。“忘形”指的是物我俱化，死生同一；“忘情”指的是不存在宠辱、贵贱、好恶、是非。“忘形”与“忘情”这两种精神状态就是庄子所谓的“德”。“充”意为“充实”，“符”意为“证验”。

大宗师

原文

知天之所为，知人之所为者，至矣。知天之所为者，天而生也；知人之所为者，以其知之所知，以养其知之所不知，终其天年而不中道夭者，是知之盛也。虽然，有患。夫知有所待[①]而后当[②]，其所待者特[③]未定也。庸讵知吾所谓天之非人乎？所谓人之非天乎？

且有真人而后有真知。何谓真人？古之真人，不逆寡，不雄成，不谟[④]士。若然者，过[⑤]而弗悔，当而不自得也。若然[⑥]者，登高不慄，入水不濡[⑦]，入火不热。是知之能登假于道者也若此。

古之真人，其寝不梦，其觉无忧，其食不甘，其息[⑧]深深。真人之息以踵，众人之息以喉。屈服者，其嗌言若哇。其耆欲[⑨]深者，其天机浅。

古之真人，不知说生，不知恶死；其出不訢，其入不距[⑩]；翛然[⑪]而往，翛然而来而已矣。不忘其所始，不求其所终；受而喜之，忘而复之，是之谓不以心捐道，不以人助天，是之谓真人。若然者，其心忘，其容寂，其颡頯[⑫]；凄然似秋，煖然似春，喜怒通四时，与物有宜而莫知其极。故圣人之用兵也，亡国[13]而不失人心；利泽施乎万世，不为爱人。故乐通物，非圣人也；有亲，非仁也；天时，非贤也；利害不通，非君子也；行名失己，非士也；亡身不真，非役人也。若狐不偕[14]、务光[15]、伯夷、叔齐[16]、箕子、胥余、纪他、申徒狄，是役人之役，适[17]人之适，而不自适其适者也。

古之真人，其状义而不朋，若不足而不承；与乎其觚而不坚也，张[18]乎其虚而不华[19]也；邴邴乎其似喜乎！崔乎其不得已乎！滀乎进我色也，与乎止我德也；厉乎其似世也！謷[20]乎其未可制也；连乎其似好闭也，悗[21]乎忘其言也。以刑为体，以礼为翼，以知为时，以德为循[22]。以刑为体者，绰[23]乎其杀也；以礼为翼者，所以行于世也；以知为时者，不得已于事也；以德为循者，言其与有足者至于丘也，而人真以为勤行者也。故其好之也一，其弗好之也一。其一也一，其不一也一。其一与天为徒，其不一与人为徒。天与人不相胜[24]也，是之谓真人。

注解

①有所待：有可以依靠的东西。

②当：恰当。

③特：不过。

④谟：谋虑，思谋。

⑤过：过失，差错。

⑥若然：像这个样子。

⑦濡：濡湿，沾湿。

⑧息：呼吸。

⑨耆欲：欲望，爱好。

⑩距：通“拒”，拒绝。

⑪翛然：自在，不受拘束的样子。

⑫頯頯：额头宽大的样子。

⑬亡国：使别的国家灭亡。

⑭狐不偕：人名，古代的贤人。

⑮务光：人名，夏代的隐士。

⑯伯夷、叔齐：殷人，孤竹君的儿子，不食周粟而饿死。

⑰适：安适，舒适。

⑱张：宽大，广大。

⑲华：浮华，虚华。

⑳謷：通“傲”，高大。

㉑悗：心不在焉的样子。

㉒循：遵循。

㉓绰：宽绰，宽余。

㉔胜：战胜，攻克。

译文

知道什么是自然形成的，知道什么是人为的，洞察事理就达到最高境界了！知道天的所为，是自然而成的；知道人的作为，是运用自己的智慧所知道的，保养那些自己不能知道的东西，直到自己享尽天年而不中途夭折，这是认识的高境界。即使这样，还会有忧患存在。知识一定要有能依靠的对象后才能判断它是否妥当，但它所依靠的对象又是变化无常的。怎么能知道我所说的是属于自然形成而不是人为的呢？属于人为的不是属于自然生成的呢？

有了真人以后才有真知。什么是真人呢？古代的真人，不违逆弱小，不恃功凌人，不谋虑事情。这样的人，错过机会就不会后悔，抓住机会也不洋洋自得。像这样的人，登上高处不会抖，跳进水里不觉得湿，进入火中不觉得热。知识能达到和道相和的境界才会是这样。

古代的真人，睡觉的时候不会做梦，醒来的时候不会感到忧虑，吃东西不追求美味，呼吸的时候气息深沉。真人的呼吸能直达脚后跟，平常人只能用喉咙。议论被屈服时，言语吞吞吐吐喉头好像有障碍物。嗜欲深的人，天成的根就浅。

古代的真人，不因为活着而高兴，也不厌恶死亡。出生的时候不欣喜，入地的时候不拒绝。自由自在地来，自由自在地走而已。不会忘记自己从哪里来，也不去寻求自己最终要去的地方。欣然接受来临的事情，忘记生死任其回复自然。这是不用心智去遗弃道，不人为地去辅助天然形成的东西，这就叫做真人。这样的人，心志能做到忘怀一切的专一平定，容貌安详寂静，额头宽大；肃清得好像秋天一样，温暖得如同春天，喜怒变化像四时更替一样自然，和外界事物都很适宜，因而不能测知他的底蕴。因此圣人在起兵征战时，使敌国灭亡而不会招来民众的怨恨；恩泽广施于万世没有偏心。因此，以与外界的事物交往为乐的人就不是圣人；有所偏爱的就没有仁义；寻求符合的天时，就不是贤人；不能使利害相通就不是君子；为了追求名声失去自我，不是士人；丧身失去真性，不能役使世人。像狐不偕、务光、伯夷、叔齐、箕子、胥余、纪他、申徒狄，都是被别人役使，使别人得到舒适，而不是使自己得到舒适。

古代的真人，高大而不畏缩，好像不足却又没什么要承受；自然超群而不顽固，心志开阔而不浮华；舒服安适好像很欣喜，举动又像是不得已；容貌和悦可亲，德行宽厚使人乐于归附；胸怀好像世界一般宽广，高放超脱不受拘束；缄默不语好像封闭了自己，不使用心机似乎忘记了要说的话。用刑律作为主体，把礼数当成羽翼来辅助，用智慧去审视局势，把道德当作是要遵循的规律。用刑律作主体的，即使杀了人也是宽大的；把礼数当作辅助，因而能在世上施行；用知识审视局势，是因为处理事情的不得已；把道德当作规律来遵循，凡是有脚的人都能够被带到山丘上去，世人认为真人是勤于修炼的人。因此，真人喜好的或者不喜好的都是同一的。同一的和不同一的都是浑然为一的。同一的和自然是一类，认为天和人不同一就和人是一类，认为天和人不是互相对立的，就叫做真人。

原文

死生，命①也，其有夜旦之常，天也。人之有所不得与，皆物之情也。彼特以天为父，而身犹爱之，而况其卓乎！人特以有君为愈②乎己，而身犹死之，而况其真③乎！

泉涸④，鱼相与处于陆，相呴以湿，相濡以沫⑤，不如相忘于江湖。与其誉尧而非桀也，不如两忘而化⑥其道。

夫大块载我以形，劳我以生，佚我以老，息我以死。故善吾生者，乃所以善吾死也。夫藏舟于壑⑦，藏山⑧于泽，谓之固矣。然而夜半有力者负之而走，昧者不知也。藏小大有宜⑨，犹有所遁。若夫藏天下于天下而不得所遁，是恒物之大情也。特犯人之形而犹喜之。若人之形者，万化而未始有极也，其为乐可胜计邪！故圣人将游于物之所不得遁而皆存。善大善老，善始善终，人犹效之，又况万物之所系，而一化之所待⑩乎！

注解

①命：命中注定。

②愈：超越，超过。

③真：此处指道。

④涸：干涸，枯竭。

⑤沫：唾沫。

⑥化：化解。

⑦壑：深谷。

⑧山：通“汕”，指渔网。

⑨宜：适宜，适合。

⑩待：凭借，凭依。

译文

生和死是命中注定不能避免的，就像黑夜和白天的运行一样是自然规律。人无力干预的事情，是物理的实际情况。人们把天看做是父亲终生敬爱，更何况是那超凡卓绝的道呢！人们认为君主的势力和地位超越自己，因此誓死效忠，更何况是那卓绝超凡的道呢！

泉水干枯了，鱼就被一同困在陆地上，它们大口地呼出湿气，用唾沫来互相湿润，还不如在江湖里面互相忘记。与其称赞尧而指责桀，不如把他们两个的是非都忘记而同化于道。

大地赋予我形体，让生活使我操劳，用衰老使我安逸，用死亡使我歇息。因此，把我的出生认为是善事的，也应当把我的死亡认为是善事。把船藏在深谷里，把渔网藏在深水之中，能说是十分可靠了。但是毫无觉察中大力的造化已悄悄把它迁移了，昏昧着的人丝毫未觉察。把小东西藏在大东西里面是合适的，仍旧不免于亡失。如果把天下托付于天下中就不会丢失了，这是万事万物的本质。人只要能获得形体就十分高兴了。了解人的形体，千变万化没有穷尽，这种欢乐怎能计算清楚呢！因此，圣人要在不能亡失的环境里遨游和大道共同存在。明白老幼和生死安顺道理的人，人们尚且去效仿，更何况是万物的根源，万物大的变化所要依靠的道呢？

原文

夫道，有情有信[①]，无为无形；可传而不可受，可得而不可见；自本自根，未有天地，自古以固存；神鬼神帝，生天生地；在太极[②]之先而不为高，在六极[③]之下而不为深，先天地生而不为久，长于上古而不为老。狶韦氏[④]得之，以挈天地；伏戏氏[⑤]得之，以袭气母；维斗[⑥]得之，终古不忒[⑦]；日月得之，终古不息；堪坏[⑧]得之，以袭昆仑；冯夷[⑨]得之，以游大川；肩吾[⑩]得之，以处大山；黄帝得之，以登云天；颛顼得之，以处玄宫；禺强[⑪]得之，立乎北极；西王母得之，坐乎少广，莫知其始，莫知其终；彭祖得之，上及有虞，下及五伯；傅说得之，以相武丁，奄[⑫]有天下，乘东维，骑箕尾，而比于列星。

注解

①信：值得相信。

②太极：万物的本源。

③六极：指六合。

④狶韦氏：传说中古代的帝王。

⑤伏戏氏：伏羲。

⑥维斗：北斗。

⑦忒：过错，差错。

⑧堪坏：昆仑山神。

⑨冯夷：河神。

⑩肩吾：泰山神。

⑪禺强：北海神，人面鸟形。

⑫奄：执掌，掌握。

译文

道是真实又值得信赖的，又是无所作为和没有形体的；可以用心传播但是却不能用嘴讲授，心可以感悟得到但眼睛却看不见的；它自己把自己当作是本根，在天地尚未产生前，远古就已经存在了；它产生了鬼神，产生了上帝，产生了天地；它在太极的上面但却不高，在六极的下面却不深，比天地产生得早但不太长久，比上古还年长但是也不算老。豨韦氏得到它，用来调和天地；伏羲氏得到它，用来调和元气；北斗星得到它，永远不改变方位；日月得到它，永远不会停止运行；堪坏得到它，永远执掌昆仑山；冯夷得到它，可以在大川里遨游；肩吾得到它，能够驻守泰山；黄帝得到它，能够登得上云天；颛顼得到它，能够居住在玄宫里；禺强得到它，被立为北极的神；西王母得到它，常安居在少广山，没有人知道她年代的终始；彭祖得到它，从有虞时期一直活到了五伯的时期；傅说得到它，做宰相辅佐武丁，执掌天下政事，死后就成了驾乘着东维星和箕尾星的星宿，从而和众多的星宿并列在一起。

原文

南伯子葵[①]问乎女偊[②]曰："子之年长矣，而色若孺子，何也？"

曰："吾闻道矣。"

南伯子葵曰："道可得学邪？"

曰："恶！恶可！子非其人也。夫卜梁倚[③]有圣人之才而无圣人之道，我有圣人之道而无圣人之才。吾欲以教之，庶几[④]其果为圣人乎！不然，以圣人之道告圣人之才，亦易矣。吾犹守而告之，参日而后能外[⑤]天下；已外天下矣，吾又守之，七日而后能外物；已外物矣，吾又守之，九日而后能外生；已外生矣，而后能朝彻；朝彻，而后能见独；见独，而后能无古今；无古今，而后能入于不死不生。杀生者不死，生生者不生。其为物，无不将也，无不迎也；

无不毁也，无不成也。其名为撄[6]宁。撄宁也者，撄而后成者也。”

南伯子葵曰：“子独恶乎闻之?”

曰：“闻诸副墨[7]之子，副墨之子闻诸洛诵之孙，洛诵之孙闻之瞻明，瞻明闻之聂许，聂许闻之需役，需役闻之於讴，於讴闻之玄冥[8]，玄冥闻之参寥[9]，参寥闻之疑[10]始。”

注解

①南伯子葵：南伯子綦。

②女偊：虚构的人名。

③卜梁倚：人名，复姓卜梁，名倚。

④庶几：几乎，大概。

⑤外：遗忘。

⑥撄：扰乱。

⑦副墨：文字。

⑧玄冥：玄奥而深远。

⑨参廖：空阔寂寥。

⑩疑：迷惑，迷茫。

译文

南伯子葵向女偊请教说：“您的岁数已经很大了，但面色看起来却像小孩子，这是为什么呢?”

女偊答：“我得到‘道’了。”

南伯子葵又问：“‘道’是可以学习的吗?”

女偊说：“不，不可以的！你不是学习‘道’的人。卜梁倚拥有圣人的才智但是没有圣人的根性，我有圣人的根性但是却没有圣人的才智。我准备教他，也许他真地能够成为圣人呢？即使不这样，把圣人的道性告诉具有圣人才智的人是容易的。我坚守着并且告诉他，持续三天后就能忘记世故；已经把世故忘记了，再继续坚守着，七天后就不能被万物役使；已不能被万物役使，我又坚守着，九天后能对自己的生死不存在顾虑；对生死不存在顾虑了，心境就能够明静澄澈；明静澄澈后，就能够悟到真正的'道'；体会到真正的'道'后，就可以不受时间的约束；不受时间的约束后，才能没有生死的概念。大道能让万物生死消亡，大道是没有生死限制的。它作为一个事物，都是一面有所送一面有所迎的，一面有所毁一面有所成就，这就叫'撄宁'。'撄宁'就是能够在外界的万物生死的烦乱中保持宁静平和的心境。"

南伯子葵说："这是你从哪里得到的'道'呢？"

女偊答："我是从文字的儿子那里得到的，文字的儿子是从诵读的孙子那里得到的，诵读的孙子是从透彻的见解那里得到的，透彻的见解是从心领神会那里得到的，心领神会是从施行中得到的，施行是从吟咏歌吟那里得到的，吟咏歌吟是从玄妙深远那里得到的，玄妙深远是从高邈空虚那里得到的，高邈空虚是从迷惑之始那里得到的。"

原文

子祀、子舆、子犁、子来[①]四人相与语曰："孰能以无为首[②]，以生为脊，以死为尻[③]，孰知死生存亡之一体者，吾与之友矣。"四人相视而笑，莫逆于心[④]，遂相与为友。

俄而子舆有病，子祀往问之。曰："伟哉！夫造物者，将以予为此拘拘[⑤]也！"曲偻[⑥]发背，上有五管，颐隐于齐，肩高于顶，句赘[⑦]指天。阴阳之气有沴，其心闲而无事，跰𨇤[⑧]而鉴于井，曰："嗟乎！夫造物者又将以予为此拘拘也！"

子祀曰："汝恶之乎？"

曰："亡，予何恶！浸假[⑨]而化予之左臂以为鸡，予因以求时夜；浸假而化予之右臂以为弹，予因以求鸮炙；浸假而化予之尻以为轮，以神为马，予因以乘之，岂更驾哉！且夫得者，时也，失

者，顺也；安时而处顺，哀乐不能入也。此古之所谓悬解也。而不能自解者，物有结之。且夫物不胜天久矣，吾又何恶焉！”

俄而子来有病，喘喘然将死，其妻子环而泣之。子犁往问之，曰：“叱！避！无怛[⑩]化！”倚其户与之语曰：“伟哉造化！又将奚以汝为？将奚以汝适？以汝为鼠肝乎？以汝为虫臂乎？”

子来曰：“父母于子，东西南北，唯命之从。阴阳于人，不翅[⑪]于父母；彼近吾死而我不听，我则悍矣，彼何罪焉！夫大块载我以形，劳我以生，佚我以老，息我以死。故善吾生者，乃所以善吾死也。今大冶铸金，金踊跃曰：‘我且必为镆铘。’大冶必以为不祥之金。今一犯人之形，而曰：‘人耳人耳’，夫造化者必以为不祥之人。今一以天地为大炉，以造化为大冶，恶乎往而不可哉！”成然[⑫]寐，蘧然[⑬]觉。

注解

①子祀、子舆、子犁、子来：虚构的人物。

②首：头。

③尻：尾骨。

④莫逆于心：心灵相通。逆，悖逆。

⑤拘拘：弯曲的样子。

⑥曲偻：驼背。

⑦句赘：发髻，也叫会撮。

⑧跰𨇤：蹒跚的样子。

⑨浸假：假使，假如。

⑩怛：惊扰，惊动。

⑪翅：与“啻”同。

⑫成然：安然，安闲。

⑬蘧然：安然自得的样子。

译文

子祀、子舆、子犁、子来四个人在一起交谈时说："谁能够把'无'当作是头，把'生'当作是背脊，把'死'当作是尾骨，谁就能够知道生死存亡是浑然一体的道理，我就和他做朋友。"四个人对视而笑，因为心灵相通就互相做了朋友。

不久，子舆病了，子祀前去探望。子舆说："伟大啊！造物主居然把我弄成这样一副弯曲不直的样子！"只见子舆弯腰驼背，五脏的血管都朝向上面，脸隐藏在肚脐下面，肩膀高过头顶，发髻朝天。阴阳二气凌乱混杂，但是他的心里安闲自在好像没事的样子，步履蹒跚到井边照了一下说："哎呀！造物主把我弄成了这样一副弯曲不直的样子。"

子祀问他："你讨厌自己这个样子吗？"

子舆回答说："不，我为什么要讨厌呢！假如把我的左手臂变作是一只公鸡，我就能够用它来打鸣；假如把我的右臂变作是一只弹弓，我就能够用它来打斑鸠烤肉吃；假如把我的尾骨变作是车轮，精神变作是马，我就可以去乘坐了，难道还需要别的马车吗？得到生命，是应时；失去生命，是顺时。能够应时而生顺时而去的人，悲哀和快乐的情绪不会进入心中，这就是古人所说的悬解。自己不能够解除束缚的人，是因为外界事物束缚了他。人力不能战胜自然的实践已经很久了，我有什么要厌恶的呢！"

不久，子来也生病了，呼吸急促似乎快要死了。他的妻子儿女围在他的四周哭泣。子犁前来探望他，说："去！走开！不要惊扰他的变化！"子犁靠在门上和子来说话："伟大的造物主啊！要把你变成什么样啊？把你送到哪里去呢？要把你变为老鼠的肝脏吗？要把你变成虫子的臂膀吗？"

子来说："儿子对待父母，无论他们要让你去东西南北，都要听从他们。自然对于人来说，和父母是没有什么差别的。它让我死亡但我不听从，我就是违逆它了，有什么罪过呢？大地赋予我形体，用生活使我操劳，用衰老使我安逸，用死亡使我歇息。因此，把我的出生看做是善事的，把我的死也能看做是善事。现在有个技术高超的铁匠铸造金属器物，金属跳起来说：‘我一定要像镆铘一样！’高超的铁匠肯定认为它是块不祥的金属。如果一个人因为有了人的形体就说：‘我是人了！我是人了！’造物主一定会认为这也是不祥的人。如今把浑然如一的天地当作是个大炉子，把造物主当作是技术高超的铁匠，往哪里去不可以呢？”说完安然睡着，又安然地醒来。

原文

子桑户、孟子反、子琴张[①]三人相与友，曰：“孰能相与于无相与，相为于无相为？孰能登天游雾，挠挑无极[②]，相忘以生，无所终穷？”三人相视而笑，莫逆于心，遂相与为友。

莫然有间而子桑户死，未葬。孔子闻之，使子贡往侍事[③]焉。或编曲，或鼓琴，相和而歌曰：“嗟来桑户乎！嗟来桑户乎！而已反其真，而我犹为人猗！”

子贡趋而进曰：“敢问临尸而歌，礼乎？”

二人相视而笑曰：“是恶知礼意！”

子贡反，以告孔子，曰：“彼何人者邪？修行无有，而外其形骸，临尸而歌，颜色不变，无以命之。彼何人者邪？”

孔子曰：“彼，游方之外者也；而丘，游方之内者也。外内不相及，而丘使女往吊之，丘则陋[④]矣。彼方且与造物者为人[⑤]，而游乎天地之一气。彼以生为附赘县[⑥]疣，以死为决𤴯溃痈，夫若然者，又恶知死生先后之所在！假[⑦]于异物，托于同体；忘其肝胆，遗其耳目；反覆终始，不知端倪；芒然彷徨乎尘垢之外，逍遥乎无为之业。彼又恶能愦愦[⑧]然为世俗之礼，以观众人之耳目哉！”

子贡曰：“然则夫子何方之依？”

孔子曰：“丘，天之戮民也。虽然，吾与汝共之。”

子贡曰：“敢问其方。”

孔子曰：“鱼相造乎水，人相造乎道。相造乎水者，穿池而养给；相造乎道者，无事而生定。故曰：鱼相忘乎江湖，人相忘乎

道术。”

子贡曰：“敢问畸⑨人。”

曰：“畸人者，畸于人而侔⑩于天。故曰，天之小人，人之君子；人之君子，天之小人也。”

注解

①子桑户、孟子反、子琴张：虚构的人物。

②无极：没有尽头。

③侍事：帮助别人料理丧事。

④陋：浅陋无知。

⑤为人：做朋友。

⑥县：通“悬”，悬挂。

⑦假：凭借，依托。

⑧愦愦：烦乱、烦躁的样子。

⑨畸：奇异，怪异。

⑩侔：相同，等同。

译文

子桑户、孟子反、子琴张三个人在一起结为朋友，说：“谁能够相互交往出于无心，相互帮助却没有形迹？谁能够超然物外，在无极中跳跃忘记了生死，没有穷尽呢？”三个人对视而笑，因为心灵相通所以就成了朋友。

不久，子户桑就去世了，还没有下葬。孔子闻听后，就派子贡前去料理丧事。子贡看到孟子反和子琴张一个在编曲子，一个在弹琴，他们合唱的歌是：“哎呀桑户啊！哎呀桑户啊！你已经返回归真了，而我们仍旧在人间做人啊！”

子贡上前去问道："请问你们对着尸体歌唱，合乎礼数吗？"

两人对视后笑着说："他不知道礼的真正意思啊！"

子贡回去以后，把自己的见闻告诉孔子说："他们是什么样的人呢？不去用礼仪修养自己的德行，把形骸置之于外。对着尸体唱歌，脸色都不改变，不知道该把他们叫做什么。他们到底是什么人呢？"

孔子说："他们是在方域外逍遥的人，我是方域内的人，方域外和内是不相关的，但我却让你去凭吊，我真是鄙陋啊！他们和造物主结为朋友，遨游在天地之间。他们把生命看成气的凝结，如同长在身上的大瘤子一样，把死亡看做是破了的脓疮，像这样的人，怎么会知道生死先后的差别呢！凭借着不同的物体，寄托在一个形体上；忘记了身体里面的肝胆，遗忘了耳朵和眼睛；让生命随自然循环，不知道它们的分际；在尘世之外自由自在地游玩，在自然的环境里逍遥。他们又怎能不对世俗的礼节而感到厌烦，表演让众人来看呢！"

子贡说："那您遵从哪一方呢？"

孔子说："从自然的角度来讲，我是承受上天惩罚的人。虽然这样，我们还是一起追求方外之道吧。"

子贡说："那请问您有什么方法呢？"

孔子说："鱼跟水相适合，人跟道相适合。和水相适合的，挖池子来供养；和道相适应的，安泰无事而心性自足。因此说：鱼在江湖之中游动就能忘记一切而悠然自得，人在道中就能忘记一切而逍遥自在。"

子贡说："向您请教一下那些脱俗的异人呢？"

孔子说："异人就是脱出俗世且符合自然的。因此，被自然的观点看成是小人的，在人间却成为君子；被自然的观点看成君子的，却成了人世间的小人。"

原文

颜回问仲尼曰："孟孙才[①]，其母死，哭泣无涕，中心不戚，居丧[②]不哀。无是三者，以善处丧盖鲁国。固[③]有无其实而得其名者乎？回壹怪之。"

仲尼曰："夫孟孙氏尽之矣，进[4]于知矣，唯简之而不得，夫已有所简矣。孟孙氏不知所以生，不知所以死；不知孰先，不知孰后；若化为物，以待其所不知之化已乎！且方将化，恶知不化哉？方将不化，恶知已化哉？吾特与汝，其梦未始觉者邪！且彼有骇形而无损心，有旦宅而无情死。孟孙氏特觉，人哭亦哭，是自其所以乃。且也相与吾之耳矣，庸讵知吾所谓吾之乎，且汝梦为鸟而厉乎天，梦为鱼而没于渊。不识今之言者，其觉者乎？其梦者乎？造适不及笑，献笑不及排，安排而去化，乃入于寥天[5]一。"

注解

①孟孙才：人名，复姓孟孙名才，鲁国人。

②居丧：指处在守丧期间。

③固：难道。

④进：超过。

⑤寥天：寂寥的环境，此处指道。

译文

颜回向孔子请教说："孟孙才的母亲死了，他哭泣的时候没有眼泪，心中也没有悲哀，守丧期间也不哀伤。没有这三个方面，却能以善于处理丧事而闻名鲁国，难道真地有没有实际却能得到名声的事情吗？我很奇怪。"

孔子说："孟孙才已尽了居丧的道，而且超出了那些懂丧事的人很多，丧礼本应该简化但是人们却做不到，孟孙才已经有所简化。孟孙才不知道什么是生，什么是死，不迷恋生，却也不知道惦记死。他顺应自然的变化成为物，来应付不能预知的变化。现在将要发生变化了，怎么能够知道没有发生变化的情形呢？现在还没有发生变化，怎么能知道已经发生了变化的情形呢？我现在和你是在梦中还没有醒过来的人！孟孙才以为人的形体有变化但却不能够损伤到心神，有身体的转化但是精神却不会死亡。孟孙才觉得别人哭泣他也哭泣，这就是他所以那样的原因。世人相互交谈时称说‘我’，又怎能知道我所说的就是我呢！像你在梦中梦见自己是只鸟在天空飞翔，梦成是条鱼沉在深水里游玩。不知道现在交谈的我们，是醒着呢，还是在做梦呢？突然来到舒适的境界但是没有来得及笑，从内心自然发出的笑声来不及先安排。任由自然的安排而顺应变化，就能够进入寂寥深远的纯粹境界了。”

原文

意而子[①]见许由。许由曰：“尧何以资[②]汝？”

意而子曰：“尧谓我，‘汝必躬服仁义而明言是非。’”

许由曰：“而奚来为轵？夫尧既已黥[③]汝以仁义，而劓[④]汝以是非矣，汝将何以游夫遥荡恣睢[⑤]转徙之途乎？”

意而子曰：“虽然，吾愿游于其藩。”

许由曰：“不然。夫盲者无以与乎眉目颜色之好，瞽者无以与乎青黄黼黻之观。”

意而子曰：“夫无庄[⑥]之失其美，据梁[⑦]之失其力，黄帝之亡其知，皆在炉捶之间耳。庸讵知夫造物者之不息我黥而补我劓，使我乘成以随先生邪？”

许由曰：“噫！未可知也。我为汝言其大略。吾师乎！吾师乎！韲万物而不为义，泽[⑧]及万世而不为仁，长于上古而不为老，覆载天地刻雕众形而不为巧。此所游已。”

注解

①意而子：人名，虚构的人物。

②资：资助。此处是指教的意思。

③黥：古代的一种刑罚，在犯人的额头上刺字，并用墨涂黑。

④劓：把鼻子割去的一种酷刑。

⑤遥荡恣睢：逍遥自在、无拘无束的样子。

⑥无庄：人名，古代的美女。

⑦据梁：人名，古代的大力士。

⑧泽：恩泽。

译文

意而子去拜见许由。许由说："尧指教你什么了？"

意而子回答说："尧告诉我，你一定要践行仁义并且要能够分辨是非。"

许由说："那么你来我这里做什么呢？尧既然已经用仁义给你实行了墨刑，又用明辨是非对你行了劓刑，你怎么能够在这变化无端的境界里逍遥自在啊？"

意而子说："虽然如此，我还是希望能够在这样的环境中遨游。"

许由说："不行。盲人没有办法欣赏到漂亮的眉目和容颜，瞎子没有办法欣赏到礼服的华丽。"

意而子说："无庄忘记了她的美丽，据梁忘记了他的力气，黄帝忘记了自己的智慧，都是陶冶锻炼成的。怎么能够知道造物主不会填平我受了刑的伤痕，修补我受了劓刑的残缺，使我的形体恢复完整，能够追随先生呢？"

许由说："唉！这是不可知的啊！那我说个大略给你吧。我的宗师啊！

我的宗师啊！使万物调和却不认为是道义，恩泽万代却不认为是仁义，长于上古却不能算是老，覆载天地、雕刻万物的形象却不显露技巧。这就是逍遥的境界啊！"

原文

颜回曰："回益①矣。"

仲尼曰："何谓也？"

曰："回忘仁义矣。"

曰："可矣，犹未也。"

他日，复见，曰："回益矣。"

曰："何谓也？"

曰："回忘礼乐矣。"

曰："可矣，犹未也。"

他日，复见，曰："回益矣。"

曰："何谓也？"

曰："回坐忘②矣。"

仲尼蹴然③曰："何谓坐忘？"

颜回曰："堕④肢体，黜聪明，离形去⑤知，同于大通，此谓坐忘。"

仲尼曰："同则无好也，化则无常也。而果其贤乎！丘也请从而后也。"

注解

①益：增加。

②坐忘：坐着忘掉一切。此处指得道了。

③蹴然：惊恐不安的样子。

④堕：毁弃。

⑤去：抛弃，丢弃。

译文

颜回说："我长进了。"

孔子说："长进什么了？"

颜回说："我忘记仁义了。"

孔子说："好，但还不够。"

几天后再见面，颜回说："我长进了。"

孔子说："长进什么了？"

颜回说："我忘记礼乐了。"

孔子说："好，但还不够。"

几天后再见面，颜回说："我长进了。"

孔子说："长进什么了？"

颜回回答说："我坐忘了。"

孔子吃惊地说："什么叫坐忘呢？"

颜回说："把自己的肢体遗忘了，把自己的聪明才智抛开了，离开了本体把智识忘掉了，和大道通为一体，就是坐忘。"

孔子说："能和万物同为一体就没有偏私了，能参与事物变化也就没有了偏执。你果真成了贤人，我愿意追随在你的后面。"

原文

子舆与子桑[①]友，而霖雨[②]十日。子舆曰："子桑殆[③]病[④]矣！"裹饭而往食之。至子桑之门，则若歌若哭，鼓琴曰："父邪！母邪！天乎！人乎！"有不任[⑤]其声而趋举其诗焉。

子舆入，曰："子之歌诗，何故若是？"

曰："吾思夫使我至此极者而弗得也。父母岂欲吾贫哉？天无

私覆，地无私载，天地岂私贫我哉？求其为之者而不得也。然而至此极者，命也夫！”

注解

①子桑：子桑户。

②霖雨：持续下三天以上的雨。

③殆：恐怕。

④病：非常严重的疾病。这里指极度的饥饿。

⑤任：承受。

译文

子舆和子桑是朋友。连绵的雨持续下了十天，子舆说：“子桑恐怕要饿坏了！”于是就带饭送给他吃。到了子桑的门前，就听见从屋里传来像在唱歌又像哭泣的声音，听着他弹琴唱道：“父亲呀！母亲呀！天呀！人呀！”声音是微弱的，唱句是急促的。

子舆进门后说：“你唱的诗，为何是这种声调？”

子桑答：“我在思考让我的生活如此贫困的原因但却没有找到。父母难道想让我贫困吗？天没有偏私地覆盖万物，地也没有偏爱地载着万物，天地难道会单让我贫困吗？寻找造成我如此贫困的原因没有找到。但是我又到了这么穷困的地步，是因为命吧！”

点评

“宗”意为“敬仰、尊崇”，“大宗师”即指最值得敬仰、尊崇的老师。这样的老师何人称得上呢？这样的老师是“道”。在庄子看来，自然和人是一体存在的，人之生死转换并无区别，所以他提出了清心寂神、离形去智、忘却生死、顺应自然的主张。“道”就全面系统地涵括了他的这种主张。

应帝王

原文

啮缺问于王倪，四问而四不知。啮缺因跃而大喜，行以告蒲衣子①。蒲衣子曰：“而乃今知之乎？有虞氏不及泰氏②。有虞氏，其犹藏仁以要③人，亦得人矣，而未始出于非人。泰氏，其卧徐徐④，其觉于于⑤；一以己为马，一以己为牛；其知情信，其德甚真，而未始入于非人。”

注解

①蒲衣子：人名，传说是古代的贤人。

②泰氏：伏羲氏。

③要：笼络。

④徐徐：缓慢舒适的样子。

⑤于于：同“迂迂”，缓慢。

译文

啮缺向王倪请教问题，问了四次王倪都说不知道。啮缺高兴地跳起来，到蒲衣子那里告诉他这件事。蒲衣子说：“你现在明白吗？有虞氏比不上伏羲氏。有虞氏标榜仁义想要交结人心，虽然也能够得到人心，但是还是不能超然物外。伏羲氏躺下休息时安闲舒适，睡醒的时候悠然自在。听任别人把自己看成马，把自己当作牛。他的知见信实，德行真实，从来不曾受到过外物的牵累。”

原文

肩吾见狂接舆，狂接舆曰：“日中始①何以语汝？”

肩吾曰：“告我君人者以己出经式义度②，人孰敢不听而化诸？”

狂接舆曰：“是欺德③也。其于治天下也，犹涉海凿河而使蚊负山也。夫圣人之治也，治外乎？正而后行，确乎能其事者而已矣。且鸟高飞以避矰弋④之害，鼷鼠深穴乎神丘⑤之下，以避熏凿⑥之患，而曾二虫之无知！”

注解

①日中始：虚构的寓言人物。

②经式义度：法度。

③欺德：欺骗别人。

④矰弋：射飞鸟的器具。

⑤神丘：社坛。

⑥熏凿：烟熏挖凿。

译文

肩吾去拜见狂人接舆，狂人接舆说："日中始告诉你什么了？"

肩吾说："他告诉我说国君按照自己的想法来制定法度，民众谁敢不听从而被教化呢？"

狂人接舆说："这是骗人的。如果这样去治理天下，就好像是在海里开凿河，使蚊子背着大山一样。圣人治理天下，是用法度绳之于外吗？圣人是先端正自身而后去教化别人，使人都能尽自己的所能罢了。小鸟都能知道飞高一些来躲避弓箭的伤害，鼷鼠也知道藏在社坛下面，来躲避烟熏铲凿的灾祸，人难道还不如这两种动物吗？"

原文

天根[1]游于殷阳[2]，至蓼水[3]之上，适[4]遭无名人[5]而问焉，曰："请问为天下[6]。"

无名人曰："去！汝鄙人也，何问之不豫也！予方将与造物者为人，厌，则又乘夫莽眇[7]之鸟，以出六极之外，而游无何有之乡，以处圹埌[8]之野。汝又何帠以治天下感[9]予之心为？"

又复问。无名人曰："汝游心于淡，合气于漠，顺物自然而无容私焉，而天下治矣。"

注解

①天根：人名，虚构的人物。

②殷阳：殷山的南面。

③蓼水：河名。

④适：恰巧。

⑤无名人：虚构的人物。

⑥为天下：治理天下。为，治理。

⑦莽眇：轻虚缥缈。

⑧圹埌：空旷辽阔。

⑨感：通“撼”，撼动。

译文

天根在殷山的南面闲游，来到了蓼水边上，恰好遇到无名人就问：“请问治理天下的方法是什么呢？”

无名人说：“走开！你这个浅陋的人，为什么要问让我感到不愉快的问题呢！我正要和造物者交游，感到厌烦时，就乘着大鸟，飞到天地四方的外面，在无何之乡中遨游，处在广阔无边的旷野。你为什么要用治理天下的梦话来让我的内心感到扰乱呢？”

天根又重复问。无名人说：“让你的内心处于恬淡的境地，保持清静无为的心性，让事物都顺其自然而不夹杂私人意见，就能够治理好天下了。”

原文

阳子居[1]见老聃，曰：“有人于此，向疾[2]强梁[3]，物彻疏明，学道不倦。如是者，可比明王乎？”

老聃曰：“是于圣人也，胥易技系，劳形[4]怵[5]心者也。且也虎豹之文[6]来田，猨狙之便，执斄之狗来藉。如是者，可比明王乎？”

阳子居蹴然[7]曰：“敢问明王之治。”

老聃曰：“明王之治，功盖天下而似不自已，化贷万物而民弗恃[8]；有莫举[9]名，使物自喜；立乎不测，而游于无有者也。”

注解

①阳子居：人名。

②向疾：迅速敏捷。

③强梁：果敢坚决。

④劳形：让身体操劳。

⑤怵：担心害怕。

⑥文：通“纹”，花纹，条纹。

⑦蹴然：惊慌羞愧的样子。

⑧恃：依靠。

⑨举：陈述。

译文

阳子居去拜见老聃，向他请教说：“假如现在有这样一个人，他敏捷果敢，把事物看得透彻明了，学习‘道’孜孜不倦。这样的人可以和贤明的君王相比吗？”

老聃说：“在圣人看来，就好像是做事时被技能牵累的小官吏，身体感到劳累心神感到扰乱。而且虎豹因为皮有花纹所以会被人田猎，猿猴因为敏捷轻快所以才被人抓来拴住。这样可以和贤明的君王相比吗？”

阳子居惊慌羞愧地说：“向您请教贤明的君王怎样治理天下呢？”

老聃说：“贤明的君王治理天下，功绩泽被天下又好像不关自己的事情，教化万事万物也不会使人民觉得自己有所依靠；虽然有功德却不能用名称说出来，他能使万物各得其所；而自己站立在莫测的境地，行所无事。”

原文

郑有神巫[①]曰季咸[②]，知人之死生存亡，祸福寿夭，期以岁月旬日，若神。郑人见之，皆弃而走。列子见之而心醉，归，以告壶子[③]，曰："始吾以夫子之道为至矣，则又有至焉者矣。"

壶子曰："吾与[④]汝既其文，未既其实，而固得道与？众雌而无雄，而又奚[⑤]卵焉！而以道与世亢[⑥]，必信，夫故使人得而相[⑦]汝。尝试与来，以予示之。"

明日，列子与之见壶子。出而谓列子曰："嘻！子之先生死矣！弗活矣！不以旬数矣！吾见怪[⑧]焉，见湿灰[⑨]焉。"

列子入，泣涕沾襟以告壶子。壶子曰："吾乡示之以地文，萌乎不震不止。是殆[⑩]见吾杜[⑪]德机也。尝又与来。"

明日，又与之见壶子。出而谓列子曰："幸矣，子之先生遇我也！有瘳矣，全然有生矣！吾见其杜权矣。"

列子入，以告壶子。壶子曰："乡吾示之以天壤，名实不入，而机发于踵[⑫]。是殆见吾善者机也。尝又与来。"

明日，又与之见壶子。出而谓列子曰："子之先生不齐，吾无得而相焉。试齐，且复相之。"

列子入，以告壶子。壶子曰："乡吾示之以太冲莫胜。是殆见吾衡气机也。鲵[⑬]桓之审为渊，止水之审为渊，流水之审为渊。渊有九名，此处三焉。尝又与来。"

明日，又与之见壶子。立未定，自失而走。壶子曰："追之！"列子追之不及，反，以报壶子曰："已灭矣，已失矣，吾弗及已。"

壶子曰："乡吾示之以未始出吾宗。吾与之虚而委蛇，不知其谁何，因以为弟靡，因以为波流，故逃也。"然后列子自以为未始

学而归，三年不出。为其妻爨，食[14]豕如食人。于事无与亲，雕琢复朴，块然独以其形立。纷[15]而封哉，一以是终。

注解

①神巫：巫术十分灵验的人。

②季咸：巫师的名字。

③壶子：人名，名林，号壶子，郑国人，是列子的老师。

④与：机遇。

⑤奚：如何。

⑥亢：通“抗”，对抗，较量。

⑦相：占卜看相。

⑧怪：奇怪。

⑨湿灰：形容毫无生机。

⑩殆：恐怕。

⑪杜：杜绝，闭塞。

⑫踵：脚后跟。

⑬鲵：代指大鱼。

⑭食：喂养。

⑮纷：纷繁复杂。

译文

郑国有一个相面术非常灵验的巫师叫季咸，他能够占卜出人的生死存亡和福祸寿夭，他所预言的年、月、旬、日都非常准确，如同神仙。郑国人看见他后，纷纷惊慌地逃散。列子见后为他感到心醉，回去后对壶子说：“以前我认为先生的道行是最高深的，现在才知道还有更加高深的。”

壶子说：“我教给你的仅仅只是名相的东西，没有把真实的道理都传授给你，你怎么能够得道呢？如果只有众多的雌性却没有雄性，怎么能生出卵呢！你使用表象的道和世人周旋，来求得别人对你的信任，因此使别人能够知道你的底细。你试着把他请来，让他给我看看相？”

第二天，列子带着季咸一起见壶子。季咸出来告诉列子说：“唉！你的先生要死了！不能再活了！过不了十来天了！我看见他形色怪异，面色像弄湿的灰一样。”

列子进屋后，把衣襟哭湿了，并把季咸的话告诉了壶子。壶子说：“刚才我是将静寂不动的心境展示给他看，昏昏昧昧不动也不止。所以他看见的是我关闭的生机，再让他来看看吧。”

第二天，列子又请季咸去见壶子。季咸出门后告诉列子说：“真幸运，你的先生碰到我了！疾病有减轻的迹象了，有活的希望了！我见他关闭的生机有轻微的活动了。”

列子进屋后把季咸的话告诉壶子。壶子说：“刚才我给他感到的是天与地之间的生气，名声和利益一切杂念都不能够进入人心，从脚后跟升起的一丝生机，他看到了这一丝生机，再请他来看看吧。”

第二天，列子又请季咸去见壶子。季咸出来告诉列子说：“你的先生精神变化不定，我没有办法给他看相。等他精神安定时，我再给他看相吧。”

列子进屋，把季咸的话告诉壶子。壶子说：“刚才我给他展示的是没有任何征兆可见的太虚之境。他看到了我心气平衡的状态。大鱼盘旋的地方形成深渊，平静的河水聚集的地方形成深渊，流水之处也能形成深渊。形成深渊的情况有九种，我现在只给他看了三种，你再请他来看看吧。”

第二天，列子又请季咸去见壶子。季咸还没有站定，就仓皇失措地跑掉了。壶子说：“追他！”列子没追上，回来后告诉壶子说：“已经不见踪影了，也不知去向了，我没能追上他。”

壶子说：“刚才我显示给他的是我从来都没有向人展示过的大道。我和他随意应变，他不能了解我的情况，就像随风摇摆的小草，随波逐流的水，所以跑掉了。”列子这时才知道其实自己什么也没有学到，返回家后，三年不出门。替妻子烧火做饭，喂养小猪就像伺候人一样。他对事物没有任何偏爱，去掉浮华返回到纯朴的状态，一副无知无识的状态，在纷繁的世界中坚守质朴，终生都是这种状态。

原文

无为名尸①，无为谋府②；无为事任，无为知主。体尽无穷，而游无朕③；尽其所受乎天，而无见得④，亦虚⑤而已。至人之用心若镜，不将不迎，应而不藏，故能胜物而不伤⑥。

注解

①无为名尸：不做名誉的主人。尸，主人。

②谋府：谋划事情的地方。

③无朕：没有痕迹。朕，痕迹。

④无见得：不向别人炫耀自己。见，通“现”，展现。

⑤虚：虚明平静的心境。

⑥伤：损伤。

译文

不要有求名誉的想法，断绝计策谋划的智虑；不要独断专行处理事情，不要有智巧的作为。体会无穷无尽的道，在寂静的环境里遨游；承受自然给予的东西，不自我夸耀，也是达到了空明平静的心境。修养高的人用心就好像是镜子，人、事物的到来和离去不欢迎也不相送，如实反映它们没有隐藏，因此能够经受得起事物而不受损伤。

原文

南海之帝为倏，北海之帝为忽，中央之帝为浑沌①。倏与忽时相与遇于浑沌之地，浑沌待之甚善。倏与忽谋②报浑沌之德，曰："人皆有七窍以视听食息，此独无有，尝试凿之。"日凿一窍，七日而浑沌死。

注解

①倏、忽、浑沌：人名。

②谋：思考。

译文

南海的帝王叫做倏，北方的帝王叫做忽，中央的帝王叫做浑沌。倏和忽经常在浑沌的领域里会面，浑沌把他们招待得非常好。倏和忽就商量着如何回报浑沌的美意，他们说："人都有七窍，分别用来看、听、饮食和呼吸，只有浑沌没有，那我们试着帮他凿开七窍吧。"每天凿开一个窍，第七天浑沌就死了。

点评

《应帝王》以七个故事阐述了庄子无为而治的政治主张。庄子的认识论基于"道"，他将宇宙万物看作浑一的整体，所以无须辨清分别和不同，世间万物的变化均出之自然，人为因素均属外在与附加因素。故此，庄子的为政思想即为以不治为治，无为而治即为本篇中心。何等样人"应"为"帝王"？听任自然、顺乎民情、行不言之教之人即"应"为"帝王"。

外篇

骈拇[1]

原文

骈拇[1]枝指[2]，出乎性哉！而侈[3]于德。附赘县[4]疣，出乎形哉！而侈于性。多方乎仁义而用之者，列于五藏[5]哉！而非道德之正[6]也。是故骈于足者，连无用之肉也；枝于手者，树无用之指也。多方骈枝于五藏之情者，淫僻于仁义之行，而多方于聪明之用也。

是故骈于明者，乱五色[7]，淫[8]文章，青黄黼黻[9]之煌煌[10]非乎？而离朱[11]是已。多于聪者，乱五声[12]，淫六律[13]，金石丝竹黄钟大吕之声非乎？而师旷是已。枝于仁者，擢[14]德塞性以收名声，使天下簧鼓以奉不及之法非乎？而曾、史是已。骈于辩者，累瓦结绳窜句，游心于坚白同异之间，而敝[15]跬誉无用之言非乎？而杨、墨[16]是已。故此皆多骈旁枝之道，非天下之至正也。

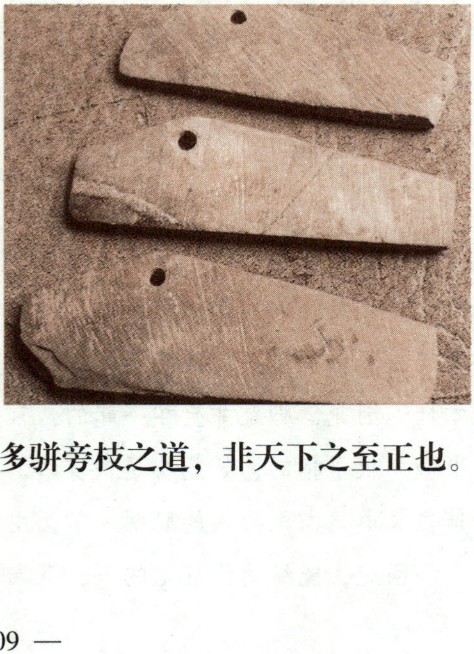

注解

①骈拇：指脚的大脚趾和第二根脚趾连在了一起。

②枝指：多生出的手指。

③侈：多余。

④县：通“悬”，悬挂。

⑤藏：通“脏”，内脏。

⑥正：本然，本性。

⑦五色：青、黑、白、赤、黄。

⑧淫：过分沉溺。

⑨黼黻：黑白相间的叫做黼，黑青相间的叫做黻，这里泛指花纹。

⑩煌煌：形容光彩耀眼。

⑪离朱：人名，也可写作离娄。

⑫五声：宫、商、角、徵、羽。

⑬六律：黄钟、大吕、姑洗、蕤宾、无射、夹钟。

⑭擢：提拔。

⑮敝：疲累，疲惫。

⑯杨、墨：扬朱和墨翟。

译文

并生在一起的脚趾和多生出的手指，是生于本性吗？超出了应得的。附生在人身上的瘤子，是产生于形体吗？却超过了人的本性。运用多种方法来推行仁义道德，使它们和身体内本有的五脏并列，但这却不是道德的本性。因此，脚趾并生在一起的，只是连接了一块没有用处的肉而已；手上多一根手指的，只是长了根没用的手指而已。超出了人的本性，过分矫饰仁义道德，是把人的聪明才智滥用了。

因此，能纵情于视觉的人，沉溺于杂乱的五色，把文彩混淆，就像彩色华丽的衣服让人耀眼炫目，不是吗？离朱就是这一类人的代表。纵情于听觉的，就把五声混乱了，沉溺于六律的，就像金、石、丝、竹和黄钟大吕的声音，不是吗？师旷就是这一类人的代表。一再标榜仁义的人，闭塞德性来求沽名取得荣誉，难道不是使天下人喧嚷着去奉求不能信守的法度吗？曾参和史鳍就是这样的人。言词多且诡辩的，讲了一大套空话，不是像垒瓦结绳那样堆砌辞藻穿文凿句，花费心思在坚白论的诡辩上，精神疲惫地追求一时的声名吗？杨朱和墨翟就是这样的人。可这些都是生在天性之外的歪道，不是天下的正道。

原文

彼至正者，不失其性命之情。故合者不为骈，而枝者不为跂[①]，长者不为有余，短者不为不足。是故凫[②]胫[③]虽短，续之则忧；鹤胫虽长，断之则悲。故性长非所断，性短非所续，无所去忧也。意！仁义其非人情乎！彼仁人何其多忧也？

且夫骈于拇者，决之则泣；枝于手者，龁[④]之则啼。二者，或有余于数，或不足于数，其于忧一也。今世之仁人，蒿目而忧世之患；不仁之人，决性命之情而饕[⑤]贵富。故曰：仁义其非人情乎！自三代以下者，天下何其嚣嚣[⑥]也？

注解

①跂：通“歧”，即前文的“枝”。

②凫：野鸭子。

③胫：小腿。

④龁：咬断。

⑤饕：贪婪。

⑥嚣嚣：喧嚣，喧闹。

译文

那些符合事物天性的情况，就没有失去它本来的性情。因此连接在一起也不是并生，旁生出来的也不算是多余，长的不是多余的，短的也不是不足。因此野鸭子的腿虽然很短，加上一段就会有忧患；野鹤的腿虽然很长，减去一段就成了悲哀。因此原来长的不要剪短，原来是短的也不要加长，这就没有什么可忧患的。噫！仁义难道和人情不相符合吗？那些仁人为什么有那么多烦忧还要去追求呢？

那些并生在一起的脚趾，使它裂开就会哭泣；旁生出来的手指，咬断它就会啼哭。这两种情况，一个比正常的数目多一些，一个与正常情况下的数目比还不足，但作为忧患来说却是相同。现在世上的仁人，担忧世间的祸患；那些不义的人，溃乱事实的本性去贪婪地追求富贵。因此说，仁义难道与人情不相符合吗？但是从三代以下，天下人怎么会如此喧嚣不停呢？

原文

且夫待钩绳规矩[1]而正者，是削其性者也；待绳约胶漆而固者，是侵其德者也；屈折礼乐，响俞仁义，以慰天下之心者，此失其常然也。天下有常然。常然者，曲者不以钩，直者不以绳，圆者不以规，方者不以矩，附离[2]不以胶漆，约束不以缠索。故天下诱然皆生而不知其所以生，同焉皆得而不知其所以得。故古今不二，不可亏也。则仁义又奚连连[3]如胶漆缠索而游乎道德之间为哉，使天下惑也！

注解

①钩绳规矩：都是古代的测量工具。

②附离：依附。

③连连：连续不断的样子。

译文

要用钩绳和规矩之类的工具来使事物得以修正的，削毁了它们自然的本性；要用绳索和胶漆使事物保持固定，是侵害了事物所禀受天性的做法；运用礼乐和仁义对人民进行劝勉和教化，来安慰天下人的内心，这是失去了人的自然本性。自然的本性是：弯曲的不要用曲尺，笔直的不要用墨绳，圆形的不要用规，方正的不要用矩，附在一起的不要用胶漆，捆束一起不需要绳子。因此，天下的事物都自由自在的生长，却不明白自己为什么会生长；同样都有所得，但却不知道自己为什么会有所得。所以古代和现在的道理没有两样，不能够有亏损。那么仁义又为什么好像是胶漆绳索一样连绵不断地夹杂在道德之间呢？这使天下人感到迷惑不解啊！

原文

夫小惑[1]易方，大惑易[2]性。何以知其然邪？自虞氏招仁义以挠天下也，天下莫不奔命于仁义，是非以仁义易其性与？故尝试论之，自三代以下者，天下莫不以物易其性矣。小人则以身殉[3]利，士则以身殉名，大夫则以身殉家，圣人则以身殉天下。故此数子者，事业不同，名声异号，其于伤性以身为殉，一也。臧[4]与谷[5]二人相与牧羊而俱亡[6]其羊。问臧奚事，则挟策读书；问谷奚事，则博塞以游。二人者，事业不同，其于亡羊均也。伯夷死名于首阳之下，盗跖[7]死利于东陵之上，二人者，所死不同，其于残生伤性均也。奚必伯夷之是而盗跖之非乎！天下尽殉也，彼其所殉仁义也，则俗谓之君子；其所殉货财也，则俗谓之小人。其殉一也，则有君子焉，有小人焉；若其残生损性，则盗跖亦伯夷已，又恶取君子小人于其间哉！

注解

①惑：迷惑不解的东西。

②易：改变。

③殉：殉葬。

④臧：娶婢女为妻的男仆。

⑤谷：小孩。

⑥亡：丢失，失去。

⑦盗跖：人名，春秋时期的大盗。

译文

小的迷惑会使人的方向感错乱，大的迷惑会使人的本性错乱。怎能知道是这样的呢？自从虞舜氏标榜仁义侵扰天下后，天下没有人不为仁义去奔命，这难道不是用仁义来改变人的天性吗？现在我尝试着来议论一下，自从夏、商、周三朝以来，天下没有一个不是因为外物而使自己的本性受到扰乱。小人为求私利殉身，士人为名声而殉身，大夫为了保全家庭而殉身，圣人为了天下而殉身。这几种人，他们所从事的事业不同，名号也不一样，但他们牺牲自己，伤害本性却是相同的。男仆和童仆两个人一起去放羊，羊全部都走丢了。问男仆在做什么事，他拿着竹简读书；问童仆在做什么事，他在玩掷骰子游戏。他们做的事不同，却同样把羊丢失了。伯夷为了名声死在了首阳山，盗跖为了私利死在了东陵山，他们俩死的原因不同，却同样地残害生命伤害天性。为什么一定要称赞伯夷而指责盗跖呢？天下人都在为某些东西而殉身，如果他是为了仁义而殉身，就称他为君子；如果是为了私利而殉身，就叫作为小人。他们同样牺牲了性命，但有的是君子，有的是小人。如果从残害生命伤害天性的角度来说，那么盗跖和伯夷是一样，又怎么从他们中间区分君子和小人呢？

原文

且夫属其性乎仁义者，虽通如曾、史，非吾所谓臧[①]也；属其性于五味，虽通如俞儿[②]，非吾所谓臧也；属其性乎五声，虽通如师旷，非吾所谓聪也；属其性乎五色，虽通如离朱，非吾所谓明也。吾所谓臧者，非仁义之谓也，臧于其德而已矣；吾所谓臧者，非所谓仁义之谓也，任其性命之情而已矣；吾所谓聪者，非谓其闻彼也，自闻而已矣；吾所谓明者，非谓其见彼也，自见而已矣。夫不自见而见彼，不自得而得彼者，是得人之得而不自得其得者也，适人之适而不自适其适者也。夫适人之适而不自适其适，虽盗跖与

伯夷，是同为淫僻也。余愧乎道德，是以上不敢为仁义之操，而下不敢为淫僻之行也。

注解

①臧：完善。

②俞儿：善于品尝味道的人。

译文

改变自己的天性使它从属于仁义，即使能够像曾参和史鳅那样通达，也不是我所认为的完美；改变自己的天性使它从属于五味，即使像俞儿那样精通，也不是我所认为的完美；改变自己的天性使它从属于五音，即使能够和师旷一样精通音律，也不是我所认为的聪敏；改变自己的天性使它从属于五色，即使和离朱一样精通，也不是我所认为的明察秋毫。我所认为的完善，并不是指仁义，只在于自得；我所认为的完善，并不是仁义，而是任天性自然发展；我所认为的聪敏，并不是去听别人说什么，而是自己的内省；我所说的明察秋毫，并不是去看别人做什么，而是能够审视自己。如果不能认清自己只能认清别人，不能够自得而去羡慕别人，只羡慕别人而不知道欣赏自己，这是适合别人的有所得自己不去追求舒适的人。假如适合别人的安适却不自求安适的人，无论盗跖还是伯夷，都是偏僻的行径。我对道德行为感觉很惭愧，因此对上不能坚持仁义的操守，对下不能做出邪僻的行为。

点评

“骈拇”指合并的脚趾和旁出的枝指和附着的赘瘤一样，均为人体多余的东西。而事物所固有的形象，则是合乎自然，顺应人情的东西。全篇提出了听任自然，顺应人情的观点思想。

本篇与下篇《马蹄》可视作姊妹篇，或视为《马蹄》的前奏，表达了庄子无为而治、返归自然的社会观和政治观，并批判了儒家的仁义和礼乐，但其对社会进步因素的否定不应予以肯定。

马蹄

原文

马，蹄可以践霜雪，毛可以御风寒，龁草饮水，翘足而陆[1]，此马之真性也。虽有义[2]台路寝，无所用之。及至伯乐[3]，曰："我善治马。"烧之，剔[4]之，刻之，雒之。连之以羁馽，编之以皂栈，马之死者十二三矣；饥之，渴之，驰之，骤之，整之，齐之，前有橛饰之患，而后有鞭策之威，而马之死者已过半矣。陶者曰："我善治埴[5]，圆者中规，方者中矩。"匠人曰："我善治木，曲者中钩，直者应绳。"夫埴木之性，岂欲中规矩钩绳哉？然且世世称[6]之曰"伯乐善治马，而陶匠善治埴木"，此亦治天下者之过也。

注解

①陆：跳跃。

②义：“巍”的借字，高大的样子。

③伯乐：人名，姓孙明阳，字伯乐，善于相马。

④剔：为马剪毛。

⑤埴：黏土。

⑥称：称赞，赞扬。

译文

马蹄可以用来践踏霜雪，皮毛可以抵御风寒，吃草饮水，跷起脚来跳跃，这是马的自然本性。即使有高台大殿，对于马并没有什么用处。等到出现了伯乐，他说：“我善于管理马。”于是就用烙铁灼烧它们，修剪它们的鬃毛，削剪它们的蹄子，给它们烙上印记，用络头和缰绳把它们拴起来，编上次序关进马槽里，这时候马已经死十分之三了。然后又饿又渴，驱赶它们快速奔跑，训练它们步伐整齐一致，前面有嚼头和装饰的束缚，后面有鞭子和竹板的威胁，这时候马就死掉一半了。陶匠说：“我会捏陶土，让圆的合于规，方的合于矩。”木匠说：“我善于削木材，让弯曲的合于钩，直的合于绳。”难道陶土和木材的天性就是为了符合规的圆、矩的方以及钩、绳、墨吗？但我们却世世代代称赞说：“伯乐善于管理马，陶匠会用陶土来进行制作，木匠会用木材进行制作。”这和治理天下的过错是相同的啊！

原文

吾意善治天下者不然。彼民有常性①，织而衣，耕而食，是谓同德②。一而不党③，命曰天放④。故至德之世，其行填填⑤，其视

颠颠[6]。当是时也，山无蹊隧[7]，泽无舟梁；万物群生，连属其乡；禽兽成群，草木遂长。是故禽兽可系羁而游，鸟鹊之巢可攀援而窥。

夫至德之世，同与禽兽居，族与万物并，恶乎知君子小人哉！同乎无知，其德不离；同乎无欲，是谓素朴；素朴而民性得矣。及至圣人，蹩躠为仁，踶跂[8]为义，而天下始疑矣；澶漫[9]为乐，摘僻为礼，而天下始分矣。故纯朴不残，孰为牺樽！白玉不毁，孰为珪璋！道德不废，安取仁义！性情不离，安用礼乐！五色不乱，孰为文采[10]！五声不乱，孰应六律！夫残朴以为器，工匠之罪也；毁道德以为仁义，圣人之过也。

注解

①常性：不变的永恒天性。

②同德：共同的天性。

③党：偏私，偏爱。

④天放：顺其自然。

⑤填填：踏实稳重。

⑥颠颠：专注。

⑦蹊隧：小路和隧道。蹊，小路；隧，隧道。

⑧踶跂：勉强行走的样子。

⑨澶漫：放纵安逸。

⑩文采：华丽的图案。

译文

我认为善于治理天下的人不是这样的。人民有真天性，纺织而后衣，自己耕种后吃饭，这是人类共同的天性。浑然一体的思想和行为，对待万事万物没有偏私，这就是顺其自然。因此，在盛德的年代，人们的行为持重，朴拙无心。在那个时候，山里没有路和通道，水上没有船和桥梁；万物众生共同成长，比邻而居；野兽成群，草木生长得繁茂。所以可以牵着野兽去游玩，可以爬到树上去窥望鸟鹊的巢。

盛德的年代，人类和鸟兽共同居住在一起，和万物并存，怎样区分君子和小人呢！大家都不用取巧，天性就不会丧失；每个人都没有贪欲，都非常纯真质朴；纯真质朴人民的天性就能够得以保存。等到圣人出现后，尽力推行仁，勉强推行义，然后天下开始出现迷惑；放纵安逸取乐，以繁杂为乐，然后天下就开始分离了。如果完整的木材不被雕刻，哪里会出现酒器呢！如果白玉没有被毁坏，怎么会有雕刻出来的玉器！如果道德不被废弃，哪里会有仁义呢！如果天性不背离，哪里用得着礼乐呢！如果五色不乱，谁能够制出华美的图纹！如果五声不乱，谁能够应和六律呢！破坏天然的材料做成器具，这是木匠的过错；抛弃道德追求仁义，这是圣人的过错。

原文

夫马，陆居则食草饮水，喜则交颈相靡[1]，怒则分背相踶[2]。马知已此矣。夫加之以衡扼，齐之以月题，而马知介倪、闉扼、鸷曼、诡衔、窃辔。故马之知而态至盗[3]者，伯乐之罪也。

夫赫胥氏[4]之时。民居不知所为，行不知所之，含哺而熙[5]，鼓腹而游，民能以此矣。及至圣人，屈折礼乐以匡[6]天下之形，县[7]跂

仁义以慰天下之心，而民乃始踶跂好知，争归于利，不可止也。此亦圣人之过也。

注解

①靡：通“摩”，摩擦。

②踶：通“踢”，踏。

③盗：和人对抗。

④赫胥氏：人名，传说中的古代帝王。

⑤熙：通“嬉”，嬉戏。

⑥匡：匡正。

⑦县：通“悬”，悬挂。

译文

马在陆地上生活，吃草喝水，高兴的时候就互相交颈摩擦，生气的时候就背对着身子互相踢踏。马知道的东西仅此而已。后来，给马加上了车衡颈轭，在它额头上挂上装饰，马就知道怒目相视，弯着脖子抗拒横木，撞击车盖，吐出口嚼，脱掉缰绳。由于马的机智能形成和人对抗的地步，这是伯乐的过错。

在上古赫胥氏帝王的时代，人民安居但不知该做些什么，悠闲的游行不知道要到哪里去，嘴里含着食物嬉戏玩耍，挺胸叠腹的遨游，人民能做的事情只有这些。圣人出现后，用礼乐来教化纠正天下人的形态，用仁义标榜以安慰天下人的心，因此人民就开始设法用智寻机取巧，互相争抢私利不能停止，这也是圣人的过错！

积，犁和锄耕种的土地，方圆有两千多里。整个国家境内，建立宗庙社稷的地方，以及治理大小面积的行政区域，何尝不是在向圣人效仿呢？然而田成子杀死了齐国国君窃取了齐国的大权，窃取的岂止是齐国这个国家？把齐国圣明的法制也一同窃取了。虽然田成子有窃贼的名声，但是处于和尧舜一样安稳的位置。小国不敢非议指责他，大国不敢讨伐他，占据齐国。这不是不仅窃取了齐国也窃取了齐国圣明的法度，保卫了他的窃贼之身吗？

原文

尝试论之，世俗之所谓至知者，有不为大盗积者乎？所谓至圣者，有不为大盗守者乎？何以知其然邪？昔者龙逢斩，比干剖，苌弘[①]胣[②]，子胥靡[③]，故四子之贤而身不免乎戮。故跖之徒问于跖曰："盗亦有道乎？"跖曰："何适而无有道邪！夫妄意[④]室中之藏，圣也；入先，勇也；出后，义也；知可否，知也；分均，仁也。五者不备而能成大盗者，天下未之有也。"由是观之，善人不得圣人之道不立，跖不得圣人之道不行。天下之善人少而不善人多，则圣人之利天下也少而害天下也多。故曰：唇竭则齿寒，鲁酒薄而邯郸围，圣人生而大盗起。掊[⑤]击圣人，纵舍[⑥]盗贼，而天下始治矣。

夫川竭[⑦]而谷虚，丘夷[⑧]而渊实。圣人已死，则大盗不起，天下平而无故矣。圣人不死，大盗不止。虽重圣人而治天下，则是重利盗跖也。为之斗斛以量之，则并与斗斛而窃之；为之权衡[⑨]以称之，则并与权衡而窃之；为之符玺以信之，则并与符玺而窃之；为之仁义以矫[⑩]之，则并与仁义而窃之。何以知其然邪？彼窃钩者诛，窃国者为诸侯，诸侯之门而仁义存焉，则是非窃仁义圣知邪？故逐于大盗，揭诸侯，窃仁义并斗斛权衡符玺之利者，虽有轩冕之赏弗能劝，斧钺之威弗能禁。此重利盗跖而使不可禁者，是乃圣人之过也。

注解

①苌弘：春秋末期的贤人。

②胣：剖开腹部挖出肠子。

③靡：糜烂，腐烂。

④妄意：推测，猜测。

⑤掊：打击，打碎。

⑥纵舍：放纵。

⑦竭：枯竭。

⑧夷：平坦。

⑨权衡：称量。权，秤锤；衡，秤杆。

⑩矫：矫正。

译文

我尝试着议论一下，世俗所谓最有智慧的，能有不是替大盗准备的吗？所谓的最圣明，有不替大盗守卫的吗？如何能够知道这些情况呢？以前龙逢被斩，比干被挖心，苌弘被掏肠子，伍子胥的尸体被扔进江中任其腐烂，这样的四位贤能都没能免于惨遭杀戮。因此盗跖的门徒问盗跖说：“盗有道吗？”盗跖说：“哪里能没有道呢？如果能够推测出屋内藏着什么东西，就是圣明的；带头先冲进屋里去的，是勇敢的；最后从屋里出来的，就是义；根据情况判断可不可以行动，是智慧的；能够分配公平的，是仁。这五个方面不能全具备但是却成了大盗的，在天下是绝没有的事。”由此看来，善人如果不懂圣人的道是不能够自立的，盗跖如果不懂圣人的道也就不能横行。天下的善人少而不善的人多，因此，圣人给天下带来的利益少，给天下带来的祸害却多。所以说没有了嘴唇，牙齿就会感到寒冷；鲁侯进献的酒味淡，造成了赵国的邯郸被围困；圣人一出现，大盗也就兴起了。把圣人打倒，释放了盗贼，天下才会太平。

溪流空虚，川流就会枯竭；移平了丘陵，深渊就能被填平。圣人一旦死了，大盗就不会兴起，天下就会太平。圣人如果不死，大盗就不会停止。即使是重用圣人去治理天下，也是把巨大的利益给了盗跖。制造斗和斛计量，他们会连斗和斛一起偷去；给他们秤锤秤杆去称重，他们会连秤锤秤杆一起偷去；刻印章去取信，他们会将印章一起偷走；倡导仁义来矫正他们的行为，他们连仁义一起盗窃走。怎么能知道这些情况呢？那些偷窃钩环之类东西的人会被诛杀，而把国家窃取走了的人却能够成为诸侯，诸侯的门里也就有仁义了，难道这不是盗窃了仁义和圣智吗？因此那些追随大盗，拥有诸侯之位，窃取了仁义和斗斛、秤锤秤杆和符玺的人，即使有华车高官的赏赐也不能够劝勉他们，有斧头的威刑也不能够禁止。这些非常有利于盗跖而又无法禁止的，都是圣人的过错。

原文

故曰：“鱼不可脱于渊，国之利器①不可以示②人。”彼圣人者，天下之利器也，非所以明天下也。故绝圣弃知，大盗乃止；擿玉毁珠，小盗不起；焚符破玺，而民朴鄙；掊斗折衡，而民不争；殚残③天下之圣法，而民始可与论议。擢乱六律，铄④绝竽瑟，塞瞽旷之耳，而天下始人含其聪矣；灭文章⑤，散五采，胶离朱之目，而天下始人含其明矣；毁绝钩绳而弃规矩，㰒工倕之指，而天下始人有其巧矣。故曰大巧若拙。削曾、史之行，钳杨、墨之口，攘⑥弃仁义，而天下之德始玄⑦同矣。彼人含其明，则天下不铄矣；人含其聪，则天下不累矣；人含其知，则天下不惑矣；人含其德，则天下不僻矣。彼曾、史、杨、墨、师旷、工倕、离朱，皆外立其德而以爚乱⑧天下者也，法之所无用也。

注解

①利器：指权势、法令等。

②示：显示。

③殚残：全部毁坏。

④铄：销毁，毁掉。

⑤文章：即文采，花纹，图纹。

⑥攘：丢弃。

⑦玄：黑。

⑧爚乱：迷乱。

译文

因此说："鱼不能够离开深渊，治国的利器不可以随意展示给别人看。"圣人，就是治理天下的利器，不能够向天下明示。因此，抛弃聪明巧智，大盗才能够停止；毁弃玉器珠宝，小盗贼也就不会兴起；焚烧符玺，民众就会朴实淳厚；把斗秤击破，百姓就没有争斗了；毁尽天下所有圣人制定的法律，百姓才可以参与议论；扰乱六律，销毁竽瑟等乐器，堵住师旷的耳朵，天下的百姓才能有自己的听觉；消灭文采，散乱五色，用胶粘住离朱的眼睛，天下的百姓才能有自己明敏的视觉；毁坏钩绳丢掉规矩，把工倕的手指折断，天下的百姓才隐藏他的技术。所以说，具有最高技巧的人，好像愚拙之人那样。消减曾参和史鳅的行为，钳住杨朱、墨翟的嘴巴，抛弃仁义，天下人的德行才能够达到玄同。人人都把明慧内藏，天下也就不会迷乱；人们都内敛聪敏，天下也就不会有祸患了；人人内含知巧，天下就不会惑乱了；人人都内敛自己的德行，天下就不会邪僻了。曾参、史鳅、杨朱、墨翟、师旷、工倕和离朱，都是对外炫耀自己的才能来扰乱天下，这是正法不能用的。

原文

子独不知至德之世乎？昔者容成氏、大庭氏、伯皇氏、中央氏、栗陆氏、骊畜氏、轩辕氏、赫胥氏、尊卢氏、祝融氏、伏羲氏、神农氏[①]，当是时也，民结绳而用之，甘其食，美其服，乐其俗，安其居，邻国相望，鸡狗之音相闻，民至老死而不相往来。若此之时，则至治已。今遂至使民延颈举踵曰，“某所有贤者”，赢粮而趣之，则内弃其亲而外去其主之事，足迹接乎诸侯之境，车轨结乎千里之外。则是上[②]好知之过也。

炎帝神農氏

注解

①容成氏、大庭氏、伯皇氏、中央氏、栗陆氏、骊畜氏、轩辕氏、赫胥氏、尊卢氏、祝融氏、伏羲氏、神农氏：均为古代传说中的帝王。

②上：指统治者。

译文

你不知道德行最盛的时代吗？在以前容成氏、大庭氏、伯皇氏、中央氏、栗陆氏、骊畜氏、轩辕氏、赫胥氏、尊卢氏、祝融氏、伏羲氏、神农氏的时代，人民用结绳的方法记事。饮食是美味的，衣服是漂亮美观的，风俗习惯是快乐的，居住的条件舒适，相邻的国家互相可以看见，鸡和犬的叫声都能够听到，但是百姓直到老死都不互相来往。这样的时代，是真正的太平时代。现在的世上到了百姓仰着脖子踮着脚跟盼望有声音说，“某个地方有个贤人”，于是就带上粮食去依附他，对内抛弃亲人对外丢弃君主的政事，足迹陆续不断地出现在各诸侯国的边境，车辙来往纵横的痕迹在千里之外交错，这都是处于上位的君主喜好机智所犯的过错。

原文

上诚好知而无道，则天下大乱矣。何以知其然邪？夫弓弩毕弋机变之知多，则鸟乱于上矣；钩饵罔罟罾[①]笱[②]之知多，则鱼乱于水矣；削格罗落罝罘[③]之知多，则兽乱于泽矣；知诈渐毒[④]颉滑[⑤]坚白解垢同异之变多，则俗惑于辩矣。故天下每每大乱，罪在于好知。故天下皆知求其所不知，而莫知求其所已知者，皆知非其所不善，而莫知非其所已善者，是以大乱。故上悖日月之明，下烁山川之精，中堕四时之施。惴耎[⑥]之虫，肖翘[⑦]之物，莫不失其性。甚矣夫好知之乱天下也！自三代以下者是已，舍夫种种[⑧]之民而悦夫役役[⑨]之佞，释夫恬淡无为而悦夫哼哼[⑩]之意，哼哼已乱天下矣。

注解

①罾：渔网。

②笱：捕鱼的器具。

③罝罘：用于捕捉兔子的网。

④渐毒：欺诈，欺骗。

⑤颉滑：狡猾。

⑥惴耎：蠕动。这里指蠕动的小虫子。

⑦肖翘：小飞虫。

⑧种种：淳朴厚道的样子。

⑨役役：奔波的样子。

⑩啍啍：喋喋不休。

译文

处于上位的君王喜好运用机智无道，那么天下就要大乱了。怎么能知道是这个样子的呢？弓箭、鸟网、机关的巧智非常多，所以在空中飞翔的鸟就会被扰乱；鱼饵、渔网、鱼篓的巧智多，在水里游的鱼会被扰乱；木栅、兽栏、捕兔网的巧智多，山泽里的野兽会被扰乱；欺骗奸诈、狡猾、坚白诡异的争辩多了，天下的人就会被争辩所迷惑。因此天下经常发生大乱，罪过就在于喜好巧智。所以天下人只知道追求自己不知道的东西，而不去探索他所知道的东西，都知道非议自己认为不好的东西而不非议自己认为好的东西，所以天下才会大乱。因此向上遮挡了日月的光辉，向下毁坏了山川的精华，居中把四季的运行破坏了。蠕动的爬行小虫，细小的飞虫，没有不失去天性的。因为喜好智慧而扰乱天下居然到了这种地步！自夏、商、周以来，就是这个样子了！丢弃淳朴厚道的百姓去喜爱狡猾的小人，丢弃恬淡无为的教导，而去喜爱喋喋不休的多言教导。喋喋不休的多言教导已经把天下扰乱了。

点评

"胠箧"意为"打开箱子"。本篇主旨同于《马蹄》，然而较《马蹄》深刻，言辞锋锐，既对所谓圣人的"仁义"进行了不遗余力的抨击，又全力倡导弃绝一切文化和智慧，回归到原始蒙昧的社会状态中去的主张。其政治观点是"绝圣弃知"和返归原始，本篇中心思想即此。

本篇对仁义的虚伪和社会的黑暗进行了深刻的揭露，一针见血地指出"窃钩者诛，窃国者为诸侯"。然而因找不到社会出路，故而主张"绝圣弃知"，即摒弃社会文明与进步，使人类社会倒退到原始状态。这是庄子社会观和政治观的消极面。

在宥

原文

闻在宥天下，不闻治天下也。在之也者，恐天下之淫[①]其性也；宥[②]之也者，恐天下之迁[③]其德也。天下不淫其性，不迁其德，有治天下者哉！昔尧之治天下也，使天下欣欣焉人乐其性，是不恬[④]也；桀之治天下也，使天下瘁瘁[⑤]焉人苦其性，是不愉也。夫不恬不愉，非德也。非德也而可长久者，天下无之。

人大喜邪，毗[⑥]于阳；大怒邪，毗于阴。阴阳并毗，四时不至，寒暑之和不成，其反伤人之形乎！使人喜怒失位，居处无常，思虑

不自得，中道不成章，于是乎天下始乔诘[7]卓鸷[8]，而后有盗跖、曾、史之行。故举天下以赏其善者不足，举天下以罚其恶者不给。故天下之大，不足以赏罚。自三代以下者，匈匈[9]焉终以赏罚为事，彼何暇安其性命之情哉！

注解

①淫：超过。

②宥：宽容。

③迁：变迁，改变。

④恬：恬静，安静。

⑤瘁瘁：疲倦困苦的样子。

⑥毗：损伤。

⑦乔诘：思想不端正。

⑧卓鸷：行为不端正。

⑨匈匈：喧嚣吵闹的样子。

译文

只听说过要让天下自由自在，没有听说过要治理天下的。人人都自在，是怕天下扰乱他的天性；宽容而安适，恐怕天下改变了他的常德。如果天下人不扰乱天性，不改变他们的常德，怎会需要治理天下呢！先前在尧治理天下的时候，使天下人都欣然为自己的天性而快乐，这是不会安静的；在桀治理天下的时候，使天下人都疲倦困顿为自己的天性而痛苦，这是因为不愉悦呀。如果不安静、不愉悦了，也就是违背了常德。违背了常德又能长久的，在天下是绝对不可能出现的。

人过度喜悦，会把阳气损伤；过度愤怒，就会把阴气损伤。阴气和阳气一起损伤，四时就不能按时来到，寒暑就会出现不调和的现象，这反会伤害到人的身体！如果使人喜怒无常，任意妄为，思想不能独立自主，做起事情在中途就会缺乏条理性，天下也就狡诈悖戾，然后就产生了盗跖、曾参、史鳍的行为。所以用尽天下的力量也不足以赏赐行善的举动，用尽天下的力量来惩罚作恶的人也是不足的。因此天下如此大，仍是不足以去处理赏罚的事。自从夏、商、周三代以后，始终喧嚣把赏罚作为大事，他们怎么能有时间去安定人的天性呢！

原文

而且说①明邪？是淫②于色也；说聪邪？是淫于声也；说仁邪？是乱于德也；说义邪？是悖于理也；说礼邪？是相③于技也；说乐邪？是相于淫也；说圣邪？是相于艺也；说知邪？是相于疵也。天下将安其性命之情，之八者，存可也，亡可也；天下将不安其性命之情，之八者，乃始脔卷④狁囊⑤而乱天下也。而天下乃始尊之惜之，甚矣天下之惑也！岂直过也而去之邪！乃齐戒以言之，跪坐以进之，鼓歌以舞之，吾若是何哉！

故君子不得已而临莅天下⑥，莫若无为。无为也而后安其性命之情。故曰："贵以身于为天下，则可以托天下；爱以身于为天下，则可以寄天下。"故君子苟能无解其五藏，无擢⑦其聪明；尸⑧居而龙见⑨，渊默而雷声，神动而天随，从容无为而万物炊累焉。吾又何暇治天下哉！

注解

①说：通“悦”，喜悦、高兴。

②淫：沉溺。

③相：辅助。

④脔卷：不舒展的样子。

⑤獊囊：纷扰繁乱。

⑥临莅天下：统治天下。

⑦擢：提拔。

⑧尸：尸体。这里指和尸体一样一动不动。

⑨见：通“现”，展现，显现。

译文

况且你喜爱眼睛明亮吗？却是沉迷于色彩；喜爱耳朵聪敏吗？却是沉迷于音舞；喜爱仁爱吗？这是迷乱于人的常德；喜爱仁义吗？这是悖逆于常理；喜爱礼仪吗？这就是助长了技巧；喜爱音乐吗？这就是助长了淫声；喜爱圣智吗？这就助长了技术；爱好聪明机智吗？这就助长了吹毛求疵。天下人如果想要安定自己性命的真情，这八个方面是可以有也可以没有的；天下人如果不想安定自己性命的真情，这八个方面就会使天下混乱。但天下人却反而开始尊崇它，爱惜它，天下人的迷惑已经达到这种地步了！难道只是在短暂的涉猎后就遗弃它们吗？还是斋戒去谈论它们，毕恭毕敬的尽力去传授它们，唱歌跳舞供奉它们，真是没有办法呀！

因此，君子如果因为不得已而统治天下，不如无为而治。无为然后天下人才能安定自己的天性。所以说：“用尊重生命的态度去治理天下的人，才能把天下托付给他；用爱惜生命的态度去为天下，才可以把天下托付给他。”因此假如君子能够不放纵自己的情欲，不炫耀自己的聪明才智，安坐不动但神采飞扬，沉静默默而又能震撼人心，思想意识都能合于自然，从容无为但是万物的生长像积累起来的炊烟一样上升。我又何必非要治理天下呢！

原文

崔瞿[1]问于老聃曰：“不治天下，安臧[2]人心？”老聃曰：“女慎无撄[3]人心。人心排[4]下而进[5]上，上下[6]囚杀，淖约[7]柔乎刚强。廉刿雕琢，其热焦火，其寒凝冰。其疾俛仰之间[8]而再抚四海之外。其居也渊而静，其动也悬而天。偾[9]骄而不可系者，其唯人心乎！

“昔者黄帝始以仁义撄人之心，尧、舜于是乎股无胈，胫无毛，以养天下之形，愁其五藏以为仁义，矜其血气以规法度。然犹有不胜也，尧于是放讙兜于崇山[10]，投三苗[11]于三峗，流共工[12]于幽都，此不胜天下也。夫施及三王而天下大骇矣。下有桀、跖，上有曾、史，而儒墨毕起。于是乎喜怒相疑，愚知相欺，善否相非，诞信相讥，而天下衰矣；大德不同，而性命烂漫[13]矣；天下好知，而百姓求竭矣。于是乎釿锯制焉，绳墨杀焉，椎凿决焉。天下脊脊大乱，罪在撄人心。故贤者伏处[14]大山嵁岩之下，而万乘[15]之君忧慄乎庙堂之上。

“今世殊死者相枕也，桁[16]杨者相推也，形戮者相望也，而儒墨

乃始离跂攘臂乎桎梏之间。噫，甚矣哉！其无愧而不知耻也甚矣！吾未知圣知之不为桁杨接槢也，仁义之不为桎梏凿枘也，焉知曾、史之不为桀、跖嚆矢[17]也！故曰：'绝圣弃知而天下大治。'"

注解

①崔瞿：人名。

②臧：善良。

③撄：扰乱。

④排：抑制。

⑤进：上进。

⑥上下：向上和向下。

⑦淖约：轻柔美好的样子。

⑧俛仰之间：形容时间极其短暂。

⑨偾：通"愤"。

⑩崇山：山名，在今湖南大庸县西南。

⑪三苗：古国名。

⑫共工：人名，尧的水官。

⑬烂漫：散漫错乱。

⑭伏处：隐居。

⑮乘：四匹马拉的车。

⑯桁：一种刑具。

⑰嚆矢：先驱，先导。

译文

崔瞿向老聃请教说："不去治理天下，能用什么办法使人心向善呢？"老聃回答说："你要小心谨慎别把人心扰乱了。人心如果被压抑就会消沉，被推进就会上扬，心志的消沉和上扬之间，好像被拘禁，杀害，轻柔的心志能够化刚强。一个人在受到大的折磨后，心境会着急的好像烈火一样，忧愁恐惧的又好像寒冰。变化非常迅速眨眼间来往于四海之外，人心安定的时候沉稳静寂，活动的时候高悬冲天，强傲但不能被牵制，这就是人心啊！

“以前黄帝用仁义来把人心扰乱了，尧和舜因为辛勤劳作过度以致大腿上没有肉，小腿上不长毛，从而来供养天下人的形体，花费心思去推行仁义道德，花费心血制定规章法度。仍旧不能够改变人的思想，于是尧把讙兜流放到崇山，把三苗投放到三峗，把共工流放到幽州，这样也没有能够把天下治理好。到三代帝王的时期，天下人已经被大扰乱了。向下有夏桀和盗跖，向上有曾参和史䲡，儒家和墨家的争论纷纷起来。因此，喜悦和愤怒互相猜疑，愚蠢和智慧互相欺骗，善良和丑恶互相非议，荒诞和可信互相讽刺，所以天下的风气衰颓了。大德不统一，人民性命的情理是散漫错乱的。天下人都喜欢智慧，百姓却多纠葛。于是开始用斧锯来制约，使用礼法击杀，用刑罚来处决。于是天下纷乱，罪过就在于把人心扰乱。因此贤明的人在大山高岩之下隐居起来，万乘之君在朝堂之上感到担忧恐惧。

“当今世上被处决的人残骸堆积，带枷锁脚镣的人接连不断，遭受刑戮的人满眼都是，儒家和墨家在枷锁之间奋臂呼喊。唉！过分啊！他们不知道羞愧和无耻已经到这种地步了！我不知道圣智不是枷锁的楔木，仁义不是坚固枷锁的孔枘，怎么能够知道曾参和史䲡不是夏桀和盗跖的先驱啊！因此说，‘抛弃聪明巧智，天下就会太平了。’”

原文

黄帝立为天子十九年，令行天下，闻广成子[①]在于空同之山[②]，故往见之，曰：“我闻吾子达于至道，敢问至道之精。吾欲取天地之精，以佐[③]五谷，以养民人，吾又欲官阴阳[④]，以遂群生，为之奈何？”

广成子曰："而所欲问者，物之质[5]也；而所欲官者，物之残也。自而治天下，云气不待族[6]而雨，草木不待黄而落，日月之光益以荒矣。而佞人[7]之心翦翦[8]者，又奚足以语至道哉！"

黄帝退，捐天下，筑特室，席白茅，闲居三月，复往邀之。

广成子南首而卧，黄帝顺下风膝行而进，再拜稽首而问曰："闻吾子达于至道，敢问，治身奈何而可以长久？"

广成子蹶然而起，曰："善哉问乎！来！吾语汝至道。至道之精，窈窈冥冥[9]；至道之极，昏昏默默[10]。无视无听，抱神以静，形将自正。必静必清，无劳汝形，无摇汝精，乃可以长生。目无所见，耳无所闻，心无所知，汝神将守形，形乃长生。慎汝内，闭汝外，多知为败。我为汝遂于大明之上矣，至彼至阳之原也；为汝入于窈冥之门矣，至彼至阴之原也。天地有官，阴阳有藏[11]，慎守汝身，物将自壮。我守其一以处其和[12]，故我修身千二百岁矣，吾形未常衰。"

黄帝再拜稽首曰："广成子之谓天矣！"

广成子曰："来！余语汝。彼其物无穷，而人皆以为有终；彼其物无测，而人皆以为有极。得吾道者，上为皇而下为王；失吾道者，上见光而下为土。今夫百昌[13]皆生于土而反于土，故余将去汝，入无穷之门，以游无极之野。吾与日月参光，吾与天地为常。当我[14]缗[15]乎！远我昏乎！人其尽死，而我独存乎！"

注解

①广成子：能体会自然无为境界的人。

②空同之山：虚构的山名。

③佐：辅佐，辅助。

④官阴阳：调和阴阳。

⑤质：本质。

⑥族：聚集，汇聚。

⑦佞人：奸佞小人。

⑧翦翦：细小。

⑨窈窈冥冥：遥远幽暗。冥冥，暗昧。

⑩昏昏默默：深远静寂。

⑪藏：居所。

⑫和：调和，和顺。

⑬百昌：万物昌盛。

⑭当我：迎着我来。

⑮缗：无心，没在意。

译文

黄帝做了十九年天子，政令通行天下，他听说广成子在空同山上居住，就特地前往拜访，对广成子说："我听说先生通晓至道，我想请教至道的精华。我希望摄取天地的精华，来帮助五谷的成长，养育百姓，我又想调理阴阳，来顺应万物的自然生长，我应该怎么办呢？"

广成子回答说："你想问的，是万物的根本；你想管理的，是万物的残渣。自从你治理天下开始，云气等不到凝聚在一起就开始下雨，草木等不到枯黄就开始凋谢，太阳和月亮的光辉也越发晦暗。而你这奸佞小人的心思浅薄鄙陋，怎么能够谈论至道呢！"

黄帝听完后就回去了，他抛开政事，建造了一间屋子，铺上白茅草，闲居了三个月以后，又前去向广成子请教。

广成子面朝南方躺着，黄帝从下方匍匐前去，叩头行大礼以后说："我闻听先生已经通晓至道，特向您请教如何修养自身才能够长久？"

广成子迅速起身，说："这问题问得很好！过来，我告诉你至道。至道的精髓是遥远暗昧，至道的极致是深沉静寂。视听不做外用，精神要保持宁静，身体自然就是健康的。清神后静静地思考，不要让身体劳累，不要费神，这样就可以长生。眼睛不能被迷惑，耳朵也不能被骚扰，内心不能有很多的顾虑，精神守护着形体，形体才能够得到长生。守护住内心的清净，抛弃外在世俗的纷扰，智巧太多必定会被败坏。我帮助你到达最光明的境界，到至阳的本原；帮助你进入遥深的门径，到达至阴的本原。天地的各自守护在自己的岗位上，阴阳都在自己的居所，谨慎守护自身，事物自然会昌盛。我坚持守护大道的纯粹并把握住它的和谐，因此我虽然已经修身一千两百年了，而我的形体仍没有衰老。”

黄帝再行叩拜礼说：“广成子能够称得上是天地合一了。”

广成子说：“过来，我告诉你。至道没有穷尽，但是人都以为是有穷尽；道也是深远没有办法推测的，可人们都认为它有穷尽。能够明白我讲的道，居上可以做皇帝，下可以做王；一旦丧失了道，向上就只能看见太阳和月亮的光辉，向下就只能化为尘土。万物都是生于泥土而又返回到泥土中去，因此我要离开你，进入到没有穷尽的门径，在没有穷尽的旷野中遨游。我和日月同光，我和天地合一。迎着我来的，是昏昏的；远离我而去的，是默默的。人难免是要死的，难道只有我独自存在吗？”

原文

云将[1]东游，过扶摇[2]之枝而适遭鸿蒙[3]。鸿蒙方将拊脾雀跃而游。云将见之，倘然[4]止，贽然立[5]，曰：“叟何人邪？叟何为此？”

鸿蒙拊脾雀跃不辍，对云将曰：“游！”

云将曰：“朕愿有问也。”

鸿蒙仰而视云将曰：“吁！”

云将曰：“天气不和，地气郁结，六气[6]不调，四时不节。今我愿合六气之精以育群生，为之奈何？”

鸿蒙拊脾雀跃掉头曰：“吾弗知！吾弗知！”

云将不得问。又三年，东游，过有宋之野而适遭鸿蒙。云将大喜，行趋而进曰：“天忘朕邪？天忘朕邪？”再拜稽首，愿闻于鸿蒙。

鸿蒙曰："浮游，不知所求；猖狂⑦，不知所往；游者鞅掌⑧，以观无妄。朕又何知！"

云将曰："朕也自以为猖狂，而民随予所往；朕也不得已于民，今则民之放⑨也。愿闻一言。"

鸿蒙曰："乱天之经，逆物之情，玄天弗成；解兽之群，而鸟皆夜鸣；灾及草木，祸及止虫。意，治人之过也！"

云将曰："然则吾奈何？"

鸿蒙曰："意，毒哉！仙仙⑩乎归矣。"

云将曰："吾遇天难，愿闻一言。"

鸿蒙曰："意！心养。汝徒处无为，而物自化。堕尔形体，吐尔聪明，伦与物忘；大同乎涬溟⑪，解心释神，莫然无魂。万物云云⑫，各复其根，各复其根而不知；浑浑沌沌⑬，终身不离；若彼知之，乃是离之。无问其名，无窥其情，物固自生。"

云将曰："天降朕以德，示朕以默；躬身求之，乃今也得。"再拜稽首，起辞而行。

注解

①云将：云的主要将帅。

②扶摇：一说作"扶桑"，都作神话中的巨木。

③鸿蒙：自然的元气。

④倘然：停止的样子。

⑤贽然立：站立不动的样子。

⑥六气：阴、阳、晴、雨、晦、明。

⑦猖狂：随心所欲无所畏惧的样子。

⑧鞅掌：纷纭繁杂的样子。

⑨放：通"仿"，效仿，模仿。

⑩仙仙：轻快的样子。

⑪涬溟：自然的元气。

⑫云云：即“芸芸”，众多貌。

⑬浑浑沌沌：顺其自然、保持天性的样子。

译文

云将要到东方去游玩，经过神木枝旁的时候，恰好碰到了鸿蒙。鸿蒙正拍着大腿跳跃游玩。云将看见以后，就迅速停下来，一动不动地站着，说：“老先生是何许人啊？老先生来这做什么呢？”

鸿蒙拍着大腿不停地跳着，告诉云将说：“在游玩呀！”

云将说：“我想向您请教问题。”

鸿蒙抬起头看了云将一眼说：“啊！”

云将说：“天的气不适宜，地的气郁结着，六气都不和谐，四时没有了顺序。现在我想要调和六气的精华来养育众生，应该怎么办呢？”

鸿蒙转过头拍着大腿跳跃着说：“我不知道！不知道！”

云将没有得到问题的答案。三年后，云将又到东方游玩，经过宋国的原野时，又巧遇了鸿蒙。云将非常高兴，快步走到他跟前说：“你忘记我了吗？你忘记我了吗？”叩头行了大礼，希望能够得到鸿蒙的指点。

鸿蒙说：“自由自在的游玩，没有追求；随心所欲，没有不适应的；游玩在纷纭繁杂的现象里，观赏万物的真相。我又知道什么呢？”

云将说：“我感觉自己是随心所欲的，但民众是追随着我的；我不得已和他们接触，现在他们都开始效仿我了！希望能得到你的指点。”

鸿蒙说：“惑乱了自然的规律，违逆了事物的真性，自然的变化就不能够保全；兽群都离散了，飞鸟也在夜里鸣叫，灾祸涉及草木和昆虫。噫！这都是治理人民的过失啊！”

云将问：“那我该怎么办呢？”

鸿蒙说：“唉！毒害人民啊！你快点回去吧！”

云将说：“我遇见你一次不容易，希望能够得到你的指点。”

鸿蒙说：“唉！修养心性。你只要顺应自然无为，万物自然就会发生变化。忘记你的身体，丢弃你的智慧，与外物泯合在一起，混同于自然的元气，释放心思和精神，对什么都不要计较。芸芸万物，都回到本根，回到了本根却不知所以然，不使用心机，终身就不会离开本根；一旦使用心计，就会离开本根。不要追问它的名称，也不要探索它的实情，万物就会生长的自然。”

云将说：“上苍把恩德施给我，向我显示静默清虚的方法，我亲身追求大道，至今才有所收获。”再次叩头行大礼，告辞离开。

原文

世俗之人，皆喜人之同乎己而恶人之异于己也。同于己而欲之，异于己而不欲者，以出乎众为心也。夫以出乎众为心者，曷常①出乎众哉！因众以宁所闻，不如众技众矣。而欲为人之国者，此揽乎三王之利而不见其患者也。此以人之国侥幸也，几何侥幸而不丧人之国乎！其存人之国也，无万分之一；而丧人之国也，一不成而万有余丧矣。悲夫，有土者②之不知也！

夫有土者，有大物③也。有大物者，不可以物；物而不物，故能物物。明乎物物者之非物也，岂独治天下百姓而已哉！出入六合，游乎九州④，独往独来，是谓独有⑤。独有之人，是谓至贵。

注解

①曷常：即“何尝”。

②有土者：拥有国家的人。

③有大物：拥有土地人民。

④九州：古时把中国划分成九个行政区域。

⑤独有：在精神上可以独立。

译文

世俗的人，都喜欢别人和自己相同，厌恶别人不同于自己。希望别人和自己相同，不希望别人和自己不相同，是因为内心存在超出众人的心态。内心有超出众人的心态，怎能超过众人呢！因为大家的认同自己得到了心安，但是自己的才智比众人低的方面很多。想要贪图国土的人，是因为他们只想获得三朝的利益却没有看到他们的祸患。这是用国家的权力来追求个人的侥幸，有多少类似的侥幸不丧失自己国家的呢！这样能让国家得以保全的，不到万分之一，而丧失了国家的，一万余次丧失也不会有一次保存国家的机会。可悲啊，那些国君却是不明白的！

能够拥有国家的，就会拥有土地和民众。拥有土地和民众的，不能够被外物役使；役使万物却不被万物役使，这样才能够主宰万物。明白役使万物的不是物，哪里是只能治理天下的百姓呢？他的精神在天地四方来往出入，在九州遨游，独自来往穿梭，这就能够称为“独有”。有这种独立的精神和特别行动的人，是最尊贵的。

原文

大人[1]之教，若形之于影，声之于响。有问而应之，尽其所怀，为天下配[2]。处乎无响，行乎无方。挈汝适复之挠挠[3]，以游无端；出入无旁，与日无始；颂论形躯，合乎大同，大同而无已。无已，恶乎得有有[4]！睹有者，昔之君子；睹无者，天地之友。

注解

①大人：独立的人。

②配：匹对，匹配。

③挠挠：纷扰复杂。

④有有：有形体。

译文

至人的教导，就好像是形体对于影子，声对于音一样。有问就会有回答，竭尽所能为天下人做出解答。至人居处在没有声响的环境，穿梭往来于没有痕迹的境界。带领人们来往于纷繁复杂的世界，在没有尽头的领域里遨游；独来独往，与日俱新；容貌和形体，与万物大同，与万物同一就不局限于自我。不局限于自我，怎么会对形象执著呢？能执著于形象的，是以前的君子；能悟到根源的，是天地的朋友。

原文

贱而不可不任①者，物也；卑而不可不因者，民也；匿而不可不为者，事也；粗而不可不陈②者，法③也；远而不可不居者，义也；亲而不可不广者，仁也；节而不可不积者，礼也；中而不可不高者，德也；一而不可不易者，道也；神而不可不为者，天也。故圣人观于天而不助，成于德而不累，出于道而不谋，会于仁而不恃④，薄于义而不积，应于礼而不讳⑤，接于事而不辞，齐于法而不乱，恃于民而不轻，因于物而不去。物者莫足为也，而不可不为。不明于天者，不纯于德；不通于道者，无自而可；不明于道者，悲夫！何谓道？有天道，有人道。无为而尊者，天道也；有为而累者，人道也。主者，天道也；臣者，人道也。天道之与人道也，相去远矣，不可不察也。

注解

①任：任由。

②陈：陈述，陈说。

③法：取法，效法。

④恃：依靠。

⑤讳：避讳，忌讳。

译文

轻贱但是又不能不任其自由的，是万物；卑下但是却不可以不顺从的，是百姓；隐微但不可以不做的，是事情；粗糙但不可以不陈说的，是能够取法的议论；遥远但是却不可以不坚守的，是义；亲近然而却不可以不推广的，是仁；细枝末节但又不能不积累的，是礼仪；顺应又不得不推崇的，是德；唯一但又不可以不改变的，是道；神妙但又不能有所作为的，是自然。因此，圣人观察自然却不去帮助，成就德行不受牵累，从道出发而不营谋，符合仁但却不依靠，接近义而不停滞，应对礼节而不忌讳，接触事情不推辞，合于法而不妄为，依靠百姓而不随便驱使，遵循事物而不离开。对于事物不能做大多也不能不做。不明白自然的人，德行就不会纯正；不明白大道的人，做不成任何事情；不明白大道的人，可悲啊！什么叫大道呢？有天道，也有人道。无所作为却处于尊贵地位的人，是天道；有所作为但是却被牵累的，是人道。君王是天道，臣子是人道。天道和人道相差很远，不能够不明察。

点评

“在”意为“自在”，“宥”意为“宽容”。本篇的主旨为反对人为，提倡自然，阐述无为而治的主张。本篇反映出的庄子思想与前几篇中抨击仁义，绝圣弃智的思想颇有乖谬之处。

天地

原文

天地虽大，其化均[①]也；万物虽多，其治一也；人卒虽众，其主君也。君原[②]于德而成于天。故曰，玄古[③]之君天下，无为也，天德而已矣。

以道观言，而天下之君正；以道观分，而君臣之义明；以道观能，而天下之官治；以道泛观，而万物之应备。故通于天地者，德也；行于万物者，道也；上治人者，事[④]也；能有所艺者，技也。技兼于事，事兼于义，义兼于德，德兼于道，道兼于天，故曰：古之畜[⑤]天下者，无欲而天下足；无为而万物化，渊静而百姓定。《记》曰：“通于一[⑥]而万事毕。无心得而鬼神服。”

注解

①均：均衡。

②原：根源。

③玄古：远古。

④事：各司其职，各尽其事。

⑤畜：畜养。

⑥一：道。

译文

天和地虽然广大，但它们的变化却是均衡的；万物虽然繁多，但条理却是统一的；百姓虽然众多，但是他们的主宰都是君主。君主治理天下的依据是德，才能成事于天然。因此说，远古时代的君主用无为治理天下，只是顺其自然而已。

从道的观点来看言论，那么天下的名称都是合乎事理的；从道的观点来区分，君主和臣子的名分是明显的；从道的观点来看能力，天下的官吏都能尽职尽责；从道的观点广泛察看，则万事万物都很齐备。因此，通达于天的是道，顺应于地的是德，穿行于万物之间的是道，居上位治理百姓的，是尽其事，能力有专精的是技巧。技巧与事物相合，事物与义理相合，义理与德行相合，德行和道相合，道与天相合。因此说：古代养育百姓的君主，没有贪欲，天下就会富足；无为自然万物就会发生变化，清净没有扰乱，百姓就会安定。《记》上讲："通达于道万事都能够成功，虽然没有用心鬼神都会臣服。"

原文

夫子[1]曰："夫道，覆载万物者也，洋洋[2]乎大哉！君子不可以不刳[3]心焉。无为为之之谓天，无为言之之谓德，爱人利物之谓仁，不同同之之谓大，行不崖异[4]之谓宽，有万不同之谓富。故执德之谓纪，德成之谓立，循于道之谓备，不以物挫志之谓完。君子明于此十者，则韬[5]乎其事心之大也，沛乎其为万物逝[6]也。若然者，藏金于山，藏珠于渊，不利货财，不近贵富；不乐寿，不哀夭；不荣通，不丑穷；不拘一世之利以为己私分[7]，不以王天下为己处显。显则明，万物一府，死生同状。"

注解

①夫子：指庄子。

②洋洋：广大无边。

③刳：除去，挖去。

④崖异：奇异。

⑤韬："滔"的借字。

⑥逝：往，去。

⑦私分：私有。

译文

先生说："道是覆盖承载万物的，广大无边！君子不能够不排除内心的杂念进行效仿。用无为的方法做事就叫做道，用无为的方法表达就叫做德，关爱别人使物得利就叫做仁，可以让不同的事物融合在一起就叫做大，没有奇异的行为就叫做宽，能够包容万物就叫做富。因此能坚持德行就叫纲纪，实践德行就叫做建立，遵循道就叫做全备，不因为外界事物而使心志受挫就叫做完备。如果君子能够明白这十个方面的道理，就能够胸怀开阔包容万物，滂沛使万物所归往。如此能够把金子藏进山里，把珍珠沉进深渊，不谋求财货，不贪求富贵；不把长寿当作快乐，不把夭折当作悲哀，不以通达为荣耀，不以穷困为耻辱，不谋取世上的利益为自已私有，不称霸天下追求显赫的位置。显赫就是炫耀，万物归于同一，生死都是一样的。”

原文

夫子曰：“夫道，渊乎其居也，漻[①]乎其清也。金石[②]不得，无以鸣。故金石有声，不考[③]不鸣。万物孰能定[④]之！

“夫王德之人[⑤]，素逝[⑥]而耻通于事，立之本原而知通于神，故其德广，其心之出，有物采之。故形非道不生，生非德不明。存形穷生，立德明道，非王德者邪！荡荡乎！忽然出，勃然动，而万物从[⑦]之乎！此谓王德之人。

“视乎冥冥[⑧]，听乎无声。冥冥之中，独见晓焉；无声之中，独闻和焉。故深之又深而能物焉，神之又神而能精焉。故其与万物接也，至无而供其求，时骋而要其宿[⑨]，大小，长短，修[⑩]远。”

注解

①漻：清澈明亮的样子。

②金石：钟磬，古代的乐器。

③考：敲击，击打。

④定：确定。

⑤王德之人：德行最高的人，盛德之人。

⑥素逝：顺着天性行事。

⑦从：跟随。

⑧冥冥：昏暗幽昧的样子。

⑨宿：归宿。

⑩修：长。

译文

先生说："道是幽隐深远，清澈透亮的。钟磬不能得道就不能够发出声音，因此，钟磬要有声音，你不去敲击它，它就不会响。万物的这种感应谁能够确定呢！

"有高德行的人，抱朴而行，不愿意在世俗的事务中周旋，立足于本原，智慧在不测的领域中通达。因此他的德行广大辽远，他的内心再起着作用，也是由于对外事物的感应。所以形体没有道就不能产生，生命没有德就不能明达。保存形体，充实生命，树立德行显明大道，这不就是盛德吗？浩大啊，突然显现出来，勃然而动，万物都能够依从。这种就是盛德的人。

"道是幽隐深远，听起来寂静无声。在深远中见到它的形象，在寂静无声中能够听到它的和声。因此，深远而又深远就能够产生物，神妙而又神妙就能够生成精气，因此道和万物相接应，虚无到极致却能供应万物的需求，时时驰骋却能成为万物的归宿地，它极大而又极小，极长而又极短，无边无际，以至于无限。"

原文

黄帝游乎赤水[1]之北，登乎昆仑之丘而南望，还归遗其玄珠[2]。使知[3]索之而不得，使离朱索之而不得，使喫诟[4]索之而不得也。乃使象罔[5]，象罔得之。黄帝曰："异哉！象罔乃可以得之乎？"

注解

①赤水：虚构的水名。

②玄珠：此处指大道。

③知：这里比喻有智慧的人。

④喫诟：指善于辩论的人。

⑤象罔：指没有行遣的人。

译文

黄帝在赤水的北面游玩，登上昆仑山向南眺望，返回的时候丢失了他的玄珠。就派知去寻找，知没有找到，派离朱去寻找，也没有找到，派喫诟去寻找仍没有找到。于是派象罔去寻找，象罔却找到了。黄帝说："奇怪！象罔才能找得到吗？"

原文

尧之师曰许由，许由之师曰啮缺，啮缺之师曰王倪，王倪之师曰被衣。

尧问于许由曰："啮缺可以配天[①]乎？吾藉王倪以要[②]之。"

许由曰："殆哉圾[③]乎天下！啮缺之为人也，聪明睿知，给数以敏[④]，其性过人，而又乃以人受天。彼审乎禁过，而不知过之所由生。与之配天乎？彼且乘人而无天，方且本身而异形，方且尊知[⑤]而火驰，方且为绪使，方且为物絯[⑥]，方且四顾而物应，方且应众宜，方且与物化而未始有恒。夫何足以配天乎？虽然，有族，有祖，可以为众父，而不可以为众父父。治，乱之率也，北面之祸也，南面之贼也。"

注解

①配天：和天匹配，这里指做天子。

②要：邀请。

③圾：同“岌”，危险。

④给数以敏：迅速敏捷。

⑤知：通“智”，智慧。

⑥物絯：被外物约束。

译文

尧的老师是许由，许由的老师是啮缺，啮缺的老师是王倪，王倪的老师是被衣。

尧问许由说：“啮缺能够做天子吗？我想让王倪来邀请他。”

许由说：“恐怕要危及天下！啮缺为人，聪明睿智，反应迅速敏捷，天性非凡，又能用人来应对自然。他擅长防止过失的出现，但是却不知道过失是怎么产生的。能让他做天子吗？他要凭借人力而抛弃天性，他会以自己为根本来分辨敌我，会尊崇巧智而去谋求使用，会被繁琐的事情所役使，会被外界的事物而束缚，环顾四方目不暇接，事事追求适宜，受到外物的影响却没有一定的原则。怎么能够做百姓的官长呢？虽然这样，同族的聚集在一起会有一个先祖，啮缺可以做彝族百姓的首领，却不能够做一个国家的天子。治理是导致天下混乱的原因，治理是为人臣子的灾患、君主祸害的根源。”

原文

尧观乎华[①]。华封人[②]曰：“嘻，圣人，请祝圣人。使圣人寿。”尧曰：“辞。”

“使圣人富。”

尧曰：“辞。”

“使圣人多男子。”

尧曰：“辞。”

封人曰：“寿、富、多男子，人之所欲也，汝独不欲，何邪?”

尧曰：“多男子则多惧，富则多事，寿则多辱。是三者，非所以养德也，故辞。”

封人曰：“始也我以汝为圣人邪，今然君子[3]也。天生万民，必授之职，多男子而授之职，则何惧之有？富而使人分之，则何事之有！夫圣人，鹑居而鷇食，鸟行而无彰[4]；天下有道，则与物皆昌；天下无道，则修德就闲；千岁厌世，去而上仙；乘彼白云，至于帝乡；三患莫至，身常无殃；则何辱之有！”

封人去之。尧随之，曰：“请问?”

封人曰：“退已!”

注解

①华：地名，在今陕西省的华县。

②封人：守卫疆界的人。

③今然君子也：现在居然是君子。

④无彰：没有痕迹。

译文

尧在华地巡游。守护华地疆界的人说：“啊！圣人！请让我为圣人祝福。祝福圣人长寿。”

尧说：“不用了。”

“祝愿圣人富有。”

尧说："不用了。"

"祝愿圣人多生儿子。"

尧说："不用。"

华地守护疆界的人说："长寿、富裕、多子，是人们都想要的，而你却不想要，为什么呢？"

尧说："儿子多了忧惧就会多，富裕了琐事就会多，长寿就会遭遇很多困辱。这三个方面不能够用来培养德性，因此就不用了。"

守护疆界的人说："开始我以为你是圣人，现在发现竟然是君子。上天使万民降生，一定会给他分差事，儿子多就分给他们差事，这有什么忧惧的呢？富裕就让众人分享，能有什么事情呢？圣人随遇而安，无心觅食，就像鸟在天空中飞过不会留下痕迹一样；天下如果有轨道，就和万物一同昌盛；如果天下混乱，就闲居修养身心；长寿厌倦世间，就在人间解脱，随白云飘散，到达清虚之乡。三种灾患都不会来，也不见祸殃，能有什么忧虑呢？"

守护疆界的人离开，尧跟随在他后面说："向您请教应该怎样做？"

守护疆界的人说："你回去吧！"

原文

尧治天下，伯成子高[①]立为诸侯。尧授舜，舜授禹，伯成子高辞为诸侯而耕。禹往见之，则耕在野。禹趋就下风，立而问焉，曰："昔尧治天下，吾子立为诸侯。尧授舜，舜授予，而吾子辞为诸侯而耕，敢问，其故何也？"

子高曰："昔尧治天下，不赏而民劝[②]，不罚而民畏。今子赏罚而民且不仁，德自此衰，刑自此立，后世之乱自此始矣。夫子阖行邪？无落[③]吾事！"俋俋[④]乎耕而不顾。

注解

①伯成子高：人名。

②劝：劝勉，鼓励。

③落：荒芜，荒废。

④俋俋：专心致志的样子。

译文

尧治理天下的时候，伯成子高被立为诸侯。尧把天子之位传给了舜，舜把天子之位传给了禹，伯成子高便辞掉诸侯的职位耕种去了。禹去拜访他，他恰好在田野里耕种。禹上前站在下位问他："以前尧治理天下的时候，您被立为诸侯。尧把天子之位传给舜，舜把天子之位传给我，而您辞去诸侯之位来耕种，请问是什么原因呢？"

子高回答："以前尧治理天下的时候，不用赏赐百姓就会向善，不用惩罚百姓就能戒除恶习。现在你虽然执行了赏赐和惩罚，但百姓却不能仁爱，德行从此就会衰退，刑罚从此就要建立，后世的惑乱就由此开始了。你为什么还不走呢？请不要耽误了我耕田！"子高低下头专心耕田，再也没有回头。

原文

泰初[1]有无，无有无名；一[2]之所起，有一而未形[3]。物得以生，谓之德；未形者有分，且然无间[4]，谓之命；留动而生物，物成生理，谓之形；形体保神，各有仪则，谓之性。性修反德，德至同于初。同乃虚，虚乃大。合喙[5]鸣；喙鸣合，与天地为合。其合缗缗[6]，若愚若昏，是谓玄德，同乎大顺[7]。

注解

①泰初：最初。

②一：道。

③未形：没有形体。

④间：间隙，缝隙。

⑤喙：鸟嘴。

⑥缗缗：没有踪迹，没有迹象。

⑦大顺：非常通顺，即自然。

译文

宇宙刚开始活动的时候是无，不存在有，连名称也没有；道的状态最初是浑然的。混然的状态还没有成形，这就是德；没有形体的有阴阳的区分，在无间中流行就叫做命；元气运动时稍微滞留就产生物了，万物产生各有形态，这就叫做形体；形体有精神，有自己的规矩法度，这就叫做性。修养本性后就能回到德，德和太初相同。同于太初就会虚无，虚无就能容纳广大，把无心之言混合，无心之言混合就是天与地融合为一。这种融合没有一丝痕迹，像质朴又像是昏昧，这就称作玄德，和自然相同。

原文

夫子[1]问于老聃曰："有人治道若相放[2]，可不可，然不然。辩者有言曰：'离坚白若县宇。'若是则可谓圣人乎？"

老聃曰："是胥易技系，劳形怵[3]心者也。执狸之狗来田，猿狙之便自山林来。丘，予告若，而所不能闻与而所不能言；凡有首有趾无心无耳者众，有形者[4]与无形无状[5]而皆存者尽无。其动止也，

译文

蒋闾菟去拜见季彻时说："鲁国的国君告诉我说，'请指教。'我没有推掉于是就对他说了，不知道正确不正确，请让我说给你听听。我对鲁国的国君说：'处理政事一定要恭敬节俭，举荐公正忠实的臣子不要有偏爱和私心，百姓谁敢不和睦呢！'"

季彻听后笑道："你所说的话，对于帝王的德业来说，就好像是螳螂奋力举起臂膀去阻挡车轮一样，肯定不能胜任。如果这样做的话，一定会把自己陷于危险的境地，朝廷的事情多，前来奔走的人也会很多。"

蒋闾菟吃惊地说："我听你所讲的话感到很茫然！既然如此，希望您能说个大致的意思。"

季彻说："大圣人在治理天下的时候，能够转移民心，使人改变习俗成就教化，消除他们的歹念，推进他们自我的教化。好像他们的天性就是如此，百姓却不知道这是怎么回事。像这样，难道不是尊崇尧和舜教化百姓，俯首情愿跟随他们吗？圣人是想让人民与自然的德行统一而内心安定啊！"

原文

子贡南游于楚，反于晋，过汉阴[1]，见一丈人[2]方将为圃畦[3]，凿隧而入井，抱瓮而出灌，搰搰然用力甚多而见功寡。子贡曰："有械于此，一日浸百畦，用力甚寡而见功多，夫子不欲乎？"

为圃者仰而视之曰："奈何？"

曰："凿木为机，后重前轻，挈水若抽；数[4]如泆[5]汤，其名为槔。"

为圃者忿然作色而笑曰："吾闻之吾师，有机械者必有机事，有机事者必有机心。机心存于胸中，则纯白不备；纯白不备，则神

生不定；神生不定者，道之所不载也。吾非不知，羞而不为也。”

子贡瞒然[6]惭，俯而不对。有间，为圃者曰：“子奚为者邪？”

曰：“孔丘之徒也。”

为圃者曰：“子非夫博学以拟圣，於于以盖众，独弦哀歌以卖名声于天下者乎？汝方将妄汝神气，堕[7]汝形骸，而庶几乎！而身之不能治，而何暇治天下乎？子往矣，无乏吾事！”

子贡卑陬[8]失色，顼顼然[9]不自得，行三十里而后愈。其弟子曰：“向[10]之人何为者邪？夫子何故见之变容失色，终日不自反邪？”

曰：“始吾以为天下一人耳，不知复有夫人也。吾闻之夫子，事求可，功求成。用力少，见功多者，圣人之道。今徒不然。执道者德全，德全者形全，形全者神全，神全者，圣人之道也。托生与民并行而不知其所之，汒[11]乎淳备哉！功利机巧必忘夫人之心。若夫人者，非其志不之，非其心不为。虽以天下誉之，得其所谓，謷然不顾；以天下非之，失其所谓，傥然[12]不受。天下之非誉，无益损焉，是谓全德之人哉！我之谓风波之民。”

反于鲁，以告孔子。孔子曰：“彼假修浑沌氏之术者也，识其一，不知其二；治其内，而不治其外。夫明白入素，无为复朴，体性抱神，以游世俗之间者，汝将固惊邪？且浑沌氏之术，予与汝何足以识之哉！”

注解

①汉阴：汉水的阴面。

②丈人：对老年男子，长者的称呼。

③圃畦：种菜的园子。

④数：通“速”，迅速。

⑤泆：通“溢”，溢出。

⑥瞒然：羞愧的样子。

⑦堕：毁坏，损毁。

⑧卑陬：惭愧不安。

⑨项项然：自失貌。

⑩向：先首。

⑪汒：通“茫”，茫然。

⑫傥然：没在意的样子。

译文

子贡向南去楚国游玩，返回晋国的时候，途经汉水的阴面时，看见一个老人正在修整菜园子，他挖了一条地道通到井里，抱着瓮取水浇灌，花费很大的力气却没见成效。子贡说：“现在有一种器械，每天可以浇田百亩，花费力气少但成效大，你想用吗？”

浇菜的人抬起头看了看他说：“器械怎么样？”

子贡说：“挖凿木料制成器械，后面重前面轻，提起水来好像是抽引的一样，迅速的好像锅里溢出的汤，它的名字叫槔。”

老人面带怒色笑着说：“我听我老师说过，有器械的一定有械事，有械事必定有械心。械心存积在心里，就不能够保住清虚空明；不能清虚空明，精神心性就不能安定；精神心性不安定，就不能够载道。我不是不知道你所说的器械，而是不能去做。”

子贡惭愧地低下头不回答。过了一会儿，老人问：“你是做什么的？”

子贡答：“是孔丘的弟子。”

老人说：“你就是用博学来比拟圣人，用炫耀矜持来出众，自己诵说来向天下换取名声吗？你忘记了你的精神，废弃你的形体，差不多就接近道了。你连自身都不能够修持，怎么能去治理天下呢？你走吧，不要耽误了我的事情。”

子贡羞愧失色，闷闷不乐地走了三十里路后才感觉舒服些。他的弟子问：“刚才那是什么人呢？先生为什么见过他以后面容变色，整天不能返回常态呢？”

子贡说：“开始的时候我以为天下老师只有孔丘一个圣人呢，不知道还有刚才那样的人。我听老师说过，做事情寻求可行，功业要寻求成就。花费力气少建的功效要多，这是圣人的道。现在才发现不是这样的，坚持大道德行才能全备，德行全备的人身体才能完整，身体完整的人精神才能饱满。精神饱满的才是圣人之道。生在世上悠然自在不知道自己要到哪里去，内心深处德行淳朴！功名私利技巧肯定不会放在他们的心上。像这样的人，不会追求不同于自己的心志，不顺自己心意的事情也不会去做。即使整个天下的人都称赞他，只要是和他符合的，他便会全然不顾；即使整个天下的人都非议他，但与他的德行不合，他也不会接受。天下的称赞和非议，对他都没有增减，这就是全德的人！我只是随风摇摆不定的人。”

到鲁国以后，子贡把这件事情告诉了孔子。孔子说：“他是研习浑沌道术的人，能守护内心的纯一，心神不分；只修养自己的内心，而不去治理外部的世界。他们是纯净、自然、真朴的，体性持守精神，在世俗之间遨游的人，你怎么能不觉得惊讶呢？而且浑沌氏的道术，我和你又怎么能够了解呢？”

原文

谆[①]芒将东之大壑[②]，适遇苑风[③]于东海之滨。苑风曰：“子将奚之？”

曰："将之大壑。"

曰："奚为焉？"

曰："夫大壑之为物也，注焉而不满，酌焉而不竭，吾将游焉。"

苑风曰："夫子无意于横目之民乎？愿闻圣治。"

谆芒曰："圣治乎？官施而不失其宜，拔举而不失其能，毕见其情事而行其所为，行言自为而天下化，手挠顾指，四方之民莫不俱至，此之谓圣治。"

"愿闻德人。"

曰："德人者，居无思，行无虑，不藏是非美恶。四海之内共利之之谓悦，共给之之谓安；怊乎[4]若婴儿之失其母也，傥乎[5]若行而失其道也。财用有余而不知其所自来，饮食取足而不知其所从，此谓德人之容。"

"愿闻神人。"

曰："上神乘光，与形灭亡，此谓照旷。致命尽情，天地乐而万事销亡，万物复情，此之谓混冥[6]。"

注解

①谆：虚构的人物。

②大壑：大海。

③苑风：虚构的人物。

④怊乎：怅然若失的样子。

⑤傥乎：惆怅的样子。

⑥混冥：混合玄同。

译文

谆芒向东游玩到了大海，在东海的岸边巧遇苑风。苑风问："你将要到哪里去呢？"

谆芒说："要去大海。"

苑风说："去大海做什么？"

谆芒说："大海是向它灌注不会满溢，从它里面取水也不会枯竭。因此我想去那里游玩。"

苑风说："先生难道不关心百姓吗？向您请教圣人之治。"

谆芒说："圣治？官吏施令不失适宜，选拔贤才而不失他们的才能，把事情的真实情况弄明白做自己该做的事，行为和言语就能教化天下，招手举目，四方的百姓没有不拥护的，这就是圣人之治。"

苑风说："向您请教有德之人。"

谆芒说："有德之人，安居时没有思念，行动时没有顾虑，对是非丑美不计较。能使四海之内的人都获得利益就喜悦，都获得供给就感到安乐。怅然若失好像婴儿没有了母亲，茫然好像行走时迷失了方向。财物有盈余但是不知道是从哪里来，饮食充足但不知道从哪里得到的，这就是有德之人的仪容。"

苑风说："向您请教神人。"

谆芒说："最上等的神人乘坐着光芒，不见形迹，这就叫做照彻空旷。推究天命发挥性情，和天地同乐而不被外界事物影响，万物都可以恢复真情，这就叫做混合玄同。"

原文

门无鬼[1]与赤张满稽[2]观于武王之师。赤张满稽曰："不及有虞氏乎！故离[3]此患也。"

门无鬼曰："天下均治而有虞氏治之邪？其乱而后治之与？"

赤张满稽曰："天下均治之为愿，而何计以有虞氏为！有虞氏之药疡[4]也，秃而施髢[5]，病而求医。孝子操药以修慈父，其色憔然[6]，圣人羞之。至德之世，不尚贤，不使能；上如标枝，民如野鹿，端正而不知以为义，相爱而不知以为仁，实而不知以为忠，当而不知以为信，蠢动而相使不以为赐。是故行而无迹，事而无传。"

注解

①门无鬼：虚构的人物。

②赤张满稽：虚构的人物。

③离：通"罹"，遭受，遭遇。

④药疡：治疗头疮。

⑤髢：假发。

⑥憔然：憔悴的样子。

译文

门无鬼和赤张满稽看到周武王的军队作战。赤张满稽说："不如虞舜啊！所以才会遭受这种祸患。"

门无鬼说："因为天下太平虞舜才去治理的？还是天下大乱后才去治理的呢？"

赤张满稽说："天下能太平大家就满意了，怎么还会需要虞舜呢！虞舜治疗头疮，秃了以后才戴假发，有病以后才去求医。孝子端药给慈父治病，面容憔悴，圣人却认为怎能让自己的父亲生病还以此来羞辱他。在德行最高的年代，是不崇尚贤能的，不使用有才能的人；君王好像高高在上的树枝，百姓好像野鹿一样。行为端正却不知道何为道义，彼此友爱却不知道何为仁爱，真诚却不知道何为忠，得当却不知道何为信，行动是单纯的却互相帮助，却不知道是恩赐。因此行动以后没有痕迹，事迹也没有流传下来。”

原文

孝子不谀[1]其亲，忠臣不谄其君，臣子之盛也。亲之所言而然，所行而善，则世俗谓之不肖子；君之所言而然，所行而善，则世俗谓之不肖臣。而未知此其必然邪？世俗之所谓然而然之，所谓善而善之，则不谓之道[2]谀之人也。然则俗故严于亲而尊于君邪？谓己道人，则勃然作色；谓己谀人，则怫然作色。而终身道人也，终身谀人也，合譬饰辞[3]聚众也，是终始本末不相坐。垂衣裳，设采色，动容貌，以媚一世，而不自谓道谀；与夫人之为徒[4]，通是非，而不自谓众人，愚之至也。知其愚者，非大愚也；知其惑者，非大惑也。大惑者，终身不解；大愚者，终身不灵[5]。三人行而一人惑，所适者犹可致也，惑者少也；二人惑则劳而不至，惑者胜也。而今也以天下惑，予虽有祈向，不可得也。不亦悲乎！

大声[6]不入于里耳，《折杨》《皇荂》[7]，则嗑然而笑。是故高言不止于众人之心，至言不出，俗言胜也。以二缶钟惑，而所适不得矣。而今也以天下惑，予虽有祈向，其庸可得邪！知其不可得也而强之，又一惑也，故莫若释[8]之而不推[9]。不推，谁其比忧？厉[10]之人夜半生其子，遽取火而视之，汲汲然唯恐其似己也。

注解

①谀：谄谀，巴结。

②道：谄谀，谄媚。

③合譬饰辞：修饰。

④徒：属于。

⑤灵：通“晓”，明白。

⑥大声：高雅的乐声。

⑦《折杨》《皇荂》：通俗的乐曲。

⑧释：释放。

⑨推：推究。

⑩厉：丑陋，难看。

译文

孝子不阿谀奉承他的父母，忠臣不向他的君主谄媚，这是忠臣和孝子的最佳表现。认为父母亲所说的话都是对的，所做的事情都是好的，这是世俗所谓的不肖子；认为君主所说的话都对，所做的事情都好的，这是世俗所谓的不肖臣子。但是不知道这些一定是正确的吗？认为世俗所谓对就是对的，所谓好就是好的，却不把他们称作是谄媚的人。难道世俗比父母更崇敬比君主更尊贵吗？如果有人说自己是个谄媚的人，一定会勃然大怒；如果说自己阿谀巴结别人，也会变脸发怒。终生谄媚人，终生阿谀人，只不过是用华丽的辞藻吸引众人，始终不能认出过错。摆设衣裳，修饰文彩，装扮容貌，献媚世人，却不认为自己是阿谀别人；他就和这些人同类，是非的观点相通，却不认为自己是庸俗的众人，真是愚蠢到了极点。知道自己愚蠢的，还不是最愚蠢的；知道自己迷惑的，不是最迷惑的。最迷惑的人，一生不会觉悟；最愚蠢的人，一生都不能自知。三个人一起行走，有一个人迷惑，他们要去的地方还有可能到达，因为迷惑的人少；如果有两个人迷惑，就会徒劳不能够到达，因为迷惑的人多。如今天下人都迷惑，我虽然祈祷有方向的指引，对众人却是无助的，不是很可悲吗？

高雅的音乐不被俗人欣赏，对《折杨》《皇荂》这些通俗的音乐却会使他们欣然地笑。因此，高尚的言论不能被世俗的人听进去，至理名言不会出现，是因为被俗言俗语掩盖了。如果两个人迷惑就不能够到达要去的地方。现在天下人都迷惑了，我虽然有指向，怎么能够到达呢？明明知道不能够到达还要勉强去做，这又是一个迷惑，因此，不如放开它不去推究。不去推究，还能和我一起忧愁呢？丑陋的人半夜里生了个孩子，马上点灯看看，害怕孩子长得像自己。

原文

百年之木，破为牺樽[①]，青黄而文之，其断在沟中。比牺樽于沟中之断，则美恶有间矣，其于失性一也。桀、跖与曾、史，行义有间矣，然其失性均也。且夫失性有五：一曰五色乱目，使目不明；二曰五声乱耳，使耳不聪；三曰五臭[②]薰鼻，困惾中颡[③]；四曰五味浊口，使口厉爽[④]；五曰趣舍[⑤]滑心[⑥]，使性飞扬。此五者，皆生之害也。而杨、墨乃始离跂自以为得，非吾所谓得也。夫得者

困，可以为得乎？则鸠鸮之在于笼也，亦可以为得矣。且夫趣舍声色以柴其内[⑦]，皮弁[⑧]鹬冠缙笏绅修[⑨]以约其外，内支盈于柴栅，外重缠缴[⑩]，睆睆[⑪]然在缠缴之中而自以为得，则是罪人交臂历指而虎豹在于囊槛，亦可以为得矣。

注解

①牺樽：古代祭祀时用的酒器。

②五臭：膻、薰、香、腥、腐。

③困惾中颡：气味冲逆，从鼻子通到嗓子。

④厉爽：得病。

⑤趣舍：趣，通“取”，即取舍。

⑥滑心：心思迷乱，惑乱。

⑦柴其内：在心中堵塞，扰乱了本性。

⑧皮弁：古代的帽子。

⑨缙笏、绅修：朝服。

⑩缨缴：绳子，绳索。

⑪睆睆：眺望远处。

译文

百年的木材，把它打破制成酒器，然后用青和黄两种颜色来装饰，砍去不用的扔在沟里。把酒器和沟里的断木进行比较，美丑就有了差别，但对于本性的失去却是一样的。夏桀、盗跖和曾参、史䲡在行为上好坏是有差别的，但从失去的天性来说是一样的。失去天性的情况有五种：一是五色扰乱了眼睛，使眼睛不明；二是五声扰乱了听力，使耳朵不聪敏；三是五臭熏了嗅觉，气味把鼻腔扰乱了；四是五味混乱了舌头，味觉受到了伤害；五是好恶惑乱了心，使心性产生浮动。这五方面都是生命的祸害。但杨朱、墨翟极力想超出众人自以为有所得，但却不是我们所说的自得。虽有所得反被困，能说是自得吗？那么斑鸠被关到笼子里，也可以算是自得了。而且好恶和声色在心中，冠冕朝服拘束在外，内心塞满了栅栏，身体外面束缚了绳索，在被绳索捆绑中还自认为得意，那么被反绑的罪犯，关在兽栏里的虎豹，都可以称得上是自得了！

点评

本篇主旨仍是表达无为而治的主张，与《在宥》主旨大略相同，表述了庄子的政治思想。

在庄子看来，“天”与“地”生自元气，为万物之祖，高远在上者为天，重浊在下者为地，因此本篇以“天地”为起笔。

天道[1]

原文

天道运而无所积[2]，故万物成；帝道运而无所积，故天下归；圣道运而无所积，故海内服。明于天，通于圣，六通四辟于帝王之德者，其自为也，昧然[3]无不静者矣。圣人之静也，非曰静也善，故静也；万物无足以铙[4]心者，故静也。水静则明烛须眉，平中准，大匠取法焉。水静犹明，而况精神！圣人之心静乎！天地之鉴也，万物之镜也。夫虚静恬淡寂漠无为者，天地之平而道德之至，故帝王圣人休焉。休则虚，虚则实，实则伦矣。虚则静，静则动，动则得矣。静则无为，无为也则任事者责矣。无为则俞俞[5]，俞俞者忧患不能处，年寿长矣。夫虚静恬淡寂漠无为者，万物之本也。明此以南乡[6]，尧之为君也；明此以北面，舜之为臣也。以此处上，帝王天子之德也；以此处下，玄圣素王之道也。以此退居而闲游，则江海山林之士服；以此进为而抚世，则功大名显而天下一也。静而圣，动而王，无为也而尊，朴素而天下莫能与之争美。

注解

①天道：自然规律。

②积：积滞，停留。

③昧然：昏昧无知。

④铙：同“扰”，扰乱。

⑤俞俞：也写作“愉愉”，安逸舒适的样子。

⑥南乡：南向。

译文

自然规律的运行是没有停留的，因此万物能够生成；帝王统治之道的运行也是不停顿的，因此天下能够归顺；圣明之道的运行也是没有停留的，因此四海之内都能够顺服。明白自然的规律，通晓圣明之道，六合与四时能够通达于帝王的德行，各物自动，万物没有不是静寂自生自长的。圣人清静，并不是因为内心的清静是好的，所以就清静；因为万物都不能够扰乱心境，所以清静。水清静的时候是明亮的能够照见须眉，水平面合乎标准，能被高明的工匠取法。水清静的时候是明澈的，更何况是人的精神呢！圣人的内心是静的，能够做天地的镜子，万物的镜子。虚静、恬淡、寂寞和无为，是天地的本原和道德的极致。因此帝王和圣人在境地上休止。心神越发空旷，空明就会充实，充实就完备了。虚明就清静，清静而后就有运动，运动就会有所得。清静便无为，无为就任事尽其责，因而能从容自得，从容自得的人，不会处于忧患之中，所以能够长寿。虚静、恬淡、寂寞和无为，是万物的根本。明白这个道理的君主，就可以成为像尧一样的明君；明白这个道理的臣子，就能成为像舜一样的贤臣。凭借这个道理处于上位，就是帝王和天子的常德；凭借这个道理居于下位，就是玄圣素王的原则。凭借这个道理闲游隐居，江海山林的隐士就会服从；凭借这个道理进入朝廷安抚世间，就能成就功名使天下统一。清静能成为圣人，行动则能称王，无为也能被万物尊崇，朴素纯真能够在天下称美。

原文

夫明白于天地之德者，此之谓大本大宗，与天和者也。所以均调天下，与人和者也。与人和者，谓之人乐；与天和者，谓之天乐。

庄子曰："吾师乎！吾师乎！𩐎万物而不为戾，泽及万世而不为仁，长于上古而不为寿，覆载天地刻雕众形而不为巧，此之谓天乐。故曰：'知天乐者，其生也天行，其死也物化。静而与阴同德，动而与阳同波。'故知天乐者，无天怨，无人非，无物累，无鬼责。故曰：'其动也天，其静也地，一心定而王天下；其鬼不祟[①]，其魂[②]不疲，一心定而万物服。'言以虚静推于天地，通于万物，此之谓天乐。天乐者，圣人之心，以畜[③]天下也。"

注解

①祟：灾害，祸害。

②魂：精神。

③畜：畜养。

译文

明白天地常德的人，就掌握了根本和宗旨，而与自然相符合。因此能够调和均衡天下的事情，与人相合。能与人相合的人，就叫做人乐；与天相合的，就叫做天乐。

庄子说："我的老师啊！我的老师啊！调和万物不能以为义，恩泽惠及万世也不能算作仁，比上古年代更久远也不能算作是老，覆盖托载天地、雕刻万物的形象也不能算作是技巧，这就叫做天乐。因此说：能体会天乐的，存在的时候就顺应自然，死后能和外物转化融合。寂静的时候和阴气同隐寂，运动的时候跟阳气一起波动。所以能体会天乐的人，不会抱怨天，不会怨恨非议他人，外界事物不会拖累他，鬼神不会责难他。因此说：'运动时像天一样运转，寂静的时候像大地一样寂然；内心安定天地可以正位，身体没有灾患，精神不会疲惫，内心安定万物就会顺服。'意思是说静寂推及天地，通达万物，这就叫做天乐。天乐，就是用圣人的爱心来养天下。"

原文

夫帝王之德，以天地为宗，以道德为主，以无为为常。无为也，则用天下而有余；有为也，则为天下用而不足。故古之人贵夫无为也。上无为也，下亦无为也，是下与上同德，下与上同德则不臣；下有为也，上亦有为也，是上与下同道，上与下同道则不主。上必无为而用天下，下必有为为天下用，此不易之道也。

故古之王天下者，知[1]虽落[2]天地，不自虑也；辩虽雕万物，不自说也；能虽穷海内，不自为也。天不产而万物化，地不长而万物育，帝王无为而天下功。故曰莫神于天，莫富于地，莫大于帝王。故曰帝王之德配天地。此乘天地，驰万物，而用人群之道也。

本在于上，末在于下；要在于主，详在于臣。三军五兵[3]之运，德之末也；赏罚利害，五刑[4]之辟，教之末也；礼法度数，形名比详，治之末也；钟鼓之音，羽旄之容，乐之末也；哭泣衰绖[5]，隆杀之服，哀之末也。此五末者，须精神之运，心术之动，然后从之者也。

末学者，古人有之，而非所以先也。君先而臣从，父先而子从，兄先而弟从，长先而少从，男先而女从，夫先而妇从。夫尊卑

先后，天地之行也，故圣人取象焉。天尊，地卑，神明之位也；春夏先，秋冬后，四时之序也。万物化作，萌区有状，盛衰之杀，变化之流也。夫天地至神，而有尊卑先后之序，而况人道乎！宗庙尚亲，朝廷尚尊，乡党尚齿，行事尚显，大道之序也。语道而非其序者，非其道也；语道而非其道者，安取道！

是故古之明大道者，先明天而道德次之，道德已明而广义次之，仁义已明而分守次之，分守已明而形名次之，形名已明而因任次之，因任已明而原省次之，原省已明而是非次之，是非已明而赏罚次之，赏罚已明而愚知处宜，贵贱履位；广贤不肖袭[6]情，必分具能，必由其名。以此事止，以此畜下，以此治物，以此修身，知谋不用，必归其天，此之谓太平，治之至也。

故《书》曰："有形有名。"形名者，古人有之，而非所以先也。占之语大道者，五变而形名可举，九变而赏罚可言也。骤[7]而语形名，不知其本也；骤而语赏罚，不知其始也；倒道而言，迕道而说者，人之所治也，安能治人！骤而语形名赏罚，此有知治之具，非知治之道；可用于天下，不足以用天下，此之谓辩士，一曲之人也。礼法数度，形名比详，占人有之，此下之所以事上，非上之所以畜下也。

注解

①知：通"智"，智慧，才智。

②落：通"络"，笼络，拉拢。

③五兵：矛、戟、钺、据、弓矢。

④五刑：墨、劓、刚、宫、大辟。

⑤衰经：丧服。

⑥袭：根据。

⑦骤：急剧。

译文

帝王的德行，把天地当作根本，把道德当作主旨，把无为当作常规。无为，即使役使天下而有余；有为，为天下而役使尚且不足。因此，古人非常看重无为。君王如果无为，臣下也就无为，这就是臣下和君王德行相同，臣下和君王德行相同就不像臣子了；臣子有为，君王也就有为，是君王和臣子的做法相同，君王和臣子的做法相同，就不像帝王了。帝王必须无为才能够治理天下，臣子必须有为才能被天下用，这是不能改变的道理。

因此，古代治理天下的人，即使智慧足够治理天地万物，也不会考虑；即使口才能说服万物，也不会去论说；即使才能无敌于海内，也不去做。上天没有产生但万物可以自我教化，地没有长什么但万物自己可以育养，帝王无为就能成就天下的功业。所以没有比天更奇妙的，没有比大地更富有的，没有比帝王更大的。因此说帝王的德行与天地匹配。这就是驾驭天地役使万物，而是用天下人的方法。

本存在于上，末存在于下；纲要在君王手里，繁琐的事物需要臣子的操劳。军队和兵器的使用，是德行衰败的表现；奖赏惩罚获利受害，五刑的建立，这是教化衰败的表现；礼仪法规计数度量，从事形象和名称的审定，这是国家开始衰败的表现；钟鼓之声，用羽毛来装饰容貌，这是音乐衰败的表现；身穿丧服痛哭哀泣，丧服有的隆重有的简单，这是悲哀衰败的表现。这五个方面，等待精神正常运行，心术活动正常，然后才能随之而动。

学习这种末节的，在古代就有，但并不是主导。君王在先而臣子在后，父亲在先而儿子在后，兄长在先而弟弟在后，长者在先而年幼在后，男子在先而女子在后，丈夫在先而妻子在后。尊卑先后是天地运行的规律，因此圣人效仿。天尊，地卑，这是神明的位次；春夏在先，秋冬在后，这是四时的顺序。万物变化，生长形状各不相同，盛衰的排序，这是变化的流派。天与地是最为神圣的，尚且有尊卑先后的顺序，更何况是人类呢！宗庙祭祀崇尚血缘之亲，朝廷崇尚尊贵，乡里尊重年长的，做事崇尚贤能的，这是大道的顺序。谈论大道但是却指责大道的顺序的人，不是在谈论真正的道。谈论的不是真正的道，怎么能够得道呢！

因此古代明白大道的人，都是先了解自然规律再了解道德，明白了道才去了解仁义，明白了仁义才去了解职守，明白职守了才去了解事物的形象和名称，明白了事物的形象和名称再去了解职责，了解了职责才去了解废免，明白了废免去了解是非，明白是非去了解赏罚，赏罚确定的话无论愚笨聪明都能和谐相处。尊贵和低贱各守其位，贤良的和不肖的都能承袭本性，分辨各自的才能，遵从不同的名称。如此侍奉君王，畜养臣下，治理外物修身养性，不使用智慧和计谋，一定能归于自然，这就叫做太平，是治理天下的极致。

因此《书》说："有形有名。"形体和名称，古代人就有，但不用它作主导。古代谈论大道的人，经过五个层次才可以列举事物的形体和名称，经过九个层次才谈论赏罚。谈论形名，不能了解根本；谈论赏罚，不知道开始。把道颠倒过来谈论或者是逆着谈论的人，要被人治理，怎么能够治理天下呢！骤然谈论形名赏罚的人，即使通晓治世的办法，也不会明白知识的规律；可以用于天下，但是不足以治理天下，这就叫做辩士，浅薄鄙陋的人。礼仪法规计数度量，形体和名称对比审定，在古代就有，这是臣下侍奉君王的方法，不是君王用来畜养百姓的。

原文

昔者舜问于尧曰："天王[1]之用心何如？"

尧曰："吾不敖[2]无告，不废穷民，苦死者，嘉孺子而哀妇人。此吾所以用心已。"

舜曰："美则美矣，而未大也。"

尧曰："然则何如？"

舜曰："天德而出宁，日月照而四时行，若昼夜之有经，云行而雨施矣。"

尧曰："胶胶[③]扰扰乎！子，天之合也；我，人之合也。"

夫天地者，古之所大也，而黄帝、尧、舜之所共美也。故古之王天下者，奚为哉？天地而已矣。

注解

①天王：天子，此处指尧。

②敖：通"傲"，高傲，傲慢。

③胶胶：纷扰烦乱。

译文

从前舜向尧请教说："您的用心怎样？"

尧说："我对待孤苦无依的人不轻慢，贫穷困苦的人不舍弃，为死去的人感到悲哀，爱怜孩子同情妇女，这就是我的用心。"

舜说："好是好，但不是最完备的。"

尧说："那应该怎样呢？"

舜说："自然天成得以安宁，日月普照四时得以运行，好像昼夜互相更替，云彩飘过会下雨一样。"

尧说："真是纷繁复杂啊！你是与自然相合，而我是与人事相合。"

天地自古以来是最大的，是黄帝、尧、舜共同称赞的。因此，称王天下的人，还要做什么呢？只需要顺从自然就可以了。

原文

孔子西藏书于周室。子路[①]谋曰："由闻周之征藏史[②]有老聃者，免而归居，夫子欲藏书，则试往因焉。"

孔子曰："善。"

往见老聃，而老聃不许，于是翻六经以说。

老聃中其说，曰："大谩[3]，愿闻其要。"

孔子曰："要在仁义。"

老聃曰："请问，仁义，人之性邪？"

孔子曰："然。君子不仁则不成，不义则不生。仁义，真人之性也，又将奚为矣？"

老聃曰："请问，何谓仁义？"

孔子曰："中心物恺，兼爱无私，此仁义之情也。"

老聃曰："意，几乎后言！夫兼爱，不亦迂乎！无私焉，乃私也。夫子若欲使天下无失其牧乎？则天地固有常矣，日月固有明矣，星辰固有列矣，禽兽固有群矣，树木固有立矣。夫子亦放德而行，循[4]道而趋，已至矣；又何偈偈[5]乎揭仁义，若击鼓而求亡子焉？意，夫子乱人之性也！"

注解

①子路：孔子的弟子。

②征藏史：管理储藏典籍的官吏。

③大谩：特别长。大，通"太"。

④循：遵循。

⑤偈偈：用力。

译文

孔子想要把书储藏在西边的周室。子路出主意说："我听说周朝管理储藏典籍的官吏是老聃，已经隐退在家了，先生藏书可以找他帮忙。"

孔子说："好。"

前去拜见老聃，老聃不同意，孔子于是就引用六经企图说服老聃。

老聃打断孔子的话，说："太长了，你把重要的说说吧。"

孔子说："重要的就在于仁义。"

老聃说："请问，仁义是人的本性吗？"

孔子说："是的。君子如果没有仁就不能成长，没有义就不能生存，仁义的确是人的本性，此外还有什么指教的？"

老聃说："请问，仁义是什么呢？"

孔子说："心正能与万物和乐，兼爱无私，这是仁义的实情。"

老聃说："噫，你后面说的这些话就危险了！兼爱难道不是太迂腐吗？无私，就是偏私。夫子是想要天下人都不失去养育吗？天地本来就是常在的，日月本来就是光明的，星辰本来就有排列的顺序，野兽本来就是成群结队的，树木本来就是成长的。先生还是顺应自然遵循道去做事情，这就已经很好了；为什么又着急标举仁义，像是敲着鼓去寻找丢失的孩子一样呢？先生是扰乱人的天性啊！"

原文

士成绮[①]见老子而问曰："吾闻夫子圣人也，吾固不辞远道而来愿见，百舍[②]重趼而不敢息。今吾观子，非圣人也。鼠壤有余蔬，而弃妹[③]之者，不仁也，生熟[④]不尽于前，而积敛无崖。"

老子漠然[⑤]不应。

士成绮明日复见，曰："昔者，吾有刺于子，今吾心正郤矣，何故也？"

老子曰："夫巧知神圣之人，吾自以为脱[⑥]焉。昔者子呼我牛也而谓之牛，呼我马也而谓之马。苟有其实，人与之名而弗受，再受其殃。吾服也恒服，吾非以服有服。"

士成绮雁行[⑦]避影，履行遂进而问："修身若何？"

老子曰："而容崖然[⑧]，而目冲然[⑨]，而颡頯然[⑩]，而口阚然，而状义然[⑪]，似系马而止也。动而持，发也机，察而审，知巧而睹于泰，凡以为不信。边竟有人焉，其名为窃。"

注解

①士成绮：虚构的人物。

②舍：距离单位，三十里为一舍。

③妹：即“昧”。

④生熟：生的和熟的食物。

⑤漠然：冷淡，冷漠。

⑥脱：摆脱。

⑦雁行：像大雁一样飞行，指人侧着身子行走。

⑧崖然：高傲、自负的样子。

⑨冲然：瞪大眼睛注视的样子。

⑩頯然：宽广。

⑪义然：高大的样子。

译文

士成绮见到老子的时候问道：“我听说先生是个圣人，因此就不辞辛苦远道前来拜访您，走了上百天，脚上磨了厚厚的茧子也没停歇。现在我看先生不能称得上是圣人。老鼠洞中有剩余的粮食，说明对东西不珍惜，能说是不仁，生的熟的食物堆积于前，继续聚敛不止。”

老子漠然没有作出任何回应。

士成绮第二天又见到老子，说：“昨天我挖苦了你，但今天我悟出来了，这是什么原因呢？”

老子说：“智巧神圣的人，我感觉自己不是这种人。以前你把我叫做牛，我就叫做牛，你把我叫做马，我就叫做马。假如我有实，别人给的名称被我拒绝，这将是双重的罪过。我接受别人给的名称是顺服自然的，并不是心里想接受。”

士成绮斜着身子，蹑手蹑脚地走上前问：“怎样获得修身之道呢？”

老子说："你自命不凡，眼睛是鼓且突出来的，额头是高亢宽广的，口舌有些夸张，体型和外貌是高大的，好像被拴紧的奔马。想行动却被牵制，一旦发动就像扣动弩一样迅速，审视明察而又精细，自以为智巧显露出骄傲的神态，这些都是不可信的本性。边境上有种人，叫做偷巧。"

原文

夫子[①]曰："夫道，于大不终[②]，于小不遗，故万物备。广广乎其无不容也，渊乎其不可测也。形德[③]仁义，神之末也，非至人孰能定之！夫至人有世，不亦大乎！而不足以为之累。天下奋棅而不与之偕，审乎无假而不与利迁，极物之真，能守其本。故外天地，遗万物，而神未尝有所困也。通乎道，合乎德，退仁义，宾[④]礼乐，至人之心有所定矣。"

注解

①夫子：指老聃。

②不终：没有尽头。

③形德：赏罚。

④宾：同"摈"，摈弃，遗弃。

译文

先生说："道，对所有大的东西都没有尽头，对小的而言没有任何遗漏，因此在万物中具备。宽广啊！没有它不能包容的，深啊！不能测量。刑罚、赏赐、仁义，是精神的末迹，不是德行最高的人，谁能够确定它呢！德行最高的人如果拥有天下，责任岂不是很重大？但是也不足够用来牵制他。天下的人都在奋力争权夺势，但至人不为之所动；他审视外物，不会为私利所驱使；推究事物的实质，坚持守住根本。所以能把天地置于心外，遗忘万物，精神却不被困扰。与大道相通，与道德相融合，把仁义辞去，摈弃礼乐，至人的内心就安静了。”

原文

世之所贵道者书也，书不过语[1]，语有贵也。语之所贵者意也，意有所随。意之所随者，不可言传也，而世因贵言传书。世虽贵之，我犹不足贵也，为其贵非其贵也。故视而可见者，形与色也；听而可闻者，名与声也。悲夫，世人以形色名声为足以得彼之情！夫形色名声果不足以得彼之情，则知者不言，言者不知，而世岂识之哉！

注解

①语：语言。

译文

世人珍贵的道是在书上记载的，书不过是记载的语言，但语言却有它的珍贵之处。语言的珍贵之处在于意义，意义是有指向的。意义指向的，是不可以用语言来表述的，世人因为珍贵语言才用书来把它传颂。虽然世人觉得书珍贵，但我不珍贵它，因为所珍贵的并不是真的值得珍贵的。因此，用眼睛能看到的，是形状和颜色；而能听到的，是名与声。可悲呀，世人认为从形状、颜色、名和声就足以得到事象的实质！如果形状、颜色、名和声，不足以能得到事物的实质，那知道的人不会说，说的人也不会知道，世人又怎能懂得呢？

原文

桓公①读书于堂上，轮扁②斫轮于堂下，释椎凿而上，问桓公曰："敢问，公之所读者何言邪？"

公曰："圣人之言也。"

曰："圣人在乎？"

公曰："已死矣。"

曰："然则君之所读者，古人之糟粕已夫！"

桓公曰："寡人读书，轮人安得议乎！有说则可，无说则死。"

轮扁曰："臣也以臣之事观之。斫轮，徐则甘而不固，疾则苦而不入。不徐不疾，得之于手而应于心。口不能言，有数③存焉于其间。臣不能以喻臣之子，臣之子亦不能受之于臣，是以行年七十而老斫轮。古之人与其不可传也死矣，然则君之所读者，古人之糟粕已夫！"

注解

①桓公：指齐桓公。

②轮扁：名叫扁，会制造车轮的匠人。

③数：通"术"，技术。

译文

齐桓公正在堂上读书，轮扁在堂下斫车轮，他放下锥子凿子等工具走到堂上，问齐桓公：“请问您读的是什么书啊？”

齐桓公说：“圣人的言论。”

轮扁说：“圣人还活着吗？”

齐桓公说：“已经死了。”

轮扁说：“那您所读的书，就是古人的糟粕啊！”

齐桓公说：“寡人读书，制作车轮的人怎么能够随便议论呢！能讲出理由还可以，讲不出理由就得处死。”

轮扁说：“根据我所从事的事情来观察。斫车轮，动作稍慢一些就滑而不结实，动作迅速就涩而不易进入。快慢适中，就能得心应手了。用语言是形容不出来的，奥妙就在其中的技术中。我不能告诉我的儿子，我的儿子不能接替我的工作，因此我七十岁了还在斫车轮。古代的人和他们不能用语言传授的东西都已经不存在了，那您所读的书，就是古人的糟粕！”

点评

本篇中心思想与《天地》篇相同，依旧是阐述“无为”的治政思想。“天道”，指的是不可抗拒的自然规律，因其不可抗拒，故而也不可改变。

本篇自古即颇多非议者，尤其从“以畜天下也”至“非上之所以畜天下也”这部分，因其与庄子的思想背离甚远，所以历代均以为是庄子的后学者在儒家思想影响的文字。

天运①

原文

"天其运乎？地其处乎？日月其争于所乎？孰主张②是？孰维纲③是？孰居无事推而行是？意者其有机缄而不得已邪？意者其运转而不能自止邪？云者为雨乎？雨者为云乎？孰隆施是？孰居无事淫乐而劝是？风起北方，一西一东，有上仿徨，孰嘘吸是？孰居无事而披拂④是？敢问何故？"

巫咸祒⑤曰："来！吾语女。天有六极五常，帝王顺之则治，逆之则凶。九洛之事，治成德备，临照下土，天下戴之，此谓上皇。"

注解

①天运：自然规律的运行。

②主张：主宰操纵。

③维纲：维系，维持。

④披拂：吹动，鼓动。

⑤巫咸祒：虚构的人物。

译文

“天在运行吗？地在定处吗？日月都在循环照临吗？是谁在默默主宰这一切？谁在维持着？是谁空闲无事在推动着它们的运行？还是因为不得已有机关操作着呢？或者它们自行运转不能够停下来？云层是为了降雨吗？还是降雨是为了云层吗？谁在降云雨呢？有谁会安居无事追求快乐去推动这种现象的运行呢？风从北方刮起来，一会儿向西，一会儿向东，在天空中徘徊，是谁在呼吸着呢？谁吹动它们运行呢？请问是什么原因呢？”

巫咸祒回答说：“过来，我告诉你。天有六合和五行，帝王如果能顺应天下就会治理得很好，违逆就会招来凶灾。九州的事情，治理成功德行就完备，光照临在人间，受到天下百姓的爱戴，这就是上皇治理国家的方法。”

原文

商大宰[1]荡问仁于庄子。庄子曰：“虎狼，仁也。”

曰：“何谓也？”

庄子曰：“父子相亲，何为不仁？”

曰：“请问至仁。”

庄子曰：“至仁无亲。”

大宰曰：“荡闻之，无亲则不爱，不爱则不孝。谓至仁不孝，可乎？”

庄子曰：“不然。夫至仁尚矣，孝固不足以言之。此非过孝之言也，不及孝之言也。夫南行者至于郢[2]，北面而不见冥山[3]，是何也？则去之远也。故曰：以敬孝易，以爱孝难；以爱孝易，以忘亲

难；忘亲易，使亲忘我难；使亲忘我易，兼忘天下难；兼忘天下易，使天下兼忘我难。夫德遗尧、舜而不为也，利泽施于万世，天下莫知也，岂直太息而言仁孝乎哉！夫孝悌仁义，忠信贞廉，此皆自勉以役其德者也，不足多也。故曰，至贵，国爵并焉；至富，国财并④焉；至愿⑤，名誉并焉。是以道不渝⑥。”

注解

①大宰：官职名。

②郢：楚国的都城。

③冥山：虚构的山名。

④并：读为“屏”，屏蔽，舍弃。

⑤愿：荣耀，显荣。

⑥渝：变化，改变。

译文

宋国的大宰荡向庄子请教有关仁的问题。庄子说：“虎和狼也有仁。”

大宰说：“这应该怎样理解呢？”

庄子说：“父与子在一起亲近，怎么不能叫仁呢？”

大宰说：“向您请教至仁。”

庄子说：“至仁超出亲爱很多。”

大宰说：“没有亲就没有爱，没有爱就不孝。如果说至仁不孝，行吗？”

庄子说：“不是这样的，至仁是最崇高的境界，孝还远不能表明它。你说的不仅没有超过孝，甚至没有达到孝的高度。向南走到郢都，向北望就望不到冥山了，这是什么原因呢？是因为距离太远了。因此说：用敬尽孝容易，用爱尽孝就困难；用爱尽孝容易，让父母感觉安稳舒适就不容易了；让父母感觉安稳舒适容易，但是让父母不牵挂作为孩子的我却难；让父母不牵挂容易，使天下安稳就不易了；使天下安稳容易，使天下忘我却不容易。轻视尧舜不能称为德，恩泽惠及万世天下人却不知道，难道还需要对孝赞叹夸奖吗？孝悌仁义，忠信贞廉，都是被称为美德而且能够束缚人的天性的，不足以崇尚。因此说：最尊贵的，国家的爵位可以舍弃；最富有的，国家的财富可以舍弃；最荣耀的，可以把任何名誉都舍弃。因此，大道是永恒不被改变的。”

原文

北门成[1]问于黄帝曰：“帝张咸池[2]之乐于洞庭之野[3]，吾始闻之惧，复闻之怠[4]，卒闻之而惑。荡荡默默[5]，乃不自得。”

帝曰：“汝殆其然哉！吾奏之以人，徽之以天，行之以礼义，建之以太清。四时迭起，万物循生；一盛一衰，文武伦经；一清一浊，阴阳调和，流光其声；蛰虫始作，吾惊之以雷霆；其卒无尾，其始无首；一死一生，一偾一起；所常无穷，而一不可待。汝故惧也。

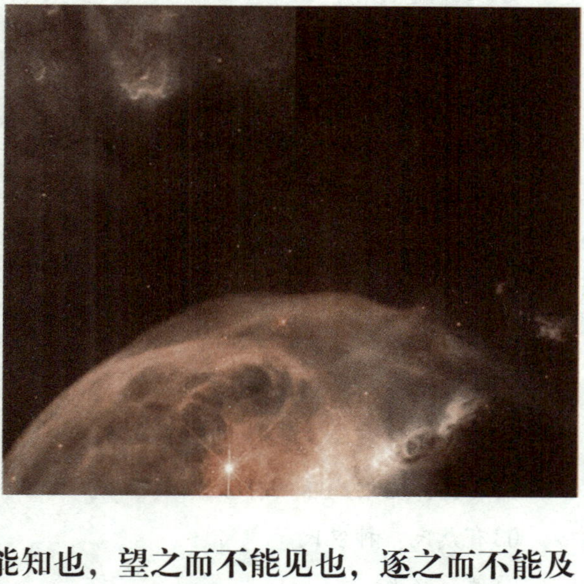

“吾又奏之以阴阳之和，烛之以日月之明；其声能短能长，能柔能刚，变化齐一，不主故常；在谷满谷，在阬满阬；涂[6]郤守神，以物为量。其声挥绰[7]，其名高明。是故鬼神守其幽，日月星辰行其纪。吾止之于有穷，流之于无止。子欲虑之而不能知也，望之而不能见也，逐之而不能及

也；傥然[8]立于四虚之道，倚于槁梧[9]而吟。心穷乎所欲知，目穷乎所欲见，力屈乎所欲逐，吾既不及已夫！形充空虚，乃至委蛇。汝委蛇[10]，故怠。

“吾又奏之以无怠之声，调之以自然之命，故若混逐丛生，林乐而无形；布挥而不曳[11]，幽昏而无声。动于无方居于窈冥[12]；或谓之死，或谓之生；或谓之实，或谓之荣；行流散徙，不主常声。世疑之，稽于圣人。圣也者，达于情而遂于命也。天机不张而五官皆备，无言而心说，此之谓天乐。故有焱氏[13]为之颂曰：‘听之不闻其声，视之不见其形，充满天地，苞裹六极。’汝欲听之而无接焉，而故惑也。乐也者，始于惧，惧故祟。吾又次之以怠，怠故遁[14]；卒之于惑，惑故愚；愚故道，道可载而与之俱也。”

注解

①北门成：人名，复姓北门，名成。

②咸池：古代的乐曲名。

③洞庭之野：辽阔的旷野。

④怠：松懈。

⑤荡荡默默：迷茫恍惚。

⑥涂：“杜”的借字，杜绝。

⑦挥绰：飘扬悦耳。

⑧傥然：心不在焉的样子。

⑨槁梧：几案。

⑩委蛇：随机而变的样子。

⑪不曳：没有牵累。

⑫窈冥：遥远幽昧的样子。

⑬有焱氏：神农氏。

⑭遁：隐遁。

译文

北门成向黄帝请教说："你在辽阔的旷野上演奏咸池这首乐曲，我刚听到的时候感觉很害怕，再听的时候就松弛下来了，最后就听得迷惑了。心神恍惚，不能把握自己了。"

黄帝说："你大概是那样的！我按照人事来演奏，让天理来伴演，用礼仪来推行，用自然元气应和。四时依顺序而起，万物按顺序生；忽然繁盛忽然衰落，生和杀依照顺序进行；清澈和着浑浊，阴阳相互调和，光和声音交流；冬眠的虫子刚开始动，我就用雷霆惊动它；所以乐曲结束的时候感觉不到结尾，开始的时候也感觉不到开头；忽然消失忽然兴起，忽然停歇忽然发起；变化多端没有穷尽，不能够全然期待。你因此会感到惧怕。

"我又用阴阳的调和演奏，用太阳和月亮的光辉照耀这支乐曲；因此它的调子可长可短，可柔可刚，有规律的变化，推陈出新；音乐声传到山谷就会充满山谷，传到深坑，就能填满深坑；情感能被约束，精神能被守护，能够遵循自然。声音悠扬悦耳，节奏高远明朗。因此鬼神是幽昧的，日月星辰遵循自己的轨道运行。我的演奏有时停止了，但它的回声却是无穷的。你想思考它却得不出结果，你想去看它却见不到，追逐却又赶不上；只能迷茫地处在四面无边际的大道上，倚靠在几案旁边吟咏。内心穷竭于想要了解的东西，眼睛穷竭于想要看到的东西，精神和力量穷竭于想要追逐的东西，你不能追赶上我了！形体充实但内心是空明的，因此可以随顺应变，你随顺应变，所以感觉到放松。

"我又用不懈怠的声音去演奏，用自然的节奏来调和，因此音调混杂，许多音乐同时演奏但却没有留下一点痕迹；乐声传播但不留曳，幽暗昏昧不能闻听。变化莫测，传到遥远幽昧的地方；时而感觉消失了，时而感觉它刚刚产生，有时是实在的，有时是虚华的；游移不定，不局限于常调。世人充满疑惑，就向圣人请教。圣就是通达情理顺乎自然。天性不动而五官已经齐备，不用言说内心喜悦，这就叫做天乐。因此，神农称赞说：‘耳朵听不见声音，眼睛看不到形体，但是它却充满天地间，容纳了六极。’你想听但是却不能听到，就会感到迷惑。这种音乐，从忧惧开始，忧惧就以为会有灾患。所以我又演奏让人放松的音乐，心情是轻松的，所以忧惧的感觉就消失了；但感觉有些迷惑，因为迷惑所以觉得醇和无知；心灵淳和无知这样也就接近道了，到这种境地，就可以与道相互融合了。”

原文

孔子西游于卫，颜渊问师金[①]曰：“以夫子之行为奚如？”

师金曰：“惜乎，而夫子其穷哉！”

颜渊曰：“何也？”

师金曰：“夫刍狗[②]之未陈也，盛以箧衍[③]，巾以文绣，尸祝齐戒[④]以将之。及其已陈也，行者践其首脊，苏者[⑤]取而爨之而已。将复取而盛以箧衍，巾以文绣，游居寝卧其下，彼不得梦，必且数眯[⑥]焉。今而夫子，亦取先王已陈刍狗，聚弟子游居寝卧其下。故伐树于宋，削迹[⑦]于卫，穷于商、周，是非其梦邪？围于陈蔡之间，七日不火食，死生相与邻，是非其眯邪？

“夫水行莫如用舟，而陆行莫如用车。以舟之可行于水也而求推之于陆，则没世不行寻常[⑧]。古今非水陆与？周、鲁非舟车与？今蕲行周于鲁，是犹推舟于陆也，劳而无功，身必有殃。彼未知夫无方之传，应物而不穷者也。

“且子独不见夫桔槔[⑨]者乎？引之则俯，舍之则仰。彼，人之所引，非引人也，故俯仰而不得罪于人。故夫三皇五帝之礼义法度，不矜[⑩]于同而矜于治，故譬三皇五帝之礼义法度，其犹柤[⑪]梨橘柚邪！其味相反而皆可于口。

“故礼义法度者，应时而变者也。今取猿狙而衣以周公之服，彼必龁啮挽裂，尽去而后慊[⑫]。观古今之异，犹猿狙之异乎周公也。故西施病心而矉[⑬]其里，其里之丑人见而美之，归亦捧心而矉其里。

其里之富人见之，坚闭门而不出，贫人见之，挈其妻子而去之走。彼知矉美，而不知矉之所以美。惜乎，而夫子其穷哉！”

注解

①师金：鲁国的大师，名字叫做金。

②刍狗：草扎的狗。

③箧衍：泛指箱子。

④齐戒：斋戒。

⑤苏者：以砍柴为生的人。

⑥眯：做噩梦。

⑦削迹：把痕迹消除，即绝迹。

⑧寻常：长度单位。这里指距离比较短。

⑨桔槔：提水的工具。

⑩矜：崇尚。

⑪柤：山楂。

⑫慊：满足。

⑬矉：同“颦”，皱眉。

译文

孔子西游来到卫国，颜渊问师金：“你认为我的老师这种做法怎么样？”

师金说：“可惜，你的老师不通达。”

颜渊问：“为什么？”

师金答：“稻草狗没有用来祭祀的时候，用竹筐装着，用绣着花纹的饰物遮盖着，巫师斋戒迎送它。等祭祀结束后，路上的行人踩踏它的头和脊背，砍柴的人捡它回去烧火做饭。假如有人把它重新取回去用竹箱子装着，用绣着花纹的饰物盖着，悠游居所取来睡在它的旁边，即使不做噩梦，也会感觉困扰。现在你的老师，也是取回先王已经祭祀过了的稻草狗，聚集弟子悠游自在地睡在旁边。因此遭受在宋国的树下讲法而大树被伐的羞辱，在卫国被禁止留居，在商、周等地均不得志，这些不都是噩梦吗？在陈国和蔡国的接壤处被围困，七天都没有饭吃，临近死亡的边缘，难道这些不是困扰吗？

"在水上通行最好的工具是船，在陆地上行走就没有比车更好的。认为船在水上可以行走，就想让它在陆地上行走，这样终生也走不了多远。古和今不就像是水上和陆地一样不同吗？周和鲁不就像是船和车吗？现在想把周的制度推行到鲁国，就如同把船推到陆地上行走，付出辛劳但不会成功，自身一定会遭祸害。他不知道随时而变，在任何情况下都能和外界的情势相适应。

"你难道没有看见涉水的桔槔吗？有人拉它就会俯下，放开它就仰上。它是被人牵引的，而不是牵引人的，因此无论俯下仰起都不会得罪人。所以三皇五帝时期制定的礼仪法度，各不相同，但可贵的是可以让天下太平。因此用三皇五帝的礼仪和法度作比喻，就好像是山楂、梨、柑橘和柚子一样，虽然味道不同但是都很可口。

"礼仪法度是随着时代的变化而变化的。现在给一只猴子穿上周公的礼服，它一定会把衣服撕裂咬碎，直到完全脱掉后才满意。看古和今的不同，就像猿猴和周公不同一样。西施的心口疼，就在邻居面前皱着眉头，邻居的一个丑女看到后觉得很漂亮，回去以后也皱着眉头在邻居面前行走。村里的富人看见了，就关闭大门不出来，贫穷的人看见了，就带着妻子和儿女跑开。她知道皱着眉头是美，但是却不知道为什么皱着眉头美。可惜呀！你的老师是行不通的。"

原文

孔子行年五十有一而不闻道，乃南之①沛②见老聃。

老聃曰："子来乎？吾闻子，北方之贤者也，子亦得道乎？"

孔子曰："未得也。"

老子曰："子恶乎求之哉？"

曰："吾求之于度数，五年而未得也。"

老子曰："子又恶乎求之哉？"

曰："吾求之于阴阳，十有二年而未得。"

老子曰："然。使道而可献，则人莫不献之于其君；使道而可进，则人莫不进之于其亲；使道而可以告人，则人莫不告其兄弟；使道而可以与人，则人莫不与其子孙。然而不可者，无它也，中无主而不止，外无证[3]而不行。由中出者，不受于外，圣人不出；由外入者，无主于中，圣人不隐。名，公器也，不可多取。仁义，先王之蘧庐[4]也，止可以一宿而不可久处，觏而多责。

"古之至人，假道于仁，托宿于义，以游逍遥之虚，食于苟简之田，立于不贷之圃。逍遥，无为也；苟简[5]，易养也；不贷，无出也。古者谓是采真之游。以富为是者，不能让禄；以显为是者，不能让名；亲权者，不能与人柄。操之则慄，舍之则悲，而一无所鉴，以窥其所不休者，是天之戮民也。怨[6]恩取与谏教生杀，八者，正之器也，唯循大变无所湮者为能用之。故曰，正者，正也。其心以为不然者，天门[7]弗开矣。"

注解

①之：去，到。

②沛：地名，现江苏省沛县。

③证：验证。

④蘧庐：旅馆。

⑤苟简：简单。

⑥怨：厌恶。

⑦天门：心灵。

译文

孔子活到五十一岁还没有得道，于是就到南面的沛县拜访老聃。

老聃说："你来了啊？我听说你是北方的贤人，你也得道了吗？"

孔子说："还没有。"

老子问："那你是怎么求道的呢？"

孔子答："我从制度名数里寻求，但五年的时间都没能寻着道。"

老子说："那你又怎么样去寻求道呢？"

孔子说："我在阴阳的变化里寻求，寻求十二年也没有得道。"

老子说："是的，如果道可以奉献，臣子就没有不向国君奉献的了；如果道可以进奉的，孩子没有不进奉给父母的；假如道是可以相告的，没有谁会不告诉自己的兄弟；假如道可以给他人，没有谁不把它留给子孙。但这种事情是不可能的，没有别的原因，内心不悟道就不会停留，在外面不能够求证道就不会通行。出于内心所悟，就不被外界接受，圣人就不会传示；由外面进入，但内心不能够领悟，圣人也就不会留存。名器是属于天下共用的，不能够取多；仁义是先王的旅馆，只可以住一宿但是不能长久的居住，形迹昭彰责难也就会很多。

"古代有最高德行的人，假道于仁，托宿于义，在逍遥的环境里遨游，在简单的天地里生活，立身在不施与的园圃。这样就能逍遥无为，简单知足，不施与就不损费，古代把这些叫做"采真之游"。把财富作为自己追求的目标，不会把利禄让给别人；把显赫荣耀作为自己追求的目标，就不会把名誉让给别人。追求权势的人，不会把权柄交给别人。把持了这些就觉得战栗不安，舍弃又觉得悲伤，心中没有一点明见，来反视自己不停追求的东西，从自然道理的观点上来看，他们像受刑戮的人。怨、恩、取、与、谏、教、生、杀，以上八方面是端正人的方法，只有能顺应外物的变化而不为了物欲停滞的人，才能够使用。因此说，先自正的人，才能够使人端正。内心不能这样的，内心的活动也不会畅通。"

原文

孔子见老聃而语仁义。老聃曰："夫播[①]糠眯目，则天地四方易位矣；蚊虻噆肤，则通昔[②]不寐矣。夫仁义憯然[③]乃愤吾心，乱莫大焉。吾子使天下无失其朴，吾子亦放风而动，总德而立矣，又奚傑傑然揭仁义，若负建鼓而求亡子者邪？夫鹄不日浴而白，乌不日黔而黑。黑白之朴，不足以为辩；名誉之观，不足以为广。泉涸[④]，鱼相与处于陆，相呴以湿，相濡以沫，不若相忘于江湖！"

孔子见老聃归，三日不谈，弟子问曰："夫子见老聃，亦将何规[⑤]哉？"

孔子曰："吾乃今于是乎见龙！龙，合而成体，散而成章，乘云气而养乎阴阳。予口张而不能嗋，予又何规老聃哉！"

子贡曰："然则人固有尸居而龙见，雷声而渊默，发动如天地者乎？赐[⑥]亦可得而观乎？"遂以孔子声见老聃。

老聃方将倨堂而应，微曰："予年运而往矣，子将何以戒[⑦]我乎？"

子贡曰："夫三皇五帝之治天下不同，其系声名一也。而先生独以为非圣人，如何哉？"

老聃曰："小子少进！子何以谓不同？"

对曰："尧授舜，舜授禹。禹用力而汤用兵，文王顺纣而不敢逆，武王逆纣而不肯顺，故曰不同。"

老聃曰："小子少进，余语汝三皇五帝之治天下。黄帝之治天，使民心一，民有其亲死不哭而民不非也。尧之治天下，使民心亲，民有为其亲杀其杀[⑧]而民不非也。舜之治天下，使民心竞，民孕妇十月而生子，子生五月而能言，不至乎孩[⑨]而始谁，则人始有夭矣。禹之治天下，使民心变，人有心而兵有顺，杀盗非杀人，自为种而天下耳，是以天下大骇，儒墨皆起。其作始有伦，而今乎归，汝何

言哉！余语汝，三皇五帝之治天下，名曰治之，而乱莫甚焉。三皇之知，上悖[10]日月之明，下睽山川之精，中堕四时之施，其知憯于蛎虿[11]之尾、鲜规之兽，莫得安其性命之情者，而犹自以为圣人，不亦可耻乎，其无耻也？”

子贡蹴蹴然[12]立不安。

注解

①播：播撒。

②昔：通“夕”。

③憯然：悲惨、凄惨的样子。憯，通“惨”。

④涸：干涸，枯竭。

⑤规：劝谏，劝说。

⑥赐：子贡的自称，子贡复姓端木，名赐。

⑦戒：通“诫”，告诫。

⑧杀：“差”的借字。

⑨孩：当作“期”，指有一定的年龄、阅历。

⑩悖：悖乱。

⑪蛎虿：尾部有毒刺的毒虫。

⑫蹴蹴然：慌乱不安的样子。

译文

孔子见了老聃后就和他谈论仁义。老聃说：“糠皮如果进入了眼睛，看天地四方的位置就是颠倒的；蚊虻之类的小虫叮咬皮肤，就会整晚睡不着觉。没有比仁义毒害骚扰人心所带来的祸乱更大的了。假如你要使天下人不失淳厚质朴的本性，你就可以顺化而行，执德而立了，又何必急急忙忙地去宣扬仁义，就好像是敲着鼓去寻找丢失的儿子一样呢？白色的鹅不用每天洗自然就是白的，乌鸦不用每天去染色它原本就是黑色的。黑和白的本质，不值得争辩，名誉也不值得夸张。泉水枯竭了，鱼就会被一起困在陆地上，它们大口地呼出湿气，用唾沫来互相沾湿身体，还不如在江湖里互相忘记呢？"

孔子见了老聃回去后，三天都没有说话，弟子问他："先生见过老聃，对他有什么规劝呢？"

孔子说："我现在见到了龙！龙，合在一起就是一体的，分散开就成为文采，乘着云气遨游在阴阳之间。我张开嘴就不能合拢，那又怎么能够规劝老聃的呢？"

子贡说："也有人能够安坐不动而神采飞扬的，沉默而又能震撼人心的，发动起来就能像天地一样吗？我能够去看看他吗？"于是就借孔子的名义前去拜见老聃。

老聃正坐在堂上，轻声地回应说："我已经年迈了，你对我有什么指教吗？"

子贡说："三皇五帝虽然治理天下的方法各不相同，但是他们获取的好名声是一样的。只有您认为他们不是圣人，这是为什么呢？"

老聃说："年轻人你来到这儿，为什么说他们各不相同呢？"

子贡答："尧把天子之位传给舜，舜把天子之位传给禹。禹用自己的辛勤劳动而商汤则是运用武力，周文王因为顺应纣王就不敢违逆，周武王违逆纣王而不顺应，这就是不同。"

老聃说："年轻人你上前来一点，我给你讲一下三皇五帝治理天下的事情。黄帝治理天下的时候，民心纯朴如一，百姓中如果有谁死了亲人没有哭泣，别人并不会非议指责。尧治理天下的时候，民心相亲相爱，百姓如果有谁为了亲近亲人而改变了礼节的限制，别人也不会非议指责他。舜治理天下的时候，民心开始竞争，孕妇怀胎十月生孩子，孩子出生五个月就会说话，还没有到儿童的年龄就开始区分别人和自我，开始出现短命的人。禹治理天下的时候，民心开始多变，人人都有心机而使用兵器就是非常顺手的事情，杀死窃贼不能算是杀人，自以为尊贵而役使天下，因此天下震惊，儒家和墨家都兴起。开始的时候还讲伦理顺序，现在却变成这样了，你有什么话说呢？我告诉你，三皇五帝治理天下，名义上是治理，实际上却很混乱。三皇的智慧，向上掩藏了日月的光辉，向下毁坏了山川的精华，居中扰乱了四时的运行，他们的智慧像蜂虿尾巴的毒刺一样厉害，就连小兽都不能得到安定自己的性命之情，还自以为自己是圣人呢，难道不可耻吗？他们就是这样无耻呀？”

子贡惶恐不安地站立在那里。

原文

孔子谓老聃曰：“丘治《诗》《书》《礼》《乐》《易》《春秋》六经，自以为久矣，孰[①]知其故矣；以奸[②]者七十二君，论先王之道而明周、召[③]之迹，一君无所钩用。甚矣夫！人之难说[④]也！道之难明邪？”

老子曰：“幸矣子之不遇治世之君也！夫六经，先王之陈迹也，岂其所以迹哉！今子之所言，犹迹也。夫迹，履之所出，而迹岂履哉！夫白鶂之相视，眸子不运[⑤]而风化；虫，雄鸣于上风，雌应于下风而风化；类[⑥]自为雌雄，故风化。性不可易，命不可变，时不可止，道不可壅。苟得于道，无自而不可；失焉者，无自而可。”

孔子不出三月，复见曰：“丘得之矣。乌鹊孺，鱼傅沫，细要[⑦]者化，有弟而兄啼。久矣夫丘不与化为人！不与化为人，安能化人！”

老子曰：“可，丘得之矣！”

注解

①孰：通“熟”，熟悉。

②奸：“迂”的借字，进言。

③周、召：指周公和召公。

④说：说服。

⑤不运：不动，这里是指注视。

⑥类：虚构的动物。

⑦细要：细腰蜂。要，即“腰”。

译文

孔子告诉老聃说：“我研习《诗》《书》《礼》《乐》《易》《春秋》这六部经书，自己认为很久了，明白了其中的道理，就拿来向七十二个国家的君王进言，论述先王治理天下的道理，阐明弘扬周公和召公的事迹，竟然没有一个国君采用。难啊！是他们这些人难以说服呢？还是大道难以弘扬呢？”

老子说：“幸亏你没有碰到能够治世的国君！六经，是先王走过的旧足迹，哪里是足迹的本原呢！现在你所说的话，也是足迹。足迹，就是鞋踩出来的痕迹，痕迹不能算是鞋。白鶂雌雄相视，互相定睛凝视就可以生育；虫子，雄性的在上面叫，雌性的在下应和，就能生育；类这种动物，自己本身就具有雌雄两性，因此自身就能怀孕。天性不能改变，命也不能更改，时光不能停留，道路不能堵塞。如果能得道，怎样做都是可行的；失去道，就没有可行的了。”

孔子回去后三个月没有出门，再次见老聃的时候说：“我得道了。乌鸦和喜鹊是孵化而生的，鱼借助泡沫而生，而蜂类是风化而生的，弟弟出生后，哥哥就因为失宠啼哭。我不和自然造化做朋友已经很久了。不能和自然造化为友，怎么能够去教化别人呢！”

老子说：“可以，孔丘得道了！”

点评

《天运》与《天地》《天道》内容相差无几，依然是阐释无为而治的政治思想。“天运”，指的是诸般自然现象因无心运行而自动。

刻意①

原文

刻意尚行，离世异俗，高论怨诽②，为亢而已矣。此山谷之士，非世之人，枯槁赴渊者之所好也。语仁义忠信、恭俭推让，为修而已矣，此平世之士，教诲之人、游居学者之所好也。语大功，立大名，礼君臣，正上下，为治而已矣。此朝廷之士，尊主强国之人，致功并兼者之所好也。就薮泽③，处闲旷，钓鱼闲处，无为而已矣；此江海之士，避世之人，闲暇者之所好也。吹呴④呼吸，吐故纳新，熊经鸟申，为寿而已矣。此导引⑤之士，养形之人，彭祖寿考者之所好也。

若夫不刻意而高，无仁义而修，无功名而治，无江海而闲，不导引而寿，无不忘也，无不有也，澹然无极，而众美从之。此天地之道，圣人之德也。

注解

①刻意：磨砺心志。

②怨诽：愤世嫉邪。

③薮泽：山泽。

④吹呴：呼吸，吐气。

⑤导引：引导，指引。

译文

磨砺心志崇尚品行，超脱俗世，语言是不满的，只是表现的清高孤傲罢了。这是幽居山谷的人、愤世的人、刻苦修行的人，能牺牲自我的人所追求的。谈论仁义忠信、恭敬节让，是洁身自好而已。这是太平治世的人、教化别人的人、游居讲学的人所追求的。讨论立大功，成大名，维护君臣之间的秩序，协调上下的关系，是讲求治道而已。这是身处朝廷的人、尊重君王强盛国家的人、拓宽疆土建立功业的人所追求的。隐身在山泽间，栖身在旷野中，闲时垂钓，是无为自在而已。这是游走江湖、躲避世事、闲暇幽居的人所追求的。吹气呼吸，吐旧纳新，如黑熊吊脖颈飞鸟展翅，是为了长寿而已。这是引导养形的人、像彭祖一样高寿的人所追求的。

假如有不磨砺心志而高

尚，不讲究仁义修身，不追求功名而治世，不在江湖悠闲的游动，不引导而长寿，没有不能忘记的，没有什么不能为已所有的，恬淡没有止境，但众多美好的东西却跟从他。这就是天地的大道，圣人的美德。

原文

故曰：夫恬淡寂漠虚无无为，此天地之平而道德之质也。故圣人休焉，休则平易矣，平易则恬淡矣。平易恬淡，则忧患不能入，邪气不能袭，故其德全而神不亏。

故曰：圣人之生也天行[1]，其死也物化[2]；静而与阴同德，动而与阳同波；不为福先，不为祸始；感而后应，迫而后动，不得已而后起。去知与故，循天之理。故无天灾，无物累，无人非，无鬼责，不思虑，不豫谋。光矣而不耀，信矣而不期。其寝不梦，其觉无忧。其生若浮，其死若休。其神纯粹，其魂不罢[3]。虚无恬淡，乃合天德。

故曰：悲乐者，德之邪；喜怒者，道之过；好恶者，德之失。故心不忧乐，德之至也；一而不变，静之至也；无所于忤[4]，虚之至也；不与物交，淡之至也；无所于逆，粹之至也。

注解

①天行：自然的规律。

②物化：事物之间的幻化、转化。

③罢：同“疲”，疲劳，疲惫。

④忤：忤逆。

译文

因此说：恬淡寂寞，虚无无为，是天地的本源和道德的极致。所以圣人在这种环境里息心，息心就能够平稳安定，平稳安定就能够恬淡。平稳恬淡，忧患就不能侵入，也不能受到邪气的侵袭，于是德行就全备而精神没有亏损。

因此说：圣人存在的时候就顺着自然运行的规律，他们死的时候和万物融化；静寂的时候和阴气一起隐寂，运动的时候和阳气一起流动；不做幸福的根源，不做祸患的开始；有所感然后回应，有所迫然后才行动，不得已然后兴起。抛弃智慧与奸诈世故，遵循天理。因此说，没有自然灾害，外物不会拖累，旁人不会非议，鬼神不会责罚，不思虑也不谋划。有光亮但不耀眼，可信但却不期求。睡觉的时候不会做梦，醒着的时候没有忧患。活着的时候好像浮游，离开人世好像是去休息。精神纯粹，精力不疲惫。虚无恬淡，才能与自然的德行相符合。

因此说：悲伤和快乐是德的邪僻；欣喜和愤怒是道的罪过；喜好和厌恶是心的失误。所以内心没有担忧和快乐，是德的极致；专一而没有改变，是静寂的极致；不与任何事物抵触，是虚的极致；不与外物接触，是恬淡的极致；没有违逆，是纯粹的极致。

原文

故曰，形劳而不休则弊[1]，精用而不已则劳，劳则竭。水之性，不杂则清，莫动则平；郁闭而不流，亦不能清，天德之象也。

故曰，纯粹而不杂，静一而不变，淡而无为，动而天行，此养神之道也。

夫有干越[2]之剑者，柙而藏之，不敢用也，宝之至也。精神四达并流，无所不极，上际于天，下蟠于地，化育万物，不可为象，其名为同帝[3]。

纯素之道，唯神是守；守而勿失，与神为一；一之精通，合于天伦。野语有之曰：“众人重利，廉士重名，贤人尚志，圣人贵精。”故素也者，谓其无所与杂也；纯也者，谓其不亏其神也。能体纯素，谓之真人。

注解

①弊：疲弊。

②干越：吴国和越国。

③同帝：和天地相同。

译文

因此说，形体辛劳如果不休息，就会疲惫不堪，不停地运用精力就会枯竭。水的天性，不混杂质就会清澈，不搅动就很平静；闭塞而不流动，就不会清澈，这是自然的现象。

因此说，纯粹而没有杂质，虚静专一没有变动，恬静淡泊因而无为，行动遵循自然规律，这是修养精神的道理。

就如同拥有吴越宝剑的人，用木匣子把宝剑藏起来，不随便使用，这是珍贵到极点的。精神通达流溢，没有不能到达的地方，向上接天，向下遍及大地，化育万物却没有任何迹象，它和天地是一样的作用。

纯粹质朴的道理，仅有保守的精神；保守而不失去，就和精神凝和为一；纯粹的精通，就与自然的道理相符合。俗语讲：“一般的人以私利为重，廉洁的人以名声为重，贤良的人以志节为重，圣明的人以精神为重。”因此素的意思就是没有杂质，纯就是对精神没有损害。能够体会出纯朴的，就是真人。

点评

“刻意”意为“磨砺自己的心志”。全篇对修养问题进行了探讨，指出不同的人有不同的修养要求，只有“虚无恬淡”才合于“天德”，因此才是修养的最高境界。

缮性①

原文

缮性于俗学，以求复其初；滑欲于俗思，以求致其明；谓之蔽蒙之民。

古之治道者，以恬养知；知生而无以知为也，谓之以知养恬。知与恬交相养，而和理出其性。夫德，和也；道，理也。德无不容，仁也；道无不理，义也；义明而物亲，忠也；中纯实而反乎情，乐也；信行容体而顺乎文，礼也。礼乐遍行，则天下乱矣。彼正而蒙己德，德则不冒②，冒则物必失其性也。

注解

①缮性：修缮本性。

②冒：显露，炫耀。

译文

用世俗的学问修缮本性，期望能回复到本初的状态；用世俗的思维来迷乱欲望，还期望能明白通达。这种就是蔽塞蒙昧的人。

古代研习道的人，用恬静来涵养智慧。智慧生成后不外用，这就是运用智慧涵养恬静。智慧和恬静互相涵养，和谐就在本性中表现出来了。德，就是和顺；道，就是顺从。没有德不能包容的，这就是仁；没有道不能顺从的，这就是义；道义显明因而万物相亲，这就是忠；内心淳厚朴实而且恢复了本性，这就是乐；信实表现在得体的仪容而且能顺乎自然，这就是礼。礼乐遍行于世，天下就乱了。人自正并且隐藏自己的德行，隐藏自己的德行不施加给别人，施加给别人就一定会把自然的本性失去。

原文

古之人，在混芒[①]之中，与一世而得澹漠焉。当是时也，阴阳和静，鬼神不扰，四时得节，万物不伤，群生不夭，人虽有知，无所用之，此之谓至一。当是时也，莫之为而常自然。

逮[②]德下衰，及燧人、伏羲始为天下，是故顺而不一。德又下衰，及神农、黄帝始为天下，是故安而不顺。德又下衰，及唐、虞始为天下，兴治化之流，澆淳散朴，离道以善，险德以行，然后去性而从于心。心与心识知，而不足以定天下，然后附之以文，益之以博。文灭质，博溺心，然后民始惑乱，无以反其性情而复其初。

由是观之，世丧道矣，道丧世矣。世与道交相丧也，道之人何由兴乎世，世亦何由兴乎道哉！道无以兴乎世，世无以兴乎道，虽圣人不在山林之中，其德隐矣。

隐，故不自隐。古之所谓隐士者，非伏[③]身而弗见也，非闭其言而不出也，非藏其知而不发也，时命大谬也。当时命而大行乎天

下，则反一无迹；不当时命而大穷④乎天下，则深根宁极而待，此存身之道也。

注解

①混芒：混沌迷茫。

②逮：等到。

③伏：潜伏，隐匿。

④穷：穷困。

译文

古代的人，生活在混沌迷茫中，他们都恬静淡漠对别人无所求。那时，阴阳和谐宁静，鬼神不扰乱，四季的运行都与时节相符合，万物不会受到伤害，众生没有夭亡的，人们虽然有智慧，却没有地方使用，这就是完美纯一的境地。那时，无所作为而让万物顺乎自然。

等到道德开始衰败时，燧人氏、伏羲氏开始治理天下，只能顺乎民心却不能达到完美的境地。道德继续衰败，到神农氏、黄帝开始治理天下的时候，只能让天下安定但是却不能够顺从民心。道德继续衰败，到唐尧、虞舜开始治理天下的时候，教化兴起，纯朴的民风被离散，悖逆道去行事，隐匿德去做事，然后丢弃天性而顺从各自的内心。人心之间互相识察，因此不足以安定天下，然后又附着文饰，增加广博的学问。文饰毁灭了质朴，广博沉溺了人的心灵。然后百姓开始迷惑，就不能够返回恬静淡漠的性情到自然的本初了。

由此看出，世间丧失了大道，大道也丧失了世间。世间和大道互相丧失，通晓大道的人怎么才能在世间兴起呢，大道怎么在世间兴起呢？大道不能兴起在世间，世间也不能使大道兴起，虽然圣人没有在山林里，但是他的德行已经隐退了。

隐退却不是自己故意的。古代所说的隐士，不是隐藏形体不现身于世，也不是闭塞言论不宣示，不是隐藏智慧不发挥，是因为机缘不巧。如果机缘巧和将大行于天下，就回到“至一”的境界而不露痕迹；机缘不巧就穷困于天下，就深藏缄默来宁静等待，这就是保全自身的办法。

原文

古之存身者，不以辩饰知，不以知穷天下，不以知穷德，危然处其所而反其性，己又何为哉！道固不小行，德固不小识。小识伤德，小行伤道。故曰，正己而已矣。乐全之谓得志。

古之所谓得志者，非轩冕之谓也，谓其无以益其乐而已矣。今之所谓得志者，轩冕之谓也。轩冕在身，非性命也，物之傥来[①]，寄者也。寄之，其来不可圉[②]，其去不可止。故不为轩冕肆志，不为穷约趋俗，其乐彼与此同，故无忧而已矣。今寄去则不乐，由是观之，虽乐，未尝不荒[③]也。故曰，丧己于物，失性于俗者，谓之倒置之民。

注解

①傥来：意料之外。

②圉：通“御”，抵御。

③荒：空虚。

译文

古时候保全自身性命的，不用言论来文饰智慧，不用智巧来困累天下，不用心智来困扰德性，独立居处回复到自然的天性，还有什么需要做的事呢！道本来是不需要小行的，德本来也是有小识的。小识把德损伤了，小有智慧伤害大道。因此说，端正自己就可以了。乐意保持天性就是自得。

古代所说的自得的人，不是指荣华富贵高官爵位，而是无可附加的快乐。现在人们所说的怡然自得，就是指荣华富贵高官爵位。富贵荣华高官厚禄在身，并不是真实的本命，是意外偶然的外物来到，就像是寄托。寄托的物品，来的时候不可阻挡，离去的时候不能阻止。因此，不要为荣华富贵高官爵位恣意放纵心志，不要为穷困紧迫趋于俗世，身居高位的快乐与穷困的快乐是相同的，因此没有忧虑。寄托的物品离去就感觉不快乐，从这点看，即使曾经有过快乐，未尝不是心灵的荒疏。所以说，因为对外物的欲望丧失了自己，自己因为俗世而迷失的人，就是本末倒置的人。

点评

“刻意”意为“磨砺自己的心志”。本篇探讨修养，人不同，修养要求即有异，唯有“虚无恬淡”方能与“天德”契合，才能臻至修养的最高境地。

秋　水

原文

秋水时至，百川灌河。泾流之大，两涘渚崖之间不辩牛马。于是焉河伯[1]欣然自喜，以天下之美为尽在己。顺流而东行，至于北海，东面而视，不见水端，于是焉河伯始旋[2]其面目，望洋向若[3]而叹曰："野语有之曰，'闻道百以为莫己若'者，我之谓也。且夫我尝闻少仲尼之闻而轻伯夷之义者，始吾弗信；今我睹子之难穷也，吾非至于子之门，则殆矣，吾长见笑于大方[4]之家。"

北海若曰："井蛙不可以语于海者，拘于虚也；夏虫不可以语于冰者，笃于时也；曲士不可以语于道者，束于教也。今尔出于崖涘，观于大海，乃知尔丑[5]，尔将可与语大理矣。天下之水，莫大于海，万川归之，不知何时止而不盈[6]，尾闾泄之，不知何时已而不虚；春秋不变，水旱不知。此其过江河之流，不可为量数。而吾未尝以此自多者，自以比[7]形于天地而受气于阴阳，吾在天地之间，

犹小石小木之在大山也，方存乎见少，又奚以自多！计四海之在天地之间也，不似礨空⑧之在大泽乎？计中国之在海内，不似稊米之在大仓乎？号物之数谓之万，人处一焉；人卒九州，谷食之所生，舟车之所通，人处一焉；此其比万物也，不似豪末之在于马体乎？五帝之所连，三王之所争，仁人之所忧，任士之所劳，尽此矣。伯夷辞之以为名，仲尼语之以为博，此其自多也，不似尔向之自多于水乎？”

注解

①河伯：黄河的神灵。

②旋：旋转。

③若：海神。

④大方：大道。

⑤丑：浅薄无知。

⑥盈：充满。

⑦比：通“庇”。

⑧礨空：小孔，小穴。

译文

秋天由于阴雨连绵不断，河水按时上涨，成百上千的小川都灌到黄河中了。水流非常大，河面宽广，两岸和水中的小州之间连牛马都辨别不清楚。于是河伯欣然自喜，认为天下美妙的东西都汇聚到自己这里来了。他顺着河流朝东走，来到了北海，向东看水面是一望无际的，于是河伯改变了骄傲自得的神态，望着海洋感叹地对海神说，“有句俗话说：‘听了许多道理，认为没有谁能比得上自己’的人，说的就是我这种人。而且我听说过有人认为孔子的见闻少，对伯夷的道义是轻视的，刚开始我不相信，现在我看见你的无边无际，没有穷尽，如果我不来到这就糟糕了，我就会被得道的人永远取笑。”

北海神说：“不能够和在井里生活的鱼谈论大海的事情，是因为受到地域的限制；夏天的虫子不能够和它们谈论结冰的事情，这是因为受到了时间的局限；不能和乡里的书生谈论大道，这是因为受到了教养的束缚。现在你从河边来，看见了大海，知道了自己的浅薄，这样才可以和你一起谈论大道。天下的水，没有比海更大的，所有的河流都归依于它，不知道何时才能停止，但大海却不会满盈，海水从尾部流出去，不知道什么时候停止但大海却不会枯竭；无论春秋都没有变化，无论旱涝都不能察觉。容量超过江河的水流，没有办法用数量计算。但我没有因此而自我满足，自从我从天地那里有了形体，从阴阳那里接受元气，我在天地间，就像大山上的小石、小木头一样，只有认为自己微小的念头，怎么会自我满足呢？四海存在于天地之间，不就像是大泽中的蚁穴吗？中国存在于四海之内，不就像仓库里的小米粒吗？事物的名称有万种之多，人只是其中的一种；人聚居于九州，这是谷物粮食生长的地方，是舟车通行的地方，人只是其中的一个分子；用一个人和万物相比较，不就像是马身上的一根毫毛吗？五帝所运筹帷幄的，三皇所互相争夺的，仁义之人所担忧的，贤良之士所辛劳的，都在于此。伯夷辞让而获得名声，孔子谈论而显示博学，他们如此自满，不就像先前的你认为自己水多而自得吗？”

原 文

河伯曰：“然则吾大[①]天地而小毫末，可乎？”

北海若曰：“否。夫物，量无穷，时无止，分无常，终始无故[②]。是故大知观于远近，故小而不寡，大而不多，知量无穷。证曏今故，故遥而不闷，掇而不跂，知时无止；察乎盈虚，故得而不喜，失而不忧，知分之无常也；明乎坦涂[③]，故生而不说，死而不祸，知终始之不可故也。计人之所知，不若其所不知；其生之时，

不若未生之时；以其至小求穷其至大之域，是故迷乱而不能自得也。由此观之，又何以知毫末之足以定至细之倪[④]！又何以知天地之足以穷至大之域！”

注解

①大：以为大，这里是指以天地为大。

②故：读为“古”。

③坦塗：平坦的道路。塗，同“途”。

④倪：端倪。

译文

河神说：“那么我可以认为天地是大的，而毫毛是细小的吗？”

北海神说：“不可以。事物的量是没有穷尽的，时间是不能停止的，得失是没有常规的，终始是不会固定的。因此，有大智慧的人能够无论远近都观照到，不会因为事物小就认为少，不会因为事物大就认为它多，是因为他知道事物的量是没有穷尽的。明白了古今一样的道理，因此对于久远的事情不感觉苦闷，对于眼前的也不去祈求，因为明白时间是没有停止的；明察事物盈虚的道理，因此有所得不会感到自喜，有所失也不会感到忧虑，是因为明白得失是没有常规的；明白生死不过是人应经历的大道，因此生存不会感到愉悦，死亡也不会认为是灾祸，是因为明白终始是不会固定不变的。计算人懂得的知识，总比不上他所不知道的；人有生命的时间，总比不上他没有生命的时间；用有限的生命去追求无穷无尽的知识领域，一定会迷乱没有任何收获。从这点来看，又怎么知道毫毛能够判定最小的限度，怎么知道天地是最大的领域呢！”

原文

河伯曰："世之议者皆曰，'至精无形，至大不可围'，是信情乎？"

北海若曰："夫自细视大者不尽，自大视细者不明。故异便，此势之有也。夫精，小之微也；垺，大之殷也。夫精粗者，期于有形者也；无形者，数之所不能分也；不可围者，数之所不能穷也。可以言论者，物之粗也；可以意致者，物之精也；言之所不能论，意之所不能察致者，不期精粗焉。

"是故大人之行，不出乎害人，不多仁恩；动不为利，不贱门隶；货财弗争，不多辞让；事焉不借人，不多食乎力，不贱贫污；行殊乎俗，不多辟异；为在从众，不贱佞谄①；世之爵禄不足以为劝②，戮耻不足以为辱；知是非之不可为分，细大之不可为倪。闻曰：'道人不闻，至德不得，大人无己。'约分之至也。"

注解

①佞谄：奸佞谄媚，阿谀奉承。

②劝：勉励，鼓励。

译文

河神说："世上议论的人都说，'最精巧的东西是没有形体的，最大的东西是没有范围的'，这个情况真实吗？"

北海神说："从微小的角度去看巨大的事物，是不能够看全面的；从大的角度去看细小的事物，是不能够看明晰的。所以才会有大小同异的辩论，因为这是这个世界的存在状态所决定的。精巧，是微小中的微小；巨大是巨大之中最庞大的，精微粗大，只是局限于有形体的东西；没有形体的，是数量所不能衡量的；没有范围的东西，是不能够用数量来计算的。能够被谈论的东西，是事物中粗大的；能够用心意传达的东西，是事物中精巧的；不能用语言来谈论，不能用心意来传达的东西，就不局限于精巧粗大了。

因此道德高尚的人行为处事，不会出于伤害别人的目的，不因为给别人恩惠而炫耀；行动不会追求私利，不会看轻看门的杂役；不去争抢钱财货物，不因辞让谦逊而自得；做事不借助于别人，也不推崇自食其力，不以贫穷污浊为卑贱；行为与世俗不同，不宣扬怪异邪僻；作为顺从大众，不轻视谄媚讨好别人的人；世间的高官厚禄都不足以劝勉他，刑戮的耻辱也不足以羞辱他；明白是非是不能够区分的，细小和庞大不可以划分界限。听说：‘得道的人不追求闻名于世，有德的人不计较得失，道行高尚的人忘记自己。’约束自己达到了极致。”

原文

河伯曰：“若物之外，若物之内，恶至而倪[1]贵贱？恶至而倪小大？”

北海若曰：“以道观之，物无贵贱；以物观之，自贵而相贱；以俗观之，贵贱不在己。以差观之，因其所大而大之，则万物莫不大；因其所小而小之，则万物莫不小；知天地之为稊米也，知毫末之为丘山也，则差数睹矣。以功观之，因其所有而有之，则万物莫不有；因其所无而无之，则万物莫不无。知东西之相反而不可以相无，则功分[2]定矣。以趣观之，因其所然而然之，则万物莫不然；因其所非而非之，则万物莫不非。知尧、桀之自然而相非，则趣操[3]睹矣。

“昔者尧、舜让而帝，之、哙[4]让而绝；汤、武争而王，白公[5]争而灭。由此观之，争让之礼，尧、桀之行，贵贱有时，未可

以为常也。梁丽可以冲城，而不可以窒穴，言殊器也；骐骥骅骝，一日而驰千里，捕鼠不如狸狌，言殊技也；鸱鸺[6]夜撮蚤，察毫末，昼出瞋目而不见丘山，言殊性也。故曰，盖师是而无非，师治而无乱乎？是未明天地之理，万物之情者也。是犹师天而无地，师阴而无阳，其不可行明矣。然且语而不舍，非愚则诬也。帝王殊禅，三代殊继。差其时，逆其俗者，谓之篡夫；当其时，顺其俗者，谓之义之徒。默默乎河伯！汝恶知贵贱之门，小大之家！"

注解

①倪：此处是区分的意思。

②功分：职能。

③趣操：情趣节操。

④哙：指燕王。

⑤白公：人名，名胜，楚平王之孙。

⑥鸱鸺：猫头鹰。

译文

河神说："在物体的外部，物体的内部，从哪些地方来分辨贵贱呢？又从哪些地方来分辨大小呢？"

北海神说："从道的观点来看，万物没有贵贱的分别；从事物自身来说，他们都以自己为贵而互相轻贱；从世俗的观点来看，贵贱都不在于自身。从差别来说，从大的方面来看，万物没有一个不是大的；从小的方面来看，万物没有一个不是小的。明白天地与更大的事物比较起来好像米粒一样，毫毛与更小的事物比较起来好像大山一样，万物相差的数量就看清楚了。从功用来看，从有的方面来看，万物没有一个不具有这种功能；从没有的方面看，万物没有一个具有这种功能。知道东西方向对立但是却不能缺少任何一方，万物的功用就确定了。从取向来看，从对的方向来看，万物没有一个不是对的；从不对的方向来看，万物没有一个是对的。知道尧和桀都以为自己是对的但是却互相非议指责，万物的取向与节操就清楚了。

“从前尧和舜因为禅让而称帝，燕王哙和燕相子之却因为禅让而绝灭；商汤和周武王因为争夺而称王天下，白公胜因为争夺使自己灭绝。由此看来，争夺和禅让的制度，尧和桀的行为，区分贵贱也有时间的差异，不能认为是固定不变的常理。栋梁能用于进攻的时候冲撞城门，但是却不可以用来去堵小洞穴，这是说用处不一样；良马可以日行千里，但是捕捉老鼠却不如狸猫和黄鼠狼，这是说技术不同；猫头鹰晚上明察毫毛的末端甚至能够抓跳蚤白天出来瞪大眼睛却看不到山丘，这是说性能不同。因此说，为什么不向对的取法丢弃错的，向治理取法丢弃惑乱？这是不明白天地的道理和万物的实情。就好像是向天取法而丢弃地，向阴取法而丢弃阳，很明显是不可行的。但谈论却没有停止过，不是愚昧就是故意骗人。帝王的禅让不同，夏、商、周三朝的继承方式也不同。不合时代、违逆俗世的，叫做篡权夺势的人；合于时代，顺于俗世的人，就叫做高义的人。沉默吧，河神！你怎么能够知道贵贱的门径和小大的差别啊！”

原文

河伯曰：“然则我何为乎，何不为乎？吾辞受趣舍，吾终奈何?”

北海若曰：“以道观之，何贵何贱，是谓反衍；无拘而志，与道大蹇[①]。何少何多，是谓谢施[②]；无一而行，与道参差。严乎若国之有君，其无私德；繇繇乎[③]若祭之有社，其无私福；泛泛乎其若四方之无穷，其无所畛域。兼怀万物，其孰承翼？是谓无方。万物一齐，孰短孰长？道无终始，物有死生，不恃其成；一虚一满，不位乎其形。年不可举，时不可止；消息盈虚，终则有始。是所以语大义之方，论万物之理也。物之生也，若骤[④]若驰，无动而不变，无时而不移[⑤]。何为乎，何不为乎？夫固将自化。”

注解

①蹇：阻断。

②谢施：新陈代谢。

③繇繇乎：悠然自得的样子。

④骤：迅速，快速。

⑤移：转移。

译文

河神说："那我应该做什么，不应该做什么呢？我对于事物的取舍，该怎么办呢？"

北海神说："从道的观点来看，是没有贵贱的，贵贱是反复无端的；不要约束你的心志，违逆大道。无所谓多少，因为多少是互相替代的；不要固执偏一，而和大道不合。像国君一样威严，没有偏私的恩惠；超然自得好像祭祀时的社神，没有偏私的保佑；要宽大像四方一样没有穷尽，没有界限。兼容包蕴万物，有谁能够承受扶助？这就叫做不偏私。万物都是浑然如一的，哪个短哪个长呢？大道没有起始和终结，万物却有生存和死亡，不能依赖暂时的成功；万物有时空虚，有时充盈，没有固守不变的形体。岁月不可以留存，时间不能够停止；消失、生长，满盈、空虚，结束后再开始。这可以作为谈论大道的方向，论说万物的道理。万物生长，好像马在奔驰。每个动作都会发生变化，没有一个时间不是移动的。什么应该做？什么不应该做？万物本就在自然地变化。"

原文

河伯曰："然则何贵[①]于道邪？"

北海若曰："知道者必达于理，达于理者必明于权[②]，明于权者

不以物害己。至德者，火弗能热，水弗能溺，寒暑弗能害，禽兽弗能贼。非谓其薄[3]之也，言察乎安危，宁于祸福，谨于去就，莫之能害也。故曰，天在内，人在外，德在乎天。知天人之行，本乎天，位乎得，蹢躅[4]而屈伸，反要而语极。”

注解

①贵：这里是指以大道为贵。

②权：权变。

③薄：逼迫，靠近。

④蹢躅：徘徊而不知进退的样子。

译文

河神说：“那么道为什么尊贵呢？”

北海神说：“明白道的人一定能够通于事理，通于事理的人一定能够通于权变，通于权变的人不会因为外物而伤害自己。德行修养高的人，火不能烧他，水不能淹溺他，寒暑不能伤害他，野兽不能残害他。不是说他们靠近这些不会受到损害，而是说他们能够明察安危，安于祸福而谨慎的对待，所以没有什么能够伤害到他们。因此说，天性存在于人的内心，人事存在于人的体外，至德存在于不失自然。明白人的行为，以自然为根本，处于悠然自得的环境，时而进退时而屈伸，这就是返回到了大道的中心而谈论出了理的极致。”

原文

河伯曰：“何谓天？何谓人？”

北海若曰：“牛马四足，是谓天；落[1]马首，穿牛鼻，是谓人。

故曰，无以人灭天，无以故灭命，无以得殉名。谨守而勿失，是谓反其真。”

注解

①落：通“络”。

译文

河神说：“什么叫做天生？什么叫做人为？”

北海神说：“牛和马都长着四条腿，这就叫做天生；给马戴上辔头，用绳子穿过牛的鼻子，这就叫做人为。因此说，不要用人事去毁灭天性，不要用造作去毁灭性命，不要因为贪求去追求名声。谨慎地坚守这些道理而不会失去天性，这就能称为是返回本性。”

原文

夔[①]怜[②]蚿[③]，蚿怜蛇，蛇怜风，风怜目，目怜心。

夔谓蚿曰：“吾以一足趻踔[④]而行，予无如矣。今子之使万足，独奈何？”

蚿曰：“不然。子不见夫唾者乎？喷则大者如珠，小者如雾，杂而下者不可胜数也。今予动吾天机，而不知其所以然。”

蚿谓蛇曰：“吾以众足行，而不及子之无足，何也？”

蛇曰：“夫天机之所动，何可易邪？吾安用足哉！”

蛇谓风曰："予动吾脊胁而行，则有似也。今子蓬蓬然起于北海，蓬蓬然入于南海，而似无有，何也？"

风曰："然。予蓬蓬然起于北海而入于南海也，然而指我则胜我，鳝我亦胜我。虽然，夫折大木，蜚⑤大屋者，唯我能也，故以众小不胜为大胜也。为大胜者，唯圣人能之。"

注解

①夔：虚构的独角兽。

②怜：爱慕。

③蚿：独脚的虫。

④跉踔：跳动，跳跃。

⑤蜚：通"飞"。

译文

独脚的夔羡慕长着很多足的蚿，多足的蚿羡慕蛇，蛇羡慕风，风羡慕眼睛，而眼睛羡慕的是心灵。

夔对蚿说："我用一只脚跳跃着行走，没有比我更简单的了，现在你使用万只脚走路，是怎样的走法呢？"

蚿说："不是这样的。你没见过吐唾沫的人吗？吐出来的大的像珠子，小的像雾气，混杂在一起落下，不能够数清。现在我顺应天机而行，我也不知道为什么是这样的。"

蚿对蛇说："我用那么多的脚行走，但是还不如你没有脚走得快，为什么？"

蛇说："我顺应自然而动，怎么能够改变呢？我哪里用得着脚呢？"

蛇对风说："我靠运动脊背和腰行走，好像有脚走路的样子。现在你从北海呼呼地刮来，呼呼地就刮到了南海，却像没有形迹，为什么呢？"

风说："是的。我从北海呼呼地刮到了南海，但是人们用手来指和用脚来踢都能战胜我。但是，把大树吹折，把房屋吹散，只有我才能做到，这就是不追求小胜利而追求大胜利。能完成大胜利的，只有圣人才可以。"

原文

孔子游于匡[1]，卫人围之数匝[2]，而弦歌不惙。子路入见，曰："何夫子之娱也？"

孔子曰："来！吾语汝。我讳穷[3]久矣，而不免，命也；求通久矣，而不得，时也。当尧、舜而天下无穷人，非知得也；当桀、纣而天下无通人，非知失也。时势适然。夫水行不避蛟龙者，渔父之勇也；陆行不避兕[4]虎者，猎夫之勇也；白刃交于前，视死若生者，烈士之勇也；知穷之有命，知通之有时，临大难而不惧者，圣人之勇也。由处矣，吾命有所制矣！"

无几何，将甲者进，辞曰："以为阳虎[5]也，故围之。今非也，请辞而退。"

注解

①匡：卫国的地名。

②匝：周。

③讳穷：讳忌道行不能通达。

④兕：野兽的一种，与犀牛相像。

⑤阳虎：人名，与匡人有仇。

译文

孔子周游来到匡，卫国人把他重重围住，但孔子仍没有停止弹琴歌唱。子路问孔子说："先生为什么还这样开心呢？"

孔子说："过来，我告诉你！忌讳道行不通达已经很长时间了，但仍旧难免潦倒，这是命运；我祈求自己的道行通达已经很久了，但仍没有得到，这是时运。尧舜治理天下的时候，天下没有不得志的人，不是因为他们智慧超群；桀纣治理天下的时候，天下没有一个得志的人，不是因为他们没有才能。是时势造就的。在水里行走却不躲避蛟龙，是渔夫的勇敢；在陆地上行走而不躲避犀牛和老虎，是猎人的勇敢；锋利的大刀横在面前，对待死亡和生存的态度是相同的，这是烈士的勇敢；知道穷困是命运决定的，通达由时运决定，面临大灾难也不恐惧的，是圣人的勇敢。子路，你休息去吧！我的命运是有限定的。"

不久，有佩带兵器的将官进来，抱歉地说："我们以为您是阳虎，因此包围了你。现在知道不是，我们要把围兵撤退，向您表示歉意。"

原文

公孙龙[①]问于魏牟[②]曰："龙少学先王之道，长而明仁义之行；合同异[③]，离坚白；然不然，可不可；困百家之知，穷众口之辩，吾自以为至达已。今吾闻庄子之言，汒焉异之。不知论之不及与，知之弗若与？今吾无所开吾喙[④]，敢问其方。"

公子牟隐机大息，仰天而笑曰："子独不闻夫坎井之蛙乎？谓东海之鳖曰：'吾乐与！出跳梁乎井干之上，入休乎缺甃之崖；赴水则接腋持颐，蹶[⑤]泥则没足灭跗[⑥]。还虷蟹与科斗，莫吾能若也。且夫擅一壑之水，而跨跱坎井之乐，此亦至矣。夫子奚不时来入观乎！'东海之鳖左足未入，而右膝已絷矣。于是逡巡[⑦]而却，告之海

曰：‘夫千里之远，不足以举其大；千仞之高，不足以极其深。禹之时十年九潦[⑧]，而水弗为加益；汤之时八年七旱，而崖不为加损。夫不为顷久推移，不以多少进退者，此亦东海之大乐也。’于是坎井之蛙闻之，适适然[⑨]惊，规规然[⑩]自失也。

“且夫知不知是非之竟，而犹欲观于庄子之言，是犹使蚊负山，商蚷[⑪]驰河也，必不胜任矣。且夫知不知论极妙之言，而自适一时之利者，是非坎井之蛙与？且彼方跐黄泉而登大皇，无南无北，奭然[⑫]四解，沦于不测；无东无西，始于玄冥，反于大通。子乃规规然而求之以察，索之以辩，是直用管窥天，用锥指地也，不亦小乎！子往矣！且子独不闻夫寿陵馀子之学行于邯郸与？未得国能，又失其故行矣，直匍匐而归耳。今子不去，将忘子之故，失子之业。”

公孙龙口呿[⑬]而不合，舌举而不下，乃逸[⑭]而走。

注解

①公孙龙：战国时期赵国人，曾为平原君门客，以善辩著称，提出“白马非马”“坚白论”等论题。

②魏牟：魏国的公子。

③合同异：把事物的相同方面和相异方面合在一起，把事物的坚硬和白色区分开。

④喙：鸟嘴。

⑤蹶：踩踏，践踏。

⑥跗：脚背。

⑦逡巡：退却的样子。

⑧潦：洪水。

⑨适适然：惊恐害怕的样子。

⑩规规然：茫然失神的样子。

⑪商蚷：一种爬行的小虫子。

⑫奭然：自由没有拘束的样子。

⑬呿：张开。

⑭逸：逃跑，逃走。

译文

公孙龙向魏牟请教说："我年轻的时候学习了先王的主张，长大后明白了仁义的行为；可以把事物的相同和相异的方面混合为一，把事物的坚硬和洁白分别开；把不对的说成是对的，把不可以的说成是可以的；能困倒百家的知识，让众多的辩士都屈服，我认为自己已经达到了通达的最高境界。现在我听到了庄子的言论，感到非常迷茫。不知道是我的辩论不如他呢，还是我的知识不如他？现在我已经不能张开口了，向您请教这是什么道理。"

魏牟听后，靠着几案一声长叹，仰头朝天大笑说："你难道没有听说过浅井里的青蛙的故事？它对东海的鳖说：'我非常快乐。我跳出来可以在井的栏杆上玩耍，在破砖碎瓦里休息；游进水中可以浮起我的两腋，托住我的两颊，踩进泥里就会盖住我的脚背。看那些井里的虫子、螃蟹和小蝌蚪，没有一个像我这样快乐的。而且我自己占有这一坑水，盘踞在浅井里，这是最大的快乐了。先生，你为何不时常来看看呢？'东海的鳖，左脚还没伸进去，就被绊住了右脚。于是从容地退回去了，它把大海的样子向青蛙描述了一番：'千里的远路，不能形容它的大；八千尺的高度，不能够测量它的深。在大禹治理天下的时候，十年有九年会大涝，但是大海里的水却没有增加；商汤治理天下的时候，八年有七年大旱，但海岸却没有露出来。它不会因为时间地推移发生什么变化，也不会因为雨水的多少而增减，这也是东海的快乐。'井底的青蛙听后，惊慌茫然得不知所措。

"根据你的智慧不足以明白是非的究竟，就去观察庄子的言论，就好像蚊子要背起大山，商蚷要过河一样，一定是不能够胜任的。况且你的智慧不足以通晓奇妙的言论，自己满足于一时的口舌之利，不是和井底的青蛙一样吗？庄子的言论能够下达地层上至天空，无论南北，四通八达没有阻碍，进入到深远不可估测的境地；不论东西，起于玄妙幽远的尽头，返回到通达的大道。你竟然要用察看和辩解的言论去寻求，这就像是要用管子去看天，用锥子量地一样，难道不渺小吗？你走吧！难道你没有听说过寿陵的少年在邯郸学习走路的事情吗？他不仅没有学会赵国人走路的方法，而且也忘记了自己原来的方法，最后只好爬着回去。你还不走开，也将会忘掉你原来的本领，失去你原本的学业。”

公孙龙大张着嘴巴不能合拢，舌头翘得放不下来，心神恍惚，仓皇地逃离了！

原文

庄子钓于濮水[①]，楚王使大夫二人往先焉，曰：“愿以境内累矣！”

庄子持竿不顾，曰：“吾闻楚有神龟，死已三千岁矣。王巾笥而藏之庙堂之上。此龟者，宁其死为留骨而贵乎？宁其生而曳尾于涂[②]中乎？”

二大夫曰：“宁生而曳尾涂中。”

庄子曰：“往矣！吾将曳尾于涂中。”

注解

①濮水：水名。

②涂：泥。

译文

庄子在濮水边钓鱼，楚王派了两个大夫先去庄子那儿表示他的意愿，说："我希望能将国事委托给先生处理！"

庄子手拿渔竿没有回头，就说："我听说楚国有一只神龟，死了已经三千年了。楚王把它放在竹箱里，用布包着，珍藏在庙堂上。那这只乌龟是宁愿死后留下骨头让人尊贵呢？还是宁愿活着的时候拖着尾巴在泥里呢？"

两个大夫说："宁愿活着拖着尾巴在泥巴里。"

庄子说："你们请回吧！我还是愿意自己拖着尾巴在泥巴里。"

原文

惠子相梁①，庄子往见之。或②谓惠子曰："庄子来，欲代子相。"于是惠子恐，搜于国中三日三夜。

庄子往见之，曰："南方有鸟，其名为鹓鸰，子知之乎？夫鹓鸰，发于南海而飞于北海，非梧桐不止，非练实③不食，非醴泉④不饮。于是鸱得腐鼠，鹓鸰过之，仰而视之曰：'吓！'今子欲以子之梁国而吓我邪？"

注解

①相梁：做梁惠王的宰相。

②或：有的。

③练实：竹实。

④醴泉：甘甜的泉水。

译文

惠子做梁的宰相，庄子前去见他。有人告诉惠子说：“庄子来梁国了，要代替你做宰相。”惠子感到非常恐慌，在国内搜找庄子长达三天三夜。

庄子去见他时说：“南方有种名叫鹓鸰的鸟，你知道吗？鹓鸰从南海出发，飞到了北海，如果不是梧桐树它就不肯歇息，不是竹子作为粮食它就不吃，不是甘甜的泉水就不饮用。一只猫头鹰得到了一只腐烂的老鼠，鹓鸰恰好经过，猫头鹰仰着头恐吓了它：‘吓！’现在你也想用梁国来恐吓我吗？”

原文

庄子与惠子游于濠梁[1]之上。庄子曰：“儵鱼出游从容，是鱼之乐也。”

惠子曰：“子非鱼，安知鱼之乐？”

庄子曰：“子非我，安知我不知鱼之乐？”

惠子曰：“我非子，固不知子矣；子固非鱼也，子之不知鱼之乐，全矣。”

庄子曰：“请循其本。子曰‘汝安知鱼乐’云者，既已知吾知之而问我。我知之濠上也。”

注解

①濠梁：桥名，在安徽省凤阳县境内。

译文

庄子和惠子一起在濠水的桥上游玩。庄子说："儵鱼自由自在地游来游去，这就是鱼的快乐啊。"

惠子说："你不是鱼，怎么能够知道鱼是快乐的呢？"

庄子说："你不是我，你怎么知道我不知道鱼的快乐呢？"

惠子说："我不是你，固然不会知道你；你本来也不是鱼，所以你不知道鱼的快乐，这是可以肯定的。"

庄子说："我们把话从头说起。你说的'你怎么知道鱼是快乐的'这一句话，就是你已经知道我知道鱼是快乐的，然后才问我。我是在濠水的桥上知道的。"

点评

《秋水》阐释的是人该如何去认识外物。

本篇着重强调了认识事物的复杂性，指出了认知的不易和准确判断的困难。本篇因过于强调事物变化的不定因素，对认知过程中相对与绝对间的辩证关系没有予以揭示，因此常常导向不可知论，所以最终还是只能顺物自化，返归无为，这自然是消极不可取的思想。

至乐

原文

天下有至乐无有哉？有可以活身者无有哉？今奚为奚据？奚避奚处？奚就奚去？奚乐奚恶？

夫天下之所尊者，富贵寿善也；所乐者，身安厚味美服好色音声也；所下者，贫贱夭恶也；所苦者，身不得安逸，口不得厚味，形不得美服，且不得好色，耳不得音声。若不得者，则大忧以惧，其为形也，亦愚哉！

夫富者，苦身疾作，多积财而不得尽用，其为形也亦外矣？夫贵者，夜以继日，思虑善否，其为形也亦疏矣。人之生也，与忧俱生，寿者惛惛[1]，久忧不死，何苦也！其为形也亦远矣。烈士为天下见善矣，未足以活身，吾未知善之诚善邪，诚不善邪？若以为善矣，不足活身；以为不善矣，足以活人。故曰："忠谏不听，蹲循勿争。"故夫子胥争之以残其形，不争，名亦不成。诚有善无有哉？

今俗之所为与其所乐，吾又未知乐之果乐邪，果不乐邪？吾观夫俗之所乐，举群趣者，诠诠[2]然如将不得已，而皆曰乐者。吾未之乐也，亦未之不乐也。果有乐无有哉？吾以无为诚乐矣，又俗之所大苦也。故曰："至乐无乐，至誉无誉。"

注解

①惛惛：精神恍惚。

②诠诠：必定的样子。

译文

世界上有没有最大的快乐呢？有没有能够养活身命的方法呢？如果有，需要做些什么呢，根据的是什么呢？回避什么，留心什么？趋就什么，舍弃什么？喜欢什么，厌恶什么？

世界上所尊贵的，就是富裕、华贵、长寿和善名；所能够享受的，是身体的舒适，美味的事物，华丽的衣服，绚丽的颜色和悦耳的声音；所厌弃的，就是贫困、低贱、夭折和恶名；所苦恼的是身体不能够舒适安逸，口腹享用不到美味，外表不能够穿上华丽的衣服，眼睛不能够看到美丽的颜色，耳朵听不到悦耳的声音。假如不能够得到这些，就非常担忧恐惧，难道不是太愚蠢了吗？

富裕的人使自己身体劳苦，辛勤的工作，虽然积攒很多钱财却不能全部使用，这样对于自己身体的护养，难道不是背道而驰吗？处于尊位的人，日夜思索谋求保全权势地位，这样对待自己的身体也就太疏忽了！人的出世是和忧愁一起产生的，长寿的人精神恍惚，忧愁了很长时间却没有死去，怎能这样痛苦呀！这样对于保全自己的身体就太疏远了！烈士被天下的人称颂，但是却不能保全自己的性命，我不知道这种是真的完美呢，还是真的不完美？如果是完美的，却不能够使自己的生命保全；认为不完美，却能够救活别人。俗语讲："忠实的进谏不能够被听从的话，就退到一边不要再进谏了。"伍子胥因为劝谏遭受残酷的杀戮，他如果不劝谏，就不能成就名声。这样看有真正的完美吗？

现在世俗上所追求和所快乐的，我不知道那种快乐是真的快乐，还是不快乐呢？我看世俗所欢乐的，都成群结队地去追逐，专心致志好像不得已才做的，大家都认为这样是快乐的。我不明白这应该算是快乐，还是不快乐。真的有没有快乐呢？我认为无为清净就是真的快乐，但这却是世俗的人认为最苦恼的。因此说："最大的快乐在于没有快乐，最高的荣誉在于没有荣誉。"

原文

天下是非果未可定也。虽然，无为可以定是非。至乐活身，唯无为几存。请尝试言之：天无为以之清，地无为以之宁，故两无为相合，万物皆化生。芒乎芴乎①，而无从出乎！芴乎芒乎，而无有象乎！万物职职②，皆从无为殖。故曰：天地无为也而无不为也。人也孰能得无为哉！

注解

①芒乎芴乎：恍惚蒙昧。

②职职：形容繁茂的样子。

译文

天下的是非是不能够成为定论的。尽管如此，无为的态度是可以确定是非的。非常的快乐能够让身心养活，只有无为的生活可能会得到快乐。请让我试着说一下：天因为无为而自然清澈，地因为无为而宁静，因此天地的无为相结合，就使万物变化成长。恍惚但却不知道是从哪里产生出来的！恍惚蒙昧却没有一点迹象！万物繁茂，都是从无为的状态中生长出来的。所以说：天地无心但任何东西都是从它们中生长出来的。有谁可以学习这种无为的精神呢！

原文

庄子妻死，惠子吊之，庄子则方箕踞鼓盆而歌。

惠子曰："与人居，长子、老、身死，不哭，亦足矣，又鼓盆而歌，不亦甚①乎！"

庄子曰："不然。是其始死也，我独何能无概②然！察其始而本无生，非徒无生也而本无形，非徒无形也而本无气。杂乎芒芴之间，变而有气，气变而有形，形变而有生，今又变而之死，是相与为春秋冬夏四时行也。人且偃然寝于巨室，而我噭噭③然随而哭之，自以为不通乎命，故止也。"

注解

①甚：过分。

②概：即"慨"，慨叹。

③噭噭：哭叫的声音。

译文

庄子的妻子去世了，惠子前来凭吊时，他看见庄子正坐在那儿，敲着盆子唱歌。

惠子说："你和妻子一起生活，她为你生儿育女，现在她年老身死，你不哭泣就罢了，居然还敲着盆子唱歌，不是太过分了吗？"

庄子说："不是这样的。她刚死去的时候，我怎么能够不悲伤呢！可是察探她的开始原本是没有生命的；不仅没有生命，而且也没有形体；不仅没有形体，本来也没有气息。在若有若无中，变化气息，气息变化成有形，形体变化成生命，现在又变成死去，生死这样的变化就好像春夏秋冬的运行一样。她安静地躺在天与地之间，而我在这悲哀的啼哭，我认为是不通达生命的，所以才停止哭泣。”

原文

支离叔与滑介叔[1]观于冥伯之丘[2]，昆仑之虚，黄帝之所休。俄而柳[3]生其左肘，其意蹶蹶然[4]恶之。

支离叔曰：“子恶之乎？”

滑介叔曰：“亡，予何恶！生者，假借也；假之而生生者，尘垢也。死生为昼夜。且吾与子观化而化及我，我又何恶焉！”

注解

①支离叔、滑介叔：虚构的人物。

②冥伯之丘：虚构的山名。

③柳：“瘤”的借字。

④蹶蹶然：受了惊动的样子。

译文

支离叔和滑介叔一起游览冥伯的丘陵和昆仑的旷野，那是黄帝曾休息过的地方。不经意间滑介叔的左胳膊上长了一个瘤子，他很吃惊而且非常讨厌这个瘤子。

支离叔说：“你厌恶它吗？”

滑介叔说：“不，有什么需要厌恶的！身体是假借外在物质生成的；外在物质假和成生命，是临时的集凑。生死像昼夜的交替变化一样。而且我和你一起来观察万物的变化，现在变化产生在我身上，我有什么厌恶的呢！”

原文

庄子之楚，见空髑髅[①]，髐[②]然有形，撽[③]以马捶[④]，因而问之，曰："夫子贪生失理，而为此乎？将子有亡国之事，斧钺之诛，而为此乎？将子有不善之行，愧遗父母妻子之丑，而为此乎？将子有冻馁之患，而为此乎？将子之春秋故及此乎？"

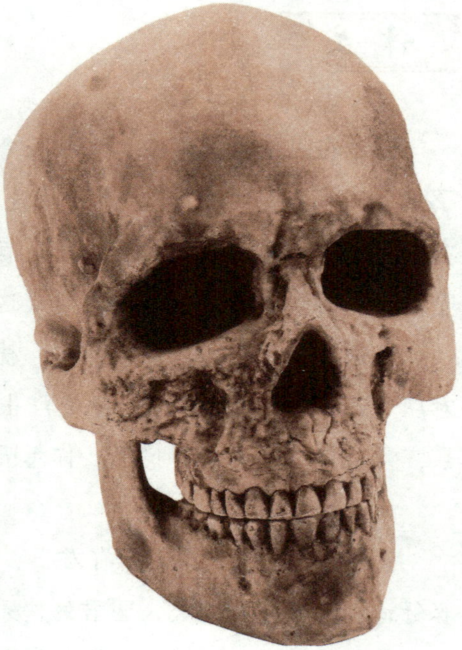

于是语卒，援[⑤]髑髅，枕而卧。夜半，髑髅见梦曰："子之谈者似辩士。视子所言，皆生人之累也，死则无此矣。子欲闻死之说乎？"

庄子曰："然。"

髑髅曰："死，无君于上，无臣于下；亦无四时之事，从然以天地为春秋，虽南面王乐，不能过也。"

庄子不信，曰："吾使司命复生子形，为子骨肉肌肤，反子父母妻子闾里知识，子欲之乎？"

髑髅深矉蹙额曰："吾安能弃南面王乐而复为人间之劳乎！"

注解

①髑髅：死人的骨架。

②髐：空洞的样子。

③撽：从旁边击打。

④马捶：马鞭。

⑤援：牵，拉。

译文

庄子在去楚国的途中，看到一个骷髅，是空枯有形的。庄子拿马鞭敲了几下，然后就问："先生是贪生违背了天理死的吗？还是因为国家灭亡，在战乱中被斧钺砍杀死的呢？还是有恶行，怕给父母妻子儿女丢丑自杀的呢？还是因为遭受冻饿的灾难而成这样的？还是年岁大后的自然死亡呢？"

把这些话说完，庄子拿骷髅，枕在头下睡着了。半夜时，骷髅在梦里对庄子说："你说话的样子像是辩士。你所说的情况，都是活着的人的牵累，死后就没有这些事情了。你想听我说死后的情况吗？"

庄子说："是的。"

骷髅说："死后，上没有君王，下没有臣子，也没有四季的交替，从容舒适和天地一样长久，国君的快乐也不能超过这种快乐。"

庄子怀疑地说："假如我让掌管生命的神把你的形体恢复，使你长出骨肉皮肤，重新返回到父母、妻儿、邻里和朋友那儿，你愿意吗？"

骷髅皱着眉头忧虑地说："我怎么会放弃国君一般的快乐，回到人间受苦呢？"

原文

颜渊东之齐，孔子有忧色，子贡下席而问曰："小子敢问，回东之齐，夫子有忧色，何邪？"

孔子曰："善哉汝问！昔者管子有言，丘甚善之。曰：'褚[1]小者不可以怀大，绠[2]短者不可以汲深。'夫若是者，以为命有所成而形有所适也，夫不可损益。吾恐回与齐侯言尧、舜、黄帝之道，而重以燧人、神农之言。彼将内求于己而不得，不得则惑，人惑则死。

“且汝独不闻邪？昔者海鸟止于鲁郊，鲁侯御[3]而觞[4]之于庙，奏《九韶》以为乐，具太牢以为膳，鸟乃眩视忧悲，不敢食一脔[5]，不敢饮一杯，三日而死。此以己养养鸟也，非以鸟养养鸟也。夫以鸟养养鸟者，宜栖之深林，游之坛陆，浮之江湖，食之鳅鲦，随行列而止，委蛇而处。彼唯人言之恶闻，奚以夫譊譊[6]为乎！《咸池》《九韶》之乐，张之洞庭之野，鸟闻之而飞，兽闻之而走，鱼闻之而下入，人卒闻之，相与还而观之。鱼处水而生，人处水而死。彼必相与异，其好恶故异也。故先圣不一其能，不同其事。名止于实，义设于适，是之谓条达而福持。”

注解

①褚：布袋。

②绠：井绳。

③御：欢迎。

④觞：设宴款待。

⑤脔：肉块。

⑥譊譊：喧闹。

译文

颜渊向东去齐国，孔子面带忧愁之色。子贡离席上前问道：“学生向老师请教，颜回东去齐国，您面带忧愁之色，为什么呢？”

孔子说：“问得好！以前管仲有句话我非常欣赏。他说：‘小布袋不可以装大东西，井绳短不能够汲取深井里的水。’如此看来，应当认为性命有产生的理由，形体也有适宜它的用途，这是不能改变的。我担心颜回向齐侯谈论尧、舜、黄帝的道理，还会推崇燧人氏和神农氏的言论。齐侯听了会内求却发现自己不理解，不理解就会疑惑，疑惑就要遭殃。

“你没听说过吗？先前有一只海鸟飞到了鲁国的郊外，鲁侯把海鸟迎进太庙，并给它饮酒，演奏《九韶》让它听，宰牛杀羊让它吃，而海鸟眼乱内心悲伤，不敢吃一块肉，不敢喝一杯酒，三天后就死了。这是因为是用养人的方式来养鸟，而不是用养鸟的方式来养鸟。用养鸟的方式养，应该让它栖息到山林里，漫游在沙滩上，在湖泊中飘浮，用泥鳅小鱼喂养它，随着鸟群活动，从容自在的生活。鸟最厌烦听到人声，为什么还要如此喧杂吵闹呢？在广阔的原野演奏《咸池》《九韶》，鸟听到会高飞，野兽听到了会逃走，鱼听到了会潜入水底，人听到以后就会围观。鱼在水里能生存，人在水里就会死亡。人和鱼禀性不一样，所以好恶也不同。因此古代的圣人不追求能力的统一，不追求事物的相同。名符合实，事理的设置求其和各自的性情适宜，这就叫做条理通达福气长存。”

原文

列子行食于道从[①]，见百岁髑髅，攓[②]蓬而指之曰：“唯予与汝知而未尝死，未尝生也。若果养[③]乎？予果欢乎？”

注解

①道从：道路旁边。

②攓：拔开。

③养：忧虑，忧愁。

译文

列子出行时在路边吃东西，看到一个长达百年的骷髅，他拔开蓬草指着骷髅说：“只有我和你知道没死，也没有生。而你真的忧虑吗？我果真快乐吗？”

原文

种有几，得水则为继，得水土之际则为蛙蠙之衣，生于陵屯[1]则为陵舄[2]，陵舄得郁栖[3]则为乌足。乌足之根为蛴螬，其叶为胡蝶。胡蝶胥也化而为虫，生于灶下，其状若脱，其名为鸲掇。鸲掇千日为鸟，其名为乾余骨。乾余骨之沫为斯弥，斯弥为食醯。颐辂生乎食醯，黄軦生乎九猷，瞀芮生乎腐蠸[4]，羊奚[5]比乎不箰，久竹生青宁。青宁生程[6]，程生马，马生人，人又反入于机。万物皆出于机，皆入于机。

注解

①陵屯：山陵高地。

②陵舄：车前草。

③郁栖：粪土。

④腐蠸：萤火虫。

⑤羊奚：植物名。

⑥蛴螬、鸲掇、斯弥、食醯、颐辂、黄軦、九猷、瞀芮、青宁、程：都是虫名。

译文

物种中有一种非常微小的叫做“几”，如果有水它就会长成的继草，在水土相接的地方就形成了青苔，在高地上就生长成为车前草，车前草有了粪土的营养就会变成乌足。乌足的根生成蛴螬，叶子变成蝴蝶。蝴蝶迅速变化为虫子，生在灶下，形状就像蜕了皮似的，它的名字叫鸲掇。鸲掇经过千日后就变为鸟，它的名字叫乾余骨。乾余骨的唾沫变成斯弥，斯弥又变成食醯。颐辂就生于食醯，黄軦从九猷中生出，瞀芮形成于萤火虫，羊奚草和不箰久竹结合生出青宁虫。青宁又产生程，程生成马，马生出人，人又回归自然。万物都是从自然中产生，而后又回归自然。

点评

“至乐”意为“最大的快乐”。本篇探讨了人生的最大快乐与人应持有怎样的生死观。

达①生

原文

达生之情者，不务生之所无以为；达命之情者，不务知之所无奈何。养形必先之以物，物有余而形不养者有之矣；有生必先无离

形，形不离而生亡者有之矣。生之来不能却[②]，其去不能止。悲夫！世之人以为养形足以存生，而养形果不足以存生，则世奚足为哉！虽不足为而不可不为者，其为不免矣。

夫欲免为形者，莫如弃世[③]。弃世则无累，无累则正平，正本则与彼更生，更生则几[④]矣。事奚足弃，而生奚足遗？弃事则形不劳，遗生则精不亏。夫形全精复，与天为一。天地者，万物之父母也。合则成体，散则成始。形精不亏，是谓能移；精而又精，反以相[⑤]天。

注解

①达：通达。

②却：推辞。

③弃世：舍弃俗世的事。

④几：接近。

⑤相：辅助。

译文

通晓生命实情的人，不追求对生命无用的东西；通晓命运实际情况的，不去追求命运感到无奈的事情。保养身体一定要先有物质条件，物质条件充足，但身体没保养好的人也有；保有生命一定要先把形体留住，有些形体虽没有离散但生命却已经失去了。生命来临的时候没有办法拒绝，离开的时候也不能阻止。可悲啊！世上的人以为保养形体就足以使生命保全，但保养形体真的不足以使生命保全，那世间还有什么事情值得做呢！虽然不值得但是却不得不去做，这样做就不能够免于辛劳了。

要避免形体劳累，不如舍弃俗世。舍弃俗世就没有牵累了，没有牵累就心气平正了，心气平正就和自然共同变化更新了，与自然一同变更就接近道了。俗世值得舍弃，难道生命也值得舍弃吗？舍弃俗世形体就不劳累，遗忘生命中的事就不会使精神亏损。身体健全，精力充沛，和自然融为一体。天地是万事万物的根源。它们相结合就成为万物的形体，离散就成为另一个物体产生的开始。身体和精神不亏损，就可以随事物的变化而变化；精而又精，就能够反过来辅助自然。

原文

子列子[1]问关尹曰："至人潜行不窒[2]，蹈火不热，行乎万物之上而不慄[3]。请问何以至于此？"

关尹曰："是纯气之守也，非知巧果敢之列。居，予语汝！凡有貌象声色者，皆物也，物与物何以相远？夫奚足以至乎先？是色而已。则物之造乎不形而止乎无所化，夫得是而穷之者，物焉得而止焉！彼将处乎不淫之度，而藏乎无端之纪，游乎万物之所终始。壹其性，养其气，合其德，以通乎物之所造。夫若是者，其天守全，其神无郤，物奚自入焉！

"夫醉者之坠车，虽疾不死。骨节与人同而犯害与人异，其神全也，乘亦不知也，坠亦不知也，死生惊惧不入乎其胸中，是故遻[4]物而不慴[5]。彼得全于酒而犹若是，而况得全于天乎？圣人藏于天，故莫之能伤也。

"复仇者不折镆干，虽有忮心[6]者不怨飘瓦，是以天下平均。故无攻战之乱，无杀戮之刑者，由此道也。不开人之天，而开天之天。开天者德生，开人者贼生。不厌其天，不忽于人，民几乎以其真！"

注解

①子列子：人名，指列子。

②窒：窒息。

③慄：恐惧，害怕。

④遻：恐惧。

⑤慴：碰到。

⑥忮心：嫉恨的心思。

译文

列子向关尹请教说："德高的人在水里行走不会遇到障碍，脚在火上行走不会觉得热，行走在万物之上不会感到恐惧。怎么能达到这种境地呢？"

关尹说："这是能够守住纯和之气的缘故，不是取巧果敢就能做到的。坐下，听我说：凡是具有外形声音和颜色的，都是人，人和人之间为什么差别那么大呢？同样是具有外形声音和颜色，为什么有的人能居于前位？而至人能达到不露形迹也不变灭的境地，能够达到这种境地并穷理尽底的人，外物怎么能够阻止他呢！至人将处于不过当的限度，隐藏于变化无穷的境地，在万物的根源神游。使心性专一，气息能得以涵养，与德行相合，通达于自然。像这样的人，他的天性齐全，精神凝聚，外物怎么会侵入呢！

"醉酒的人从车上掉下来，虽然受伤但是不会死。骨节和别人相同但遭受的伤害却和别人不同，这是因为他的精神凝聚，不知道自己在乘车，也不知道自己掉下去，生死的惊惧都进不了他的心里，因此受了外物伤害却不会恐惧。那酒醉的人尚且是这个样子，何况是通达自然之道的人呢！圣人在自然之中含藏，因此外物不能够伤害他。

"报仇的人不去弄折宝剑，即使心存恨意的人也不会去怨恨飘来的瓦片，因此天下太平。所以没有进攻征战的乱，没有杀害屠戮的刑罚，这是遵循道的原因。不开启人的天机，打开天的天机。开启自然天机就会使人的德生，开启人的天机就会产生智巧祸患。不厌天，也不忽视人，民众就接近质朴的真性了。"

原文

仲尼适楚，出于林中，见痀偻者①承蜩，犹掇之也。

仲尼曰："子巧乎！有道邪？"

曰："我有道也。五六月累丸二而不坠，则失者锱铢；累三而不坠，则失者十一；累五而不坠，犹掇②之也。吾处身也，若厥株拘；吾执臂也，若槁木之枝；虽天地之大，万物之多，而唯蜩翼之知。吾不反不侧，不以万物易蜩之翼，何为而不得！"

孔子顾谓弟子曰："用志不分，乃凝于神。其痀偻丈人之谓乎！"

注解

①痀偻者：驼背的人。

②掇：捡。

译文

孔子去楚国，经过一片树林的时候，看到有个驼背的老人在黏蝉，好像捡的一样容易。

孔子说："先生是有技巧？还是有道呢？"

老人答："有道。我经过练习五、六个月在竿头上累垒两个丸子而不会掉下来，那失手的情况就很少了；垒叠三个丸子而不会掉下来，失手的情况就只有十分之一了；垒叠五个丸子不会掉下来，就好像捡取一样容易了。我安处身心，站立的身子好像木桩一样，我用臂执竿就像干枯的树枝，虽然面对的天地很大，万物繁多，但我只专注于蝉的翅膀。我专心致志，不愿用万物来换取，怎么能得不到呢！"

孔子回过头对弟子说："心志不分散，凝聚精神。大概说的就是驼背的老人吧！"

原文

颜渊问仲尼曰："吾尝济[①]乎觞深[②]之渊，津人[③]操舟若神。吾问焉，曰：'操舟可学邪？'曰：'可。善游者数能。若乃夫没人，则未尝见舟而便操之也。'吾问焉而不吾告[④]，敢问何谓也？"

仲尼曰："善游者数能，忘水也。若乃夫没人之未尝见舟而便操之也，彼视渊若陵[⑤]，视舟之履犹其车却也。覆却万方陈乎前而不得入其舍，恶往而不暇！以瓦注者巧，以钩注者惮，以黄金注者殙[⑥]。其巧一也，而有所矜[⑦]，则重外也。凡外重者内拙。"

注解

①济：渡过。

②觞深：渊的名字。

③津人：撑船摆渡的人。

④吾告：即"告吾"，告诉我。

⑤陵：山陵，高地。

⑥殙：昏乱。

⑦矜：怜惜。

译文

颜渊向孔子请教说："我曾经在觞深那条渊渡过，撑船人的操作实在巧妙。我问他：'撑船可以学吗？'他答：'可以。会游泳的人想学会很容易。会潜水的人，即使没有见过船也会操作。'我又提出问题，但是他不再告诉我了，这是什么意思呢？”

孔子说：“会游泳的人学会容易，是因为他们能适应水性。能在水里潜水的人，即使没有见过船也能会，是因为在他们眼中深渊就像是高地，看到船覆没就好像是看到车子倒退。船覆没和车子倒退的万种景象呈现在他面前，也不能扰乱他的心神，到哪他们不闲适自在呢！用瓦片作赌注的人心是灵巧的，用带钩作赌注的人心性是恐惧害怕的，用黄金作赌注的人内心是昏乱的。技巧是一样的，但是有顾虑，就会对外物重视。凡是对外物重视的，内心一定是笨拙的。”

原文

田开之[①]见周威公。威公曰：“吾闻祝肾[②]学生，吾子与祝肾游，亦何闻焉？”

田开之曰：“开之操拔篲[③]以侍门庭，亦何闻于夫子！”

威公曰：“田子无让，寡人愿闻之。”

开之曰：“闻之夫子曰，‘善养生者，若牧羊然，视其后者而鞭之。’”

威公曰：“何谓也？”

田开之曰：“鲁有单豹[④]者，岩居而水饮，不与民共利，行年七十而犹有婴儿之色；不幸遇饿虎，饿虎杀而食之。有张毅者，高门县薄，无不走也，行年四十而有内热之病以死。豹养其内而虎食其外，毅养其外而病攻其内。此二子者，皆不鞭其后者也。”

仲尼曰：“无入而藏，无出而阳，柴立其中央。三者若得，其名必极。夫畏涂者，十杀一人，则父子兄弟相戒也，必盛卒徒而后敢出焉，不亦知乎！人之所取畏者，衽席之上，饮食之间；而不知为之戒者，过也！”

注解

①田开之：人名，姓田名开之。

②祝肾：人名，姓祝名肾，学习养生的人。

③拔篲：扫帚。

④单豹：人名，鲁国的隐士。

译文

田开之见周威公。周威公说："我听说祝肾在学习养生，你跟随祝肾学习，曾听到过什么没有？"

田开之答："我用扫帚打扫门庭，怎么从先生那里听教导呢？"

周威公说："你不用谦虚，我愿意听一听。"

田开之说："我听先生说，'善于养生的人，就好像是在放羊，看到在后面的就用鞭子赶它。'"

周威公说："这是什么意思呢？"

田开之答："鲁国有一个叫单豹的人，居住在山洞里，饮用泉水，不和别人争夺利益，到七十岁的时候还有婴儿一样的面色；不幸碰到了一只饥饿的老虎，老虎就吃掉了他。还有一个叫做张毅的人，不论是大户和小家没有不和他来往的，四十岁的时候得内热病死了。单豹修养内心被老虎吃掉了形体，张毅修养身体但是疾病却侵袭他的内心。这两个人，都是不能弥补自己不足的人。"

孔子说："不要过于深入的隐藏，也不要太显露张扬自己，要像根木柴一样虽没有心却一直立在动静中间。如果能够做到上面三点，就能称他为至人。如果路有贼人行人会感到怯畏，经过的十个人会有一个人被杀害，父子兄弟就会互相警戒，一定会多聚集众人才敢出行，不是也很聪明吗！人最害怕的，是在卧席上和饮食间，但是却不知道警戒，实在是大过错。”

原文

祝宗人[①]玄端[②]以临牢筴[③]，说彘[④]曰：“汝奚恶死？吾将三月豢[⑤]汝，十日戒，三日齐[⑥]，藉白茅，加汝肩尻乎雕俎之上，则汝为之乎？”为彘谋曰，“不如食以糠糟而错之牢筴之中。”自为谋，则苟生有轩冕之尊，死得于滕楯[⑦]之上、聚偻[⑧]之中则为之。为彘谋则去之，自为谋则取之，所异彘者何也？

注解

①祝宗人：掌管祭祀的官吏。

②玄端：衣帽，此处指祭祀官的穿戴。

③牢筴：猪圈。

④彘：猪。

⑤豢：饲养。

⑥齐：通“斋”，斋戒。

⑦滕楯：灵车。

⑧聚偻：棺材上的饰物。

译文

祭祀官穿着朝服来到猪圈旁，对猪说："你为什么害怕死呢？我要喂养你三个月，十天戒，三天斋，铺上白茅，把你的肩和臀放到雕板上，你愿意这样吗？"为猪打算，不如把它放在猪圈里用糠糟喂养。为自己打算，就希望活着的时候能够有高官厚禄荣华富贵，死后能够被放置在雕有各种纹饰的棺材和灵车里。替猪计划就贪取轩冕柩车，这样和猪又有什么不同呢？

原文

桓公[①]田[②]于泽，管仲御，见鬼焉。公抚管仲之手曰："仲父何见？"

对曰："臣无所见。"

公反，诶诒[③]为病，数日不出。齐士有皇子告敖[④]者曰："公则自伤，鬼恶能伤公！夫忿滀之气，散而不反，则为不足；上而不下，则使人善怒；下而不上，则使人善忘；不上不下，中身当心，则为病。"

桓公曰："然则有鬼乎？"

曰："有。沈有履[⑤]，灶有髻[⑥]。户内之烦壤，雷霆[⑦]处之；东北方之下者，倍阿鲑蠪[⑧]跃之；西北方之下者，则泆阳[⑨]处之。水有罔象，丘有峷[⑩]，山有夔，野有彷徨，泽有委蛇。"

公曰："请问，委蛇之状何如？"

皇子曰："委蛇，其大如毂，其长如辕，紫衣而朱冠。其为物也恶，闻雷车之声，则捧其首而立。见之者殆乎霸。"

桓公辴然而笑曰："此寡人之所见者也。"于是正衣冠与之坐，不终日而不知病之去也。

注解

①桓公：齐桓公。

②田：田猎，打猎。

③诶诒：因受惊而得病。

④皇子告敖：人名，姓皇名告敖，子为尊称。

⑤履：神的名字。

⑥髻：灶神。

⑦雷霆：鬼的名字。

⑧倍阿、鲑蠪：鬼的名字。

⑨泆阳：神的名字。

⑩峷：山鬼。

译文

齐桓公在山泽中打猎，管仲驾车，看见了鬼，齐桓公拉住管仲的手说："仲父，你看到什么了？"

管仲回答说："我什么也没看见。"

齐桓公回去后，因为惊吓生病了，连续几天都没有出门。齐国有个叫做皇子告敖的士，说："你是自己伤害自己，鬼怎么能够伤害你呢！如果体内郁结的忿怨气，散去不复还，精力就不足；郁结的气向上升而不通于下，就容易使人发怒；下淤而不达于上，就使人容易健忘；上下都不通达，淤积在心里，就会生病。"

桓公问："有鬼吗？"

皇子答："有。污泥中有履，灶膛里有髻，门户内有繁杂扰攘的地方，有雷霆神在那里居住；东北边的墙下，有倍阿鲑蠪神；西北的墙下面，居住着泆阳神。水里面有罔象神，山丘里有峷神，山里有夔神，野地里有彷徨神，山泽里面有委蛇神。"

齐桓公问："委蛇是什么样子的？"

皇子说："委蛇，像车轮那么大，像车辕那么长，穿着紫色的衣服戴着红色的帽子。他这种鬼，厌烦听到雷车的声音，听到后就捧着头站立在那儿。看见的人就要成为霸王。"

桓公高兴地笑着说："这就是我所看见的。"于是端正衣冠坐起来和皇子告敖交谈，不到一天的时间，病就在不知不觉中好了。

原文

纪渻子[①]为王[②]养斗鸡。十日而问："鸡可斗已乎？"

曰："未也，方虚憍而恃气。"

十日又问，曰："未也。犹应向景。"

十日又问，曰："未也。犹疾视而盛气。"

十日又问，曰："几矣。鸡虽有鸣者，已无变矣，望之似木鸡矣，其德全矣，异鸡无敢应，见者反走矣。"

注解

①纪渻子：人名，姓纪名渻子。

②王：此处指周宣王。

译文

纪渻子替周宣王驯养斗鸡。十天以后周宣王问："斗鸡训练好了吗？"

纪渻子回答说："还没有，现在还是骄矜又自恃意气。"

十天以后，周宣王问，回答是："还不行，听见声音看到影子就有想斗的反应。"

十天后周宣王再问，回答说："还不行，经常盛气冲天怒目而视。"

又过十天以后再问，回答是："差不多了。别的鸡有鸣叫的，它却没有任何变化，看起来像只木鸡，它的精神能够凝聚。别的鸡也不敢应战，看见后掉头就走了。"

原文

孔子观于吕梁[①]，县水[②]三十仞，流沫四十里，鼋[③]鼍[④]鱼鳖之所不能游也。见一丈夫游之，以为有苦而欲死也，使弟子并流而拯之。数百步而出，被发行歌而游于塘下。

孔子从而问焉，曰："吾以子为鬼，察子则人也。请问，蹈水有道乎？"

曰："亡，吾无道。吾始乎故，长乎性，成乎命。与齐[⑤]俱入，与汩偕出，从水之道而不为私焉。此吾所以蹈之也。"

孔子曰："何谓始乎故，长乎性，成乎命？"

曰："吾生于陵而安于陵，故也；长于水而安于水，性也；不知吾所以然而然，命也。"

注解

①吕梁：地名。

②县水：县，通“悬”；即瀑布。

③鼋：鳖的一种。

④鼍：俗称“猪婆龙”。

⑤齐：漩涡。

译文

孔子在吕梁观光游览，高悬的瀑布有三十多丈，溅出的水花有四十里，鼋鼍鱼鳖都不能上游。看见一个男子在里面游泳，以为他有什么苦事想要寻死，就让弟子沿着水流去救他。男子在水里潜了几百步后浮出水面，披散头发唱着歌游到了岸下。

孔子走过去问：“我以为你是鬼呢，仔细观察却发现是人。向你请教，游水有什么特殊的方法吗？”

男子答：“我没有特别的方法。开始的时候是故常，长大后就是习性。我和漩涡一起沉入水底，又随着水势一起浮出，只顺水势而不私动，我就是这样游水的。”

孔子说：“什么叫做开始是习故，长大是习性，有所成是顺乎自然呢？”

男子答：“我出生在高地就安于高地的生活，这就是故常；在水边成长就安于水边的生活，这就叫做习性；不知道为什么这样但却是这样的，就叫做顺乎自然。”

原文

梓庆[1]削木为鐻[2]，鐻成，见者惊犹鬼神。鲁侯见而问焉，曰："子何术以为焉？"

对曰："臣工人，何术之有！虽然，有一焉。臣将为鐻，未尝敢以耗气[3]也，必齐以静心。齐三日，而不敢怀庆赏爵禄；齐五日，不敢怀非誉巧拙；齐七日，辄然忘吾有四枝形体也。当是时也，无公朝，其巧专而外骨消；然后入山林，观天性；形躯至矣，然后成见鐻，然后加手焉，不然则已。则以天合天，器之所以疑神者，其由是与！"

注解

①梓庆：名叫庆的木匠。

②鐻：悬挂乐器的架子。

③耗气：分散精力。

译文

名叫庆的木匠削木头做鐻，鐻做成后，看见的人都惊叹说是鬼斧神工。鲁侯见了他就问："你用什么方法制成的呢？"

梓庆答："我只是个木匠，能有什么办法呢！虽然如此，还是有一点。我做鐻的时候，不敢使精神分散，一定斋戒使内心安静。斋戒三天时，不敢有庆赏赐爵禄的念头；斋戒五天时，不敢有毁誉巧拙的念头；斋戒七天时，已经忘记了我有四肢和形体。在那个时候，我忘了朝廷，没有外界的影响而技巧专一；然后我就进入山林，察看木头的质地；看到形躯最符合的，一个成型的鐻就俨然呈现在我眼前了，然后就动手加工，假如不是这样就不做。这是用我的自然结合木材的天性，器具就被怀疑是神工了，大概就是这个原因吧！”

原文

东野稷[①]以御见庄公[②]，进退中绳，左右旋中规。庄公以为文弗过也，使之钩百而反[③]。

颜阖[④]遇之，入见曰：“稷之马将败。”公密而不应。

少焉，果败而反。公曰：“子何以知之？”

曰：“其马力竭矣。而犹求焉，故曰败。”

注解

①东野稷：复姓东野名稷，善驾车。

②庄公：指鲁庄公。

③钩百而反：钩，旋转。反，通“返”；返回。

④颜阖：鲁国的贤人。

译文

东野稷因为善于驾车而被庄公接见，他进退来回都能像在一条直线上，左右旋转的时候像圆规一样圆，庄公认为画图也不过是这样。于是就让他转一百圈。

颜阖遇见后，入内觐见庄公说：“东野稷的马疲劳了。”庄公没有回应。

一会儿，东野稷很疲惫地返回来了。庄公问颜阖：“你是怎么知道的？”

颜阖答：“马的力气已经用尽，却还要奔走，所以知道一定会疲劳。”

原文

工倕旋而盖规矩，指与物化而不以心稽，故其灵台[①]一而不桎[②]。忘足，履之适也；忘要[③]，带之适也；忘是非，心之适也；不内变，不外从，事会之适也。始乎适而未尝不适者，忘适之适也。

注解

①灵台：心。

②桎：通“窒”，阻碍。

③要：同“腰”。

译文

工倕用手旋转画的图能超过用规矩所画的，手指随着物体聚合为一，不用再用心来考虑，因此他的内心专一而没有阻碍。忘记手和脚，是因为鞋子的舒适；忘记腰，是因为腰带舒适；把是非对错都忘记了，是因为心灵的安适；内心不移，外不随从物，是因为所处的环境舒适；本性安适就未曾有不适的，这是忘记了安适的安适。

原文

有孙休[①]者，踵门而诧子扁庆子[②]曰：“休居乡不见谓不修，临难不见谓不勇；然而田原不遇岁，事君不遇世，宾于乡里，逐于州部，则胡罪乎天哉？休恶遇此命也？”

扁子曰：“子独不闻夫至人之自行邪？忘其肝胆，遗其耳目，芒然彷徨乎尘垢之外，逍遥乎无事之业，是谓为而不恃，长而不宰。今汝饰知以惊愚，修身以明污，昭昭乎[③]若揭[④]日月而行也。汝

得全而形躯，具而九窍，无中道夭于聋盲跛蹇[5]而比于人数，亦幸矣，又何暇乎天之怨哉！子往矣！”

孙子出。扁子入，坐有间，仰天而叹。弟子问曰：“先生何为叹乎？”

扁子曰：“向者休来，吾告之以至人之德，吾恐其惊而遂至于惑也。”

弟子曰：“不然。孙子之所言是邪？先生之所言非邪？非固不能惑是。孙子所言非邪？先生所言是邪？彼固惑而来矣，又奚罪焉！”

扁子曰：“不然。昔者有鸟止于鲁郊，鲁君说之，为具太牢以飨之，奏《九韶》以乐之，鸟乃始忧悲眩视，不敢饮食。此之谓以己养养鸟也。若夫以鸟养养鸟者，宜栖之深林，浮之江湖，食之以鳝鲦，委蛇而处，则安平陆[6]而已矣。今休，款启寡闻之民也，吾告以至人之德，譬之若载鼷以车马，乐鴳以钟鼓也。彼又恶能无惊乎哉！”

注解

①孙休：鲁国人。

②扁庆子：人名，姓扁名庆子，鲁国的贤人。

③昭昭乎：明亮的样子。

④揭：举起。

⑤跛蹇：跛子，瘸子。

⑥平陆：平地。

译文

有个叫孙休的人，到扁庆子的家告诉扁庆子说：“我在乡间居住没人说我德行差，遇到困难没人说我不勇敢，但耕种的庄稼却没有好收成，想为国君做事但没有机缘，被乡里人排挤，被地方官驱逐，难道是我有罪于上天？我怎么是这样的命运呢？”

扁子说：“你难道没有听说过德行高的人的自我修行吗？他们忘记了自己的肝胆，遗忘了自己的耳朵和眼睛，放纵徘徊在尘世外，自由自在无所作为，这就叫做有所为却不去依赖，万物生长却不主宰。现在你饰知而惊愚，修养自身来显明污浊，光耀明亮好像举着日月在行走。你能够保全你的身体和九窍，没有在人生半途遭受耳聋、眼瞎和跛子的苦难而能和正常人并列，已经很幸运了，哪里有时间去怨恨上天呢！你走吧！”

孙休离开后，扁子进到屋里，坐了一会儿，抬头向天叹了口气。弟子问他：“先生为什么叹气呢？”

扁子说：“刚才孙休来的时候，我告诉他至人的德行，我担心他因为震惊而迷惑。”

弟子说：“不是这样的。孙休说话不对吗？先生所说的话对吗？不对的本来就不能使对的迷惑。孙休所说的话是不对的吗？先生所说的话是对的吗？他本来就是因为有迷惑才来请教的，先生又有什么过错呢？”

扁子说：“不是的，以前有一只鸟停在鲁国的郊外，鲁国的国君非常喜欢，杀牛宰羊让它吃，奏《九韶》的音乐使它快乐，鸟内心悲伤不敢吃喝，这就叫做是用自己的生活习惯去养鸟。如果用鸟的生活习惯去养鸟，就使它栖息在茂密的树林中，在水面飘浮，用泥鳅小鱼来喂养它，就像是让它生活在陆地上。现在这个孙休，是个孤陋寡闻不开窍的人，我把至人的德行告诉他，就好像是用马车来装载小老鼠，用钟鼓来让小鸟感到快乐一样。他又怎么能不被惊吓呢！”

点评

“达”意为“通晓、通达”，“生”意为“生存、生命”，“达生”，意为“通达生命”。本篇阐述了如何养神的问题，表达了要摒除各种外欲，保持心神宁彻、事事恬淡以养生全身的观点。

山木

原文

庄子行于山中，见大木，枝叶盛茂，伐木者止其旁而不取也。问其故，曰："无所可用。"

庄子曰："此木以不材得终其天年！"

出于山，舍[①]于故人之家。故人喜，命竖子[②]杀雁[③]而烹之。竖子请曰："其一能鸣，其一不能鸣，请奚杀？"

主人曰："杀不能鸣者。"

明日，弟子问于庄子曰："昨日山中之木，以不材得终其天年；今主人之雁，以不材死；先生将何处？"

庄子笑曰："周将处乎材与不材之间。材与不材之间，似之而非也，故未免乎累。若夫乘道德而浮游则不然。无誉无訾[④]，一龙一蛇，与时俱化，而无肯专为；一上一下，以和为量，浮游乎万物之祖；物物而不物于物，则胡可得而累邪！此神农、黄帝之法则

也。若夫万物之情，人伦之传，则不然。合则离，成则毁；廉则挫，尊则议，有为则亏，贤则谋，不肖则欺，胡可得而必乎哉！悲夫！弟子志之，其唯道德之乡乎！”

注解

①舍：休息。

②竖子：童仆。

③雁：鹅。

④訾：诽谤。

译文

庄子在山中行走，看见了一棵大树，枝叶长得非常茂盛，伐木的人在树旁停下来不去砍伐它，庄子问不砍伐的原因，伐木的人说：“没有什么用处。”

庄子说：“这棵树就是因为不成材所以能够享尽天年！”

庄子从山里出来，在一个老朋友家歇息。老朋友非常高兴，命令童仆杀鹅招待。童仆问：“有一只鹅会叫，一只不会叫的，杀哪只呢？”

主人说：“杀不会叫的。”

第二天，弟子问庄子说：“昨天山里的大树因为不成材而能够享尽天年，现在主人家的鹅，因为不成材而死，那先生是如何自处的呢？”

庄子笑着说：“我要处于成材和不成材之间。成材和不成材之间，好像是合于大道的妥当位置，其实不是，这样不能免于拖累。假如能顺其自然处世，就不是这样的了。没有称赞也没有非议，时隐时现好像龙见了蛇一样，随着时间的顺序变化，不专注于每个固定点；时而前进时而后退，以顺其自然为准则，在万物的本原状态遨游；役使外物而不会被外物所役使，那么怎会被牵累呢！这是神农氏和黄帝的处世法则。如果是万物的私情，人类的习性就不是这个样子的。有聚合也有离散，有成就也有毁坏，尖锐就会受到挫折，尊贵就会遭到颠覆，有为就会受到亏损，贤良就会被谋算，不肖就会被欺负。怎么能够拘泥于一方面呢！可悲啊！弟子记住了，任何事情都要顺其自然啊！”

原文

市南宜僚[1]见鲁侯[2]，鲁侯有忧色。市南子曰：“君有忧色，何也？”

鲁侯曰：“吾学先王之道，修先君之业；吾敬鬼尊贤，亲而行之，无须臾[3]离居；然不免于患，吾是以忧。”

市南子曰：“君之除患之术浅矣！夫丰狐文豹，栖于山林，伏于岩穴，静也；夜行昼居，戒也；虽饥渴隐约，犹且胥疏于江湖之上而求食焉，定也；然且不免于罔罗机辟之患，是何罪之有哉？其皮为之灾也。今鲁国独非君之皮邪？吾愿君刳形去皮，洒心去欲，而游于无人之野。南越有邑焉，名为建德之国。其民愚而朴，少私而寡欲；知作而不知藏，与而不求其报；不知义之所适，不知礼之所将。猖狂妄行，乃蹈乎大方；其生可乐，其死可葬。吾愿君去国捐俗，与道相辅而行。”

君曰：“彼其道远而险，又有江山，我无舟车，奈何？”

市南子曰：“君无形倨[4]，无留居，以为君车。”

君曰：“彼其道幽远而无人，吾谁与为邻？吾无粮，我无食，安得而至焉？”

市南子曰：“少君之费，寡君之欲，虽无粮而乃足。君其涉于江而浮于海，望之而不见其崖，愈往而不知其所穷。送君者皆自崖而反，君自此远矣！故有人者累，见有于人者忧。故尧非有人，非见有于人也。吾愿去君之累，除君之忧，而独与道游于大莫之国。方舟[5]而济于河，有虚船来触舟，虽有惼心之人不怒；有一人在其

上，则呼张歙之；一呼而不闻，再呼而不闻，于是三呼邪，则必以恶声随之。向也不怒而今也怒，向也虚而今也实。人能虚己以游世，其孰能害之！”

注解

①市南宜僚：姓熊名宜僚，因家住在市南而得此名号。

②鲁侯：鲁哀公。

③须臾：片刻，一会儿。

④形倨：形态傲慢。

⑤方舟：把两条船并在一起称为方舟。

译文

市南宜僚去见鲁侯，鲁侯面带忧色。市南宜僚说：“你面有忧色是为什么呢？”

鲁侯说：“我向先王学习治国的方法，经营先君的事业；我敬奉鬼神尊崇贤人，身体力行，没有丝毫懈怠，但是仍然不能免于祸患，所以我感到担忧。”

市南宜僚说：“你避免灾患的方法太浅薄了！比如皮毛丰美的狐狸和长着花纹的豹子，在山林里栖息，在岩洞里潜藏时非常沉静；夜里出来白天在洞里歇息，这是非常戒备的表现；虽然饥饿困乏，但还是去很远的地方寻找食物，这是非常稳定的。但仍然免不了要遭受罗网和机关的灾难，它们有什么罪呢？是由于自身长的皮毛带来的祸患。现在鲁国不就是你的皮毛吗？我希望你能打开身体丢去皮毛，洗涤内心，抛开欲望，在无人的旷野里遨游。南越有个建德之国，那里的人民淳厚朴实，欲望少不追求私利；知道劳作而不知道储蓄，给予别人不期求回报，不知道怎样才合礼义。自由自在、随心所欲的行为都符合大道；活着的时候快乐，死了可以安葬。我希望国君能够舍弃国位，把世俗抛开，与大道相辅而行。”

鲁侯说：“路途遥远艰险，又有大江和高山的阻碍，我没有车船，怎么办呢？”

市南宜僚说：“国君不要傲慢，不要固执，可以作为你的车子。”

鲁侯说：“路途幽远且无人居住，我和谁一起呢？我没有粮，没有食物，怎么能够到达呢？”

市南宜僚说：“减少你的花费，节制你的欲望，即使没有粮也足够。你将会渡过江河漂向大海，望不到边际，越往前走越不知道它的尽头。送你的人都从岸边回去，你从此远离了！因此说统治国家的人劳累，被人役使的忧虑。所以尧不役使别人，也不被别人役使。我希望能去除你的劳累和你的忧虑，独自和大道在广阔的国家遨游。把两只船并在一起渡河，有一只船撞过来，即使性子很急的人都不会发怒；如果船上有一个人，就会张嘴喊：‘后退！’喊一声不应答，再喊一声还是不应答，第三声就一定会恶语相加了。刚开始没有烦但是现在却发脾气了，是因为刚才是空船现在船上有一个人。如果人能够以虚己的态度在世间悠闲的遨游，还有谁能伤害他呢！”

原文

北宫奢[1]为卫灵公赋敛以为钟，为坛乎郭门之外。三月而成上下之县。王子庆忌[2]见而问焉，曰：“子何术之设？”

奢曰：“一之间，无敢设也。奢闻之：‘既雕既琢，复归于朴。’侗乎[3]其无识，傥乎其怠疑；萃乎芒乎，其送往而迎来；来者勿禁，往者勿止；从其强梁，随其曲傅，因其自穷，故朝夕赋敛而毫毛不挫，而况有大涂者乎！”

注解

①北宫奢：卫国的大夫，因为在北宫居住，所以得此号。

②王子庆忌：人名。

③侗乎：淳厚质朴的样子。

译文

北宫奢替卫灵公征集费用制造钟，在城门外先建造了祭坛，三个月的时间就造成了上下两层的钟架。王子庆忌看见以后就问："你用的是什么办法？"

北宫奢说："心志专一的铸造，没有别的方法。我听说过：'既然已经雕刻和琢磨，现在就要让它回复真朴。'我是没有知识的样子，又好像是纯真的；大家聚在一起，来来往往分辨不清楚，来的人不拒绝，走的人不制止；不愿意捐助的就由他而去，不赞成我的也任由他们自便，按照个人的能力，因此虽然朝夕征集募捐款，但人民却丝毫没有遭受损害，更何况是通晓大道的人呢！"

原文

孔子围于陈蔡之间，七日不火食。大公任[1]往吊之，曰："子几死乎？"

曰："然。"

"子恶死乎？"

曰："然。"

任曰："予尝言不死之道。东海有鸟焉，其名曰意怠。其为鸟

也，翂翂翐翐[②]，而似无能；引援而飞，迫胁而栖；进不敢为前，退不敢为后；食不敢先尝，必取其绪。是故其行列不斥，而外人卒不得害，是以免于患。直木先伐，甘井先竭。子其意者饰知以惊愚，修身以明污，昭昭乎如揭日月而行，故不免也。昔吾闻之大成之人曰：‘自伐[③]者无功，功成者堕，名成者亏。’孰能去功与名而还与众人！道流而不明居，得行而不名处；纯纯常常，乃比于狂；削迹捐势，不为功名。是故无责于人，人亦无责[④]焉。至人不闻，子何喜哉？”

孔子曰：“善哉！”辞其交游，去其弟子，逃于大泽；衣裘褐，食杼栗；入兽不乱群，入鸟不乱行。鸟兽不恶，而况人乎！

注解

①大公任：一位名叫任的老者。大公，对老者的尊称。

②翂翂翐翐：鸟缓慢飞行的样子。

③伐：称赞。

④无责：无求。

译文

孔子被围困在了陈和蔡的交界处，七天七夜没有生火做饭。大公任前去探望时说：“你快饿死了吧？”

孔子说：“是的。”

大公任说：“你讨厌死亡吗？”

孔子答：“是的。”

大公任说：“我来说说不死的方法吧。东海有一只鸟，叫做意怠。这只鸟，飞行缓慢，好像没有力气似的；成群结队地飞，在鸟群中栖息；行进时不敢在最前面飞，后退的时候不敢落在后面；吃食物的时候不敢先吃，总是吃剩下的。所以它在鸟群中不被排斥，外人也终究不能够伤害它，它能因此免于祸患。笔直的树总是先被砍伐，甘甜的井水也是最先枯竭。你有心通过纹饰才智来让世俗震惊，修养自身来显明别人的污浊，光耀明亮好像在举着日月行走，因此难免要遭受祸患。以前我曾听德行广博的人说：‘自我夸耀的反而不会有功绩，成就功业后不隐退的人一定会堕败，名声显赫的就要受到损害。’谁能够抛弃功名还给众人呢！大道流行而不以显要自居，德行广而不追求名声；纯朴平常，就和愚狂一样；消除形位抛弃权势，不追求功名，所以不会有求于人，也不会被人所求。德高到极致的人不追求名声，你为什么喜爱呢？”

孔子说：“非常好！”于是就辞别朋友，离开弟子，逃到了旷野；穿粗布制成的衣服，吃栗子野果；走进兽群里野兽不乱，走进鸟群里鸟群不飞，连野兽和鸟都不厌恶他，更何况人呢！

原文

孔子问子桑雩曰：“吾再逐于鲁，伐树于宋，削迹于卫，穷于商周，围于陈蔡之间。吾犯此数患，亲交益疏，徒友益散，何与？”

子桑雩曰：“子独不闻假[1]人之亡与？林回弃千金之璧，负赤子而趋。或曰：‘为其布与？赤子之布[2]寡矣；为其累与？赤子之累多矣；弃千金之璧，负赤子而趋，何也？’林回曰：‘彼以利合，此以天属也。’夫以利合者，迫穷祸患害相弃也；以天属者，迫穷祸患害相收也。夫相收之与相弃亦远矣。且君子之交淡若水，小人之交甘若醴；君子淡以亲，小人甘以绝。彼无故以合者，则无故以离。”

孔子曰：“敬闻命矣！”徐行翔佯[3]而归，绝学捐书，弟子无挹于前，其爱益加进。

异日，桑雩又曰：“舜之将死，真泠禹曰：‘汝戒之哉！形莫若缘，情莫若率。’缘则不离，率则不劳；不离不劳，则不求文以待形；不求文以待形，固不待物。”

注解

①假：国名。

②布：钱财。

③翔佯：舒适自在。

译文

孔子问子桑雽说："我被鲁国两次驱逐出去，在宋国讲学遭受砍伐大树的羞辱，在卫国被禁止留居，在商、周穷困不通达，在陈和蔡两国的交界处被围困。我遭遇这些灾难，亲戚和故交就更加疏远了，弟子和朋友也离散了，这是为什么呢？"

子桑雽答："难道你没有听说假国人逃亡的事吗？林回抛弃了价值千金的玉璧，背起婴儿逃走了。有的人说：'为钱财吗？婴儿的价值非常少；为了受拖累吗？婴儿的拖累很大。抛弃价值千金的玉璧，背着婴儿逃亡，是为什么呢？'林回却说：'玉璧和我是利益的相合，婴儿与我是天性相合。'以利益相结合的，当遭遇祸患灾害的时候就会互相遗弃；以天性相结合的，遭遇祸患灾害时就会互相收容。收容和遗弃相差太远了，而且君子的交情像水一样清淡，小人的交情像美酒一样甘甜；君子的交情清淡但却亲近，小人的交情甘甜却容易断绝。因此没有原因结合的，就会没有原因而离散。"

孔子说："我虔诚地接受你的教导！"于是就悠闲地回去了，学业就此终止，丢弃了圣贤书，学生不需要行礼，但是他们对老师的敬爱却增加了。

有一天，子桑雽又说："舜将要死的时候，对大禹说：'你要警惕啊！形体不如因顺，感情不如率真。'因顺就会不离散，率真就会不操劳；不离散，不操劳，就不需要纹饰来装饰形体；不需要纹饰来装饰形体，也就不需要依赖外物了。"

原文

庄子衣大布[1]而补之，正緳[2]系履而过魏王[3]。魏王曰："何先生之惫[4]邪?"

庄子曰："贫也，非惫也。士有道德不能行，惫也；衣弊履穿，贫也，非惫也，此所谓非遭时也。王独不见夫腾猿乎？其得枏梓豫章也，揽蔓其枝而王长其间，虽羿、蓬蒙[5]不能眄睨[6]也。及其得柘棘枳枸之间也，危行侧视，振动悼慄。此筋骨非有加急而不柔也，处势不便，未足以逞其能也。今处昏上乱相之间，而欲无惫，奚可得邪？此比干之见剖心征也夫!"

注解

①大布：粗布。

②緳：带子。

③魏王：指魏惠王。

④惫：疲惫困乏。

⑤逢蒙：后羿的弟子，擅长弓射。

⑥眄睨：斜着眼睛看。

译文

庄子身穿有补丁的粗布衣服，用麻绳系着破旧的鞋子，前去见魏王。魏王说："先生为什么看起来如此疲惫呢?"

庄子说："是贫穷，不是疲惫。有理想的读书人不能得到施展，这是疲困；衣服和鞋子破烂，这是贫穷，不是疲惫，这就叫做不逢时。您难道没有看见跳跃的猿猴吗？它们在楠、梓、豫、章等树上时，在树枝上攀援自得自乐，就连善于射箭的后羿和逄蒙也拿它们没有办法。等它在柘、棘、枳、枸等有刺的树丛之间攀援时，谨慎地行走，内心还是战栗害怕的。不是因为筋骨被束缚而不柔软灵活，是因为处于不利的情势，不能够展现自己的才能。现今正处在昏君和乱象的时代，想不疲困，怎么可能呢？比干被挖心，不就是典型的例证吗？”

原文

孔子穷于陈蔡之间，七日不火食，左据槁木，右击槁枝，而歌猋氏之风，有其具而无其数，有其声而无宫角，木声与人声，犁然[①]有当于人之心。

颜回端拱还目[②]而窥之。仲尼恐其广己而造大也，爱己而造哀也，曰："回，无受天损易，无受人益难。无始而非卒也，人与天一也。夫今之歌者其谁乎？"

回曰："敢问无受天损易。"

仲尼曰："饥渴寒暑，穷桎不行，天地之行也，运物之泄也，言与之偕逝之谓也。为人臣者，不敢去之。执臣之道犹若是，而况乎所以待天乎！"

"何谓无受人益难？"

仲尼曰："始用四达，爵禄并至而不穷。物之所利，乃非己也，吾命其在外者也。君子不为盗，贤人不为窃。吾若取之，何哉！故曰，鸟莫知于鹩鸸[③]，目之所不宜处，不给视，虽落其实，弃之而走。其畏人也，而袭诸人间，社稷存焉尔。"

"何谓无始而非卒？"

仲尼曰："化其万物而不知其禅之者，焉知其所终？焉知其所始？正而待之而已耳。"

"何谓人与天一邪？"

仲尼曰："有人，天也；有天，亦天也。人之不能有天，性也。圣人晏然[④]体逝而终矣！"

注解

①犁然：悠然自得的样子。

②端拱还目：拱手直立，回眼相看。

③鹢鸸：燕子。

④晏然：安然。

译文

孔子被围困在陈和蔡交界的地方，七天没有生火做饭。他左手靠着一棵枯树，右手敲着枯树枝，唱着神农氏时期的歌谣，敲打着乐器却没有声音和旋律，敲击树木的声音和人歌唱的声音，让人的内心感到非常舒适。

颜回恭敬地站在一旁，转过眼睛看。孔子担心他认为自己德行高会有所夸大，爱惜自己会觉得悲哀，就说："回，不受到自然的损害还算容易，但不受世人的利益却很困难。没有一个开始不是结束的，人为的和自然是相同的。现在唱歌的人是谁呢？"

颜回说："向您请教什么是不受自然的损害还算容易？"

孔子说："饥渴寒暑，穷困不通达，这些都是天地的运行，万物的转移，也就是指和它们一起变化。做人臣子的，不敢推却国君的命令。做人臣子之道尚且如此，更何况是对待自然呢！"

颜回问："什么是不受世人的利益却很困难呢？"

孔子说："刚开始被任用就很顺利，爵位和俸禄一起来而没有穷尽，这些外界事物带来的利益，不是属于自己的，只是因为我有得到这些的机遇而已，君子不去盗窃，贤人不去偷窃，而我要去求取，这是为什么呢？所以没有比燕子更聪明的鸟，看到不适合的地方，绝对不会再去看第二眼，即使丢掉了食物，也会舍弃而走。它害怕人，但是却进入人的屋子，只是为了筑巢寄居而已。"

颜回问："什么叫做没有一个开始而不是结束的呢？"

孔子说："变化着的万物不知道是谁代替自己，怎么能知道它的结束呢？又怎么能知道它的开始呢？顺其自然罢了。"

颜回问："什么叫做人为和自然相同？"

孔子说："人为是产生于自然的；自然的事情，也是自然带来的。人为不能保全自然，是天性决定的，只有圣人可以安然地顺着自然进行变化。"

原文

庄周游于雕陵[①]之樊，睹一异鹊自南方来者，翼广七尺，目大运寸[②]，感周之颡而集于栗林。庄周曰："此何鸟哉，翼殷不逝，目大不睹？"蹇裳[③]躩步，执弹而留之。睹一蝉，方得美荫而忘其身；螳螂执翳而搏之，见得而忘其形；异鹊从而利之，见利而忘其真。庄周怵然[④]曰："噫！物固相累，二类相召也！"捐弹而反走，虞人逐而谇[⑤]之。

庄周反入，三日不庭。蔺且[⑥]从而问之："夫子何为顷间甚不庭乎？"

庄周曰："吾守形而忘身，观于浊水而迷于清渊。且吾闻诸夫子曰：'入其俗，从其俗。'今吾游于雕陵而忘吾身，异鹊感吾颡，游于栗林而忘真，栗林虞人以吾为戮[⑦]，吾所以不庭也。"

注解

①雕陵：丘陵。

②目大运寸：眼睛的直径长有一寸。

③蹇裳：提起衣服。

④怵然：担心受惊的样子。

⑤谇：责骂。

⑥蔺且：人名，孔子的弟子。

⑦戮：羞辱。

译文

庄子在雕陵的栗园里游玩，看到有一只从南方来的奇异的鹊。它的翅膀宽有七尺，眼睛的直径长有一寸，碰到庄子的额头停在了栗园里。庄子说："这是只什么鸟，翅膀很大却飞不远，眼睛很大却很迟钝？"提起衣服迅速走了过去，拿着弹弓在一旁窥伺，寻找机会。这时他看到一只蝉，得意地在树荫里休息而忘了自身；螳螂隐蔽在树叶后捕捉了蝉，螳螂因为自己有所得也忘记了自身；奇异的鹊在后面趁机捉住了螳螂，看到利益就丧失了自己的真性。庄子惊恐地说："唉！世界上的物类互相侵害，这是因为两类之间总是互相招引贪图而导致的。"就扔掉弹弓转身快步走了，看守栗园的人以为他偷了栗子就追在后面责骂。

庄子回到家中，三天都不高兴。他的学生蔺且问他："为什么先生近来很不高兴呢？"

庄子说："我持守形体而忘了自身，观照污浊的水却反而对清泉感到迷惑了。我听先生说：'到一个地方，就要顺从那里的风俗习惯。'现在我去雕陵游玩忘了自身，奇异的鹊碰到我的额头，在栗林里游玩忘记真性。看守栗林的人误以为我偷了栗子就责骂侮辱我，所以我不高兴。"

原文

阳子之宋，宿于逆旅①。逆旅人有妾二人，其一人美，其一人恶②，恶者贵而美者贱。阳子问其故，逆旅小子③对曰："其美者自美，吾不知其美也；其恶者自恶，吾不知其恶也。"

阳子曰："弟子记之！行贤而去自贤之行，安往而不爱哉！"

注解

①逆旅：旅馆。

②恶：丑陋。

③小子：旅馆的老板。

译文

阳子去宋国，投宿在一个旅店里。旅店的主人有两个妾，一个漂亮，一个丑陋。可丑陋的妾受到尊崇，漂亮的人却被轻贱。阳子问原因，旅店的老板说："那个漂亮的自以为很漂亮，但我却不觉得她漂亮；丑陋的自以为很丑，但我不觉得她丑。"

阳子说："弟子们记住，品行虽然贤良但是要去掉炫耀的念头，走到哪里会不受拥戴呢！"

原文

楚王[1]与凡君[2]坐，少焉，楚王左右曰凡亡者三。凡君曰："凡之亡也，不足以丧吾存。夫'凡之亡不足以丧吾存'，则楚之存不足以存存。由是观之，则凡未始亡而楚未始存也。"

注解

①楚王：指楚文王。

②凡君：指凡僖侯。凡，国名。

译文

楚王和凡君在一起坐，一会儿，楚王的左右侍从通报了三次凡国灭亡的消息。凡君说："凡国灭亡，不足以使我丧失生存。如果凡国的灭亡不足以使我丧失生存，那么楚国的存在也不足以保存它的存在。如此看来，可以说凡国不曾灭亡而楚国也不曾存在。"

点评

本篇探讨的仍是处世之道，文中讲述了许多处世艰难、世多忧患的故事，希望从中觅出一条捷径，但其主要思想还是虚己与无为。

田子方

原文

田子方[①]侍坐于魏文侯[②]，数称谿工[③]。

文侯曰："谿工，子之师邪？"

子方曰："非也，无择之里人也；称道数当[④]，故无择称之。"

文侯曰："然则子无师邪？"

子方曰："有。"

曰："子之师谁邪？"

子方曰："东郭顺子[⑤]。"

文侯曰："然则夫子何故未尝称之?"

子方曰："其为人也真，人貌而天虚⑥，缘而葆真⑦，清而容物⑧。物无道，正容以悟之,⑨使人之意⑩也消，无择何足以称之!"

子方出，文侯傥然⑪终日不言，召前立臣而语之曰："远矣，全德之君子，始吾以圣知之言仁义之行为至矣。吾闻子方之师，吾形解⑫而不欲动，口钳⑬而不欲言。吾所学者直⑭土梗⑮耳，夫魏真为我累耳!"

注解

①田子方：姓田字子方，名无择，魏文侯之师，魏之贤者。

②魏文侯：名斯，战国初年魏国君主。

③谿工：人名，魏之贤者。

④称道数当：讲说大道。数当，常常恰当，合乎道理。

⑤东郭顺子：魏之得道真人。东郭为其住地，以住地为号。顺为其名，子是尊称。

⑥天虚：心像天一样空虚。

⑦缘而葆真：缘，随顺物性。葆真，保持真性不失。

⑧清而容物：心性高洁而又能容人容物。

⑨物无道，正容以悟之：人与事不合于道。正容，端正己之仪态。悟之，使人自悟其失而改之，不加辞色。

⑩意：惑乱背道之心。

⑪傥然：若有所失的样子。

⑫形解：身体松弛懒散。

⑬口钳：口像被钳住一样，懒于开口讲话。钳，钳住。

⑭直：只是，仅仅是。

⑮土梗：由土木做成的偶像，无生命之物。

译文

田子方陪坐在魏文侯旁边，多次称赞谿工这个人。

文侯说："谿工是先生的老师吗？"

子方说："不是，只是我的同乡。讲说大道常常恰当在理，所以我称赞他。"

文侯说："那么先生没有老师吗？"

子方说："有。"

又问："先生的老师是谁呢？"

子方说："是东郭顺子。"

文侯说："可是，先生为什么从来没有称赞过呢？"

子方说："他为人真诚，具有人的体貌和天一样空虚的心，随顺物性而保持真性，心性高洁又能容人容物。人与事不合正道，他端正自己的仪态使人自悟其过而改之。我哪里配得上去称赞他呀！"

子方出去后，文侯表现出若有所失的神态，整天不言语。招呼站在面前的侍臣对他说："太深远玄妙了，真是一位德行完备的君子！起先我认为仁义的行为，圣智的言论是至高无上的。我听到子方老师的情况后，身体松散不愿动，口像被钳住一样不愿说话，对照我所学的东西，只是没有生命的土偶而已！魏国真成了我的累赘啊！"

原文

温伯雪子适齐[①]，舍于鲁。鲁人有请见之者，温伯雪子曰："不可。吾闻中国之君子，明乎礼义而陋于知人心[②]，吾不欲见也。"

至于齐，反舍于鲁，是人也又请见。温伯雪子曰：“往也蕲[3]见我，今也又蕲见我，是必有以振[4]我也。”

出而见客，入而叹。明日见客，又入而叹。其仆曰：“每见之客也，必入而叹，何邪？”

曰：“吾固告子矣，中国之民，明乎礼义而陋乎知人心。昔之见我者，进退一成规，一成矩，[5]从容一若龙，一若虎，[6]其谏我也似子[7]，其道[8]我也似父，是以叹也。”

仲尼见之而不言。

子路曰：“吾子欲见温伯雪子久矣，见之而不言，何邪？”

仲尼曰：“若夫人[9]者，目击而道存[10]矣，亦不可以容声[11]矣。”

注解

①温伯雪子：楚国贤者，也可能为庄子虚构人物。适齐：前往齐国。

②明乎礼义而陋于知人心：陋，浅陋。这是道家人物对中原之国文化形态的一种批评，实际上主要指的是儒家观念。言外之意，道家虽然反对礼仪却是懂得人心的。

③蕲（qí）：通“祈”，请求。

④振：启发，或作“救解”，救己之失。

⑤进退一成规，一成矩：规和矩，即礼仪法度。见客时行礼无不合乎礼仪法度。

⑥从容一若龙，一若虎：形容动作仪态蕴涵不可抵御的威武气势。

⑦似子：如同儿子对待父亲，形容以言规劝时态度之恭顺。

⑧道：同“导”，引导、指导。

⑨若夫人：若，如。夫人，此人、这个人。

⑩目击而道存：眼睛一看就相互明白了大道之所在。

⑪不可以容声：容声，允许说话。不可以容声也就是不能再说话了，一说反而会使大道消失在语言中，即现在人们所说的语言遮蔽了真理。

译文

温伯雪子往齐国去的路上，寄宿在鲁国。鲁国有个人请求见他，温伯雪子说："不可以。我听说中原之国的君子，只知道礼义而却很少了解人的心性，我不想见他。"

到齐国后，返回时又住宿在鲁国，那个人又请相见。温伯雪子说："往日请求见我，今天又请求见我，看来此人必定是有一些启示性的见解要对我说。"

出去见过客人，回来就慨叹一番。明天又见过客人，回来又是慨叹不已。他的仆从问道："你每次见了那位客人，进来后必定要慨叹半天，这是为什么呢？"

回答说："我本来已告诉过你，中原之国的人，都是只知道礼义而对人的心性反而不太了解。刚才见我的这个人，出入进退一一合乎礼仪法度，动作举止蕴涵着一种龙虎般不可抵御之气势。他对我直言规劝时就像儿子对待父亲般的恭顺，他对我指导时又会像父亲对儿子般的严厉，所以我才慨叹不已。"

孔子见到温伯雪子，是一句话也没说。

子路问孔子说："我们的先生想见温伯雪子已经很久了，见了面却不说话，这是为什么呀？"

孔子说："像温伯雪子这样的人，两个人对视一眼也就明白大道之所在了，也不允许再用语言说话了。"

原文

颜渊问于仲尼曰："夫子步亦步，夫子趋亦趋①，夫子驰亦驰②，夫子奔逸绝尘③，而回瞠⑧若乎后矣！"

夫子曰："回，何谓邪？"

曰："夫子步，亦步也；夫子言，亦言也；夫子趋，亦趋也；夫子辩，亦辩也；夫子驰，亦驰也；夫子言道，回亦言道也；及奔逸绝尘而回瞠若乎后者，夫子不言而信，不比而周[⑤]，无器而民滔乎前[⑥]，而不知所以然而已矣。"

仲尼曰："恶可不察与！夫哀莫大于心死，而人死亦次之。日出东方而入于西极[⑦]，万物莫不比方[⑧]；有目有趾者，待是而后成功，是出则存，是入则亡。[⑨]万物亦然，有待也而死，有待也而生[⑩]。吾一受其成形[⑪]，而不化以待尽[⑫]。效物而动，日夜无隙，[⑬]而不知其所终[⑭]；薰然其成形，知命不能规乎其前。[⑮]丘以是日徂[⑯]。

"吾终身与汝交一臂而失之，可不哀与？[⑰]女殆著乎？吾所以著也，彼已尽矣；[⑱]而女求之以为有，是求马于唐肆[⑲]也。吾服[⑳]，女也甚忘[㉑]；女服，吾也亦甚忘？虽然，女奚患[㉒]焉！虽忘乎故吾，吾有不忘者[㉓]存。"

注解

①趋亦趋：趋，小步疾行。趋亦趋和驰亦驰是说你怎么样，我也跟着怎么样。

②驰：跑。

③奔逸绝尘：跑得极快，好像脚掌与地面没挨着一样，即跳跃性奔跑的意思。这里实际上是说孔子的行为有前后不一致的地方，即情景性行为有许多非逻辑性的前后矛盾，这就弄得学生难以理解了。

④瞠：瞪大眼睛看。

⑤不比而周：比，私意亲近。周，周遍，普遍。"不比而周"是说即使不是亲友，你也能对人关怀考虑得十分周到。

⑥无器而民滔乎前：器，名位、权势利禄。滔，人多汇聚的样子。是说孔子没有地位名分，却有很多人在追随着他。

⑦极：尽头。

⑧比方：言人顺从太阳的方向动作。比，顺从。方，方向。

⑨是出则存，是入则亡：是，此，指日，太阳。存，有。亡，无。意思是太阳出来就工作，太阳落山就无事可做而休息。

⑩有待也而死，有待也而生：万物皆待造化而有生死转化，就像人随日之出没而作息一样。

⑪一受其成形：人一生下来具有了人的形体，即秉受了天赋的形体。

⑫不化以待尽：不会化作他物，只能等待穷尽其天年。犹若海德格尔的“面向死亡的生”。这两句已见于《齐物论》，是庄子人生哲学的重要观念之一。

⑬效物而动，日夜无隙：效，感。隙，间隙，空闲，休息。人一生本能反应性地忙忙碌碌，日夜操劳，得不到休息。

⑭不知其所终：人生对命运的不可抗拒，不知道自己将来会是什么样子(或下场)。

⑮薰然其成形，知命不能规乎其前：薰然，形容气自动聚合为形的情况。规，窥，预知。“薰然其成形”和“一受其成形”意近同，“知命不能规乎其前”和“不知其所终”意近同，都是说人对自己的命运不可预知。这当然是对人生的消极悲观的说法，但不能简单地把这个意思理解为有贬义的宿命论，因为它指出了一个人生最为基本的存在事实，即人对于时间流逝的无可奈何。这一点，儒道两家并同。

⑯日徂（cú）：徂，往，但似乎蕴涵着沮，即沮丧之义蕴。前人均解为往，即日日与变化俱往，似乎与义有隔，因为本章通篇都充满着对生死命运的沉思，很悲观。往即化，日往即日化，但人在这一化的过程中其实是不自主的，因而也就不免有被动消极的悲哀之情油然而生。

⑰吾终身与汝交一臂而失之，可不哀与：字面意思是比喻机会极好却当面错过，即失之交臂。实际上是指人与人之间相互理解的困难，所以说这是一种让人悲哀的事情。

⑱女殆著乎？吾所以著也，彼已尽矣：女，你。殆，仅、只。著，明白，表面现象。彼，大道。

⑲唐肆：唐，空。肆，集市。空荡荡无人的集市。

⑳服：可理解为用语言表达出来的道理。

㉑甚忘：全都遗忘。

㉒奚患：忧虑什么。

㉓不忘者：指与化俱往，日日更新的大道。

译文

颜渊问孔子说："先生慢走我也慢走，先生快走我也快走，先生跑我也跑，先生快速奔跑，脚掌好像离开地面向前跳跃一样，这时，我就只能瞪大眼睛在后面看，而不知道该怎么学了。"

孔子说："颜回，你说的是什么意思？"

颜回说："先生慢走我也慢走，是说先生怎样讲我也跟着怎样说；先生快走我也快走，是说先生辨析事理我也跟着辨析事理；先生跑我也跑，是说先生讲说大道我也跟着讲说大道；及至先生好像脚掌离开地面跳跃般地跑，我就只能瞪大眼睛在后面看着，不知道该怎么学了，是说先生不言说时也能让人们信服，不私意亲近也能全面地获得亲附，没有地位名分而人们还是聚集在您的身边。我对这种现象，只是弄不清它的原因罢了。"

孔子说："怎么能不明察呀！最悲哀的莫过于心灵的死亡，身体的死亡也还在其次。太阳从东方出来而入于西天尽头，万物莫不顺从太阳的起落升降而动作；凡有眼有脚的，一定要等到太阳出来然后才能做事，有所作为。太阳出来就工作，太阳落山，无事可做，就休息。万物也都是这样的，要随着造化而死，随着造化而生。我们作为人，一旦生下来秉受了天赋的形体，就不可能转化为他物了，而只能等待着穷尽天年，面对死亡而活着。随着外物而做反应性的运动，日夜操劳，不得空闲，而下场如何却不得而知。阴阳二气自动地聚合，就成为我们人的形体，懂得命运的人也不能测度自己将来的命运。我只是天天地在不得已与化俱往，随物应酬罢了。

"我这一辈子都和你在一起，你却还是不能够理解我，这就好像有个极好的机会我们却当面错过了，这不是万分悲哀的事情吗？你怎么能只是着眼于我见诸语言表述的方面呢？我所说过的话，我其实也不尽理解，并不懂得它的深层含义，因为那深层的含义早已随着时过境迁而消失殆尽了；你还要有意地追求那之所以如此说的原因，以为它是实在的存有，这就如同在空荡荡无人的市场上想要寻购一匹马一样，那是不可能的呀。你不要只看到我用语言表达出来的道理，由于不理解它深层的原因很快就全都忘记了；其实你用语言表达出来的意思，我不是也因为同样的道理而全都忘了吗？即使这样，你又何必忧患不已呢？虽然你忘记了过去的我，我现在不是还活在你面前吗，这期间不就有重要的道的永存性吗？”

原文

孔子见老聃，老聃新沐[①]，方将[②]被发而干，慹然[③]似非人。孔子便[④]而待之，少焉见，曰：“丘也眩[⑤]与？其信然与？向者先生形体掘[⑥]若槁木，似遗物离人而立于独也。”

老聃曰：“吾游心于物之初[⑦]。”

孔子曰，“何谓邪？”

曰：“心困[⑧]焉而不能知，口辟[⑨]焉而不能言，尝为汝议乎其将[⑩]。至阴肃肃[⑪]，至阳赫赫[⑫]；肃肃出乎天，赫赫发乎地[⑬]；两者交通成和[⑭]而物生焉，或为之纪[⑮]而莫见其形。消息满虚[⑯]，一晦一明，日改月化，日有所为而莫见其功。生有所乎萌，死有所乎归，始终相反乎无端而莫知乎其所穷。非是也，且孰为之宗[⑰]？”

孔子曰：“请问游是[⑱]？”

老聃曰：“夫得是，至美至乐[⑲]也；得至美而游乎至乐，谓之至人。”

孔子曰：“愿闻其方[⑳]？”

曰：“草食之兽不疾易薮[㉑]，水生之虫不疾易水，行小变而不失其大常[㉒]也，喜怒哀乐不入于胸次[㉓]。夫天下也者，万物之所一[㉔]也。得其所一而同[㉕]焉，则四支百体将为尘垢[㉖]，而死生终始将为昼夜而莫之能滑[㉗]。而况得丧祸福之所介[㉘]乎！弃隶者若弃泥涂，知身贵于隶也。贵在于我而不失于变。且万化而未始有极也，夫孰足以患心[㉚]！已为道者[㉛]解乎此。”

孔子曰："夫子德配天地，而犹假至言[32]以修心，古之君子，孰能脱[33]焉？"

老聃曰："不然。夫水之于汋[34]也，无为而才自然[35]矣；至人之于德也，不修而物不能离[36]焉。若天之自高，地之自厚，日月之自明，夫何修焉！"

孔子出，以告颜回曰："丘之于道也，其犹醯鸡[37]与！微[38]夫子之发吾覆[39]也，吾不知天地之大全也。"

注解

①沐：洗头。

②方将：正在。

③热然：热，假借为"蛰"，蛰伏不动。木然不动，形体僵直的样子。

④便：借为"屏"，屏蔽之意，指孔子见老聃新沐后之神态，觉得直接去见不妥，蔽于隐处等待。

⑤眩：眼花。

⑥掘：同"倔"，独立的样子。

⑦物之初：物初生之混沌空虚之境，即指大道。用现代的话说，即是正在思考宇宙和人类的起源问题。

⑧困：困惑。

⑨口辟：口开而不能合，大道是不可知不可言的。能心知、言说之道即不是真正的道。

⑩将：粗略，大略。庄子认为，道不可言，又不得不借助语言表述，语言所表述之道，只是大略而已，并非道之大全。

⑪至阴肃肃：至阴，阴之极致，代表地之精粹。肃肃，阴冷之气。

⑫至阳赫赫：至阳，阳之极致，代表天之精粹。赫赫，炎热之气。

⑬这句的意思是：阴冷之气出自于地，而其根在于天；炎热之气出自天，而根在于地。其中包含天地阴阳相反相生，物极必反的思想。

⑭交通成和：天地阴阳二气相互交通，胜负屈伸，絪缊相荡，和合而生成万物。

⑮或为之纪：或，或许。纪，纲纪。

⑯消息满虚：消息，消为消亡，息为生息。指大地万物不断消亡和生息的无穷过程。满虚，即盈虚，指盈满空虚的对应转化过程，与消息义同。

⑰非是也，且孰为之宗：是，指自然或天道。宗，主，主宰。

⑱游是：是即老聃所说的“物之初”，指空虚之道。孔子问游心于此之义。

⑲至美至乐：即是与道玄同之境界。

⑳方：方法。指达到至美至乐境界的方法。

㉑不疾易薮（sǒu）：疾，担忧，害怕。易，改变，改换。薮，水草丛生之沼泽地。

㉒大常：基本生存条件，如水草之类。与小变相对。

㉓胸次：胸中。

㉔所一：万物共同生息之所。

㉕同：混同，与万物混同合一。

㉖四支百体将为尘垢：支，同“肢”。百体，全身各器官各部分。尘垢，比喻无用之废物。

㉗滑（huá）：乱。

㉘介：际、分界。

㉙弃隶者若弃泥涂：隶，指隶同于己之物，如官爵俸禄、财产之类。泥涂，泥土，比喻轻贱之物。

㉚孰足以患心：孰，何。患心，忧心，使心忧。

㉛为道者：得道之人。

㉜假至言：假，借助。至言，至道之言。

㉝孰能脱：脱，超过。孰能脱即谁能超过。

㉞汋（yuè）：自然涌出。

㉟无为而才自然：只能通过无为的途径，才能算是真正的自然之道。

㊱物不能离：天道无为而又无所不在，它不靠修习而自成，天地万物都不得不遵循，所以说物不能离。

㊲醯（xī）鸡：醋变质生出的小飞虫，为蠓之类。用以比喻极端渺小。

㊳微：没有。

㊴发吾覆：启发开我被蒙蔽而不知之处。

译文

孔子去见老聃，老聃刚洗了头，正在披散着头发晾干，那木然的样子，简直不像是一个活着的人。孔子躲在一个地方耐心地等待着，过了一会儿，二人见了面，孔子说："是我眼花呢？还是真的呢？刚才先生的身体，挺立着一动不动的样子简直就像是一段干木头似的，那全神贯注的样子，真像是把天地万物和这世界上的一切都忘得一干二净，只剩下了您所思考的问题。"

老聃说："我是神游在天地万物的起源问题上，进入了混沌虚无的境界。"

孔子说："这是什么意思呢？"

老聃说："心里对这个问题感到十分的困惑不解，发现它不是人所能理解的问题，嘴张开想说点什么，却不知道从哪里说起。试着给你谈一下它的大略吧！地之极致为阴冷之气，天之极致是炎热之气，阴冷之气虽在地上却植根于天上，炎热之气虽在天上却植根于地上。两者相互交流贯通和合，这就生成了万物，或许有某种作为这一切的纲纪而存在着，但我们却看不到它的形体。消亡又生息，盈满又空虚，一暗一明，日变月化，每时每刻都有所作为，我们却不知道它是怎么样起作用的。万物的出生应该有一个萌发的地方，万物死亡也应该有一个归宿，开始和终结是相反的，我们却不知道它们的开端在哪里，也不知道它结束在什么地方。可是如果没有这样的事物存在，那么这个世界该是由谁来作为它的主宰呢？"

孔子说："请问，您神游大道的情形是什么样的呢？"

老聃说："如果到了这样的境界，那真是无比的美妙和无比的快乐。在无比美妙的境界中享受最伟大的快乐，这就可以称之为最崇高的人了。"

孔子说："请问，怎么样才能达到最美妙最快乐的境界呢？"

老聃说："食草的兽类，不担忧更换沼泽地；水生的虫类，不担忧变换水是在什么地方。因为那都是些小的变化而并没有失去基本的生活条件，所以，喜怒哀乐的心情就不会随着小的变化而在心中引起动荡。天下这块地方，是万物共同生息的场所。既然万事万物都有着共同的生存背景，那么我们的四肢身体即便早晚将成为一堆垃圾，由于生和死、终和始也将和昼夜交替一样地循环不已，谁也无法打乱这一循环性的自然秩序，我们也就不必要对它太介意。如果连生死都能不介意，又何况人生那一点得和失、祸和福之间的斤斤计较呢！所有隶属于自己的身外之物都和得失祸福连在一起，所以对于它们，完全可以像抛弃泥土一样弃之不顾，因为我们懂得我们的身体比那些隶属于此身的东西要更加珍贵些。如果懂得了我自身存在的珍贵，也就不会为一些小的变故而患得患失了。而且世界的千变万化是无穷无尽的，又何必为这么一个无限性的问题而弄得自己心神不安呢？已经明白了大道的这种属性的人是可以对这个问题释然于心的。"

孔子说："先生对天地万物已经有了如此高明的理解，而还借助最准确的言说来提高自己的修养和心理素质。古来的君子，谁又能超过您呢？"

老聃说："不能这样说。水的清明澄澈，是在无所作为的情况下才会自然如此的；最高境界的人的德行，并不是修养出来的，因为万事万物事实上根本无法也不可能离开道的无所不在性。就像天自然就高，地自然就厚，日月自然就明亮一样，哪里需要像我这样来修养啊！"

孔子出来，把这些告诉了颜回，他说："我对于道的认识，就如同醋坛中的飞虫一样，太渺小了！如果没有先生启发我，揭开我蒙蔽在心头的糊涂念头，我就不会知道天地大全的道理！"

原文

庄子见鲁哀公，哀公曰："鲁多儒士，少为先生方[①]者。"

庄子曰："鲁少儒。"

哀公曰："举鲁国而儒服，何谓少乎？"

庄子曰："周闻之，儒者冠圜冠[②]者，知天时；履句屦[③]者，知

地形；缓佩玦[④]者，事至而断[⑤]。君子有其道者，未必为其服也；为其服者，未必知其道也。公固以为不然，何不号于国中曰：‘无此道而为此服者，其罪死！’”

于是哀公号之五日，而鲁国无敢儒服者，独有一丈夫儒服而立乎公门。

公即召而问以国事，千转万变而不穷。

庄子曰：“以鲁国而儒者一人耳，可谓多乎？”

百里奚[⑥]爵禄不入于心，故饭牛[⑦]而牛肥，使秦穆公忘其贱，与之政[⑧]也。有虞氏[⑨]死生不入于心，故足以动人。

宋元君将画图，众史皆至[⑩]，受揖而立，舐笔和墨，在外者半。有一史后至者，儃儃然[⑪]不趋，受揖不立，因之舍[⑫]。公使人视之，则解衣般礴赢[⑬]。君曰：“可矣，是真画者也。”

注解

①少为先生方：庄子道家的学说在鲁国并没有多少人学习传播。

②冠圜冠：前“冠”字为动词，意为戴。“冠圜冠”即戴圆帽。

③履句屦：履，穿。句，矩，方形。屦，葛、麻制成之单底鞋。

④缓佩玦：缓，同“绶”，即用五彩丝编成的带子，用以系佩玦。玦，环状带有缺口的玉制饰品。

⑤断：“玦”与“决”同音，寓有能决断之义，所以说佩戴这种玉器的人遇到事情能决断。

⑥百里奚：春秋时秦国大夫，因由秦穆公用五张羊皮赎回，故又称五羊大夫，为秦穆公所重用，与蹇叔、由余等贤臣协助秦穆公建立了霸业。

⑦饭牛：养牛。

⑧与之政：委以国政。

⑨有虞氏：虞舜。舜一心只想尽孝，不把生死放在心上，虽然他的父亲和弟弟想方设法谋害他，想把他烧死在屋顶，压死在井底，他都不记恨。

⑩巫与史为人类早期的知识分子的总称，这里善画的人当属当时的知识阶层，所以众史皆至。

⑪儃儃然：舒缓闲适的样子。

⑫之舍：向馆舍走去。

⑬礴臝：礴，盘腿而坐。臝，裸，赤着上身。

译文

庄子拜见鲁哀公，哀公说："鲁国多儒学之士，很少有从事先生道术的人。"

庄子说："鲁国的儒士其实很少。"

哀公说："整个鲁国人都穿儒者服装，怎么说少呢？"

庄子说："我听说，儒者中戴圆帽的通晓天时，穿方头鞋的懂得地理，佩戴着五彩丝带所系的玉块，遇到事有变故时，有能力做出决断。君子真有某种道术，未必穿戴那样的服饰；穿戴某种服饰的人，未必真有某种道术。您一定以为我说的不符合事实，何不在国中发出一个号令说：'不懂那种道术而穿戴那种服饰的，要处以死罪！'"

于是哀公发布命令，五天以后鲁国没有敢穿儒服的人。唯独有一位男子，身穿儒服立在哀公门外。哀公即刻召见他，以国事相问，千变万化地提问题也还是难不住他。

庄子说："以鲁国之大只有一个儒者，可以说多吗？"

百里奚不把官爵俸禄放在心上，所以养牛而牛肥，使秦穆公忘记了他出身低贱，而委之以国事。虞舜不把生死放在心上，所以能感动他人。

宋元君要画画，众位画师都来了，接待礼之后都站在那儿，又是润笔又是调墨地准备着，门外面还有一大半。有一位后到的画师，舒缓闲适不慌不忙地走着，接待礼之后他一站也不站，让人领着往馆舍走去。元公派人去看他，见他脱掉上衣赤着上身盘腿而坐。元公说："可以了，这位就是真正的画师。"

原文

文王观于臧[①]，见一丈人钓，而其钓莫钓[②]；非持其钓，有钓者也，常钓也。

文王欲举而授之政，而恐大臣父兄之弗安[③]也；欲终而释之[④]，而不忍百姓之无天[⑤]也。于是旦[⑥]而属[⑦]之大夫曰："昔者寡人梦见良人，黑色而髯[⑧]，乘驳马而偏朱蹄[⑨]，号曰：'寓而政于臧丈人，庶几[⑩]乎民有瘳[⑪]乎！'"

诸大夫蹴然[⑫]曰："先君王[⑬]也。"

文王曰："然则卜之。"

诸大夫曰："先君之命，王其无它[⑭]，又何卜焉！"

遂迎臧丈人而授之政。典法无更，偏令无出[⑮]。三年，文王观于国，则列士坏植散群[⑯]，长官者不成德[⑰]，䱐斛[⑱]不敢入于四竟[⑲]。列士坏植散群，则尚同也；长官者不成德，则同务[⑳]也；䱐斛不敢入于四竟，则诸侯无二心也。

文王于是焉以为大师[㉑]，北面[㉒]而问曰："政可以及天下乎？"臧丈人昧然[㉓]而不应，泛然[㉔]而辞，朝令而夜遁[㉕]，终身无闻。

颜渊问于仲尼曰："文王其犹未[㉖]邪？又何以梦为[㉗]乎？"

仲尼曰："默，汝无言，夫文王尽之[㉘]也，而又何论刺[㉙]焉！彼直以循斯须[㉚]也。"

注解

①观于臧：观，巡察。臧，地名，在渭水边。

②钓莫钓：身在钓鱼，心不在鱼上。

③弗安：不服气。

④释之：舍弃不推举任用。

⑤无天：失去荫庇保护，因为文王把那个人看得德高如天，所以说无天。

⑥旦：早晨。

⑦属：集合。

⑧髯：两颊上的长须。

⑨驳马而偏朱蹄：驳，杂色。偏朱蹄，一蹄赤色。

⑩庶几：差不多，大概。

⑪瘳（chōu）：病愈。

⑫蹴然：惊讶的样子。

⑬先君王：指文王的父亲王季，王季生时面黑而两颊多须，喜乘杂色马。经文王一说，众人皆以为先王托梦。这样举用臧丈人，即渭水边的垂钓人，就是祖宗之意，不可违背。

⑭无它：没有其他可疑之处。

⑮偏令无出：偏，通“篇”。行无为而治，一篇政令也未发出。

⑯列士坏植散群：列士，各种各样的士，如文士、武士等。坏植散群，植为培植朋党，散群即是使结党营私的群体都解散了，内部更加统一。

⑰不成德：不建立个人之功德。

⑱斔（yǔ）斛（hú）：斔，又作“庾”，量器单位，六斛四斗为一庾。斛，十斗为一斛。

⑲竟：同“境”。各诸侯国所用量器标准不一，如任各国商人带不同量器入境，就会造成混乱和欺骗，故必使其不敢入境。

⑳同务：同以国事为务。

㉑大师：太师，王者的老师。

㉒北面：古代君主坐北面南，臣与君对为北面，现在文王北面，这是说把臧丈人当君主一般来敬重。

㉓昧然：默然，沉默不语。

㉔泛然：淡漠无心的样子。

㉕朝令而夜遁：早上还接受文王指令，晚上就逃走了。

㉖犹未：还未足以取信。

㉗何以梦为：何必要假托于梦呢。

㉘尽之：做得很完善。

㉙刺：讥刺。

㉚循斯须：循，顺应众心。斯须，顷刻之间。

译文

周文王去臧地巡视，看见一位钓鱼的老者，身在钓鱼，心却不在钓鱼上。他并非以持竿钓鱼为事，而是别有所钓，他经常就是这种以不钓为钓的钓法。

文王想举用他，把国事交他治理，又担心大臣和父兄辈族人不服气；想最后舍弃此人不用，又不忍心让百姓们得不到善人的庇荫。于是就在清晨集合他的大夫们说："昨天夜里我梦见一个好人，面色黝黑，两颊长满胡须，骑着杂色的马，马有一只蹄子是红色的，他命令我说：'把你的国事托付给那个臧地的老者，民众痛苦就差不多可以解除了！'"

诸位大夫惊讶地说："这是先君王季啊！"

文王说："让我们占卜一下吧。"

诸位大夫说："这是先君的命令，大王无可怀疑，何必占卜。"

于是就迎接臧地老者，把国事授给他。这个人执政以后，以往的典章法令没有更改，一篇新政令也不曾发出。三年之后，文王巡视国内，则见各种文臣武士结成的私党都解散了，官长们也不再为自己树碑立传，歌功颂德了；标准不一的量器也不敢进入国境之内。文臣武士们的私党解散，就上同于君主；官长不建立个人的功德，就能同以国事为务；标准不一的量器不入境，诸侯们也就没有二心了。

文王于是把臧丈人当做老师，北面而立请教说："这样的政事可以推行于天下吗？"臧丈人默然不回答，淡漠无心地告辞而去，早晨还接受文王指令，晚上就逃走了，终身没有消息。

颜渊问孔子说："文王还不足以取信于人吗？何必要假托于梦呢？"

孔子说："别做声！你不要说了，文王已经做得很完美了，你又何必议论讥刺他呢？他只是想在一个短时间内让众人很快顺应罢了。"

原文

列御寇为伯昏无人[1]射，引之盈贯[2]，措[3]杯水其肘上，发之，适矢复沓[4]，方矢复寓[5]。当是时，犹象人[6]也。

伯昏无人曰："是射之射，非不射之射也。[7]尝与汝登高山，履危石，临百仞之渊，若能射乎?"

于是无人遂登高山，履危石，临百仞之渊，背逡巡[8]，足二分垂[9]在外，揖[10]御寇而进之。御寇伏地，汗流至踵[11]。

伯昏无人曰："夫至人者，上窥青天，下潜黄泉，[12]挥斥八极[13]，神气不变。今汝怵然[14]有恂目[15]之志[16]，尔于中也殆[17]矣夫!"

注解

①伯昏无人：虚拟之人名。

②引之盈贯：引，拉。之，弓弦。盈贯，弓拉满的状态。

③措：放置。

④适矢复沓：适，去。沓，合。箭射出后，紧接着将第二支箭搭在了弦上。

⑤方矢复寓：寓，搭。刚刚发射一矢，复有一矢搭在弦上。一支接一支，连续发射。

⑥象人：木雕泥塑之人，形容其精神高度集中，身体纹丝不动的样子。

⑦是射之射，非不射不射：射之射，有心于射的射法。无射之射，无心于射的射法。

⑧背逡巡：逡巡，退却。背对深渊往后退。

⑨垂：悬空。后退至悬崖深渊边，脚已悬空于石崖之外二分。

⑩揖：请。即请列御寇也退到相同位置表演射箭。

⑪踵：脚跟。

⑫上窥青天，下潜黄泉：窥、潜，皆为探测之意。黄泉，地下之泉水，比喻地底深处。

⑬挥斥八极：挥斥，纵放自如。八极，八方。

⑭怵然：惊惧的样子。

⑮恂目：心惊目眩。

⑯志：意。

⑰中也殆：中，心，即精神。殆，疲困。即精神上已经垮了。

译文

列御寇为伯昏无人表演射箭，把弓拉得满满的，把一杯水放在左肘上，射出一箭，又有一支扣在弦上，刚刚射出又一支搭在弦上，连续不停。在那个时候，他就像一个木偶一般纹丝不动。

伯昏无人说："这是有心于射的射法，不是无心于射的射法。试与你登上高山，踏着险石，对着百仞深渊，你能射吗？"

于是伯昏无人就登上高山，脚踏险石，背对着百仞深渊向后退，直到脚下有二分悬空在外，他站在那里请列御寇过来做射箭表演。列御寇吓得伏在地上，冷汗流到脚跟。

伯昏无人说："作为至人，上可探测青天，下可潜察黄泉，纵放自如于八极之外，而神情上仍然可以不动声色。现在你心中发慌，目眩头晕的样子，你在精神上就已经垮了呀！"

原文

肩吾问于孙叔敖[①]曰："子三为令尹[②]而不荣华[③]，三去之而无忧色。吾始也疑子[④]，今视子之鼻间栩栩然[⑤]，子之用心独奈何？"

孙叔敖曰："吾何以过人哉！吾以其来不可却[⑥]也，其去不可止也。吾以为得失之非我也[⑦]，而无忧色而已矣。我何以过人哉！且不知其在彼乎？其在我乎？[⑧]其在彼邪？亡[⑨]乎我；在我邪？亡乎彼。

方将踌躇[10]，方将四顾[11]，何暇至乎人贵人贱哉？”

仲尼闻之曰：“古之真人，知者不得说[12]，美人不得滥[13]，盗人不得劫，伏戏[14]黄帝不得友。死生亦大矣，而无变乎己，况爵禄乎！若然者，其神经乎大山而无介[15]，入乎渊泉而不濡[16]，处卑细而不惫[17]，充满天地，既[18]以与人己愈有。”

楚王与凡[19]君坐，少焉，楚王左右曰“凡亡”者三。凡君曰：“凡之亡也，不足以丧吾存。夫凡之亡不足以丧吾存，则楚之存不足以存存[20]。由是观之，则凡未始亡而楚未始存也。”

注解

①孙叔敖：春秋时期楚国令尹，是楚国著名政治家。

②令尹：楚国最高的军事行政长官，相当于中原各国的执政和后来的宰相。

③荣华：显达，自得的神情。

④疑子：对孙叔敖是否真能做到宠辱不惊有所怀疑。

⑤鼻间栩栩然：人的情绪变化可从鼻孔呼吸是否均匀畅顺看出端倪。栩栩然，轻松欢畅的样子。

⑥却：推辞。

⑦得失之非我也：官职俸禄荣华富贵之得失，皆为身外之物，非我所有，故不喜不忧，不以得失为意。

⑧其在彼乎？其在我乎：其，指令尹。彼，别人。我，孙叔敖本人。

⑨亡：无。

⑩方将踌躇：正在考虑如何做好令尹。

⑪方将四顾：正在瞻顾四方之事，以求做好分内之事，无暇他顾。

⑫不得说：不能说服他。言其信念坚定，不为言辞所动。

⑬不得滥：不能使之淫乱。清心寡欲，不为声色所移。

⑭伏戏：即伏羲氏。

⑮介：通“界”，界限，障碍。

⑯濡（rú）：沾湿。

⑰处卑细而不惫：卑细，贫贱；惫，疲困。

⑱既：尽。

⑲凡：国名，故址在今河南辉县西南。凡国灭亡后，凡君流亡到楚国做寓公，故有此文。

⑳存存：犹言存道。凡君之意在于，道高于国，所以，存亡以道不以国。国亡而道存，未尝亡也；国存而道亡，未尝存也。

译文

肩吾问孙叔敖说：“您三次当令尹而无显达自得之意，三次被免职也没有忧戚不快之色。我开始时对此怀疑，现在见您呼吸匀畅，和颜悦色，您心里到底是怎样想的呢？”

孙叔敖说：“我哪有什么过人之处啊！让我当令尹我无法推辞，不让我当我也挡不住。我认识到官位的得与失并不是由我做主的事，这才不再忧戚不快而已。我哪有什么过人之处啊！而且我一直弄不清令尹是别人当好呢，还是我当好？如果是别人的令尹，那免职就是把不属于我的东西拿了去；如果该我当令尹，那么令尹的职位又能跑到哪里去？一旦当了令尹，我正在驻足沉思，只顾考虑各种各样的政事了，哪有工夫顾及到什么富贵贫贱呢？”

孔子听后说：“古时候的真人，智者不能说服他，美色不能淫乱他，强盗不能强制他，伏羲、黄帝这样的帝王也不能笼络亲近他。死生算得上是大事了，也不能使他有所改变，何况是官爵俸禄的得失呢！这样的人，他的精神状况即使在经过大山时也不能障挡他，进入深渊也无法沾湿他，身处贫贱也不会感到疲困，他的精神充满大地之间，尽数地给予别人，自己反而会更加富有。”

楚王和凡国之君坐在一起说话，不一会儿工夫，楚王左右的仆人多次来讲“凡国已经灭亡了”。凡国之君说：“凡国灭亡，不足以使道丧失。既然凡国灭亡不足以使道丧失，而楚国的存在也就不足以让道存在。由道的高度来看，可以说是凡国并不曾灭亡而楚国也不曾存在的。”

点评

本篇内容很杂，但其中心思想依然是阐述虚怀无为、顺应自然、不受外物束缚的观点。

知[1]北游

原文

知[1]北游于玄水[2]之上，登隐弅[3]之丘而适遭无为谓焉。知谓无为谓曰：“予欲有问乎若，何思何虑则知道？何处何服则安道？何从何道则得道？”三问而无为谓不答也。非不答，不知答也。

知不得问，反于白水[4]之南，登狐阕[5]之上，而睹狂屈[6]焉。知以之言也问乎狂屈。狂屈曰：“唉！予知之，将语若，中欲言而忘其所欲言。”

知不得问，反于帝宫，见黄帝而问焉。黄帝曰：“无思无虑始知道，无处无服始安道，无从无道始得道。”知问黄帝曰：“我与若知之，彼与彼不知也，其孰是邪？”

黄帝曰：“彼无为谓真是也，狂屈似之，我与汝终不近也。夫知者不言，言者不知，故圣人行不言之教。道不可致，德不可至。仁可为也，义可亏也，礼相伪也。故曰：‘失道而后德，失德而后

仁，失仁而后义，失义而后礼。礼者，道之华而乱之首也。’故曰：‘为道者日损，损之又损之以至于无为。无为而无不为也。’今已为物也，欲复归根，不亦难乎！其易也，其唯大人乎！

“生也死之徒，死也生之始，孰知其纪⑦！人之生，气之聚也；聚则为生，散则为死。若死生为徒，吾又何患！故万物一也。是其所美者为神奇，其所恶者为臭腐；臭腐复化为神奇，神奇复化为臭腐。故曰：‘通⑧天下一气耳。’圣人故贵一。”

知谓黄帝曰：“吾问无为谓，无为谓不应我，非不我应，不知应我也；吾问狂屈，狂屈中欲告我而不我告，非不我告，中欲告而忘之也。今予问乎若，若知之，奚故不近？”

黄帝曰：“彼其真是也，以其不知也；此其似之也，以其忘之也；予与若终不近也，以其知之也。”狂屈闻之，以黄帝为知言。

注解

①知：虚构的人物。

②玄水：水名。

③隐弅：地名。

④白水：水名。

⑤狐阕：地名。

⑥狂屈：人名。

⑦纪：纲纪。

⑧通：贯通。

译文

知往北游历到玄水的岸边游玩，登上隐弅的山丘时，恰好遇到了无为谓。知告诉无为谓说：“我有问题要向你请教，怎么思谋、考虑才能明白道？怎样处身、行为才能够安于道？通过什么途径，什么办法才能够得道呢？”连续问了三次无为谓都没有回答，不是不回答，是不知道回答。

知没有得到问题的答案，返回到白水的南边，登上狐阕的山丘，看到了狂屈。知又问了狂屈同样的问题。狂屈说：“唉！我知道答案，但是想告诉你，心里却忘记了要说的答案内容。”

知一无所得，于是就回到帝宫，拜见黄帝然后向他请教。黄帝说：“没有思谋考虑才能明白道，没有居处、行动才能安于道，没有途径和方法才能得道。”知问：“我和你知道，但他们不知道，谁是正确的呢？”

黄帝说：“无为谓是正确的，狂屈差不多是正确的，但是我和你却始终不能接近道。知道的人不说，说的人不知道，因此圣人教化别人不用语言。大道是不能招致的，德是不能达到的。仁是能够有所作为的，义是能够亏损的，礼是互相虚伪的。因此说：‘失去道以后就有德行，失去德行以后就有仁，失去仁以后就有义，失去义以后就有礼。礼是道的浮华，是祸乱的开始。’因此说：‘求道的人一天比一天少，屡次减少，直到无为的境界，达到无为的境界就可以无所不为了。’现在大道已经被形成了物，想要使它回复本原，不是很困难吗？假如容易的，只有那些得道的大人了！

“生是死的延续，死是生的开始，有谁能够知道其中的规律？人的出生，是气的聚合；气体聚合就是生命，离散就是死亡。假如死生是同类的，我又有什么担忧呢！因此说万物是一体的，这样是把自己爱好的看做是神奇的，把自己厌恶的看做是臭腐；臭腐转化为神奇，神奇转化为臭腐。因此说：‘整个天下就是通于一气罢了。’圣人因此看重同一。”

知告诉黄帝说：“我向无为谓请教，无为谓不回答我，不是不回答我，是不知道回答我。我向狂屈请教，狂屈内心想告诉我但是却没有告诉我，不是不告诉我，是忘记了要告诉我什么。现在我向你请教，你知道，为什么却说不接近道呢？”

黄帝说：“无为谓是正确的，因为他不知道；狂屈是接近正确的，因为他忘记了；我和你始终不能接近道，是因为知道了。”狂屈听后，认为黄帝的话是知言。

原文

天地有大美而不言，四时有明法[1]而不议，万物有成理而不说。圣人者，原天地之美而达万物之理，是故至人无为，大圣不作，观于天地之谓也。

今彼神明至精，与彼百化，物已死生方圆，莫知其根也，扁然而万物自古以固存。六合为巨，未离其内；秋豪为小，待之成体。天下莫不沉浮，终身不故；阴阳四时运行，各得其序。惛然[2]若亡而存，油然不形而神，万物畜而不知。此之谓本根，可以观于天矣。

注解

①明法：明显的规律。

②惛然：昏暗幽昧的样子。

译文

天与地具有大美却不说话，四时有明显的规律却不议论，万物有形成的道理却不说话。圣人能探寻天地的美而通晓万物的道理。因此至人顺应自然，大圣人不妄自造作，这是说向天地取法的原因。

天地神妙精纯，参与万物的变化，万物的生死方圆，没有人知道它的根本。它们自然茁壮地成长，自古以来就存在着。六合是巨大的，但是却不能超出它的范围；秋毫是微小的，但是却要依赖它才能形成体。万物没有不沉浮变化的，终身不会永久固定；阴阳之气与四时的运行，都遵循自己的顺序。大道昏暗幽昧似乎不存在然而却存在，自然地产生没有一丝迹象却有神奇的用途，万物都受养育但是却不能自知。这就叫做本根，明白这个道理就可以用于观察自然之道。

原文

啮缺问道乎被衣，被衣曰："若正汝形，一汝视，天和将至；摄汝知，一汝度①，神将来舍。德将为汝美，道将为汝居，汝瞳焉②如新生之犊而无求其故！"

言未卒，啮缺睡寐。被衣大说，行歌而去之，曰："形若槁骸，心若死灰，真其实知，不以故自持。媒媒晦晦，无心而不可与谋，彼何人哉！"

注解

①度：思索。

②瞳焉：单纯无知的样子。

译文

啮缺向被衣请教关于道的事情，被衣说："你要端正你的形体，目光专一，就会引来自然的和气；把你的聪明收敛些，思考时专注些，精神就会聚在一起。德会显示你的美好，道会成为你的住所。你纯真的样子好像刚出生的小牛，不会追究缘由。"

被衣的话还没有说完，啮缺已经睡着了。被衣非常高兴，唱着歌离开了，说："形体固定好像干枯的树枝，内心沉静好像死灰，他真地领悟了大道，并且不对自己的成见有矜持。昏昏昧昧，没有心机也不能谋议，那是什么人呢！”

原文

舜问乎丞①曰：“道可得而有乎？”

曰：“汝身非汝有也，汝何得有夫道？”

舜曰：“吾身非吾有也，孰有之哉？”

曰：“是天地之委②形也；生非汝有，是天地之委和也；性命非汝有，是天地之委顺也；子孙非汝有，是天地之委蜕也。故行不知所往，处不知所持，食不知所味。天地之强阳气也，又胡可得而有邪！”

注解

①丞：舜的老师。

②委：委托。

译文

舜向丞请教说：“道可以得到并且持有吗？”

丞说：“你的身体都不是你所有的，怎么能得到道而持有呢？”

舜说：“我的身体不是我所有的，那是谁所有呢？”

丞说：“这是天和地托付给你的形体；生命不是你所有的，是天地托付于你的和气；性命不是你所有的，是天地托付于你的顺和之气；子孙也不是你所有的，是天地托付的蜕变。因此，出行时不知道要去往哪里，居留时不知道把持，饮食不知道口味。只有天地间的运动，怎么能够得到并且持有呢！”

原文

孔子问于老聃曰："今日晏闲[1]，敢问至道。"

老聃曰："汝齐戒，疏瀹[2]而心，澡雪而精神，掊击而知！夫道，窅然难言哉！将为汝言其崖略[3]。夫昭昭生于冥冥，有伦生于无形，精神生于道，形本生于精，而万物以形相生。故九窍者胎生，八窍者卵生。其来无迹，其往无崖，无门无房，四达之皇皇也。邀于此者，四肢强，思虑恂达，耳目聪明，其用心不劳，其应物无方。天不得不高，地不得不广，日月不得不行，万物不得不昌，此其道与！

"且夫博之不必知，辩之不必慧，圣人以断之矣。若夫益之而不加益，损之而不加损者，圣人之所保也。渊渊乎其若海，巍巍乎其若山，终则复始也，运量万物而不匮。则君子之道，彼其外与！万物皆往资焉而不匮，此其道与！

"中国有人焉，非阴非阳，处于天地之间，直且为人，将反于宗。自本观之，生者，喑醷物也。虽有寿夭，相去几何？须臾之说也。奚足以为尧、桀之是非！果蓏有理，人伦虽难，所以相齿。圣人遭之而不违，过之而不守。调而应之，德也；偶而应之，道也；帝之所兴，王之所起也。

"人生天地之间，若白驹之过郤，忽然而已。注然勃然，莫不出焉；油然漻然，莫不入焉。已化而生，又化而死，生物哀之，人类悲之。解其天弢，堕其天袠，纷乎宛乎，魂魄将往，乃身从之，乃大归乎！不形之形，形之不形，是人之所同知也；非将至之所务也，此众人之所同论也。彼至则不论，论则不至。明见无值，辩不若默。道不可闻，闻不若塞。此之谓大得。"

注解

①晏闲：清闲，安闲。

②疏瀹：疏导。

③崖略：概略。

译文

孔子对老聃说："今天比较清闲，向你请教什么是至道。"

老聃说："要先斋戒使你的内心能通导，让你的精神得到洗涤，去除你的智识！深奥难说啊！我向你说说大概。光明的东西从昏暗中产生，有形体的东西从无形的东西中产生，精神从道中产生，形质产生于精气，万物都是依赖别类相互产生的。因此九窍的动物是胎生的，八窍的动物是卵生的，来临时没有迹象，离开时也没有界限，没有途径没有归宿，四面宏达皇皇大通。顺着这条道，四肢强壮，思谋通达，耳目聪敏锐利，用心不劳苦，顺应外物不拘泥于常。天不得不高，地不得不宽广，太阳和月亮不得就不运行，万物不得就不昌盛繁荣，这就是道！

"学识广博的人不一定有真正的知识，善于辩论的人不一定有聪慧的见解，圣人早就丢弃这些了。增加了如同没有增加，减少了如同没有减少，这是圣人要保持的。道深远如海，高大似山，周而复始循环往复，运载万物不匮乏，君子的道，都是呈现在外啊！万物凭借道而不匮乏，这就是道！

"中原有这样的人，不偏阴也不偏阳，居住在天地间，暂且称他为人，人将来都要回复本宗。从本原来看，所谓生命不过是气聚而成的。尽管有长寿和短命的，可是相差多少呢？人生只不过是顷刻之间，哪里值得去判断尧和桀的是非呢！瓜和果各有生长的道理，人伦关系复杂，还是可以按照顺序相处的。圣人遇人事不违逆，过往而不坚守，调和顺应，就是德；随机顺应，就是道；帝王依据它而兴盛，王侯借助它而起。

“人生存在天地之间，就像白马掠过空隙，瞬间而已。万物蓬勃，没有不生长的；变化衰微，没有不死亡的。变化而生，又变化而死，生物为它悲哀，人类感到痛惜。解脱自然的捆缚，毁坏自然的裹挟，变化转移，魂魄消散，身体随之逝去，这就是回复本原！从没有形体变成有形体的，有形体的转化为没有形体的，这是人们都了解的。这不是得道的人所追求的，是众人共同议论的。得了道的人不谈论，谈论的人没有得道的，从明处寻不可能寻到，辩说不如沉默。道是不能听闻的，听闻就不如堵住耳朵不听，这就是得到了真正的道。”

原文

东郭子问于庄子曰：“所谓道，恶乎在？”庄子曰：“无所不在。”

东郭子曰：“期而后可。”庄子曰：“在蝼蚁。”

曰：“何其下邪？”曰：“在稊稗。”

曰：“何其愈下邪？”曰：“在瓦甓。”

曰：“何其愈甚邪？”曰：“在屎溺。”

东郭子不应。庄子曰：“夫子之问也，固不及质。正获[①]之问于监市履狶也，每下愈况。汝唯莫必，无乎逃物。至道若是，大言亦然。周遍咸三者，异名同实，其指一也。

“尝相与游乎无何有之宫，同合而论，无所终穷乎！尝相与无为乎！澹而静乎！漠而清乎！调而闲乎！寥已吾志，无往焉而不知其所至，去而来不知其所止，吾已往来焉而不知其所终；彷徨乎冯闳[②]，大知入焉而不知其所穷。物物者与物无际，而物有际者，所谓物际者也；不际之际，际之不际者也。谓盈虚衰杀，彼为盈虚非盈虚，彼为衰杀非衰杀，彼为本末非本末，彼为积散非积散也。”

注解

①正获：监督市场的官员，名字叫获。

②冯闳：广阔的空间。

译文

东郭子问庄子："所谓的道，在什么地方呢？"庄子说："无所不在。"

东郭子说："指明地方才可以。"庄子说："在蝼蚁里。"

东郭子问："怎么在这么卑下的地方呢？"庄子说："在稊稗里。"

东郭子说："怎么更卑下呢？"庄子说："在瓦甓里。"

东郭子说："怎么越来越卑下呢？"庄子说："在屎溺里。"

东郭子没有应声。庄子说："先生提的问题，本来就没触及道的本质。有个叫获的市场监管向屠卒询问辨别猪肉肥瘦的方法，那就是越往下踩越容易清楚。除非你不肯定指明，道是不会离开事物的。至道是这样的，最伟大的言论也是这样。周、遍和咸这三者，名字不同但实质一样，所指的意义是相同的。

"试着一起在无何有的环境里遨游，综合各种观点和议论，道是没有穷尽的！试着一起顺应自然无为！恬淡宁静！漠然清虚！调和悠闲！我的心志寂寥宽阔，无所往而不知道要去哪里，去了以后归来也不知道要在哪里停止。我来来往往却不知道哪里是终点，在宽阔的空间里飞翔。有大智慧的人与大道相融却不知道它的穷尽。支配物和物没有界限，但物有分界，所谓事物的界限，是没有边界的边界，是边界中的没有边界。所谓的盈虚衰杀，道使万物盈满空虚自己却没有盈满空虚，道使万物衰杀自己却不会衰杀，道使万物有开始有终结自己却没有，道使万物聚散变化自己却不会聚散变化。"

原文

妸荷甘[1]与神农同学于老龙吉。神农隐几阖户昼瞑，妸荷甘日中奓户而入曰："老龙死矣！"

神农拥杖而起，嚗然放杖而笑，曰："天知予僻陋慢訑，故弃予而死。已矣！夫子无所发予之狂言[2]而死矣夫！"

弇堈吊闻之曰："夫体道者，天下之君子所系焉。今于道，秋豪之端万分未得处一焉，而犹知藏其狂言而死，又况夫体道者乎！视之无形，听之无声，于人之论者，谓之冥冥，所以论道，而非道也。"

注解

①妸荷甘：人名。

②狂言：至言。

译文

妸荷甘和神农一起向老龙吉求学。神农倚靠在几案上关起门睡觉。中午的时候妸荷甘推门进来说："老龙吉死了。"

神农扶着拐杖站起来，把拐杖啪的一声放下笑着说："先生知道我荒诞僻陋，所以就丢下我死掉了。完了！先生没有留下能启发我的言论就死了啊！"

弇堈吊听到以后说："能够体悟道的人，天下的君子都依附于他。现在老龙吉连毫毛的万分之一的道都没有得到，尚且知道深藏至言而死，更何况是那些体悟大道的人呢！道要看它却没有形象，听也没有声音，人们在议论的时候，把它称作冥冥，所以被谈论的道，不是道。"

原文

于是泰清[1]问乎无穷曰："子知道乎？"无穷曰："吾不知。"又问乎无为。无为曰："吾知道。"曰："子之知道，亦有数乎？"曰："有。"曰："其数若何？"无为曰："吾知道之可以贵，可以贱，可以约，可以散，此吾所以知道之数也。"泰清以之言也问乎无始曰："若是，则无穷之弗知与无为之知，孰是而孰非乎？"无始曰："不知深矣，知之浅矣；弗知内矣，知之外矣。"于是泰清卬而叹曰："弗知乃知乎！知乃不知乎！孰知不知之知？"无始曰："道不可闻，闻而非也；道不可见，见而非也；道不可言，言而非也。知形形之不形乎！道不当名。"无始曰："有问道而应之者，不知道也。虽问道者，亦未闻道。道无问，问无应。无问问之，是问穷也；无应应之，是无内也。以无内待问穷，若是者，外不观乎宇宙，内不知乎大初，是以不过乎昆仑，不游乎太虚。"

光曜问乎无有曰："夫子有乎？其无有乎？"无有弗应也。光曜不得问，而孰[2]视其状貌，窅然空然，终日视之而不见，听之而不闻，搏之而不得也。光曜曰："至矣！其孰能至此乎！予能有无矣，而未能无无也；及为无有矣，何从至此哉！"

注解

①泰清、无穷、无为、无始、光曜、无有：都是虚构的人物。

②孰：通"熟"，熟悉。

译文

于是，泰清向无穷请教说：“你知道道吗？”无穷说：“我不知道道。”又向无为请教。无为说：“我知道道。”泰清又问：“你知道的道有名数吗？”无为答：“有。”泰清又问：“它的名数是什么呢？”无为答：“我知道道可以尊贵，可以卑贱，可以集聚，可以离散，这是我所知道的道的名数。”泰清又用这些问题来问无始，说：“像这样，无穷的不知道和无为的知道，到底哪个正确，哪个不正确呢？”无始说：“不知道的是深奥，知道的是肤浅；不知道的是知道内行，知道的是外行。”于是泰清抬起头向天长叹说：“不知道的就是知道的，知道的反倒是不知道！谁能明白不知道就是知道呢？”无始说：“道是不能听闻的，听到就不是道了；道不能看到，看到的就不是道；道不可以言说，言说的也不是道，知道有形体的东西是没有形体的东西吗？道没有名称。”无始说：“如果有人问道就回答的人，是不明白道的人；问道的人，也没有闻听过道。道没办法询问，询问也无法回答。原本无法询问却勉强去问，是空洞无物的东西；原本没有办法应答的却勉强应答，答案是没有内容的。用没有内容的答案去应答空洞的提问，这样的人，对外就不能观察宇宙，对内不能知晓自己的本原。所以不能越过昆仑的高处，不能在清虚的境界里遨游。”

光曜问无有：“先生是存在的呢？还是不存在？”无有没有回答。光曜得不到答案，就仔细地看无有的形体容貌，空虚的样子，整天看它也看不见，听也听不到，摸它也摸不着。光曜说：“达到最高境界了，谁能达到这种境界呢！我能达到无的境界，却不能达到无无的境界；等达到了无却不免处于有的境界了，怎么能够达到呢！”

原文

大马①之捶②钩者，年八十矣，而不失豪芒。大马曰："子巧与？有道与？"

曰："臣有守也。臣之年二十而好捶钩，于物无视也，非钩无察也。是用之者，假不用者也以长得其用，而况乎无不用者乎！物孰不资焉！"

冉求问于仲尼曰："未有天地可知邪？"仲尼曰："可。古犹今也。"冉求失问而退，明日复见，曰："昔者吾问'未有天地可知乎？'夫子曰：'可。古犹今也。'昔日吾昭然，今日吾昧然③，敢问何谓也？"

仲尼曰："昔之昭然也，神者先受之；今之昧然也，且又为不神者求邪！无古无今，无始无终。未有子孙而有子孙，可乎？"

冉求未对。仲尼曰："已矣，未应矣！不以生生死，不以死死生。死生有待邪？皆有所一体。有先天地生者物邪？物物者非物。物出不得先物也，犹其有物也。犹其有物也，无已。圣人之爱人也终无已者，亦乃取于是者也。"

注解

①大马：官名，即大司马。

②捶：制造。

③昧然：愚昧，糊涂。

译文

在大司马家中制作钩带的工匠，已经八十岁了，仍旧没有一点差错。大司马说："你有技巧，还是有道呢？"

工匠说："我有坚守的东西。我二十岁的时候就爱好制作钩带，对别的东西却没有兴趣，不是钩带就引不起我的注意。我能得钩带的用处，是因为心无二用才能够发挥自己的长处，更何况是无为不用的呢！谁不辅助他呢！"

冉求问孔子："天地还没有产生之前的情况能够知道吗？"孔子说："可以。古代和现在是一样的。"冉求没有得到答案就退回去了。第二天又见面时说："昨天我向先生请教'天地还没有产生之前的情况可以知道吗？'先生说：'可以。古代和现在是一样的。'昨天我是明白了，今天却糊涂了，这是为什么呢？"

孔子说："昨天清楚明白，是因为内心有所领悟；现在糊涂，是因为拘泥于形象而提问！没古没今，没始没终。没有子孙前就有了孙子，可以吗？"

冉求没回答。孔子说："算了，不用回答了！原本不是为了生而生出死的，也不是为了死而停止死。死和生是对立的吗？它们都是一体的。有比天地还先产生的东西吗？产生万物的道不是具体的事物，万物的产生不能比道早，万物都是由道而产生的。天地万物产生后，才会生生不息。圣人的爱没有停止，也是取法于此。"

原文

颜渊问乎仲尼曰："回尝闻诸夫子曰：'无有所将，无有所迎。'回敢问其游①。"仲尼曰："古之人，外化而内不化，今之人，内化而外不化。与物化者，一不化者也。安化安不化，安与之相靡，必

与之莫多。狶韦氏之囿，黄帝之圃，有虞氏之宫，汤武之室。君子之人，若儒墨者师，故以是非相鳌也，而况今之人乎！圣人处物不伤物。不伤物者，物亦不能伤也。唯无所伤者，为能与人相将迎。山林与，皋壤[②]与，使我欣欣然而乐与！乐未毕也，哀又继之。哀乐之来，吾不能御，其去弗能止。悲夫，世人直为物逆旅耳！夫知遇而不知所不遇，能能[③]而不能所不能。无知无能者，固人之所不免也。夫务免乎人之所不免者，岂不亦悲哉！至言去言，至为去为。齐知之所知，则浅矣。”

注解

①游：理由。

②皋壤：原野。

③能能：能做到自己所能够做到的事情。

译文

颜渊问孔子：“我曾听先生说过：‘不要有所送，不要有所迎。’请问是什么道理呢？”孔子说：“古代的人，外表变化但内心不游移，现在的人，内心游移而外表没变化。顺外物变化而变化的人，内心凝聚不变。变化和不变化都是安然的，安然与外物相顺，一起变化不会妄加增益。狶韦氏的苑囿，黄帝的园圃，有虞氏的宫殿，商汤武王的屋室。君子一样的人，比如儒家和墨家的师辈，尚且互相攻击，更何况是现在的人呢！圣人与物相处却不伤害物。不伤害物的，物也不会害他。只有无所损害的，才能和人来往。山林，原野，欣然快乐！欢乐还没有结束，悲哀又兴起了。悲哀和快乐情绪的到来，我无法抗拒，它的离开我也不能阻止。可悲啊！世人只是这些物的旅馆罢了。知道遇到的东西而不知道没有遇到的，能做到自己能做到的而不能做到自己做不到的。不知道和不能够，是人不能避免的。如果追求人不能免除的事，不是很可悲吗？最完善的语言就是没有语言，最完善的作为就是没有作为。要想使人知道的等同，就太肤浅了！”

点评

“知”是人名，“北游”，是向北方游历。中国传统哲学体系中，“玄”为北方的称谓，“玄”意为“昏暗、幽远”，北方即为不可知之处。本篇阐述了“道”的不可知性，因此开篇便昭示了主题。本篇着重探讨了“道”，一方面阐明了宇宙的本原与本性，另一方面阐述了人对于宇宙与外在事物应秉持的认识与态度。

《知北游》是“外篇”中的重要篇章，在庄子的哲学思想体系中居于重要位置。文中谈及的“道”，指的是对于宇宙万物的本原与本性的基本认识。将“气”看做是宇宙万物的本源，并认为人的生死同样是因为气的聚散。并认为“道”具有整体性，其无处不在却不具体显现的形象，始终贯穿于万物变化之中。文中阐述了矛盾统一与对立转化的思想，具有朴素的唯物辩证观，这是一种积极的认识；但在关于宇宙万物的整体性和同一性认识方面，又提出了“道”不可知，因而“知”并不是“道”的不可知论观点，又进一步提出了顺其自然以无为和坚守事物自身规律不予以改变的唯心主义观点，这都是不可取的。

杂篇

庚桑楚

原文

老聃之役[1]，有庚桑楚[2]者，偏得老聃之道，以北居畏垒[3]之山，其臣之画然知者去之，其妾之挈然[4]仁者远之；拥肿[5]之与居，鞅掌之为使。居三年，畏垒大壤。畏垒之民相与言曰："庚桑子之始来，吾洒然异之。今吾日计之而不足，岁计之而有余。庶几其圣人乎！子胡不相与尸而祝之，社而稷之乎？"

庚桑子闻之，南面而不释然。弟子异之。庚桑子曰："弟子何异于予？夫春气发而百草生，正得秋而万宝成。夫春与秋，岂无得而然哉？天道已行矣！吾闻至人，尸居环堵之室，而百姓猖狂不知所如往。今以畏垒之细民而窃窃焉欲俎豆[6]予于贤人之间，我其杓之人邪！吾是以不释于老聃之言。"

弟子曰："不然。夫寻常之沟，巨鱼无所还其体，而鲵鳅为之制；步仞之丘陵，巨兽无所隐其躯，而孽狐为之祥。且夫尊贤授能，先善与利，自古尧、舜以然，而况畏垒之民乎！夫子亦听矣！"

庚桑子曰："小子来！夫函车之兽，介而离山，则不免于网罟之患；吞舟之鱼，砀而失水，则蝼蚁能苦之。故鸟兽不厌高，鱼鳖不厌深。夫全其形生之人，藏其身也，不厌深眇而已矣。

"且夫二子者，又何足以称扬哉！是其于辩也，将妄凿垣墙而殖蓬蒿也。简发而栉，数米而炊，窃窃乎又何足以济世哉！举贤则民相轧，任知则民相盗。之数物者，不足以厚民。民之于利甚勤，子有杀父，臣有杀君，正昼为盗，日中穴阫。吾语女，大乱之本，必生于尧、舜之间，其末存乎千世之后。千世之后，其必有人与人相食者也！"

注解

①役：弟子，学徒。

②庚桑楚：人名，复姓庚桑名楚，老聃的弟子。

③畏垒：鲁国的地名。

④挈然：举起，揭起的样子。

⑤拥肿：淳朴无知的样子。

⑥俎豆：奉祀，敬奉。

译文

老聃的弟子，有个叫庚桑楚的，独得老聃的道术，居住在北方的畏垒山上，他的仆人中如有炫耀自己聪明的就会被辞退，侍女中有仁义的就会被疏远；淳厚质朴的人和他在一起，勤快的被留下。三年后，畏垒获得大丰收。畏垒的百姓奔走相传："庚桑楚初来时，我对他的感觉是惊诧。现在我用不长的时间来看他觉得不足，用长久的岁月来看他却觉得有余。他几乎可以被称为圣人了！你为什么不推举他为主，敬奉他呢？"

庚桑楚闻听后，心里觉得不舒坦，弟子们感觉奇怪，庚桑楚说："你们对我有什么奇怪的呢？春气勃发而万物开始生长，秋季万物成熟。春天和秋天，难道无缘无故就会这样吗？这是自然规律的运行。我曾听说过至人，安闲舒适地居处在方丈的小屋，百姓则自由自在随心所欲。现在畏垒山的百姓计划把我与贤人并列敬奉起来，我是愿意吸引别人视线的人吗？所以想到老聃的教诲我觉得有些不安。”

弟子说：“不是的。浅小的水沟里，大鱼不能转动身体，而小鱼却能舒适自如；小山丘上，大型野兽没有办法隐藏它的身体，但却是妖狐藏身的好地方。并且尊崇贤人授权给他，赏善施利，尧舜就是这样做，更何况是畏垒山的百姓呢！先生还是听从大家的吧！”

庚桑楚说：“你过来！嘴巴能含车的大兽，独自离开山陵，不能免于网罗机关的祸患；能吞掉船的大鱼，离开水就会被蝼蚁弄得困苦不堪。因此鸟兽不厌烦飞得高，鱼鳖不厌烦水深。保全形体养生的人，能隐藏自己的形体，是因为不厌深远。

“至于尧和舜两个人，怎么值得夸扬称赞呢！他们能够区分贤善名利，就像是穿凿垣墙种植蒿草一样。选择头发来梳理，数着米粒煮饭，计较这种事情的怎能救世呢！举荐贤人民众就会互相倾轧，任用心智民众就会互相欺盗。这几种办法，都不能使民众淳厚。人民贪图私利迫切，甚至有儿子杀死父亲，臣子杀死国君的，白天抢劫，中午挖墙。我告诉你，大乱的原因，一定是产生在尧舜时代，流弊又会流传在千年后，千年后，肯定会变出人吃人的事情。”

原文

南荣趎[①]蹴然正坐曰：“若趎之年者已长矣，将恶乎托业[②]以及此言邪？”庚桑子曰：“全汝形，抱汝生，无使汝思虑营营[③]。若此三年，则可以及此言矣。”

南荣趎曰：“目之与形，吾不知其异也，而盲者不能自见；耳之与形，吾不知其异也，而聋者不能自闻；心之与形，吾不知其异也，而狂者不能自得。形之与形亦辟矣，而物或间之邪，欲相求而

不能相得？今谓趎曰：‘全汝形，抱汝生，勿使汝思虑营营。’趎勉闻道达耳矣！”

庚桑子曰：“辞尽矣。曰奔蜂[④]不能化藿蠋，越鸡不能伏鹄卵，鲁鸡固能矣。鸡之与鸡，其德非不同也，有能与不能者，其才固有巨小也。今吾才小，小足以化子。子胡不南见老子！”

南荣趎赢粮，七日七夜至老子之所。老子曰：“子自楚之所来乎？”南荣趎曰：“唯。”老子曰：“子何与人偕来之众也？”南荣趎惧然顾其后。老子曰：“子不知吾所谓乎？”南荣趎俯而惭，仰而叹曰：“今者吾忘吾答，因失吾问。”老子曰：“何谓也？”南荣趎曰：“不知乎？人谓我朱愚。知乎？反愁我躯。不仁则害人，仁则反愁我身；不义则伤彼，义则反愁我己。我安逃此而可？此三言者，趎之所患也，愿因楚而问之。”

老子曰：“向吾见若眉睫之间，吾因以得汝矣，今汝又言而信之。若规规然若丧父母，揭竿而求诸海也。女亡人哉，惘惘乎！汝欲反汝情性而无由入，可怜哉！”南荣趎请入就舍，召其所好，去其所恶，十日自愁，复见老子。

老子曰：“汝自洒濯，孰哉郁郁乎！然而其中津津乎犹有恶也。夫外韄者不可繁而捉，将内揵；内韄者不可缪而捉，将外揵。外内韄者，道德不能持，而况放道而行者乎！”

南荣趎曰：“里人有病，里人问之，病者能言其病，然其病病者，犹未病也。若趎之闻大道，譬犹饮药以加病也，趎愿闻卫生之经而已矣。”

老子曰：“卫生之经，能抱一乎？能勿失乎？能无卜筮而知吉凶乎？能止乎？能已乎？能舍诸人而求诸己乎？能翛然乎？能侗然乎？能儿子乎？儿子终日嗥而嗌[⑤]不嗄，和之至也；终日握而手不掜，共其德也；终日视而目不瞚，偏不在外也。行不知所之，居不知所为，与物委蛇，而同其波。是卫生之经已。”

南荣趎曰：“然则是至人之德已乎？”曰：“非也。是乃所谓冰解

冻释者，能乎？夫至人者，相与交食乎地而交乐乎天，不以人物利害相撄，不相与为怪，不相与为谋，不相与为事，翛然而往，侗然而来。是谓卫生之经已。”曰：“然则是至乎？”曰：“未也。吾固告汝曰：‘能儿子乎？’儿子动不知所为，行不知所之，身若槁木之枝而心若死灰。若是者，祸亦不至，福亦不来。祸福无有，恶有人灾也！”

注解

①南荣趎：人名，复姓南荣名趎，庚桑楚的弟子。

②托业：学业。

③营营：辛苦，劳苦。

④奔蜂：细腰蜂。

⑤嗌：喉咙。

译文

南荣趎惊恐地端坐着说：“像我这样年纪大的人，应该如何学习才能达到你所说的境界呢？”庚桑楚说：“把你的形体保全，呵护生命，不要使你的思谋焦虑。这样经过三年，就能达到我所说的境界了。”

南荣趎说：“眼睛的外形，我看不出它们的差异，但盲人的眼睛却看不见东西；耳朵的外形，我也看不出它们的差异，但是聋子却不能听到声音；心的形状，我看不出有什么差异，但疯狂的人却不能够自持。形体和形体之间是相通的，或许是由于物欲的阻隔，使彼此寻求互相通达而不可得吗？现在对我说：‘保全你的形体，呵护你的生命，不要使你的思谋焦虑。’我虽努力求道，但只能达到耳朵里而已！”

庚桑楚说：“我的话说完了。土蜂不能孵化出豆虫，越鸡不能孵化天鹅蛋，鲁鸡却可以。鸡和鸡，它们的天性没有什么不同，但有能和不能的区别，这是因为才能有大有小。现在我的才能太小，不足以教化你，你为什么不向南去见老子呢？”

南荣趎背着粮食，行走七天七夜到达老子的住所。老子说：“你是从庚桑楚那来的吗？”南荣趎答：“是的。”老子说：“这么多人为什么和你一起来呢？”南荣趎吃惊地回头看自己的身后。老子说：“你不知道我说话的意思吗？”南荣趎惭愧地低头，仰头长叹说：“现在我忘记了我的回答，所以也忘记了我的问题。”老子问：“这是什么意思呢？”南荣趎说：“如果不知道，人们就说我愚蠢无知。知道，反而会伤害自己。不行仁就会伤害别人，行仁就会伤害自己；不讲道义会伤害别人，讲道义就会伤害自己。我如何能避免这些？这三种情况，是我担忧的，希望因为庚桑楚的推荐得到先生赐教。”

老子说：“刚才我看你眉目间的神色，已经了解你的心思了。现在通过你所说的话证实了我的观察。你自失的样子好像失去了父母，又像拿着竹竿探寻大海。你像流亡的人，迷茫啊！你想回复自己的性情但是却不知道从哪里开始，可怜啊！”南荣趎请求留在这里学习，追求自己喜好的，丢弃自己厌恶的，十天还是觉得困惑，于是再次去见老子。

老子说：“你自行洗净，怎么还犹豫不安呢！是你心中还有邪念存在啊！对于外界的束缚不可以执守，要内心检束；内心的束缚不能够迷乱，要杜绝外在的诱惑。内外都受束缚的，即使有道德的人也不能自持，更何况是初学道的人呢！”

南荣趎说：“邻里有人生了病，乡邻们都问候他，生病的人能把自己的病向别人说明，那这个病人得的病就不是重病了。我听到关于大道的讲述，就好像吃药加重了病情，我只希望听养护生命的道理。”

老子说：“养护生命的道理，能使形体和精神合一吗？能够不分离吗？能不用占卜就知道吉凶吗？能不求分外吗？能合适了就停止吗？能舍弃外求而完善自身吗？能够自由自在无拘无束吗？能够淳朴无知吗？能够像婴儿一样吗？婴儿整天啼哭但是喉咙却不沙哑，是因为和气的极致；整天握着拳头不松手，这是执守本性；整天瞪着眼睛眼珠却不转动，这是不追求心外事物。行动时没有拘束，安居时了无牵挂，和外物自然相处，与波共流。这就是养护生命的道理。”

南荣趎说：“这就是至人所达到的境界了吧？”老子答：“不是。这只是消除内心积滞的，称得上至人的德行吗？至人，向大地寻求食物和天一起寻求快乐，不因为人和外物的利害受到扰乱，不追寻怪异，不图谋划，不做俗世的事情，自由自在，淳厚无知。这是养护生命的道理。"南荣趎说："这样就达到极致了吗？"老子说："没有。我曾告诉过你：'能像婴儿一样吗？'婴儿行动没有意识，行动自由自在，身体就像干枯的树而内心像死灰。这样的人，灾祸不会来到，幸福也不会来临。没有灾祸和幸福，怎么会有人为的灾害呢！"

原文

宇泰定者，发乎天光[1]。发乎天光者，人见其人，物见其物。人有修者，乃今有恒；有恒者，人舍[2]之，天助之。人之所舍，谓之天民；天之所助，谓之天子。学者，学其所不能学也；行者，行其所不能行也；辩者，辩其所不能辩也。知止乎其所不能知，至矣；若有不即是者，天钧[3]败之。

注解

①天光：自然的光芒。

②舍：馆舍，此处指依附。

③天钧：自然，此处指自然的天性。

译文

心境安定的人，能够发出自然的光芒。能够发出自然光芒的，人就能自己显现为人，物就自己显现为物。能够修养自身的人，才能培养常德。有常德的人，人们依附他，上天庇佑他。人们依附的，叫做天民；上天所庇佑的，叫做天子。学习的人，是要学习他不能学的东西；实行的人，是实行他不能实行的；辩论的人，是辩论他所不能辩论的。对于知识的追求，停止在他所不能知道的境地，就是极点。假如不这样，自然的本性一定会亏损。

原文

备物以将形，藏不虞[1]以生心，敬中以达彼，若是而万恶至者，皆天也，而非人也，不足以滑成，不可内于灵台。灵台者有持，而不知其所持，而不可持者也。

不见其诚己而发，每发而不当，业入而不舍，每更为失。为不善乎显明之中者，人得而诛之；为不善乎幽闇之中者，鬼得而诛之。明乎人，明乎鬼者，然后能独行。

券内者，行乎无名；券外者，志乎期费。行乎无名者，唯庸有光；志乎期费者，唯贾人也，人见其跂，犹之魁然。与物穷者，物入焉；与物且者，其身之不能容，焉能容人！不能容人者无亲，无亲者尽人。兵莫憯于志，镆铘为下；寇莫大于阴阳，无所逃于天地之间。非阴阳贼[2]之，心则使之也。

注解

①虞：思索，思虑。

②贼：损害，伤害。

译文

具备物体来修养形体的，深藏无虑来修养心神，恭敬地修养内心来通达外物，假如这样做了仍然有各种灾祸降临，是因为自然，并不是因为人为，不足以扰乱已经形成的德性，不能够进入内心。内心有坚守，却不自觉自己坚守的，故而不能有意去坚守。

自己不能把握就随意妄发，每次都失去御制，外物侵入内心不离去，更加失去了原本的真性。光明正大去做坏事，就要受到众人的惩罚；在暗处做坏事，良心就会受指责。可以坦然对人，坦然对良心的，才能够在世上没有愧疚的独行。

契合内心的人，行为处事不会追求名声；契合外在的人，志向在于追求钱财等私利。行为处事不求名声的人，充实且有光芒；志向在于追求钱财私利的，只是个商人，看到他在歧行，但他自以为很稳妥。和外物互相通达的人，外物一定会依附他；和外物相互阻挡的人，连自己都不能包容，怎么能包容别人呢！不能包容别人的人就没人亲近，没有亲近的人就被人们丢弃。兵器没有比心志更锋利的，镆铘也只能在它下面；伤害人没有比阴阳更厉害的，因为阴阳充满天地间。并不是阴阳来伤害他，而是由于内心的驱使。

原文

道通。其分也成也，其成也毁也。所恶乎分者，其分也以备；所以恶乎备者，其有以备。故出而不反，见其鬼；出而得，是谓得死。灭而有实，鬼之一也。以有形者，象无形者而定矣。

出无本，入无窍。有实而无乎处，有长而无乎本剽①，有所出而无窍者，有实。有实而无乎处者，宇②也。有长而无本剽者，宙③也。有乎生，有乎死，有乎出，有乎入，入出而无见其形，是谓天门。天门者，无有也，万物出乎无有。有不能以有为有，必出乎无有，而无有一无有。圣人藏乎是。

注解

①本剽：终始。

②宇：指空间，上下四方。

③宙：指时间，古往今来。

译文

道是通达的。事物有分散也有形成，事物有形成就有毁灭。厌恶分散的，分散而追求完备；厌恶完备的，是因为有了全仍然还在追求更加完备。因此心神离散于外不能返，就接近死亡了；心神离散于外而有所得，这就是进入死地了。灭失天性只有形体，就和鬼同类。能够把有形的效法无形的道，就会安宁平定了。

产生没有本原，逝去也没有归所。有实在的形体却没有居处的地方，有生长却没有开始和结束，有所出却没有孔窍，但真实存在。有实在的形体却没有居处的地方，是宇；有生长却没有开始和结束，是宙。存在生，死，出，入。入和出都没有痕迹的，叫做自然的总门。自然的总门，就是无有，万物都生于无有。"有"不能凭借"有"来生出"有"，一定是产生于"无有"，"无有"是完全的没有。圣人就在这样的领域里游心。

原文

古之人，其知有所至矣。恶乎至？有以为未始有物者，至矣，尽矣，弗可以加矣。其次以为有物矣，将以生为丧也，以死为反也，是以分矣。其次曰始无有，既而有生，生俄而[1]死；以无有为首，以生为体，以死为尻；孰知有无死生之一守者，吾与之为友。是三者虽异，公族也。昭景也，著戴也，甲氏也，著封也，非一也。

有生，黬也，披然[2]曰移是。尝言移是，非所言也。虽然，不可知者也。腊者之有膍胲，可散而不可散也；观室者周于寝庙，又适其偃焉，为是举移是。

请常言移是。是以生为本，以知为师，因以乘是非；果有名实，因以己为质，使人以为己节，因以死偿节。若然者，以用为

知，以不用为愚，以彻为名，以穷为辱。移是，今之人也，是蜩与学鸠同于同也。

注解

①俄而：瞬间，形容时间很短。

②披然：分开的样子。

译文

古代的人，他们的智慧是有极限的。极限在哪里呢？认为万物还没有形成的时候，就达到了极限，最完善的不能再有增加。次一点的，认为事物形成，把生存看作流落，把死亡当成回归，已经有区分了。再次一点的认为原本就是什么都没有的，后来有了生命，但是又迅速死去；把没有当作头，把生命当作身体，把死亡当作尾脊；谁能知道有无和生死是一体的，我就与它做朋友。这三个方面虽然有差异，但都源于道。就像昭氏景氏，官职显赫，甲氏，因封赏显赫，不同的是姓氏。

生命是气的凝聚，分辨不清是非。是非分辨不清，本来是不足以谈论的。但是，这个道理不容易明白。就像年终祭祀的时候，有牛的四肢和内脏，可以分割开来但是却不能分散陈列；游览王室的人周游了宗庙和寝室，还要去厕所看看，这些都像是非游移不定。

让我来说是非的不定。把生看作本原，把心智当作标准，因此来生是非；真有名实的区分，把自我当主体，让别人以自己为节操的标准，用死来报偿殉节。像这样把炫耀当作智，把隐晦当作愚昧，把通达当作名声，把困顿当作耻辱。是非不定，现在的人和蝉、小斑鸠的见识相同。

原文

蹍[1]市人之足，则辞以放骜，兄则以妪，大亲[2]则已矣。故曰，至礼有不人，至义不物，至知不谋，至仁无亲，至信辟金。

注解

①蹍：践踏。

②大亲：父母。

译文

在街道上踩了路人的脚，就抱歉说是自己放肆，兄长踩了弟弟的脚就抚慰，父母踩了子女的脚就不用说什么。因此说："至礼是不分彼此的，至义是不分物我的，至知是不使用计谋的，至仁是不流露亲疏的，至信是不用金钱作证明的。"

原文

彻志之勃[1]，解心之谬，去德之累，达道之塞。贵富显严名利六者，勃志也。容动色理气意六者，谬心也。恶欲喜怒哀乐六者，累德也。去就取与知能六者，塞道也。此四六者不荡胸中则正，正则静，静则明，明则虚，虚则无为而无不为也。

道者，德之钦也；生者，德之光也；性者，生之质也。性之动，谓之为；为之伪，谓之失。知者，接也；知者，谟[2]也；知者之所不知，犹睨也。动以不得已之谓德，动无非我之谓治，名相反而实相顺也。

注解

①勃：通“悖”，悖乱。

②谟：通“谋”，谋划。

译文

消除意志的错乱，解开内心的束缚，去除德行的拖累，打通大道的阻塞。尊贵、富有、显赫、威严、名声、利禄，这六个方面是错乱意志的；容貌、行动、颜色、辞理、气息、情意，这六个方面是束缚内心的；厌恶、爱欲、喜好、愤怒、悲哀、快乐，这六个方面是拖累德行的；去舍、趋就、贪取、给与、智慧、技能这六个方面是阻塞大道的。以上四类的六种情形不在内心扰乱就会平正，内心平正就会宁静，宁静就能明晰，明晰就能空明，空明就会顺应自然因而无所不为。

道，是德所尊崇的；生，是德的光辉；性，是生的实质。性的活动叫做为，有为而归于人伪，叫做失。知是与外物的接应，智是谋划。智慧而不知道的，就好像斜视一方受限。行动出于不得已是因为德，自然的行动不是因为自己叫做合理，名相反但求实则是相顺的。

原文

羿工乎中微而拙乎使人无己誉。圣人工乎天而拙乎人。夫工乎天而俍[①]乎人者，唯全人能之。唯虫能虫，唯虫能天。全人恶天，恶人之天，而况吾天乎人乎[②]！

注解

①俍：通“良”，善，好。

②天乎人乎：天然，人为。

译文

羿善于射中微小的东西而不善于使别人赞誉自己。圣人精通于契合自然而不善于应和人为。精通于契合自然又善于应和人为的，只有全能的人可以做到。只有鸟兽能安于做鸟兽，只有鸟兽才能与天然相合。全能的人怎能知道自然，也不知道人为的自然，更何况是用自己意愿来分别天然和人为呢！

原文

一雀适[1]羿，羿必得之，威也；以天下为之笼[2]，则雀无所逃。是故汤以庖人笼伊尹，秦穆公以五羊之皮笼百里奚。是故非以其所好笼之而可得者，无有也。

注解

①适：飞过，经过。

②笼：笼络。

译文

一只小麻雀朝着羿飞过来，羿一定能射中它，这是威力。把天下作为笼子，那么麻雀就没有地方可逃了。因此，商汤用厨子来笼络伊尹，秦穆公用五张羊皮笼络百里奚。所以不用他喜好的而能笼络住的，是不可能的。

原文

介者侈画①，外非誉也；胥靡②登高而不惧，遗死生也。夫复謵不馈而忘人，忘人，因以为天人矣。故敬之而不喜，侮之而不怒者，唯同乎天和者为然。出怒不怒，则怒出于不怒矣；出为无为，则为出于无为矣。欲静则平气，欲神则顺心，有为也欲当，则缘于不得已，不得已之类，圣人之道。

注解

①侈画：不拘于礼法。

②胥靡：囚犯，囚徒。

译文

断了脚的人不拘泥于礼法，能把诋毁和荣誉都超然置之度外；囚徒登上高处而不害怕，因为已经超然死生了。对于别人的威胁恐吓下去回报的人，是因为可以超然于人我的区分。超然于人我的区分，就达到了天人合一。因此可以做到尊敬他而不欣喜，侮辱他他也不愤怒，只有合于自然和气的人才能够这样。虽然发了怒气但不是有心发怒，怒气就是出于无心的；在无为情况下的所作所为，那所作所为是出于无为了。想要静就要使自己平定心气，想要全神就要顺心，有所作为要得当，寄托于不得已。不得已的做法，是圣人之道。

点评

本篇内容谈到了诸多方面，既有探讨顺应自然、倡导无为的，也有讨论认知的困难和是非难以认定的，不过多数段落还是在讨论养生。

徐无鬼

原文

徐无鬼[1]因女商[2]见魏武侯，武侯劳之曰："先生病矣！苦于山林之劳，故乃肯见于寡人。"

徐无鬼曰："我则劳于君，君有何劳于我！君将盈耆欲，长好恶，则性命之情病矣；君将黜耆欲，掔好恶，则耳目病矣。我将劳君，君有何劳于我！"武侯超然[3]不对。

少焉，徐无鬼曰："尝语君，吾相狗也。下之质执饱而止，是狸德也；中之质若视日，上之质若亡其一。吾相狗，又不若吾相马也。吾相马，直者中绳，曲者中钩，方者中矩，圆者中规，是国马也，而未若天下马也。天下马有成材，若恤若失，若丧其一，若是者，超轶[4]绝尘，不知其所。"武侯大悦而笑。

徐无鬼出，女商曰："先生独何以说吾君乎？吾所以说吾君者，横说之则以《诗》《书》《礼》《乐》，从说之则以《金板》《六韬》，奉事而大有功者不可为数，而吾君未尝启齿。今先生何以说吾君，使吾君说若此乎？"

徐无鬼曰："吾直告之吾相狗马耳。"

女商曰："若是乎？"

曰："子不闻夫越之流人乎？去国数日，见其所知而喜；去国旬月，见所尝见于国中者喜；及期年也，见似人者而喜矣；不亦去人滋久，思人滋深乎？夫逃虚空者，藜藋柱乎鼪鼬之径，踉位其空，闻人足音跫然而喜矣，又况乎昆弟亲戚之謦欬其侧者乎！久矣夫，莫以真人之言謦欬吾君之侧乎！"

注解

①徐无鬼：人名，姓徐名无鬼，魏国的隐士。

②女商：魏国的大臣。

③超然：怅然所失的样子。

④超轶：超越。

译文

徐无鬼通过女商的推荐才得以见魏武侯，魏武侯慰问他说："先生疲困了！是在山林隐居的辛劳使你困苦，才肯来见我的。"

徐无鬼说："我来是为了慰问你，你有什么要慰问我的呢！你要是充满嗜好和欲望，增长爱好和厌恶，性命的实质就会受损；如果你摒弃了嗜欲，把爱好和厌恶去掉了，耳目就会困病。我正要来慰问你，你有什么要慰问我的呢！"魏武侯听完怅然所失无所答。

一会儿，徐无鬼说："我告诉你我相狗的方法。下等的狗追求吃饱肚子而已，是野猫一样的能力；中等的狗，意气高远；上等的狗好像总是忘了自己。我相狗的技术，比不上我相马的技术。我相马的时候，直的要合于绳，弯曲的要合于钩，方的要合于矩，圆的地方合于规，这样的就是国马，但不如天下最好的马。天下马有天生的材质，若亡若失，好像忘了自身的存在，这样的马，超越绝尘，不知道要跑哪里去。”魏武侯听了高兴地大笑。

徐无鬼出去，女商问：“先生做了什么让国君如此高兴呢？我使国君高兴的，横着说就是诗书礼乐，纵着说就是兵法战术，侍奉国君有很大功绩的人数不胜数，但国君从来都没有笑过，现在先生做了什么让国君高兴，且高兴成这个样子呢？”

徐无鬼说：“我不过是告诉了他我的相狗术相马术而已。”

女商说：“就这些吗？”

徐无鬼说：“你没有听说过越国流放的人吗？离开国都数天时，看见朋友就十分欣喜；离开国都一月左右，见到在国内曾经见过的东西就非常欣喜；离开一年的时候，只要看到与国人相像的人就很欣喜；不就是离开故人越久，思念故人越迫切吗？流落到空谷的人，杂草丛生长满了鼪鼬出没的地方，在旷野居住得久了，听到人的脚步声就会非常高兴，更何况是亲戚朋友在周围谈笑呢！很长时间都没有人用纯真的语言在国君的身边说话了！”

原文

徐无鬼见武侯，武侯曰：“先生居山林，食芧栗[1]，厌葱韭，以宾[2]寡人，久矣夫！今老邪？其欲干酒肉之味邪？其寡人亦有社稷之福邪？”徐无鬼曰：“无鬼生于贫贱，未尝敢饮食君之酒肉，将来劳君也。”

君曰：“何哉，奚劳寡人？”

曰：“劳君之神与形。”

武侯曰：“何谓邪？”

徐无鬼曰："天地之养也一，登高不可以为长，居下不可以为短。君独为万乘之主，以苦一国之民，以养耳目鼻口，夫神者不自许也。夫神者，好和而恶奸；夫奸，病也，故劳之。唯君所病之，何也？"

武侯曰："欲见先生久矣。吾欲爱民而为义偃兵，其可乎？"

徐无鬼曰："不可。爱民，害民之始也；为义偃兵，造兵之本也；君自此为之，则殆不成。凡成美，恶器也；君虽为仁义，几且伪哉！形固造形，成固有伐，变固外战。君亦必无盛鹤列[③]于丽谯[④]之间，无徒骥于锱坛之宫，无藏逆于得，无以巧胜人，无以谋胜人，无以战胜人。夫杀人之士民，兼人之土地，以养吾私与吾神者，其战不知孰善？胜之恶乎在？君若勿已矣，修胸中之诚，以应天地之情而勿撄[⑤]。夫民死已脱矣，君将恶乎用夫偃兵哉！"

注解

①芧栗：形状小的栗子。

②以宾：以，而。宾（bìn），摈弃。

③鹤列：排列、陈列，这里是指陈列兵阵。

④丽谯：高楼。

⑤撄：扰乱，打扰。

译文

徐无鬼前去见武侯，武侯说："先生在山林里居住，吃小栗子和葱韭，离开我已经很久！现在老了吗？希望享受厚禄吗？我的社稷有福了吗？"徐无鬼说："我生来就贫贱，不希望享受厚禄，今特意来慰问你。"

武侯说："为什么？如何来慰问我呢？"

徐无鬼说："慰问你的精神和形体。"

武侯说："什么意思呢？"

徐无鬼说："天地的供养是平均的，登上高位也不能自以为尊贵，处身卑下也不能自以为贫贱。你独做万乘的君主，使一国的民众劳苦，来满足自己耳目鼻口的享用，心神不能安宁。心神喜好和顺而厌恶偏私；偏私就是病，所以我才来。而你得了这种病，是为什么？"

武侯说："我想念先生已经很久了，我想爱护民众为道义停止征战，怎么样？"

徐无鬼说："不行。爱护百姓是害百姓的开始；为了道义停止征战是兴兵的本原；如果你从这两个方面做工作，收效可能不明显。成就美名的，就是作恶的器具；虽然施行了仁义，但是却接近于作伪！仁义的形迹一定会造成作伪的形态，有成就会造成自夸，有变乱就会引起外战。你一定不要在高楼下面陈列兵阵，不要使士兵聚集在锱坛的宫苑面，不要贪求，不取通过巧诈战胜别人，不用谋略去战胜别人，不要用战争去胜于别人。杀死别国的士卒百姓，吞并别国的土地，来奉养自己的私欲满足自己的心理，这样的战争有什么优点？胜利属于谁？不如把战争停止，修养内心的诚意，来顺应天地的自然而不扰乱他物。民众可以把死亡的威胁解除，你哪里用得着寝兵的议论呢！"

原文

黄帝将见大隗[①]乎具茨[②]之山，方明为御，昌寓骖乘，张若谐朋前马，昆阍滑稽后车；至于襄城之野，七圣皆迷，无所问涂。

适遇牧马童子，问涂焉，曰："若知具茨之山乎？"曰："然。""若知大隗之所存乎？"曰："然。"黄帝曰："异哉小童！非徒知具茨之山，又知大隗之所存。请问为天下。"小童曰："夫为天下者，亦若此而已矣，又奚事焉！予少而自游于六合之内，予适有瞀[③]病，有长者教予曰：'若乘日之车而游于襄城之野。'今予病少痊，予又且复游于六合之外。夫为天下亦若此而已。予又奚事焉！"黄帝曰："夫为天下者，则诚非吾子之事。虽然，请问为天下。"小童辞。

黄帝又问。小童曰："夫为天下者，亦奚以异乎牧马者哉！亦去其害马者而已矣！"黄帝再拜稽首，称天师而退。

注解

①大隗：虚构的人物。

②具茨：山名。

③瞀：眼花。

译文

黄帝要去具茨山见大隗，方明驾车，昌寓陪乘，张若、谞朋做向导，昆阍、滑稽在后面跟随。到了襄城的原野，他们七个都迷失了方向，又没有办法问路。

恰好遇到一位牧马的少年，于是就问他："你知道具茨山吗？"少年答："知道。""你知道大隗在什么地方吗？"回答说："知道。"黄帝说："奇怪的少年！不但知道具茨山，还知道大隗的所在地，请问应该如何治理天下呢？"少年答："治理天下像现在这样就可以了，何必多事呢！我小的时候在六合之内游玩，得了目眩症，一个老者对我说：'你乘日车在襄城的野外游玩。'现在我的病快要痊愈了，我又可以到六合之内游玩了。治理天下也是如此。又何必多事呢！"黄帝说："治理天下，固然不是你的事。尽管如此，请教应该怎样治理天下呢？"少年没有回答。

黄帝再问，少年说："治理天下，和牧马有什么不同呢？都是去除有危害的马而已。"黄帝听了再三叩头拜谢，称他为天师而退。

原文

知士[①]无思虑之变则不乐，辩士无谈说之序则不乐，察士无凌谇之事则不乐，皆囿于物者也。

招世之士兴朝，中民之士荣官，筋力之士矜难[2]，勇敢之士奋患，兵革之士乐战，枯槁之士宿名[3]，法律之士广治，礼乐之士敬容，仁义之士贵际。农夫无草莱之事则不比，商贾无市井之事则不比。庶人有旦暮之业则劝，百工有器械之巧则壮。钱财不积则贪者忧，权势不尤则夸者悲。势物之徒乐变，遭时有所用，不能无为也。此皆顺比于岁，不物于易者也。驰其形性，潜之万物，终身不反，悲夫！

注解

①知士：以智谋思虑为乐的人。

②矜难：矜，夸赞；因为克服困难而自我夸耀。

③宿名：追求名声。

译文

有智谋的人如果没有思虑的改变就不会快乐，善于辩论的人如果没有谈论的程序也不会快乐，善于观察的人如果没有可以明辨的事情就不会快乐，这些都受到外物的局限。

招摇于世的人可以在朝政上立足，中等的人以谋到官职为荣耀，身体强壮的人因为克服困难而自矜，勇敢的人奋力消除灾患，战斗中的英雄乐于征战，退隐山林的人在意名誉，尊崇法律的人推行法治，崇尚礼教的人注重容貌，讲究仁义的人看重交际。农夫假如没有农事就会不安而不知所措，商人没有买卖就不快乐。百姓如果朝夕有工作会勤勉努力，工匠有器械的技能就气壮。如果没有钱财积攒，贪婪的人就会心忧，不能掌握权势的贪势之人就会悲伤。追逐权势的人喜欢变乱，时机巧合就会有所行动，不能安静。这些人都是追逐时令俯仰。拘泥于某事而茅塞不开的人，心神不宁沉迷外物，终生不能醒悟，可悲！

原文

庄子曰："射者非前期[1]而中，谓之善射，天下皆羿也，可乎？"惠子曰："可。"

庄子曰："天下非有公是也，而各是其所是，天下皆尧也，可乎？"惠子曰："可。"

庄子曰："然则儒、墨、杨、秉[2]四，与夫子为五，果孰是邪？或者若鲁遽者邪？其弟子曰：'我得夫子之道矣，吾能冬爨鼎而夏造冰矣。'鲁遽曰：'是直以阳召阳，以阴召阴，非吾所谓道也。吾示子乎吾道。'于是为之调瑟，废一于堂，废一于室，鼓宫宫动，鼓角角动，音律同矣。夫或改调一弦，于五音无当也，鼓之，二十五弦皆动，未始异于声，而音之君已。且若是者邪？"

惠子曰："今夫儒、墨、杨、秉，且方与我以辩，相拂以辞，相镇以声，而未始吾非也，则奚若矣？"

庄子曰："齐人蹢子于宋者，其命阍[3]也不以完，其求钘钟也以束缚，其求唐子也而未始出域，有遗类矣！夫楚人寄而蹢阍者，夜半于无人之时而与舟人斗，未始离于岑[4]而足以造于怨也。"

注解

①前期：预先制定目标。

②秉：指公孙龙。

③阍：看门的人。

④岑：河岸。

译文

庄子说："射箭的人不是预先瞄准目标而误中的，把这也叫做善射，那么天下都像后羿那样善射的人，可以这么说吗？"惠子说："可以。"

庄子说："天下没有共同确认，每个人都自以为是，那么天下都是像尧一样贤明的人，能这么说吗？"惠子说："可以。"

庄子说："儒、墨、杨和公孙龙四家，加上先生是五家，到底谁对呢？或者像鲁遽那样的吗？他的弟子说：'我学到先生的道了！我冬天能够烧鼎夏天可以制造冰块。'鲁遽说：'这不过是用阳气招引阳气，用阴气招引阴气而已，不是我所说的道。我给你展示我的道。'于是调瑟，一张放在堂上，一张放在室内，鼓这张瑟的宫调，另一张瑟的宫调也响；鼓这张瑟的角调，另一张瑟的角调也响，这是因为音律相同。假如改变其中的一弦，就不能和五音相和了。鼓瑟时，二十五根弦都会响动，声调没有区别，只是音为主而已。你们都像这样吗？"

惠子说："现在儒、墨、杨和公孙龙，正在和我论辩，用语言来互相对抗，用声音来互相压制，也未必是我的错。怎么会和他们相似呢？"

庄子说："齐国有人把孩子放在宋国，让他像残疾人一样看守大门，他把拥有的一只小钟包起来害怕损坏了，寻找丢失的孩子却不走出村子的范围，这和各家的辩论很相似！楚国有个寄居在别人家而责骂看门人的人，夜深人静时和船夫争斗，船还没有靠岸就结了仇怨。"

原文

庄子送葬，过惠子之墓，顾谓从者曰："郢人[1]垩[2]慢其鼻端，若蝇翼，使匠石斫之。匠石运斤[3]成风，听而斫之，尽垩而鼻不伤，郢人立不失容。宋元君闻之，召匠石曰：'尝试为寡人为之。'匠石曰：'臣则尝能斫之。虽然，臣之质死久矣。'自夫子之死也，吾无以为质矣，吾无与言之矣。"

注解

①郢人：郢，楚国都城。

②垩：白善土。

③斤：斧头。

译文

庄子送葬的时候，经过惠子的坟墓，就回头告诉跟随的人说：“郢地有个人鼻子上溅了点苍蝇翅膀大小的白善土，就让匠石来削去。匠石挥动斧子呼呼响，随手就把土点完全除去而没有损伤鼻子，郢人面不改色地站立着。宋元君听说这事后，把匠石找来说：‘替我试试看。’匠石说：‘我以前确实可以做。但是现在我的对手已经死去很久了。’自从他死去后，我已经没有对手了，也没有可以辩论的对象。”

原文

管仲有病，桓公问之，曰：“仲父之病病[①]矣，可不讳云！至于大病，则寡人恶乎属国[②]而可？”

管仲曰：“公谁欲与？”

公曰：“鲍叔牙。”

曰：“不可。其为人，洁廉善士也，其于不己若者不比之，又一闻人之过，终身不忘。使之治国，上且钩乎君，下且逆乎民。其得罪于君也，将弗久矣！”

公曰：“然则孰可？”

对曰：“勿已，则隰朋可。其为人

管夷吾像

也，上忘而下不畔，愧不若黄帝而哀不己若者。以德分人谓之圣，以财分人谓之贤。以贤临人，未有得人者也；以贤下人，未有不得人者也。其于国有不闻也，其于家有不见也。勿已，则隰朋可。”

注解

①病病：病得非常严重。

②属国：属，托付；托付国事。

译文

管仲病了，齐桓公问他：“你的病非常严重，不忌讳地说，万一病危，我把国事托付给谁呢？”

管仲问：“你想托付给谁呢？”

齐桓公说：“鲍叔牙。”

管仲说：“不行。他为人虽然是清正廉洁的善士；但对不如自己的人就不去接近；而且对于别人的过失终身不忘。让他治理国家，对上会约束国君，对下会违逆民意，他得罪国君，不需要很长时间了！”

齐桓公说：“那谁可以呢？”

管仲回答说：“如若不然，隰朋可以，他为人，居上的人不相忘，居下的人不背离，虽自愧不如黄帝，但对不如自己的人却很同情。把德行施给别人叫做圣，把财产分给别人叫做贤。用贤名傲视别人的，不能得到别人的拥护；以善行和谦虚来对待别人的，没有不受人拥护的。他对于国家的事情不干涉，对于家庭的事情不会苛责。不然，可以把国事托付给隰朋。”

原文

吴王浮于江，登乎狙[1]之山。众狙见之，恂然弃而走，逃于深蓁。有一狙焉，委蛇攫抓，见巧乎王。王射之，敏给博捷矢。王命相者[2]趋射之，狙执死。

王顾谓其友颜不疑曰："之狙也，伐其巧，恃其便以敖予，以至此殛也！戒之哉！嗟乎，无以汝色骄人哉！"颜不疑归而师董梧，以锄其色，去乐辞显，三年而国人称之。

注解

①狙：猕猴。

②相者：辅助的人。

译文

吴王在江上泛舟，登上了猕猴山。猴群看到他后，惊慌失措地四处逃窜，逃到了荆棘丛里。有一只猴子却跳跃攀援，向吴王展示它的机灵。吴王用箭射它，它敏捷的接住箭。吴王命左右的助手射，猴子就被射死了。

吴王对他的朋友颜不疑说："这只猴子炫耀他的灵巧，依仗它的灵巧轻便轻视我，以至于落到丧命的下场。要引以为戒啊！唉！不要用骄傲的态度对人啊！"颜不疑回去以后就拜董梧为师，改变他骄傲的神态，抛弃淫乐辞去显荣，三年后国人都称赞他！

原文

南伯子綦隐[①]几而坐，仰天而嘘。颜成子入见曰："夫子，物之尤也。形固可使若槁骸，心固可使若死灰乎？"

曰："吾尝居山穴之中矣。当是时也，田禾[②]一睹我，而齐国之众三贺之。我必先之，彼故知之；我必卖之，彼故鬻之。若我而不有之，彼恶得而知之？若我而不卖之，彼恶得而鬻之？嗟乎！我悲人之自丧者，吾又悲夫悲人者，吾又悲夫悲人之悲者，其后而日远矣。"

注解

①隐：依靠。

②田禾：即齐大公。

译文

南伯子綦靠着几案坐着，仰头向天缓缓吐气。颜成子进来以后看见说："先生，真是伟大。形体可以像枯骨，心灵也可以像死灰一样吗？"

南伯子綦说："我曾经在山洞里隐居。那时，田禾每次来看我，齐国的百姓都会再三祝贺他。我的名声一定是先有的，他才能够知道；我的名声必定是显赫的，所以他才来找我。假如我没有名声，他从哪里知道我呢？假如我的名声不显赫，他怎么会来找我呢？唉！我为那些迷失自我的人感到悲哀，我又为那些为别人悲伤的人悲伤，我又为那些悲伤别人的悲伤的人悲伤，然后一天天地离开繁杂的尘世而达到清虚宁静的境地。"

原文

仲尼之楚，楚王觞之，孙叔敖执爵[1]而立，市南宜僚受酒而祭曰："古之人乎！于此言已。"

曰："丘也闻不言之言矣，未之尝言，于此乎言之。市南宜僚弄丸而两家之难解，孙叔敖甘寝秉羽而郢人投兵。丘愿有喙三尺！"

彼之谓不道之道，此之谓不言之辩。故德总乎道之所一，而言休乎知之所不知，至矣。道之所一者，德不能同也；知之所不能知者，辩不能举也；名若儒墨而凶矣。故海不辞东流，大之至也；圣人并包天地，泽及天下，而不知其谁氏。是故生无爵，死无谥，实不聚，名不立，此之谓大人。狗不以善吠为良，人不以善言为贤，而况为大乎！夫为大不足以为大，而况为德乎！夫大备矣，莫若天地，然奚求焉而大备矣。知大备者，无求，无失，无弃，不以物易己也。反己而不穷，循古而不摩，大人之诚。

注解

①爵：盛酒的器皿。

译文

孔子到楚国去，楚王设宴招待他。孙叔敖拿着酒器站立着。市南宜僚拿起酒祝祭说："古代的人，在这种情况下总要说说话。"

孔子说："我听过没有语言的语言，还没有向人说过，就在这里说一说。市南宜僚善于弄丸铃解除了两家的危难，孙叔敖手拿羽扇安闲地睡觉而使楚国停止了战争，我又愿意多说吗？"

市南宜僚和孙叔敖可以叫做不言之道，孔子能够称为不言之辩。因此德是总摄道的同一，而语言总是在智慧没有到达的地方停止，这就是极致了。道可以同一的，德不能同；知识不能知道的，言辩不能详细列举。像儒墨一样招名就不行了。因此大海不辞东流，这是大的极致。圣人包容天地，恩泽天下，但百姓却不知道他们是谁。因此活着的时候没有爵位，死了以后也没有谥号，没有聚集财物，没有树立名声，这就称作大人。狗不能因为善于叫就认为是好狗，人不能因为善于说话便认为是贤人，更何况是成就大业呢！想求伟大倒不足以算是伟大，更何况是修德呢！最大的没有超过天地的，然而天地无所求，却是最完备的。明白完备的人，不会求取，不会损失，不会舍弃，不会因为外物而改变自己。反求自己没有穷尽，遵循常道而不矫饰，这是大人的真情。

原文

子綦有八子，陈诸前，召九方歅[①]曰："为我相吾子，孰为祥？"

九方歅曰："梱[②]也为祥。"

子綦瞿然喜曰："奚若？"

曰："梱也将与国君同食以终其身。"

子綦索然出涕曰："吾子何为以至于是极也！"

九方歅曰："夫与国君同食，泽及三族，而况父母乎！今夫子闻之而泣，是御福也。子则祥矣，父则不祥。"

子綦曰："歅，汝何足以识之，而梱祥邪？尽于酒肉入于鼻口矣，而何足以知其所自来？吾未尝为牧而牂生于奥，未尝好田[③]而鹑生于宎[④]，若勿怪，何邪？吾所与吾子游者，游于天地。吾与之邀乐于天，吾与之邀食于地；吾不与之为事，不与之为谋，不与之为怪；吾与之乘天地之诚而不以物与之相撄，吾与之一委蛇而不与之为事所宜。今也然有世俗之偿焉！凡有怪征者，必有怪行，殆乎，非我与吾子之罪，几天与之也！吾是以泣也。"

无几何而使梱之于燕，盗得之于道，全而鬻之则难，不若刖之则易，于是乎刖而鬻之于齐，适当渠公之街，然身食肉而终。

注解

①九方歅：人名，善于看相预知凶吉。

②梱：人名，子綦的儿子。

③田：田猎，打猎。

④宎：东北角。

译文

子綦有八个儿子，让他们排在身前，把九方歅找来说："给我的儿子们相相面，看谁最有福气。"

九方歅说："梱最有福气。"

子綦惊喜地问："怎么样呢？"

九方歅说："梱终生都会和国君一起饮食。"

子綦黯然地流着泪说："我的儿子为什么会是这种境遇呢？"

九方歅说："与国君一起饮食，恩泽施及三族，更何况是父母呢！现在你听到以后就哭泣，是拒绝福气。儿子是有福气的，父亲却没有了。"

子綦说："歅，你怎么能够知道梱真的有福气吗？酒肉只不过到口鼻而已，你怎么知道它是从哪里来的呢！我没有放牧但是西南的屋角却出现了一头羊，我没有打猎但是东北角却出现一只鹌鹑，你没有觉得奇怪吗？这是为什么呢？我和我的儿子们在天地之间神游，我和他们同乐于天，向地寻求食物。我和他们不追求功绩，不筹谋划策，不标新立异。我和他们顺应天地而不使外界事物扰乱，我和他们顺于自然而不会沉溺于外界事物。现在却有了世俗的回报？凡是有怪异特征的，一定会有怪异的行径。危险啊！但不是我和儿子的罪过，大概是上天给予的吧！我所以哭泣。"

不久就派梱去燕国了，半路上被盗匪劫持，形体健全卖掉他很困难，不如砍断他一条腿容易卖。于是砍断他的腿卖到了齐国。正好被齐国的富人渠公买来看门，也得以终生吃肉。

原文

啮缺遇许由曰："子将奚之?"曰："将逃尧。"

曰："奚谓邪?"曰："夫尧畜畜然①仁，吾恐其为天下笑。后世其人与人相食与！夫民，不难聚也；爱之则亲，利之则至，誉之则劝，致其所恶则散。爱利出乎仁义，捐仁义者寡，利仁义者众。夫仁义之行，唯且无诚，且假乎禽贪者器②。是以一人之断制③利天下，譬之犹一覕也。夫尧知贤人之利天下也，而不知其贼天下也。夫唯外乎贤者知之矣！"

注解

①畜畜然：热爱劳动的样子。

②禽贪者器：贪婪的器具。

③断制：专制独裁。

译文

啮缺碰到许由，问："你要去哪里?"许由说："要逃避尧。"

啮缺说："什么意思呢?"许由说："尧不辞辛苦的推行仁，我担心他被天下人笑话。后代肯定会出现人吃人的现象！百姓不难聚合，爱护他们就会被他们亲近，给他们利益他们就会归附，称赞他们，他们就会得到劝勉，给他们厌恶的东西他们就会离散。爱护和利益都是出于仁义，舍弃仁义的人少，向仁义取利的人多。仁义的推行，只能造成没有诚信，还会被利用成为贪求的工具。这是用一个人的独断来向天下取利，就好像一瞥之见。尧知道贤人能给天下带来利益，但是却不知道他们对天下的危害。只有能把贤人扬弃的人才能够知道。”

原文

有暖姝[1]者，有濡需者，有卷娄[2]者。

所谓暖姝者，学一先生之言，则暖暖姝姝而私自说也，自以为足矣，而未知未始有物也，是以谓暖姝者也。

濡需者，豕虱是也，择疏鬣[3]自以为广宫大囿，奎蹄曲隈，乳间股脚，自以为安室利处，不知屠者之一旦鼓臂布草操烟火，而已与豕俱焦也。此以域进，此以域退，此其所谓濡需者也。

卷娄者，舜也。羊肉不慕蚁，蚁慕羊肉，羊肉膻也。舜有膻行，百姓悦之，故三徙成都，至邓之虚而十有万家。尧闻舜之贤，举之童土之地，曰冀得其来之泽。舜举乎童土之地，年齿长矣，聪明衰矣，而不得休归，所谓卷娄者也。

是以神人恶众至，众至则不比，不比则不利也。故无所甚亲，无所甚疏，抱德炀[4]和以顺天下，此谓真人。于蚁弃知，于鱼得计，于羊弃意。

以目视目，以耳听耳，以心复心。若然者，其平也绳，其变也循。古之真人，以天待人，不以人入天。古之真人，得之也生，失之也死；得之也死，失之也生。

注解

①暖姝：自得的样子。

②卷娄：辛苦操劳的样子。

③鬣：猪头上的长毛。

④炀：“养”的借字。

译文

有得意自喜的人，有偷安自得的人，有劳形自苦的人。

所谓得意自喜的人，只学习一家之言，就沾沾自喜，自认为饱学，却不知道自己并没有所得，这就被称作是得意自喜的人。

偷安自得的人，就好像是猪身上的虱子，选择稀疏密长的猪毛，以为是自己的广阔苑囿；在蹄旁边、胯下和乳腹股脚间，自认为是安全便利的住处；却不知道屠夫有一天挥臂放柴草生起火，自己就会和猪一起被烧焦了。这就是随着环境的进退而进退，这就是偷安自得的人。

劳形自苦的人，就是舜一类的人。羊肉不爱蚂蚁，蚂蚁爱羊肉，因为羊肉的膻味。舜有膻味的德行，百姓都很喜欢他，所以三次迁都，到邓的旷野聚集到了十几万家。尧听说了舜的贤良，把他从荒野里举荐出来，说是希望他广施恩泽。因此舜从荒野里被举荐出来，年岁渐大，反应逐渐衰降了，但是还不能退休，这就叫做劳形自苦的人。

所以神人厌恶众人的追随，众人追随就不会和睦，不和睦就会有不利的事。因此没有过分的亲密，也没有过分的疏远，持德养和来顺应天下，这就叫做真人。就像连蚂蚁的心智都要去掉，像鱼儿一样自由自在，连羊的意念都要被去除。

用眼睛来看眼睛所能看到的东西，用耳朵听耳朵所能听到的东西，用心领会心灵所能领会到的东西。这样的人，他的心灵平静自然，变化是顺于自然的。古代的真人，用自然来对待人事，不人为地干预自然。古代的真人，把得当作生，把失当作死，把得当作死，把失当作生，都是顺其自然的。

原文

药也，其实堇[1]也，桔梗也，鸡壅也，豕零也，是时为帝者也，何可胜言！

勾践也以甲楯三千栖于会稽。唯种也能知亡之所以存，唯种也不知其身之所以愁。故曰，鸱[2]目有所适，鹤胫有所节，解之也悲。

故曰，风之过河也有损焉，日之过河也有损焉。请只风与日相与守河，而河以为未始其撄也，恃源而往者也。故水之守土也审，影之守人也审，物之守物也审。

故目之于明也殆，耳之于聪也殆。心之于殉也殆，凡能其于府也殆，殆之成也不给改。祸之长也兹萃[3]，其反也缘功，其果也待久。而人以为己宝，不亦悲乎！故有亡国戮民无已，不知问是也。

注解

①堇：乌头。

②鸱：猫头鹰。

③兹萃：越积越多。

译文

比如药材，像乌头，桔梗，鸡头草，猪苓这类的，用到的时候就贵重了，怎么能说得尽呢！

勾践带领三千士兵在会稽山栖身，只有文种知道在败亡中如何生存，但文种却不知道自身的灾患。因此说：猫头鹰的眼睛有所适应的环境，鹤的脚径也有所适宜，如果截短了就是悲哀的。

因此说：风吹过河水就会有损耗，太阳照过河水也会有损耗，假如让风和太阳一起吹照河水，河水却不一定会受到影响，这是因为水源可以不断地流。所以水守护泥土就黏固，影子守护住了人就会不分，物守住了他物就会融合不离。

因此，眼睛过于外用追求明亮就会危险，耳朵过于外用求聪就会危险，心过于追求外物就危险了。在内心潜藏智能就会有危险，危险如果形成就来不及更改。灾祸的滋长多端，想要返回本性就要修养功夫，自修有所成也要很长时间。但是人们却把那些耳目心思机能认为是自己宝贵的东西，难道不是太可悲了吗？因此，国家灭亡，百姓被屠戮的事情从没有停止过，这是因为不知道追究根源。

原文

故足之于地也践，虽践，恃其所不蹍[①]而后善博也；人之于知也少，虽少，恃其所不知而后知天之所谓也。知大一，知大阴[②]，知大目[③]，知大均，知大方，知大信，知大定，至矣。大一通之，大阴解之，大目视之，大均缘之，大方体之，大信稽之，大定持之。

尽有天，循有照，冥有枢，始有彼。则其解之也似不解之者，其知之也似不知之也，不知而后知之。其问之也，不可以有崖，而

不可以无崖。颉滑④有实，古今不代，而不可以亏，则可不谓有大扬搉乎！阖不亦问是已，奚惑然为！以不惑解惑，复于不惑，是尚大不惑。

注解

①踉：践踏

②大阴：完全静止。

③大目：见识广博。

④颉滑：纷乱繁杂。

译文

因此，脚践踏的地很少，虽然少，也要依仗没有被践踏过的土地才能到达广博遥远的地方；人知道的少，虽然少，还要依仗不知道的然后才能知道天道自然的道理。知道大一，知道大阴，知道大目，知道大钧，知道大方，知道大信，知道大定，这就达到极致了。大一使之通达，大阴使之化解，大目使之有所见，大钧使之遵循自然，大方使之体悟，大信来核查，大定来持守。

万物之中都有自然，循变之际会有觉照，深远之中有玄机，太始之域有彼端。在这种情境中自然的理解好像没有理解，无心的知道好像又不知道，无心的知道才是真正的知道。追问它，不能够有限制，但是不可以没有界限。万物纷繁复杂中有自己的本原，古代和现在不能互相替换，但是却不可以亏损，这能不说是一个伟大的道理吗？为何不去进一步探寻这个道理，何必迷惑成这样呢？用不迷惑来解除迷惑，然后回复到不迷惑的境界，这认为是大不惑。

点评

本篇是《庄子》中的长篇之一，全篇由十几个互不关联的故事构成，其中杂有少量议论。全篇内容很杂，中心不明朗，故事之间也缺乏关联，但多数是倡导无为思想的。

则阳[1]

原文

则阳[1]游于楚，夷节言之于王，王未之见，夷节归。彭阳见王果曰："夫子何不谭[2]我于王？"

王果曰："我不若公阅休。"彭阳曰："公阅休奚为者邪？"曰："冬则擉鳖于江，夏则休乎山樊。有过而问者，曰：'此予宅也。'夫夷节已不能，而况我乎！吾又不若夷节。夫夷节之为人

也，无德而有知，不自许，以之神其交，固颠冥[3]乎富贵之地。非相助以德，相助消也。夫冻者假衣于春，暍[4]者反冬乎冷风。夫楚王之为人也，形尊而严；其于罪也，无赦如虎；非夫佞人正德，其孰能挠焉！故圣人，其穷也使家人忘其贫，其达也使王公忘爵禄而化卑。其于物也，与之为娱矣；其于人也，乐物之通而保己焉；故或不言而饮人以和，与人并立而使人化。父子之宜，彼其乎归居，而一闲其所施。其于人心者，若是其远也。故曰‘待公阅休’。”

注解

①则阳：人名，姓彭名阳，字则阳，鲁国人。

②谭：通“谈”，谈论。

③颠冥：迷惑。

④暍：中暑。

译文

则阳在楚国游历，夷节把他推荐给了楚王，楚王没有接见他，夷节就回家去了。则阳见到王果的时候说：“先生为什么没有在楚王面前谈起我呢？”

王果说：“我不如公阅休。”彭阳说：“公阅休是什么人呢？”王果说：“他冬天在江河里刺鳖，夏天在山旁歇息。有过路的人问他，他就说：‘这是我的居所。’夷节都不能够做到，更何况是我呢！我又不如夷节。夷节为人，没有实际的德行而有智巧，不甘于恬淡，用智巧来神化他的结交，在富贵之地颠倒迷惑。不会对德行有所帮助，而会使德行受到损伤。挨冻的人盼春天的温暖能当衣服，中暑的人盼冬天的冷风。楚王的为人，行动和外貌都高贵有尊严；对犯罪的人，就像老虎一样不会给予宽恕。假如不是小人和有正德的人，谁能够劝服他呢！因此，圣人在穷困的时候，可以使家人忘记穷困；通达的时候，能够使王公贵族忘记自己的爵位变得谦卑。对于外物能够与它们和谐共处；对于别人，能够与他们互相沟通而又能保持自己的本性，因此行不言之教而能够使人心和顺，与人相处能使人被教化。父子之间相处得宜，以清静无为的态度对待周围的人。圣人恬淡的退和一般人浮躁的竞争心理，比较起来相差这么远，因此说要等待公阅休。”

原文

圣人达绸缪①，周尽一体矣，而不知其然，性也。复命摇作而以天为师，人则从而命之也。忧乎知，而所行恒无几时，其有止也，若之何！

生而美者，人与之鉴，不告则不知其美于人也。若知之，若不知之，若闻之，若不闻之，其可喜也终无已，人之好之亦无已，性也。圣人之爱人也，人与之名，不告则不知其爱人也。若知之，若不知之，若闻之，若不闻之，其爱人也终无已，人之安之亦无已，性也。

注解

①绸缪：束缚。

译文

圣人通达于各种束缚和纠缠中，与周围的事物融为一体，但是却不知道为什么是这样，这是自然的本性。遵循生命律动的规则而以自然为宗师，人们从而称呼为圣人。忧心于智虑，所实行的常常不能实行很久，有的还会中途停止，怎么办呢！

天生就美丽的，人们给他镜子，如果不告诉他，他也不会知道自己比别人好看。好像知道，又好像不知道，好像听到了，又好像没听到，他的喜悦不会中止，人的喜好也没有中止，这是自然的本性。圣人爱护众人，人们对他称赞，假如不相互告诉，就不知道他爱护人。好像知道，又好像不知道，好像听到了，又好像没有听到，他对人的爱护竟然不会中止，人们安于他的爱护也不会中止，这是自然的本性。

原文

旧国旧都，望之畅然；虽使丘陵草木之缗，入之者十九①，犹之畅然，况见见闻闻者也，以十仞之台县众间②者也！

冉相氏得其环中以随成，与物无终无始，无几无时。日与物化者，一不化者也，阖尝舍之！夫师天而不得师天，与物皆殉，其以为事也若之何？夫圣人未始有天，未始有人，未始有始，未始有物，与世偕行而不替③，所行之备而不洫，其合之也若之何？汤得其司御门尹登恒为之傅之，从师而不囿，得其随成。为之司其名，之名嬴法，得其两见。仲尼之尽虑，为之傅之。容成氏曰："除日无岁，无内无外。"

注解

①十九：十分之九。

②县众间：县，通"悬"。在众人间。

③替：废止，停止。

译文

祖国和家乡，看到就会感觉心情舒畅。即使是山丘草木混杂，遮掩了它的十分之九，心情仍然是舒畅的，更何况是亲身见到听到它的真实情况呢，就好像是十仞的高台悬在众人之间。

冉相氏处于道中而随外物自己发展，与万物相处无始无终，无时无日。每天随着外物的变化而变化，但内心却宁静没有变化，何尝舍离虚空呢！有心向天取法却得不到向天取法的效果，和外物追逐。这样做是怎么样呢？圣人心里不曾有过自然，不曾有过人事，不曾有过始终，不曾有过物我，与世一起发展而不中止，行动完备没有陷溺，他与自然的融合又是怎样呢？商汤得到司御门尹登恒做自己的师傅，追随师傅而不拘于所学，得到随顺外物的天性。给他名声，但名声是多余的东西，君臣都能够显著于世。像孔子竭尽思虑那样做老师，而被传诵。容成氏说：“如果没有日子就没有年岁，没有内也就没有外。”

原文

魏莹[1]与田侯牟[2]约，田侯牟背之。魏莹怒，将使人刺之。犀首公孙衍[3]闻而耻之曰：“君为万乘之君也，而以匹夫从仇！衍请受甲二十万，为君攻之，虏其人民，系其牛马，使其君内热发于背。然后拔其国。忌[4]也出走，然后抶其背，折其脊。”

季子闻而耻之曰：“筑十仞之城，城者既十仞矣，则又坏之，此胥靡之所苦也。今兵不起七年矣，此王之基也。衍，乱人也，不可听也。”

华子闻而丑之曰：“善言伐齐者，乱人也；善言勿伐者，亦乱人也；谓伐之与不伐乱人也者，又乱人也。”

君曰：“然则若何？”曰：“君求其道而已矣！”

惠子闻之而见戴晋人。戴晋人曰：“有所谓蜗者，君知之乎？”曰：“然。”“有国于蜗之左角者曰触氏，有国于蜗之右角者曰蛮氏，时相与争地而战，伏尸数万，逐北旬有五日而后反。”

君曰：“噫！其虚言与？”曰：“臣请为君实之。君以意在四方上下有穷乎？”

君曰：“无穷。”曰：“知游心于无穷，而反在通达之国，若存

若亡乎?”

君曰:“然。”曰:“通达之中有魏,于魏中有梁,于梁中有王。王与蛮氏,有辨乎?”君曰:“无辨。”客出而君惝然⑤若有亡也。

客出,惠子见。君曰:“客,大人也,圣人不足以当之。”

惠子曰:“夫吹管也,犹有嗃也;吹剑首者,吷而已矣。尧、舜,人之所誉也;道尧、舜于戴晋人之前,譬犹一吷也。”

注解

①魏莹:魏惠王。

②田侯牟:指齐威王。

③公孙衍:人名,复姓公孙名衍。

④忌:指田忌,齐国的将军。

⑤惝然:怅然所失的样子。

译文

魏惠王和齐威王订立盟约,齐威王违约了。魏惠王很愤怒,要派人去刺杀他。公孙衍听到后感觉可耻,就说:“你是万乘的国君,却像匹夫一样去报仇。我请求带兵二十万攻打齐国,俘虏他的子民,牵走他们的牛马,使他们的国君内心焦急发病。然后占有他的国土。田忌战败外逃,然后用鞭子抽打他的背,打断他的脊骨。”

季子听后认为可耻,就说:“建造十仞高的城墙,城墙已经有十仞高了，又把它毁坏掉，这是使役者劳苦的事。现在没有起兵已经七年了，这是成就王业的根基，公孙衍是好乱的人，不可以听从。”

华子听后鄙夷地说：“用巧言劝说讨伐齐国的人，是惑乱人心的人；巧言劝说不讨伐齐国的人，也是惑乱人心的人；主张讨伐和不讨伐为乱人的人，也是惑乱人心的人。”

魏惠王说：“那该怎么办呢？”华子说：“您寻求虚静之道就行了。”

惠子听到后把戴晋人引荐给魏惠王。戴晋人说：“有叫蜗牛的，君主知道吗？”魏惠王答：“知道。”戴晋人说：“在蜗牛的左触角上，有个国家叫触氏，在蜗牛的右触角上有个国家叫蛮氏，他们经常为了争夺土地而征战，战死的有数万，追逐失败的军队十五天才返回。”

魏惠王说：“噫！这些话都是虚妄的吧？”戴晋人说：“请让我来为你证实。你认为在四方上下有穷尽吗？”

魏惠王说：“没有穷尽。”戴晋人说：“知道在无穷无尽的环境里游心，返回于通达的国家，好像是若有若无吗？”

魏惠王说：“知道。”戴晋人说：“在通达的国家里有一个魏国，魏国中有梁，在梁中有君王。君王和蛮氏，有分别吗？”魏惠王说：“没有分别。”戴晋人辞去，魏惠王怅然若失。

戴晋人走后，惠子进见。魏惠王说：“戴晋人是个了不起的人，圣人也不能与他相提并论。”

惠子说：“吹管萧的，还有乐音；吹剑环的，只有很小的声音。尧和舜是人们称赞的；在戴晋人面前称赞尧和舜，就像是很小的声音。”

原文

孔子之楚，舍于蚁丘[①]之浆。其邻有夫妻臣妾登极[②]者，子路曰：“是稯稯[③]何为者邪？”

仲尼曰：“是圣人仆也。是自埋于民，自藏于畔。其声销，其志无穷，其口虽言，其心未尝言，方且与世违而心不屑与之俱。是陆沉[④]者也，是其市南宜僚邪？”子路请往召之。

孔子曰："已矣！彼知丘之著于己也，知丘之适楚也，以丘为必使楚王之召己也，彼且以丘为佞人也。夫若然者，其于佞人也，羞闻其言，而况亲见其身乎！而何以为存？"子路往视之，其室虚矣。

注解

①蚁丘：山名。

②登极：登上房屋的最高处。

③稯稯：聚集。

④陆沉：隐居的人。

译文

孔子到楚国去，在蚁丘一家卖浆的店铺里投宿。邻居家的夫妻仆妾都登到屋顶上去观望，子路问："这些人聚集在这里干什么？"

孔子说："他们都是圣人的仆人，圣人把自己隐藏在百姓间，隐藏在田野里。他的名声沉寂了，志向无穷，他虽然有言论，但他的内心却是宁静的。行为与世俗相反但心不屑与世俗为伍。这是一位隐士，难道不是市南宜僚吗？"子路要求把他请来。

孔子说："算了吧！他知道我非常了解他，知道我来到了楚国，他认为我一定会让楚王召见他。他把我看作是奸佞的人，如果这样，他对奸佞的人的言论羞于听，更何况是看到他们的人呢！你怎么能认为他还在那里呢？"子路前去看他，发现屋子果然已经空了。

原文

长梧封人[①]问子牢[②]曰："君为政焉勿卤莽，治民焉勿灭裂。昔予为禾，耕而卤莽之，则其实亦卤莽而报予；芸而灭裂之，其实亦灭裂而报予。予来年变齐，深其耕而熟耰之，其禾蘩以滋，予终年厌飧[③]。"

庄子闻之曰："今人之治其形，理其心，多有似封人之所谓，遁其天，离其性，灭其情，亡其神，以众为。故卤莽其性者，欲恶之孽，为性萑苇蒹葭，始萌以扶吾形，寻擢吾性；并溃漏发，不择所出，漂疽[④]疥痈，内热溲膏是也。"

注解

①长梧封人：在长梧守护疆界的人。长梧，地名。

②子牢：即子琴张，孔子的弟子。

③厌飧：饱食。

④漂疽：脓疮。

译文

长梧的封人告诉子牢说："你处理政事不要轻率鲁莽，治理百姓不要轻薄。以前我种庄稼时，耕地时轻率鲁莽，收庄稼时就歉收；除草的时候马虎，收庄稼时也歉收。来年我改变耕种的方法，深耕细作，禾苗生长繁茂，我终年食物充足。"

庄子听到以后说："现在的人治理自己的形体，修养自己的心神，有很多和封人所说的一样，逃避自然，背离天性，灭绝真情，丧失精神，追逐俗事。因此，天性轻率鲁莽的，欲望滋生的害处，就好像芦苇一样蔽塞本性，开始的时候可以通过这些欲望满足形体，逐渐就削减了自己的本性，于是溃漏齐发，都出问题，脓疮疥痈，内里发热遗精都是。”

原文

柏矩[①]学于老聃，曰：“请之天下游。”老聃曰：“已矣！天下犹是也。”又请之，老聃曰：“汝将何始？”曰：“始于齐。”

至齐，见辜人[②]焉，推而强之，解朝服而幕之，号天而哭之曰：“子乎子乎！天下有大灾，子独先离之，曰莫为盗！莫为杀人！荣辱立，然后睹所病；货财聚，然后睹所争。今立人之所病，聚人之所争，穷困人之身使无休时，欲无至此，得乎！古之君人者，以得为在民，以失为在己；以正为在民，以枉为在己；故一形有失其形者，退而自责。今则不然。匿为物而愚不识，大为难而罪不敢，重为任而罚不胜，远其途而诛不至。民知力竭，则以伪继之，日出多伪，士民安取不伪！夫力不足则伪，知不足则欺，财不足则盗。盗窃之行，于谁责而可乎？”

注解

①柏矩：老子的学生。

②辜人：死刑示众的人。

译文

柏矩在老聃那里求学，说：“请求去天下游历。”老聃说：“算了，天下和这里是相同的。”再次请求，老聃说：“你打算先去哪？”柏矩说：“先从齐国开始。”

柏矩到齐国后，见到死刑后示众的尸体，就把他推倒，解下朝服把他盖住，仰天大哭说："先生！先生！天下有大灾患，你却先遭受了。俗话说'不要做盗贼！不要杀人'！荣辱先来临，然后再看它的各种弊病；钱财货物聚集，然后才能看见对它的争抢。现在树立人的弊病，集聚人们所争夺的钱财货物，使人的身体穷困而没有休止。想不到这种境地，可以吗？古代的君主，把所得归功于百姓，把过失归于自己；把正道归于百姓，把过错归于自己。因此如果有一个人丧命就退而责备自己。现在却不是这样的了，藏匿事物的真相而责备百姓不知，制造出困难却归罪于百姓不敢做，加重任务却惩罚不能胜任，延长路途却诛杀人不能够到达。百姓的智慧和力量尽了，就虚伪地应付；每天出现很多虚伪的事情，士民怎么会不做虚假的事情呢！力量不够就做假，智巧不足就去欺骗，钱财货物不足就去偷盗抢劫。偷盗抢劫的行为，应该去责备谁才对呢？"

原文

蘧伯玉[1]行年六十而六十化，未尝不始于是之而卒[2]诎之以非也，未知今之所谓是之非五十九非也。万物有乎生而莫见其根，有乎出而莫见其门。人皆尊其知之所知，而莫知恃其知之所不知而后知，可不谓大疑乎！已乎已乎！且无所逃。此所谓然与，然乎？

注解

①蘧伯玉：卫国大夫。

②卒：最后。

译文

蘧伯玉行年六十岁而六十年都在变化，未尝不是开始的时候认为是对的，最后又斥为不对，不能确定现在认为对的在五十九岁前认为是不对的。万物产生但却看不到它的根本，有出现的地方却看不到它的门径。人们都尊崇智慧所了解的东西，但是却不知道依仗的才智所不知道然后再知道的道理，这能不说是大的疑惑吗？算了，算了，这没有办法避免。这就叫做对吗？是真的对吗？

原文

仲尼问于大史[1]大弢、伯常骞、狶韦曰："夫卫灵公饮酒湛乐，不听国家之政；田猎毕弋[2]，不应诸侯之际；其所以为灵公者何邪?"大弢曰："是因是也。"

伯常骞曰："夫灵公有妻三人，同滥[3]而浴。史鳅奉御而进所，搏币而扶翼。其慢若彼之甚也，见贤人若此其肃也，是其所以为灵公也。"

狶韦曰："夫灵公也死，卜葬于故墓不吉，卜葬于沙丘而吉。掘之数仞，得石椁焉，洗而视之，有铭焉，曰：'不冯其子，灵公夺而里之。'夫灵公之为灵也久矣，之二人何足以识之！"

注解

①大史：官名。

②毕弋：毕，网；弋，箭；均为打猎的工具。

③滥：浴盆。

译文

孔子问大史大弢、伯常骞和狶韦说："卫灵公沉迷于饮酒享乐，不理国家政事；经常出外打猎，不参加诸侯间的盟会。但他却被谥为灵公，这是为什么？"大弢说："就是因为他的这些行为。"

伯常骞说："卫灵公有三个妻子，他们在一个浴盆里洗澡。史鳝奉命来到他的住所，灵公使人接过他手上的物品并用手扶着他。灵公一方面放纵散漫，但见了贤人仍然这么敬重，所以被谥为灵公。"

狶韦说："灵公死的时候，占卜说葬在祖先的墓地不吉利，葬在沙丘里面吉利。挖了数仞以后，发现一具石头棺材，清洗干净一看，上面刻着文字：'不用依靠子孙，灵公可以取来就用。'灵公被称为灵公已经很久了！大弢和伯常骞又怎么能够知道呢！"

原文

少知问于大公调[①]曰："何谓丘里[②]之言？"

大公调曰："丘里者，合十姓百名而以为风俗也，合异以为同，散同以为异。今指马之百体而不得马，而马系于前者，立其百体而谓之马也。是故丘山积卑而为高，江河合小而为大，大人合并而为公。是以自外入者，有主而不执；由中出者，有正而不距。四时殊气，天不赐，故岁成；五官殊职，君不私，故国治；文武殊才，大人不赐，故德备；万物殊理，道不私，故无名。无名故无为，无为而无不为。时有终始，世有变化。祸福淳淳，至有所拂者而有所宜；自殉殊面，有所正者有所差。比于大泽，百材皆度；观于大山，木石同坛。此之谓丘里之言。"

少知曰："然则谓之道，足乎？"

大公调曰："不然。今计物之数，不止于万，而期曰万物者，以数之多者号而读之也。是故天地者，形之大者也；阴阳者，气之

大者也；道者为之公。因其大以号而读之，则可也，已有之矣，乃将得比哉？则若以斯辩，譬犹狗马，其不及远矣！”

注解

①少知、大公调：虚构的人物。

②丘里：乡里。古代十家为丘，二十家为里。

译文

少知向大公调请教说：“什么叫做丘里之言呢？”

大公调说：“丘里就是聚集众人所形成的一个风俗，把不同的差异组合统一，离散统一就成为不同。现在指马的每个小部位都不能称为马，马是根据前者把不同的部分组合在一起，结合每个小部分才能称为马。因此，丘山是把卑小积聚起来才成高，江河是把众水汇合起来才宽大的，大人采取多种方式才叫做公。所以事物由外进入内心，心中有主见但是不坚持；由内心发出的，内心虽有取正，但是却不排挤拒绝他人。四时的气候不同，上天并不偏私，因此岁序才能完成；五官的职能不同，国君不偏私，因此国家能够安定；文武不同的才能，但是大人不偏私，因此德行全备；万物的理则不同，道不偏私，因此没有名称。没有名称所以没有干预，没有干预就能无所不为了。时序有终始，世事有变化。祸福流转，有违逆也有所适宜。各自的追求不同，有正确也有差失。比如山泽，各种木材都有用处；看大山，树木和石块盘结在一起，这就叫做丘里之言。”

少知说：“那称它为道，可以吗？”

大公调说：“不可以。现在计算物的种类，不止于万，但局限的称为万物，是用树木中最多的来称呼它。因此天地是形体最大的；阴阳是气体中最大的；道包括一切。因为它的大而称呼它是行的，已有的名称可以和没有名称的相比吗？如果要这样来区别，就像狗和马进行比较，相差很远。”

原文

少知曰："四方之内，六合之里，万物之所生恶起？"

大公调曰："阴阳相照，相盖①相治；四时相代，相生相杀。欲恶去就，于是桥起；雌雄片合，于是庸有。安危相易，祸福相生，缓急相摩，聚散以成。此名实之可纪，精微之可志也。随序之相理，桥运之相使，穷则反，终则始；此物之所有。言之所尽，知之所至，极物而已。睹道之人，不随其所废，不原其所起，此议之所止。"

少知曰："季真之莫为，接子之或使，二家之议，孰正于其情，孰偏于其理？"

大公调曰："鸡鸣狗吠，是人之所知；虽有大知，不能以言读其所自化，又不能以意其所将为。斯而析之，精至于无伦，大至于不可围，或之使，莫之为，未免于物，而终以为过。或使则实，莫为则虚。有名有实，是物之居；无名无实，在物之虚。可言可意，言而愈疏。未生不可忌，已死不可阻。死生非远也，理不可睹。或之使，莫之为，疑之所假。吾观之本，其往无穷；吾求之末，其来无止。无穷无止，言之无也，与物同理；或使莫为，言之本也，与物终始。道不可有，有不可无。道之为名，所假而行。或使莫为，在物一曲②，夫胡为于大方？言而足，则终日言而尽道；言而不足，则终日言而尽物。道物之极，言默不足以载；非言非默，议有所极。"

注解

①盖：危害，损害。

②一曲：一个方面。

译文

少知说："四方以内，六合中，万物都是从这里产生的？"

大公调说："阴阳互相对应，互相消长，四季交替循环，互相生杀。欲望、厌恶、舍弃、趋就，于是突然而起，雌雄交合，于是常有。安危互相更替，祸福相互依存，缓急相互交替，聚散因此形成。这些有名称和实体能够识别的，有精微特征可以记认的。遵循次序变化的规律，桥起运作的变化，到极点就返回，回到终点又重新开始，这是万物所具有的现象。言语所能穷尽的，知识所能达到的，局限于物的范围。通晓大道的人，不跟随物一起消逝，不追寻物的起源，这是评议中止的地方。"

少知说："季真主张的莫为，接子主张的或使，这两家的观点，哪个符合事物的规律，哪个偏离事物的规律呢？"

大公调说："鸡鸣狗叫，这是大家都知道的。即使是有大智慧的人，也不能够说明它们能够鸣叫的原因，也不能推断出它们还有怎么样的动作。用这样的观点来分析，精微到了无可比拟，广大到了无限，断言或有所使，一定莫有所为，有难免会在物上立论，但最终是过而不当的。或使的主张拘执，莫为的主张虚空。有名有实，是物的范围；无名无实，则不属于物的范围。可以言传也可以意会，但越用言说距离越远。还没有出生的不能够禁止，已经死去的不能够阻止。死生相隔并不遥远，但它们的道理却不能够明白。或有所使，莫有所为的主张都是出于疑惑的假设。我观察本原，它的过往没有穷尽；我追寻它的迹象，它的将来没有止境。没有穷尽，是言语没有办法表达的，但是和物象的规律相同。或使莫为，是言论的根本，和物象同有终始。道不能拘执于有形，也不能够拘执于无象。道被称为道，只是假借的名称。或使和莫为，都是偏执于事物的一方面，怎能通达于道呢？言论周到，整天谈论的都是道；言论不周到，整天谈论的就都是物。道和事物的极致，言谈和沉默都不足以表述，既不言说也不沉默，是评议的极致。"

外物

原文

外物不可必，故龙逢诛，比干戮，箕子狂，恶来[1]死，桀、纣亡。人主莫不欲其臣之忠，而忠未必信，故伍员[2]流于江，苌弘死于蜀，藏其血三年而化为碧。人亲莫不欲其子之孝，而孝未必爱，故孝己忧而曾参悲。木与木相摩则然，金与火相守则流。阴阳错行，则天地大絯，于是乎有雷有霆，水中有火，乃焚大槐。有甚忧两陷而无所逃，螴蜳不得成，心若悬于天地之间，慰暋沈屯，利害相摩，生火甚多，众人焚和，月[3]固不胜火，于是乎有僓然而道尽。

注解

①恶来：人名，纣王的宠臣。

②伍员：指伍子胥。

③月：指人内心世界的纯净。

译文

外在事物没有定准，因此龙逢被诛，比干被杀，箕子假装疯，恶来身死，桀、纣灭亡。国君都希望自己的臣子忠心，但忠心却未必被信任，因此伍子胥的尸体浮在江中，苌弘在四川自杀，藏他的血三年后化为碧玉。父母没有不希望自己子女孝顺的，但是孝顺却未必能有爱，因此孝己忧伤曾参悲哀。木头和木头摩擦后就会燃烧，金与火接触就会融化。阴阳错乱，天地就会大震，于是雷霆大作，雨中夹着闪电，于是焚烧大树。有人过度忧虑陷于利害的两端无法逃脱，警惕不安又没有成就，心好像悬在天地之间，郁闷深沉，互为利害，内心焦灼，众人伤了和气，内心的清宁克制不了焦急，于是精神颓废道理丧尽。

原文

庄周家贫，故往贷粟于监河侯[①]。监河侯曰：“诺。我将得邑金[②]，将贷子三百金，可乎？”

庄周忿然作色曰：“周昨来，有中道而呼者。周顾视车辙中，有鲋鱼焉。周问之曰：‘鲋鱼来！子何为者耶？’对曰：‘我，东海之波臣也。君岂有斗升之水而活我哉？’周曰：‘诺。我且南游吴越之土，激西江之水而迎子，可乎？’鲋鱼忿然作色曰：‘吾失我常与，我无所处。吾得斗升之水然活耳，君乃言此。曾不如早索我于枯鱼之肆[③]！’”

注解

①监河侯：官名。

②邑金：封地的税金。

③肆：市场。

译文

庄周家里很贫穷，于是就去向监河侯借米。监河侯说："可以。我将要收封地的税金了，等收了借给你三百金，可以吗？"

庄周生气地说："我昨天来的时候，半路上听到有叫我名字的。我回头看见车辙碾过的坑洼地里，有条鲫鱼。我问它说：'鲫鱼，你在做什么呢？'它答：'我是东海的水官，你能用斗升的水救我活吗？'我说：'可以。我将要游历吴越一带，引来西江的水救你，可以吗？'鲫鱼气愤地说：'我失去了赖以生存的水，没有了安身的处所。我得到斗升的水就能够存活，你居然这么说，还不如早些去干鱼市场上寻找我呢！'"

原文

任公子为大钩巨缁[1]，五十犗[2]以为饵，蹲乎会稽，投竿东海，旦旦而钓，期年不得鱼。已而大鱼食之，牵巨钩，錎没[3]而下，骛扬而奋鬐，白波若山，海水震荡，声侔鬼神，惮赫千里。任公子得若鱼，离而腊之，自制河以东，苍梧已北，莫不厌若鱼者。已而后世辁才讽说之徒，皆惊而相告也。夫揭竿累，趣灌渎[4]，守鲵鲋[5]，其于得大鱼难矣。饰小说以干县令，其于大达亦远矣。是以未尝闻任氏之风俗，其不可与经于世亦远矣。

注解

①缁：黑色的绳子。

②犗：阉割过的牛。

③錎没：陷没。

④灌渎：小河，小水沟。

⑤鲵鲋：小鱼。

译文

任国的公子制作了一个黑绳的大鱼钩，用五十只犍牛做鱼饵，蹲在会稽山上，把渔竿投进东海，每天都钓，一年也没有钓到鱼。时而有大鱼吃掉鱼饵，牵着鱼钩沉向海底，又迅速翻腾奋鳍，汹涌的白浪像高山一样，海水震荡的声音好像鬼神在喊叫，震动千里。任公子得到这条鱼，把它分割开做成干肉，从浙江以东，到苍梧以北，没有不饱食这条鱼的。然后浅薄的人，都吃惊地奔走相告。假如举着细小的渔竿，来到小水沟旁边，守候着小鱼，想钓到大鱼就困难了。粉饰浅薄的话语追求高名，就和明达大智的境界相差远了。因此，没有听说过任公子风格的，他与善于治理天下的人之间的差距也是遥远的。

原文

儒以《诗》《礼》发冢，大儒胪[①]传曰："东方作矣[②]！事之何若？"

小儒曰："未解裙襦，口中有珠。"

"《诗》固有之曰：'青青之麦，生于陵陂，生不布施，死何含珠为？'接其鬓，压其顪，而以金椎控其颐[③]，徐别其颊，无伤口中珠。"

注解

①胪：上对下传话。

②东方作矣：太阳要出来了，指天亮。

③颐：下巴。

译文

儒士用《诗》《礼》盗墓，大儒向下传话说："太阳就要出来了，事情办得怎么样了？"

小儒说："还没有解下裙子和短袄，嘴里含有珍珠。"

大儒说："《诗》上说，'青青的麦苗，生长在山坡，活着的时候不施舍别人，死了含着珍珠做什么？'抓住他的头发，压着他的胡子，用铁锤敲打他的下巴，慢慢分开他的两颊，不要损伤了他嘴里的珍珠。"

原文

老莱子[①]之弟子出薪，遇仲尼，反以告，曰："有人于彼，修上而趋下[②]，末偻[③]而后耳，视若营[④]四海，不知其谁氏之子？"

老莱子曰："是丘也。召而来。"

仲尼至。曰："丘！去汝躬矜与汝容知，斯为君子矣。"

仲尼揖而退，蹙然改容而问曰："业可得进乎？"

老莱子曰："夫不忍一世之伤而骜万世之患，抑固窭邪？亡其略弗及邪？惠以欢为骜，终身之丑，中民之行进焉耳，相引以名，相结以隐。与其誉尧而非桀，不如两忘而闭其所誉。反无非伤也，动无非邪也。圣人踌躇以兴事，以每成功。奈何哉其载焉终矜尔！"

注解

①老莱子：人名，楚国的贤人。

②修上而趋下：指上身长下身短。

③末偻：背部弯曲。

④营：充满，盈满。

译文

老莱子的弟子出去砍柴，碰到了孔子，回去以后就对老莱子说："有个人在那儿，上身长下身短，背部弯曲耳朵向后贴，目光兼顾四方，不知道是什么人。"

老莱子说："是孔丘，让他过来。"

孔子来到了。老莱子说："孔丘，去掉你行为的矜持，去除你容貌的机灵，才能够成为君子。"

孔子作揖后退，惭愧不安地说："我的学业能够有所修进吗？"

老莱子说："不忍受一世的害却忽视了万世的祸患，是因为固陋吗？还是才略赶不上呢？以施人恩惠受人欢心而自傲，是终生的耻辱，不过是中等人的行为而已。通过名声互相吸引，通过隐私互相集结。赞誉尧而去指责桀，不如把这两方面都忘记把非议和称赞都扬弃。违背物性没有不受损伤的，扰乱心性的无非是邪念。圣人谨慎戒备兴起事业，以此来谋求成功。为什么你总是对自己的行为骄矜呢？"

原文

宋元君夜半而梦人被发窥阿门[①]，曰："予自宰路之渊，予为清江[②]使河伯之所，渔者余且[③]得予。"元君觉，使人占之，曰："此神龟也。"君曰："渔者有余且乎？"左右曰："有。"君曰："令余

且会朝。”

明日，余且朝。君曰：“渔何得?”对曰：“且之网得白龟焉，其圆五尺。”君曰：“献若之龟。”

龟至，君再欲杀之，再欲活之，心疑，卜之。曰：“杀龟以卜，吉。”乃刳龟，七十二钻而无遗筴。

仲尼曰：“神龟能见梦于元君，而不能避余且之网；知能七十二钻而无遗筴，不能避刳肠之患。如是，则知有所困，神有所不及也。虽有至知，万人谋之。鱼不畏网而畏鹈鹕④。去小知而大知明，去善而自善矣。婴儿生无石师而能言，与能言者处也。”

注解

①阿门：偏门，侧门。

②清江：江名，这里指扬子江。

③余且：人名，渔夫。

④鹈鹕：鸟名，爱吃鱼。

译文

宋元君半夜梦到有人披散着头发在偏门窥视，说：“我从宰路的深渊来，我作为清江的使者去河伯那里，渔夫余且却把我抓住了。”宋元君醒后就命人占卜，占卜的说：“这是一只神龟。”宋元君说：“渔夫中有叫余且的吗?”左右的侍从答：“有。”宋元君说：“让余且来见我。”

第二天，余且来朝见。宋元君说："你在河里捕捞到了什么？"余且答："我捕到了一只白龟，周圆五尺长。"宋元君说："把白龟献出来。"

白龟送到后，宋元君非常想杀它，又想养活它。内心感到迷惑不决，就命人占卜，说："杀掉白龟占卜，吉利。"于是把龟挖空占卜，占卜了七十二次，没有一次不灵验。

孔子说："神龟能给宋元君托梦，但是却不能躲避余且的渔网；才智能够占卜七十二次却没有一次不灵验的，但是却不能躲避被挖空的灾难。由此看来，机智也能有困穷的时候，神灵也有不及的地方。即使有最高超的才智，也需要万人来谋算。鱼不知道惧怕渔网而惧怕鹈鹕，人能除去小智，大智才能够显明，去掉自以为善而善才能自显。婴儿出生后，没有高超的老师教导就能说话，是因为和会说话的人在一起。"

原文

惠子[①]谓庄子曰："子言无用。"

庄子曰："知无用而始可与言用矣。天地非不广且大也，人之所用容足耳。然则厕足而垫之致黄泉，人尚有用乎？"

惠子曰："无用。"

庄子曰："然则无用之为用也亦明矣。"

注解

①惠子：惠施，庄子的朋友。

译文

惠子对庄子说："你的言论是没有用处的。"

庄子说："知道没有用才可以谈论有用。天地不是不广大，但人所用的不过是容足之地而已。然而如果把容足以外的地方都向下挖一直挖到黄泉，那么人站的容足之地还有用吗？”

惠子说：“没有用了。”

庄子说：“那没有用的用处也就明显了。”

原文

庄子曰：“人有能游，且得不游乎？人而不能游，且得游乎？夫流遁之志，决绝之行，噫，其非至知厚德之任与！覆坠[1]而不反，火驰而不顾。虽相与为君臣，时也，易世[2]而无以相贱。故曰至人不留行[3]焉。

“夫尊古而卑今，学者之流也。且以豨韦氏之流观今之世，夫孰能不波？唯至人乃能游于世而不僻，顺人而不失己。彼教[4]不学，承意不彼。”

注解

①覆坠：沉溺。

②易世：世代更替。

③不留行：不停滞。

④彼教：古人的教导。

译文

庄子说：“假如人能够自得游心，哪里还有不悠然自得的呢？人如果不能游心自得，哪里还能悠然自得呢？流荡的心志，固执特异的行为，唉，那些都不是至知厚德的人所做的事！沉溺而不返归，火急地追逐外物而不需。虽然互相易位有的做君有的做臣，只是一时之争罢了，世代改变但是都不能互相轻贱。因此说：至人不会有偏滞的行为。

“尊崇古代而鄙视当今的，是学者之流。用豨韦氏之流的观点来看当今的世事，谁能不偏波呢？只有至人能够在世上遨游而不偏僻，随顺别人的人情但是不丧失自己的天性。他们的施教我们不学，只是接受他们的真意却对他们不认同。”

原文

“目彻为明，耳彻为聪，鼻彻为颤①，口彻为甘，心彻为知，知彻为德。凡道不欲壅，壅则哽，哽而不止则跈，跈则众害生。物之有知者恃息，其不殷②，非天之罪。天之穿之，日夜无降，人则顾塞其窦。胞有重阆，心有天游。室无空虚，则妇姑勃谿；心无天游，则六凿相攘。大林丘山之善于人也，亦神者不胜。”

注解

①颤：嗅觉灵敏。

②殷：茂盛，繁盛。

译文

“眼睛敏锐是明，耳朵聪敏是聪，鼻子灵敏是颤，口舌通彻是甘，内心通彻是智，智慧贯通是德。凡是道就不能壅阻，壅阻就会梗塞，梗塞不止就会乖戾，乖戾就会产生各种祸害。有知觉的物体能够依靠气息，如果气息不畅通，不是自然的过失。自然的气息贯穿万物，日夜不停止，人却自己堵塞了孔窍。腹腔都有很多空隙，内心也应该在自然里遨游。室内没有虚空的地方，因此婆媳会互相争吵；内心不能与自然共游，六孔就会互相攘乱，森林山丘能够适于人，也是因为心神舒畅。”

原文

“德溢乎名，名益乎暴，谋稽乎誸，知出乎争，柴[1]生乎守，官事果乎众宜。春雨日时，草木怒生，铫鎒[2]于是乎始修，草木之到植者过半而不知其然。”

注解

①柴：闭塞。

②铫鎒：除草的工具。

译文

“德行外溢因为名声，名声外溢是因为太露，谋划在急迫中生长，机智是因为争夺，闭塞在执守中产生，官事在使民众感觉适宜中决定。春雨能够及时降落，草木繁茂，于是开始用铫鎒来锄地，锄过以后草木倒生的仍有过半，但却不知道是为什么？”

原文

“静然可以补病，眦㓟[1]可以休老[2]，宁可以止遽。虽然，若是，劳者之务也，非佚者之所未尝过而问焉。圣人之所以駴[3]天下，神人未尝过而问焉；贤人所以駴世，圣人未尝过而问焉；君子所以駴国，贤人未尝过而问焉；小人所以合时，君子未尝过而问焉。”

注解

①眦媙：按摩术。

②休老：养老。

③骇：通"骇"，惊骇。

译文

"内心平静可以调理病情，按摩可以延缓衰老，宁定可以止息急躁。虽然如此，劳碌的人所要做的，心逸的人却不一定过问；圣人能够震惊天下的原因，神人不一定会过问；贤人震动天下的方法，圣人不一定会过问；君子震动国家的方法，贤人不一定会过问；小人投合时机的方法，君子不一定会过问。"

原文

演门[1]有亲死者，以善毁爵为官师，其党人毁而死者半。尧与许由天下，许由逃之；汤与务光，务光怒之；纪他闻之，帅弟子而踆于窾水；诸侯吊之。三年，申徒狄[2]因以踣河。

注解

①演门：宋国城门的名字。

②申徒狄：人名，他愤世嫉俗。

译文

演门那儿有个死了双亲的人，因为他善于哀伤毁容，所以被封为官师，他的乡党效法他哀伤毁容的死了过半。尧要把天下让给许由，许由逃跑了；商汤要让给务光，务光大怒；纪他听说以后，带领弟子隐居在窾水，诸侯都去慰问他。三年以后，申徒狄因此而跳河自尽。

原文

荃[①]者所以在鱼，得鱼而忘荃；蹄[②]者所以在兔，得兔而忘蹄；言者所以在意，得意而忘言。吾安得夫忘言之人而与之言哉！

注解

①荃：鱼钩。

②蹄：用于捕捉兔子的网。

译文

鱼钩是用来捕鱼的，捕到鱼就忘记了鱼钩；兔网是用来捉兔子的，捉到兔子就忘记了兔网；语言是用来表达意思的，领悟了意思就忘记了语言。我在哪里能够遇到忘记语言的人来和他进行谈论呢！

寓言①

原文

寓言①十九，重言②十七，卮言③日出，和以天倪④。寓言十九，藉外论之。亲父不为其子媒。亲父誉之，不若非其父者也；非吾罪也，人之罪也。与己同则应，不与己同则反；同于己为是之，异于己为非之。

重言十七，所以已言也，是为耆艾⑤。年先矣，而无经纬本末以期年耆者，是非先也。人而无以先人，无人道也；人而无人道，是之谓陈人。

卮言日出，和以天倪，因以曼衍，所以穷年。不言则齐，齐与言不齐，言与齐不齐也，故曰言无言。言无言，终身言，未尝不言；终身不言，未尝不言。有自也而可，有自也而不可；有自也而然，有自也而不然。恶乎然？然于然。恶乎不然，不然于不然。恶乎可？可于可。恶乎不可？不可于不可。物固有所然，物固有所可，无物不然，无物不可。非卮言日出，和以天倪，孰得其久！万物皆种也，以不同形相禅，始卒若环，莫得其伦，是谓天均。天均者，天倪也。

注解

①寓言：含有寓意的言论。

②重言：借助先哲贤人的言论。

③卮言：无心之言，不经意说出的话。

④天倪：天然的分际。

⑤耆艾：泛指老年人。

译文

寓言占十分之九，其中重言占十分之七，无心的语言日日层出不穷，能够符合自然的分际。寄托寓意的言论占十分之九，借用外人的言论来表述，就像亲生的父亲不给自己的儿子做媒。父亲赞誉自己的儿子，不如别人的赞誉；这不是我的过错，这是众人的过错。和自己的观点相同就应和，不和自己的相同就反对；和自己的意见相同就认为是正确的，和自己的不同就认为是不对的。

借重先哲贤人的言论占十分之七，为了能使争论停止，是因为这是长者前辈的言论。年长的人，学无所长而只是年长的人，就不能算是长者前辈。做人假如没有超出众人的才学，就没有为人之道；一个人没有为人之道，就叫做陈腐的人。

无心的言论层出不穷，能够合于自然的分际，散漫流行，能够悠游终生。不用说万物的理论自然齐同，本来齐同的事理加上主观的言论就不齐同了，主观的言论加在齐同的事理上就不齐同了，因此说要发没有主观的成见言论。发出没有主观成见的言论，好像终生都在说话，又好像不曾说过；即使终身都不说话，也未尝不是在说话。可以有可以的原因，不可以有不可以的原因；正确有正确的原因，不正确有不正确的原因。怎么算是正确的？正确有正确的道理；怎么算是不正确的？不正确有不正确的道理。怎么算是可以？可以有可以的道理；怎样是不可以？不可以有不可以的道理。万物本来就有正确的方面，本来就有可以的方面，没有什么东西不是，没有什么东西不可。假如不是无心之言层出不穷，合于自然的分际，怎么能够长久呢？万物都有自己的种类，用不同的形体相互连接，循环往复，没有端倪，这就是自然平均的道理。自然平均就是自然的分际。

原文

庄子谓惠子曰：“孔子行年六十而六十化。始时所是，卒而非之，未知今之所谓是之非五十九非也。”

惠子曰：“孔子勤志服①知也。”

庄子曰：“孔子谢之矣，而其未之尝言。孔子云：‘夫受才乎大本②，复灵以生。鸣而当律，言而当法，利义陈乎前，而好恶是非直服人之口而已矣。使人乃以心服，而不敢蘁③立，定天下之定。’已乎已乎！吾且不得及彼乎！”

注解

①服：使用，役使。

②大本：大道。

③蘁：违逆，悖逆。

译文

庄子对惠子说：“孔子生年六十岁，而六十年中都在随着时间的变化而在变化，开始的时候认为对，最后又否定了，不知道现在所认为对的，是五十九岁的时候认为不对的。”

惠子说：“孔子勤志用智吗？”

庄子说：“孔子已经不用智了，他没有多言。孔子说：‘不从自然禀受才智，伏藏灵性而生。发出的声音应合于音律，讲出的言论应合于法度。利和义摆在面前，好恶是非的分辨不过是使人口服而已。假如要使人心服，不敢悖逆，确定天下的准则。’算了，算了，我还是不如他！”

原文

曾子再仕而心再化，曰：“吾及亲[1]仕，三釜而心乐；后仕，三千钟而不洎[2]，吾心悲。”

弟子问于仲尼曰：“若参者，可谓无所悬其罪乎？”

曰：“既已县矣。夫无所悬者，可以有哀乎？彼视三釜三千钟，如观鸟雀蚊虻相过乎前也。”

注解

①及亲：父母在世。

②洎：“及”的借字。

译文

曾子再次做官的时候内心有些变化，他说：“我父母在世的时候做官，俸禄只有三釜但是内心很快乐；后来做官的时候，三千钟的俸禄也比不上侍奉双亲，我内心感到悲苦。”

弟子向孔子请教说：“像曾参那样的，能说是没有受到俸禄所牵系的罪过吧？”

孔子说：“他已经受到牵系了。假如没有受到，内心怎么会有悲苦呢？没有受到牵系的人，对待三釜和三千钟，就好像是看鸟雀和蚊虻在眼前飞过一样。”

原文

颜成子游谓东郭子綦[1]曰："自吾闻子之言，一年而野，二年而从，三年而通，四年而物，五年而来，六年而鬼入，七年而天成[2]，八年而不知死，不知生，九年而大妙。"

注解

①东郭子綦：即南郭子綦。

②天成：与自然相合。

译文

颜成子游对东郭子綦说："自从我听你讲道，一年后返回质朴，两年后顺不自执，三年以后通达，四年后与物同化，五年后众物归集，六年后神妙灵验，七年后合于自然，八年后不会因生死的变化而拘，九年可以领悟大道的玄妙。"

原文

"生有为，死也。劝[1]公，以其死也，有自[2]也；而生阳也，无自也。而果然乎？恶乎其所适？恶乎其所不适？天有历数，地有人据，吾恶乎求之？莫知其所终，若之何其无命也？莫知其所始，若之何其有命也？有以相应也，若之何其无鬼邪？无以相应也，若之何其有鬼邪？"

注解

①劝：劝诫。

②自：原因。

译文

“活着的时候任意妄为，就会走向死路。奉劝世人，人的死是有它自己原因的；而人生和阳气交动，是没有原因的。难道真的是这样吗？哪里是适宜的地方，哪里又是不适宜的地方？天有四季的变化，地有人物的依据，我要去哪里寻求呢？不知道它的终点，怎么能说没有命运呢？不知道它的开始，怎么能说是有命运的呢？假如万物有彼此对应的现象，怎么能说是没有鬼神呢？假如没有彼此对应的现象，怎么能说是有鬼神呢？”

原文

众罔两[①]问于景[②]曰：“若向也俯而今也仰，向也括撮[③]而今也被发，向也坐而今也起，向也行而今也止，何也？”

景曰：“搜搜也，奚稍问也！予有而不知其所以。予，蜩甲[④]也，蛇蜕也，似之而非也。火与日，吾屯[⑤]也；阴与夜，吾代也。彼吾所以有待邪？而况乎以无有待者乎！彼来则我与之来，彼往则我与之往，彼强阳[⑥]则我与之强阳。强阳者，又何以有问乎！”

注解

①罔两：影子外面的微阴。

②景：通“影”，影子。

③括撮：发髻，束发。

④蜩甲：蝉蜕。

⑤屯：聚集貌。

⑥强阳：运动的样子。

译文

影子外面的微影问影子：“你刚才俯身现在又仰起头，刚才束着头发现在又披散开，刚才坐下现在又起来，刚才行走现在又停止，这是为什么呢？”

影子答：“区区小事，有什么值得问的呢？我活动但我也不知道是什么原因。我就像是蝉蜕，像蛇皮，相像但又不像。火光和阳光出现，我就显现；阴暗和黑夜使我隐息。它们是我所要依赖的，更何况那些没有依赖物的呢？它们来我也来，它们走我也走，它们运动我也一起运动。运动罢了，又有什么值得问的呢？”

原文

阳子居南之沛①，老聃西游于秦，邀于郊，至于梁而遇老子。老子中道仰天而叹曰：“始以汝为可教，今不可也。”

阳子居不答。至舍，进盥漱巾栉②，脱屦户外，膝行而前曰：“向者弟子欲请夫子，夫子行不闲，是以不敢。今闲矣，请问其过。”

老子曰：“而睢睢盱盱③，而谁与居？大白若辱，盛德若不足。”

阳子居蹴然变容曰："敬闻命矣！"

其往也，舍者迎将其家，公执席，妻执巾栉，舍者避席，炀[④]者避灶。其反也，舍者与之争席矣。

注解

①沛：地名，现在的江苏沛县。

②巾栉：毛巾梳子。

③睢睢盱盱：骄傲的样子。

④炀：炊，烧。

译文

阳子居向南去沛，老聃西游去秦，约好在郊外见面，到了梁的时候见到了老子。老子中途仰天长叹说："开始的时候我以为你可以教化，现在看来不可以。"

阳子居没有回答。到了馆舍，侍奉老子洗脸漱口，递上毛巾梳子，把鞋子脱在户外，双膝跪地前行说："刚才弟子打算向先生请教，先生没有闲暇，因此不敢。现在先生空闲，向先生请问我的过错。"

老子说："你神态骄傲，谁能和你相处呢？过于洁白就好像有污点了，道德广博也好像有不足之处。"

阳子居羞愧不安地说："恭敬地接受先生的指教。"

阳子居来的时候，馆舍的人都来迎送，男主人为他安排席位，女主人为他拿毛巾，已经坐着的人都为他让位子，烧饭的人也离开灶边。他走的时候，馆舍的人就和他争抢席位而不拘束了。

让王

原文

尧以天下让许由，许由不受。又让于子州支父[①]，子州支父曰：“以我为天子，犹之可也。虽然，我适有幽忧之病，方且治之，未暇治天下也。”夫天下至重也，而不以害其生，又况他物乎！唯无以天下为者，可以托天下也。

舜让天下于子州支伯。子州支伯曰：“予适有幽忧之病，方且治之，未暇治天下也。”故天下大器也，而不以易生，此有道者之所以异乎俗者也。

舜以天下让善卷[②]，善卷曰：“余立于宇宙之中，冬日衣皮毛，夏日衣葛𫄨；春耕种，形足以劳动；秋收敛，身足以休食；日出而作，日入而息，逍遥于天地之间而心意自得。吾何以天下为哉！悲夫，子之不知余也！”遂不受。于是去而入深山，莫知其处。

舜以天下让其友石户[③]之农，石户之农曰：“捲捲乎后之为人，葆力之士也！”以舜之德为未至也，于是夫负妻戴，携子以入于海，终身不反也。

注解

①子州支父：人名，姓子名州字支父，隐士。

②善卷：人名，姓善名卷，隐士。

③石户：地名。

译文

尧把天下让给许由，许由不接受。尧又让给子州支父，子州支父说："让我做天子，也可以。不过，我正患有顽固的疾病，在治理调养，没有空闲来治理天下。"治理天下是最尊贵的，但是他却不会因为这种尊贵而妨碍自己的生命，更何况是别的事物呢！只有不以天下为己所用的人，才能够把天下托付给他。

舜把天下让给子州支伯，子州支伯说："我正患有顽固的疾病，正在治疗，没有空闲来治理天下。"天下大位是最大的名器，但是却不能用它去交换生命，这就是有道之人不同于世俗之人的地方。

舜把天下让给善卷，善卷说："我处在宇宙之中，冬天穿皮毛做的衣服，夏天穿细葛做的衣服；春天耕种，形体能够承受这样的劳动；秋天收获，身体足够安养；太阳升起就去劳作，太阳落下就歇息，在天地之间逍遥自在而心意自得。我要天下做什么呢？可悲啊，你不了解我！"他不愿意接受。就离开进入了深山，没有人知道他去了哪儿。

舜又把天下让给他的朋友，石户的一位农夫。石户的农夫说："国君是辛苦操劳的人啊！"认为舜还没有达到德的高境界，于是农夫背着行李，妻子用头顶着用具，带着子女隐居在海岛，终身没有返回。

原文

大王亶父[1]居邠[2]，狄人[3]攻之。事之以皮帛而不受，事之以犬马而不受，事之以珠玉而不受，狄人之所求者土地也。大王亶父曰："与人之兄居而杀其弟，与人之父居而杀其子，吾不忍也。子皆勉居矣！为吾臣与为狄人臣奚以异！且吾闻之，不以所用养害所养。"因杖筴而去之。民相连而从之，遂成国于岐山之下。夫大王亶父，可谓能尊生矣。能尊生者，虽贵富不以养伤身，虽贫贱不以利累形。今世之人居高官尊爵者，皆重失之，见利轻亡其身，岂不惑哉！

注解

①大王亶父：人名，王季的父亲，周朝的始祖。

②邠：地名。

③狄人：少数民族，即匈奴。

译文

大王亶父在邠居住，狄人经常来进攻。向狄人进贡兽皮和布帛而他们不接受，进贡犬马也不接受，进贡珠宝玉器也不接受，狄人想要的只是土地。大王亶父说："和别人的兄长居住在一起却杀死他弟弟，和别人的父亲居住在一起却杀死他儿子，我不忍心。你们都自勉求生存吧！做我的臣子和做狄人的臣子有什么不同呢？而且我听说：不要因为用来养生的土地而伤害土地所养的百姓。"于是就拄着杖离开了，百姓推着车跟随。在岐山下建立了新的国家。大王亶父可以说是重视生命的人。重视生命的人，虽然富贵但是不会因为养生的东西而伤害身体，虽然贫贱不会因为私利而劳累形体。现在世上居高官爵位的人，都重视失去它们，看到利益就不顾自己的身体，不是迷惑吗？

原文

越人三世弑[1]其君，王子搜患之，逃乎丹穴[2]。而越国无君，求王子搜不得，从之丹穴。王子搜不肯出，越人熏之以艾。乘以王舆。王子搜援绥登车，仰天而呼曰："君乎！君乎！独不可以舍我乎！"王子搜非恶为君也，恶为君之患也。若王子搜者，可谓不以国伤生矣，此固越人之所欲得为君也。

注解

①弑：臣子杀死君主，儿子杀死父亲叫做弑。

②丹穴：山洞的名字。

译文

越国人三代杀死自己的国君，王子搜为此感到很担忧，于是就逃到了叫做丹穴的山洞里。越国没有了国君，寻找王子搜又找不到，于是就跟踪到了丹穴。王子搜不肯出来，越国人就用艾草熏山洞，用国君的车子来接他。王子搜抓住车绳上车，仰天呼号说："国君！国君！为什么不能放过我呢？"王子搜不是厌恶做国君，而是厌恶做国君所遭到的祸患。像王子搜这样的人，就可以说是不肯为了君主的位子而伤害自己性命的人，这就是越国人为什么想让他做国君的原因。

原文

韩魏相与争侵地①。子华子见昭僖侯，昭僖侯有忧色。子华子曰："今使天下书铭于君之前，书之言曰：'左手攫②之则右手废，右手攫之则左手废，然而攫之者必有天下。'君能攫之乎？"

昭僖侯曰："寡人不攫也。"

子华子曰："甚善！自是观之，两臂重于天下也，身亦重于两臂。韩之轻于天下亦远矣，今之所争者，其轻于韩又远。君固愁身伤生以忧戚之不得也！"

僖侯曰："善哉！教寡人者众矣，未尝得闻此言也。"子华子可谓知轻重矣！

注解

①侵地：争夺土地。

②攫：夺取。

译文

韩国和魏国相互争夺土地。子华子见昭僖侯时，昭僖侯面呈忧色。子华子说："现在假如让天下人在你面前写下誓言，誓言说：'左手夺得就砍去右手，右手夺得就砍去左手。但是夺得的人会得到天下'。你愿意夺得吗？"

昭僖侯说："我不愿意去争夺。"

子华子说："非常好！由此看来，两只臂膀重于天下，身体比两只臂膀还要重要。韩国比起天下来非常轻微！现在所争夺的，比韩国还轻微很多，你为什么还要担心得不到呢！"

昭僖侯说："好！劝我的人多了，但是我却没有听到这样的话。"子华子可以说是知道轻重的人。

原文

鲁君闻颜阖得道之人也，使人以币先焉。颜阖守陋闾，苴布[①]之衣而自饭牛。鲁君之使者至，颜阖自对之。使者曰："此颜阖之家与?"

颜阖对曰："此阖之家也。"

使者至币，颜阖对曰："恐听者谬而遗使者罪，不若审之。"使者还，反审之，复来求之，则不得已。故若颜阖者，真恶富贵也。

故曰，道之真以治身，其绪余以为国家，其土苴[②]以治天下。由此观之，帝王之功，圣人之余事也，非所以完身养生也。今世俗之君子，多危身弃生以殉物，岂不悲哉！

凡圣人之动作也，必察其所以之与其所以为。今且有人于此，以随侯之珠[③]弹千仞之雀，世必笑之。是何也？则其所用者重而所要者轻也。夫生者，岂特随侯珠之重哉！

注解

①苴布：粗麻布。

②土苴：糟粕。

③随侯之珠：随国产的宝珠，形容非常珍贵。

译文

鲁君听说颜阖是个得道的人，就命使者赠送财物先行致意。颜阖居住在窄陋的巷子里，穿着粗麻布做成的衣服在喂牛。鲁君派的使者到了，颜阖亲自接待他。使者说："这里是颜阖的家吗？"

颜阖答："这是颜阖的家。"

使者送上财物，颜阖说："恐怕听错了让使者受责备，不如再四处去问清楚吧。"使者回去，问明白后又返回来，已经找不到颜阖了。颜阖这样的人，是真正厌恶富贵的。

因此说：道的实质是用来修养自身的，所剩余的用来治理国家，它的渣滓用来治理天下。由此看来，帝王成就的功业，是圣人的余事，不能够用来保全身体养护生命。现在世俗的君子，大多不顾危害自身舍弃生命去追逐外物，不是很可悲吗？

圣人的一切行动，一定要明察之所以那么做的目的和原因。现在假如有这样的人，用随侯的贵重珠子去射千仞高的雀鸟，世人一定会讥笑他，为什么呢？是因为他使用的东西珍贵而想获得的东西轻微。生命这种东西，难道不是像随侯的宝珠那样贵重吗？

原文

子列子穷，容貌有饥色。客有言之于郑子阳者曰："列御寇，盖有道之士也，居君之国而穷，君无乃为不好士[①]乎？"郑子阳即令官遗之粟。子列子见使者，再拜而辞。

使者去，子列子入，其妻望之而拊心曰："妾闻为有道者之妻子，皆得佚乐。今有饥色，君过而遗先生食，先生不受，岂不命邪！"

子列子笑谓之曰："君非自知我也。以人之言而遗我粟，至其罪我也又且以人之言，此吾所以不受也。"其卒，民果作难而杀子阳。

注解

①好士：喜好贤士。

译文

子列子非常穷困，面露饥色，有人对郑子阳说："列御寇是有道的人，现在在你的国家居住，他非常贫困，你不是喜好贤士吗？"郑子阳派官吏给子列子送去米粟，子列子见到使者，再三推辞不接受。

使者离开，子列子进入室内，他的妻子埋怨他而抚着胸说："我听说有道之人的妻子儿女，都能安逸享乐。现在面露饥色，郑子阳派人给你送粮，你却不接受，难道这是命中注定的吗？"

子列子笑着说："并不是郑子阳自己了解我，他是因为别人说的才送给我粮食，将来他有可能再听别人的话来治我的罪，这就是我不接受的原因。"后来，百姓果然造反把郑子阳杀死了。

原文

楚昭王失国，屠羊说[①]走而从于昭王。昭王反国，将赏从者，及屠羊说。屠羊说曰："大王失国，说失屠羊；大王反国，说亦反屠羊。臣之爵禄已复矣，又何赏之有！"

王曰："强之！"

屠羊说曰："大王失国，非臣之罪，故不敢伏其诛；大王反国，非臣之功，故不敢当其赏。"

王曰："见之！"

屠羊说曰："楚国之法，必有重赏大功而后得见，今臣之知不

足以存国而勇不足以死寇。吴军入郢，说畏难而避寇，非故随大王也。今大王欲废法毁约而见说，此非臣之所以闻于天下也。”

王谓司马子綦曰：“屠羊说居处卑贱而陈义甚高，子綦为我延之以三旌②之位。”

屠羊说曰：“夫三旌之位，吾知其贵于屠羊之肆也；万钟之禄，吾知其富于屠羊之利也；然岂可以贪爵禄而使吾君有妄施之名乎！说不敢当，愿复反吾屠羊之肆。”遂不受也。

注解

①屠羊说：宰羊的人，名字叫做说。

②三旌：三卿，三公。

译文

楚昭王丧失了国土，屠羊说跟随楚昭王在外面逃亡。楚昭王返回楚国，要奖赏跟随他的人，轮到了屠羊说的时候，屠羊说说道：“大王丧失国土，我也失去了宰羊的职业；现在大王返回楚国，我也要去宰羊了，我的爵禄已经恢复了，哪里还有需要赏赐的呢?”

楚昭王说：“强迫他接受。”

屠羊说说：“大王丧失国土，不是我的过错，因此不应该接受惩罚；大王收复国土返回楚国，也不是我的功劳，因此我不应当接受奖赏。”

楚昭王说：“我要见他。”

屠羊说说："楚国的法律，必定是重赏大功的人才能够被接见。现在我的智慧不足以使国家得到保存，勇敢也不足以杀死敌寇，吴军攻入郢，我害怕危难逃避敌寇，不是有意追随大王。现在大王想要弃毁法律而接见我，这不是我想让天下人都知道的事情。"

楚昭王对司马子綦说："屠羊说虽处身卑贱但是陈述的道理很高深，你替我请他做三公的职位。"

屠羊说说："三公的职位，我知道它比宰羊的职业尊贵；万钟的俸禄，我知道比宰羊的利益丰厚。但是我怎么可以因为贪图爵位而让国君得到滥施的名声呢？我不敢接受，希望返回到宰羊的市场。"最后还是没有接受赏赐。

原　文

原宪[①]居鲁，环堵[②]之室，茨[③]以生草；蓬户不完，桑以为枢；而瓮牖二室，褐[④]以为塞，上漏下湿，匡坐而弦歌。

子贡乘大马，中绀而表素，轩车不容巷，往见原宪。原宪华[⑤]冠縰履，杖藜而应门。

子贡曰："嘻！先生何病？"原宪应之曰："宪闻之，无财谓之贫，学而不能行谓之病。今宪，贫也，非病也。"子贡逡巡而有愧色。

原宪笑曰："夫希世而行，比周而友，学以为人，教以为己，仁义之慝，舆马之饰，宪不忍为也。"

注　解

①原宪：人名，是孔子的弟子。

②环堵：四围各一堵的房屋。

③茨：把茅草盖在房屋上。

④褐：用粗布制作的衣服。

⑤华：破旧，破裂。

译文

原宪在鲁国居住，住在方丈小屋内，屋顶上盖着茅草，编织的蓬草做的门也不完整，用桑条做的门枢，用破瓮做的窗户，用粗布衣服将屋子隔开成为两间小屋，屋顶漏雨，地下潮湿，原宪却端正地坐着弹琴唱歌。

子贡乘着高头大马，里面穿着深红色的衣服外面罩着白色的大衣，巷子里不能容下高大的马车，于是就走着去见原宪。原宪带着破旧的帽子，穿着破裂的鞋子，扶着杖藜应门。

子贡说："唉！先生得什么病了吗？"原宪答："我听说，没有钱财叫做贫，有学问但却不能施行叫做病，现在我是贫困，不是病。"子贡听后面有愧色不知进退。

原宪笑着说："如果趋世行事，结党为友，学习是为了向别人炫耀，教导别人是为了显示自己，仁义的奸藏，车马豪华的装饰，这是我不愿意做的。"

原文

曾子居卫，缊袍[1]无表，颜色肿哙[2]，手足胼胝[3]。三日不举火，十年不制衣，正冠而缨[4]绝，捉衿而肘见，纳屦而踵决。曳縰而歌《商颂》，声满天地，若出金石。天子不得臣，诸侯不得友。故养志者忘形，养形者忘利，致道者忘心矣。

注解

①缊袍：絮衣。

②肿哙：浮肿。

③胼胝：老茧。

④缨：帽子的带子。

译文

曾子在卫国居住，絮衣破烂，面色浮肿，手脚都长着厚厚的茧，三天不起火做饭，十年没有新衣服穿，正一下帽子，帽子的带子就会断，拉一下衣襟手臂就会露出来，穿着鞋子脚跟就会突出来。拖拉着破旧的鞋子吟唱《商颂》，声音充满天地间，好像是金石乐器奏出来的声音。天子不能让他做自己的臣子，诸侯不能和他成为朋友。因此，修养心志的人忘记了形骸，修养形骸的人忘了私利，求道的人忘记了心机。

原文

孔子谓颜回曰："回，来！家贫居卑，胡不仕乎？"颜回对曰："不愿仕。回有郭外[①]之田五十亩，足以给饩粥；郭内之田十亩，足以为丝麻；鼓琴足以自娱，所学夫子之道者足以自乐也。回不愿仕。"

孔子愀然变容曰："善哉，回之意！丘闻之：'知足者，不以利自累也，审自得者，失之而不惧，行修于内者，无位而不怍。'丘诵之久矣，今于回而后见之，是丘之得也。"

注解

①郭外：城外。

译文

孔子对颜回说："颜回，过来！你的家境贫寒居处卑陋，为什么不出外做官呢？"颜回说："我不愿意做官。我在城外有五十亩田，喝稀粥足够了；城内有十亩田，所产的丝麻足够；弹琴使我愉悦；向先生学的道理足以使我快乐。我不愿意做官。"

孔子面色改变说："很好，你的意愿！我听说，'满足的人不会因为利禄而使自己劳累；心里自得的人，有所失也不会忧惧；修养内心的人，没有爵位也不会羞愧。'我读这句话已经很久了，现在在你身上看到，是我的收获。"

原文

中山公子牟[1]谓瞻子曰："身在江海之上，心居乎魏阙[2]之下，奈何？"瞻子曰："重生。重生则利轻。"

中山公子牟曰："虽知之，未能自胜也。"瞻子曰："不能自胜则从，神无恶乎？不能自胜而强不从者，此之谓重伤。重伤之人，无寿类矣。"

魏牟，万乘之公子也，其隐岩穴也，难为于布衣之士；虽未至乎道，可谓有其意矣！

注解

①中山公子牟：指魏国的公子。

②魏阙：魏国的宫殿。

译文

中山公子牟对瞻子说："我虽然身处江湖，但内心却留恋宫廷的富贵，怎么办呢？"瞻子说："重视自己的生命。看重自己的生命就会轻视名利富贵。"

中山公子牟说："虽然知道这些，但却不能管束自己。"瞻子说："不能管束自己就放任，这样精神难道不厌恶吗？不能管束自己又勉强不顺应，就是双重的损伤。受双重损伤的人，是不能长寿的。"

魏牟，是万乘之国的公子，在岩穴里隐居，比平民百姓困难多了，虽然没有通于大道，但也已经有了通于大道的心意。

原文

孔子穷于陈蔡[①]之间，七日不火食，藜羹不糁，颜色甚惫，而独弦歌于室。颜回择菜，子路、子贡相与言曰："夫子再逐于鲁，削迹于卫，伐树于宋，穷于商周，围于陈蔡。杀夫子者无罪，藉[②]夫子者无禁。弦歌鼓琴，未尝绝音，君子之无耻也若此乎？"

颜回无以应，入告孔子。孔子推琴，喟然[③]而叹曰："由与赐，细人[④]也。召而来，吾语之。"

子路、子贡入。子路曰："如此者可谓穷矣！"

孔子曰："是何言也！君子通于道之谓通，穷于道之谓穷。今丘抱仁义之道以遭乱世之患，其何穷之为！故内省[⑤]而不穷于道，临难而不失其德，天寒既至，霜雪既降，吾是以知松柏之茂也。陈蔡之隘，于丘其幸乎！"

孔子削然反琴而弦歌，子路扢然[⑥]执干[⑦]而舞。子贡曰："吾不知天之高也，地之下也。"

古之得道者，穷亦乐，通亦乐。所乐非穷通也，道德于此，则穷通为寒暑风雨之序矣。故许由娱于颍阳，而共伯[⑧]得乎丘首。

注解

①陈蔡：陈国和蔡国。

②藉：欺凌，欺牛。

③喟然：感叹的样子。

④细人：见识浅薄的人。

⑤内省：自我反省。

⑥扢然：跳跃，跳动的样子。

⑦干：兵器。

⑧共伯：即共伯和，伯为爵位，名和。

译文

孔子被围困在陈蔡两国交界的地方，七天没有起火做饭，吃的野菜汤里没有一粒米，脸色看起来非常疲惫，却还在屋里弹琴唱歌。颜回在室外择菜，子路、子贡在谈论："先生被鲁国两次驱逐，在卫国被囚禁，在宋国遭到砍伐大树的羞辱，在商、周不能够得志，又被围困在陈国和蔡国之间。杀死先生的没有罪过，欺辱先生的不被禁止。先生却仍在弹琴唱歌，难道君子不知羞耻就是这个样子吗？"

颜回没有回答，进去告诉了孔子。孔子把琴推开，感叹地说："子路和子贡，是见识浅薄的人，把他们叫进来，我有话要和他们说。"子路、子贡进来见孔子。子路说："像这样，就可以叫做穷困了。"

孔子说："这是什么话！君子通达于道叫做通，不了解道的叫做穷。现在我胸怀仁义之道，却遭逢乱世所带来的祸患，怎么能够说是穷困呢？因此内心反省对大道无所愧疚，面临灾难而不会丧失德，严寒来到，霜雪降落时，才能够知道松柏的茂盛。陈国和蔡国之间的困厄，对于大家来说不是很好的考验吗？"

孔子安然地拿起琴弹唱起来，子路兴奋地手执干戈跳起舞来。子贡说："我不知道天有多么高，地有多么厚啊！"

古时得道的人，处于穷困的环境里也能自得其乐，通达的情况下也能自得其乐。他们所快乐的不是穷困和通达，只要道德存留于此，穷困通达就好像寒暑风雨的规律一样交替变化。因此，许由能够在颍阳水边自乐，共伯能在丘首的山下自得。

原文

舜以天下让其友北人无择，北人无择曰："异哉后[1]之为人也，居于畎亩[2]之中而游尧之门！不若是而已，又欲以其辱行漫[3]我。吾羞见之。"因自投清泠之渊。

注解

①后：君主，君王。

②畎亩：这里指田间。

③漫：污浊。

译文

舜想把天下让给他的朋友北人无择，北人无择说："舜的为人奇怪啊！他居住在田园之中，却游历在尧的门前！不仅这样，又要用他可耻的行为来把我玷污。我羞于见到他。"于是他跳进了名叫清泠的渊中。

原文

汤[1]将伐桀[2]，因卞随[3]而谋，卞随曰："非吾事也。"

汤曰："孰可？"

曰："吾不知也。"

汤又因务光[4]而谋，务光曰："非吾事也。"

汤曰："孰可？"

曰："吾不知也。"

汤曰："伊尹何如？"

曰："强力[5]忍垢，吾不知其他也。"

汤遂与伊尹谋伐桀，克之，以让卞随。卞随辞曰："后之伐桀也谋乎我，必以我为贼也；胜桀而让我，必以我为贪也。吾生乎乱世，而无道之人再来漫我以其辱行，吾不忍数闻也。"乃自投椆水[6]而死。

汤又让务光曰："知者谋之，武者遂之，仁者居之，古之道也。吾子胡不立乎？"

务光辞曰："废上，非义也；杀民，非仁也；人犯其难，我享其利，非廉也。吾闻之曰：'非其义者，不受其禄，无道之世，不践其土。'况尊我乎！吾不忍久见也。"乃负石而自沉于庐水[7]。

注解

①汤：商汤。

②桀：夏桀。

③卞随：人名，姓卞名随，隐士。

④务光：人名，姓务名光，隐士。

⑤强力：有毅力。

⑥椆水：水名。

⑦庐水：水名。

译文

商汤计划讨伐夏桀，就和卞随商量，卞随说："这不是我的事情。"

商汤问："那和谁可以商量呢？"

卞随回答说："我不知道。"

商汤又和务光一起商量，务光说："这不是我的事情。"

商汤问："那和谁可以商量呢？"

务光答："我不知道。"

商汤又问："伊尹怎么样呢？"

务光答："伊尹有毅力，能够忍辱负重，别的我就不知道了。"

商汤就和伊尹一起商讨讨伐夏桀，打败夏桀后，商汤准备把天下让给卞随。卞随推辞说："你讨伐夏桀的时候曾经找我商量，一定认为我是残暴的人；现在战胜了夏桀又要把天下让给我，一定认为我是一个贪婪的人。我出生在乱世里，而且无道的人还要用自己可耻的行为来污辱我，我不能忍受数次的搅扰。"于是跳进稠水死了。

商汤又要把天下让给务光，他说："有智慧的人谋划，勇敢的人完成，仁义的人来居于天子之位，这是自古以来的道理。先生为什么不即位呢？"

务光推辞说："废弃自己的君上，不合于义；屠戮百姓，不合于仁；别人冒险犯难，我却坐享其利，这不是廉。我听说：'不合于义的，不接受他的爵位俸禄；无道之世，不踏他的国土。'更何况是尊我为天子呢！我不忍心长期地看下去。"于是背着石头自沉于庐水而死。

原文

昔周之兴，有士二人处于孤竹[①]，曰伯夷、叔齐。二人相谓曰："吾闻西方有人，似有道者，试往观焉。"至于岐阳，武王闻之，使叔旦[②]往见之。与之盟曰："加富[③]二等，就官一列。"血牲而埋之。

二人相视而笑曰："嘻，异哉！此非吾所谓道也。昔者神农之

有天下也，时祀尽敬而不祈喜；其于人也，忠信尽治而无求焉。乐与政为政，乐与治为治，不以人之坏自成也，不以人之卑自高也，不以遭时自利也。今周见殷之乱而遽为政，上谋而下行货[4]，阻[5]兵而保威，割牲而盟以为信，扬行以说众，杀伐以要利，是推乱以易暴也。吾闻古之士，遭治世不避其任，遇乱世不为苟存。今天下暗，殷德衰，其并乎周以涂吾身也，不如避之以絜吾行。”二子北至于首阳之山，遂饿而死焉。若伯夷、叔齐者，其于富贵也，苟可得已，则必不赖[6]。高节戾行[7]，独乐其志，不事于世，此二士之节也。

注解

①孤竹：地名。

②叔旦：指周公旦，武王的弟弟。

③富：俸禄。

④行货：收买人心，贿赂。

⑤阻：依靠，依仗。

⑥赖：获取，取得。

⑦戾行：乖戾的行为，不合乎世俗。

译文

以前周朝兴起的时候，在孤竹有两位贤人，叫做伯夷和叔齐。他们商量说：“我听说西方有个人，好像是得道的，我们前去看看吧。”他们来到岐阳时，武王听到了，就派他的弟弟周公旦前去探望。和他们结下盟誓说：“增加二等俸禄，任职一等。”并用牲畜的血涂在盟书上面埋藏在地下。

他们二人相视而笑说：“嘻，奇怪啊！这不是我所说的道。以前神农氏治理天下的时候，虔诚崇敬地祭祀四时而不求福；他对百姓，忠信尽力地为民服务而无所求。乐于为政的就让他为政，乐于治理的就让他来治理。不因为别人的失败来显示自己的成功，不因为别人的卑下自以为高贵，不因为恰逢时机就谋取私利。现在周看到殷祸乱就迅速地夺取大权，崇尚谋略求取获利，依仗武力炫耀威势，宰杀牲畜结盟，宣扬自己的德行来争取民众，诛杀讨伐追逐私利，这是通过制造祸乱的方法来代替残暴。我听说古代的士人，碰到治世不逃避自己的责任，遇到乱世不苟且偷生。现在天下黑暗，周朝德行衰退，怎么能够跟周朝并存来使我们自身受到侮辱呢！不如避开来保持我们行为的高洁。”于是他们俩向北来到首阳山上，最终饿死在山上了。像伯夷和叔齐这样的人，对于富贵，即使有机会得到，也不获取。高尚的节操和异于世俗的行为，独以自己的志向为乐而不追逐世事。这就是他们两人的气节。

盗跖

原文

孔子与柳下季[1]为友，柳下季之弟，名曰盗跖[2]。盗跖从卒九千人，横行天下，侵暴诸侯，穴室枢户，驱人牛马，取人妇女，贪得忘亲，不顾父母兄弟，不祭先祖。所过之邑，大国守城，小国入保[3]，万民苦之。

孔子谓柳下季曰：“夫为人父者，必能诏其子；为人兄者，必能教其弟。若父不能诏其子，兄不能教其弟，则无贵父子兄弟之亲矣。今先生，世之才士也，弟为盗跖，为天下害，而弗能教也，丘

窃[4]为先生羞之。丘请为先生往说之。”

柳下季曰：“先生言为人父者必能诏其子，为人兄者必能教其弟，若子不听父之诏，弟不受兄之教，虽今先生之辩，将奈之何哉！且跖之为人也，心如涌泉，意如飘风，强足以距[5]敌，辩足以饰非，顺其心则喜，逆其心则怒，易辱人以言。先生必无往。”

孔子不听，颜回为驭，子贡为右[6]，往见盗跖。

盗跖乃方休卒徒于大山[7]之阳，脍[8]人肝而铺[9]之。孔子下车而前，见谒者曰：“鲁人孔丘，闻将军高义，敬再拜谒者[10]。”

谒者入通，盗跖闻之大怒，目如明星，发上指冠，曰：“此夫鲁国之巧伪人孔丘非邪？为我告之：‘尔作言造语，妄称文、武，冠枝木之冠，带死牛之胁[11]，多辞缪说，不耕而食，不织而衣，摇唇鼓舌，擅生是非，以迷天下之主，使天下学士不反其本，妄作孝弟而侥幸于封侯富贵者也。子之罪大极重，疾走归！不然，我将以子肝益[12]昼铺之膳[13]。’”

孔子复通曰：“丘得幸于季，愿望履幕下[14]。”

谒者复通，盗跖曰：“使来前！”

孔子趋而进，避席反走，再拜盗跖。盗跖大怒，两展其足，案剑瞋目[15]，声如乳虎，曰：“丘来前！若所言，顺吾意则生，逆吾心则死。”

孔子曰：“丘闻之，凡天下有三德：生而长大，美好无双，少长贵贱见而皆说之，此上德也；知维天地，能辩诸物，此中德也；勇悍果敢，聚众率兵，此下德也。凡人有此一德者，足以南面称孤矣。今将军兼此三者，身长八尺二寸，面目有光，唇如激丹[16]，齿如齐贝，音中黄钟，而名曰盗跖，丘窃为将军耻不取焉。将军有意听臣，臣请南使吴越，北使齐鲁，东使宋卫，西使晋楚，使为将军造大城数百里，立数十万户之邑，尊将军为诸侯，与天下更始，罢兵休卒，收养昆弟[17]，共祭先祖。此圣人才士之行，而天下之愿也。”

盗跖大怒曰："丘来前！夫可规以利而可谏以言者，皆愚陋恒民[18]之谓耳。今长大美好，人见而悦之者，此吾父母之遗德也。丘虽不吾誉，吾独不自知邪？

"且吾闻之，好面誉人者，亦好背而毁之。今丘告我以大城众民，是欲规我以利而恒民畜[19]我也，安可久长也！城之大者，莫大乎天下矣。尧、舜有天下，子孙无置锥之地；汤、武立为天子，而后世绝灭；非以其利大故邪？且吾闻之，古者禽兽多而人少，于是民皆巢居以避之，昼拾橡栗，暮栖木上，故命之曰有巢氏之民。古者民不知衣服，夏多积薪，冬则炀[20]之，故命之曰知生之民。神农之世，卧则居居[21]，起则于于[22]，民知其母，不知其父，与麋鹿共处，耕而食，织而衣，无有相害之心，此至德之隆也。然而黄帝不能致德，与蚩尤[23]战于涿鹿之野，流血百里。尧、舜作，立群臣，汤放其主，武王杀纣。自是之后，以强陵弱，以众暴寡。汤、武以来，皆乱人之徒也。

"今子修文、武之道，掌天下之辩，以教后世，缝衣浅带[24]，矫言伪行，以迷惑天下之主，而欲求富贵焉，盗莫大于子。天下何故不谓子为盗丘，而乃谓我为盗跖？子以甘辞说子路而使从之，使子路去其危冠，解其长剑，而受教于子，天下皆曰：'孔丘能止暴禁非。'其卒之也，子路欲杀卫君而事不成，身菹[25]于卫东门之上，子教子路菹此患，上无以为身，下无以为人。是子教之不至也。子自谓才士圣人邪？则再逐于鲁，削迹于卫，穷于齐，围于陈蔡，不容身于天下。子之道岂足贵邪？

"世之所高，莫若黄帝，黄帝尚不能全德，而战于涿鹿之野，流血百里。尧不慈，舜不孝，禹偏枯[26]，汤放其主，武王伐纣，文王拘羑里。此六子者，世之所高也，孰论之，皆以利惑其真而强反其情性，其行乃甚可羞也。

"世之所谓贤士，莫若伯夷、叔齐。伯夷、叔齐辞孤竹之君而饿死于首阳之山，骨肉不葬。鲍焦[27]饰行[28]非世，抱木而死。申徒狄[29]谏而不听，负石自投于河，为鱼鳖所食。介子推至忠也，自割其股以食文公。文公后背之，子推怒而去，抱木而燔死。尾生与女子期[30]于梁下，女子不来，水至不去，抱梁柱而死。此六子者，无异于磔[31]犬流豕操瓢而乞者，皆离名[32]轻死，不念本养寿命者也。

"世之所谓忠臣者，莫若王子比干、伍子胥。子胥沉江，比干剖心。此二子者，世谓忠臣也，然卒为天下笑。自上观之，至于子胥、比干，皆不足贵也。

"丘之所以说我者，若告我以鬼事，则我不能知也；若告我以人事者，不过此矣，皆吾所闻知也。

"今吾告子以人之情，目欲视色，耳欲听声，口欲察味，志气欲盈。人上寿百岁，中寿八十，下寿六十，除病瘦死丧忧患，其中开口而笑者，一月之中不过四五日而已矣。天与地无穷，人死者有时，操有时之具而托于无穷之间，忽然无异骐骥之驰过隙也。不能说其志意，养其寿命者，皆非通道者也。

"丘之所言，皆吾之所弃也，亟去走归，无复言之！子之道，狂狂汲汲[33]，诈巧虚伪事也，非可以全真也，奚足论哉！"

孔子再拜趋走，出门上车，执辔[34]三失，目芒然无见，色若死灰，据轼低头，不能出气。归到鲁东门外，适遇柳下季。柳下季曰："今者阙然数日不见，车马有行色，得微[35]往见跖邪？"

孔子仰天而叹曰："然。"

柳下季曰："跖得无逆汝意若前乎？"

孔子曰："然。丘所谓无病而自灸也，疾走料[36]虎头，编[37]虎须，几不免虎口哉！"

注解

①柳下季：姓展名获，字李禽，鲁国的贤人。因居于柳树之下得号"柳下惠"。

②盗跖：古时的大盗。

③保：通"堡"，城堡。

④窃：私下。

⑤距：通"拒"，抗拒。

⑥右：车右，陪乘。

⑦大山：泰山。

⑧脍：切细。

⑨餔：吃。

⑩谒者：传令官。

⑪胁：牛皮。

⑫益：增加。

⑬膳：饭食。

⑭望履幕下：在帐幕下看到你的脚，即面谈。

⑮瞋目：瞪着双眼，双眼圆睁。

⑯激丹：鲜明的丹砂。激，鲜明。

⑰昆弟：兄弟。

⑱恒民：普通百姓。

⑲畜：对待。

⑳炀：这里指烧火取暖。

㉑居居：安然的样子。

㉒于于：闲适自得的样子。

㉓蚩尤：原始社会的一个部落首领。

㉔缝衣浅带：穿着宽衣系着宽带，这是古代儒士的服装。

㉕菹：酷刑，把人剁成肉酱。

㉖偏枯：偏瘫。

㉗鲍焦：姓鲍名焦，隐士。

㉘饰行：粉饰自己的行为。

㉙申徒狄：复姓申徒，名狄，贤人。

㉚期：约会。

㉛磔：分裂。

㉜离名：重名。

㉝狂狂汲汲：钻营寻求的样子。

㉞辔：缰绳。

㉟微：无。

㊱料：撩拨。

㊲编：捋，摸。

译文

孔子和柳下季是朋友，柳下季的弟弟，名字叫做盗跖。盗跖的随从有九千人，横行于天下，侵袭扰乱诸侯，穿凿房屋破门探室，抢夺牛马牲畜，劫掠妇女，贪求私利而忘记亲人，全然不顾父母兄弟，也不祭奉祖先。凡是他经过的地方，大国守城池，小国退避在城堡，成千上万的百姓饱受其苦。

孔子对柳下季说："做父亲的，能够告诫自己的儿子；做兄长的，也一定能够教化自己的弟弟。假如父亲不能告诫自己的儿子，兄长不能够教育自己的弟弟，那么父子兄弟间的亲情也就不珍贵了。现在先生是世上的贤士，弟弟盗跖是天下的祸害，但是却不能教化他，我私下里为你感到羞耻。我愿意替你前去劝说他。”

柳下季说：“先生说做人父亲的一定能告诫自己的儿子，做人兄长的一定能教导自己的弟弟，假如儿子不听从父亲的告诫，弟弟不遵从兄长的教导，即使像先生现在一样善辩，又能够把他怎么样呢！而且盗跖的为人，心思好像涌动的泉水，意识好像飘风一样无法捉摸，勇猛强悍足以抗拒敌人，善辩足以掩饰过错，顺应他的心意他就会高兴，悖逆他的心意就会发怒，他很容易用语言去侮辱别人。先生一定不要前往。”

孔子不听，让颜回为他驾车，子贡为车右，前去见盗跖。

盗跖正率领随从在泰山的南面歇息，切碎人肝炒着吃。孔子下车走向前，对传达的人说：“鲁国人孔丘，听说将军高义，特来拜见，敬请传达。”

传达的人进去通报，盗跖听到以后大怒，双目圆瞪好像明亮的星星，怒发冲冠，说：“不就是鲁国的巧伪之人孔丘吗？替我转告他：‘你造作语言，假托文王和武王的德行，头戴树枝一样的帽子，系着牛皮做成的腰带，胡说乱语，不耕作却食用，不织布却穿衣，摇唇鼓舌，搬弄是非，来迷惑天下的君主，使天下的读书人不回复自己的本业，而虚妄的主张孝悌，期望侥幸地得到封侯而富贵。你的罪过极其重大，赶快走，不然我将用你的肝做午餐。’”

孔子再次通报说：“我有幸能和柳下季成为朋友，希望能够拜见将军。”

传达的人再次去通报，盗跖说：“让他到前面来。”

孔子快步走去，避开席后退数步，再拜盗跖。盗跖非常生气，伸开双脚，双眼圆睁手握剑柄，声音好像老虎，说：“孔丘你上前来！假如你所说的话顺应我的心意就活，悖逆我的心意就死。”

孔子说：“我听说，天下的人有三种美德，出生长大，美丽无双，老少贵贱看到都很喜欢他，这是上德；知识包罗天地，能力足以辨别各种事物，这是中德；勇猛果决，聚众统领士兵，这是下德。只要具有这三种美德中的一种，就足以南面称王了。现在将军兼有这三种美德，身高八尺二寸，面容有光泽，双唇鲜艳如朱砂，牙齿整齐如贝珠，声音合于黄钟，但是名字却叫做盗跖，我私下为将军取这样一个名字而感到羞耻。将军如有意听我的建议，我将向南出使吴国、越国，向北出使齐国、鲁国，向东出使宋国、卫国，向西出使晋国、楚国，为将军建造一座数百里的大城，建立数十万户的封邑，把将军尊奉为诸侯，和天下人去除旧怨有新的开始，丢弃武器停止征战，收养兄弟，拜祭先祖，这是圣人贤士的行为，也是天下人的心愿。"

盗跖怒气冲冲地说："孔丘你上前！凡是可以用利益来规劝，用语言来进谏的，都是愚蠢浅陋的平民而已。现在我高大英俊，人们见到我喜欢，这是父母遗留给我的美德。我即使不得到称赞，难道我自己不知道吗？

"况且我听说过，喜好当着别人的面赞誉的，也爱背着别人诋毁别人。现在你告诉我建造大城聚集百姓，是想用利益规劝我，把我当作普通百姓一样来对待，怎么能够长久！城邑再大，也不能够比天下大。尧舜拥有天下，但子孙却连立锥之地都没有；商汤和周武王立为天子，但是后代却断绝了。这不正是因为他们占有大利的缘故吗？我听说古代的野兽多而人少，于是人们都在树上筑巢居住来躲避灾患。白天捡取橡子，晚上栖息在树上，因此把他们叫做有巢氏的子民。古代的人民不知道穿衣服，夏天积攒柴草，冬天烧了取暖，因此把他们叫做知晓生存的人。神农氏的时候，睡卧的时候安然闲适，起来的时候悠然自得，人们只知道母亲，不知道父亲，和麋鹿一起生活，耕作而食，织布而衣，没有互相伤害的心思，这个时候的德行最盛。黄帝也不能达到这种德，而和蚩尤在涿鹿的旷野交战，血流百里。尧舜兴起，设置群臣，商汤放逐君主，武王杀死纣王。从此之后，以强凌弱，以众欺少。商汤武王以来，都是惑乱人民的。

"现在你研习文王武王治国的主张，掌控天下的言论来教化后世，穿着宽衣浅带的儒服，用虚假的语言和行为来迷惑天下的君主，而贪求富贵，没有比你更大的盗贼了。天下人为什么不把你称为盗丘，而把我称为盗跖呢？你用花言巧语使子路跟从追随你，使他去掉高冠，解去长剑，而接受你的教导。天下人都说：'孔丘可以制止暴力禁止非礼。'但是后来，子路想要杀掉卫君而没有成功，自己却在卫国的东门被剁为了肉酱，你使子路遭受这种祸患，向上不能保存自身，向下不能为人，这是你教导的失败。你自称是贤士圣人吗？却两次在鲁国被驱逐，在卫国被禁止居留，在齐国没有出路，在陈蔡被围困，不能使自身容于天下。你的主张有值得尊贵的吗？

“世人所尊崇的，没有比黄帝更高的。黄帝尚且不能使自己德行完备，而在涿鹿的旷野征战，血流百里。尧不仁慈，舜不孝顺，大禹半身不遂，商汤流放君主，武王讨伐纣王，这六个人都是世人所尊崇的。但是仔细评论起来，都是因为追逐利益迷失了自己的真性，而强力违反了自己的性情，他们的行为都是极其可耻的。

“世上所谓的贤士，莫过于伯夷、叔齐。伯夷、叔齐辞让孤竹君的位子，而饿死在首阳的山上，尸首都没有埋葬。鲍焦行为高洁而非议世事，抱着枯树而死。申徒狄进谏而不被采纳，背负石头自沉于河而死，被鱼鳖吞食。介子推是最忠心的，在自己的腿上割肉给晋文公吃。文公后来背弃了他，于是子推愤怒离去，抱着树木而被烧死。尾生和一名女子相约在桥下见面，女子没有来，河水上涨而尾生不离开，抱着桥柱而死。这六个人，和被肢解的狗，沉河的猪，拿着瓢乞讨的人，都是重名而轻死，不珍惜生命本根的人。

“世人所谓的忠臣，没有超过王子比干和伍子胥的了。伍子胥的尸体被沉入江中，比干被挖心。这两个人，世人称作是忠臣，但是最后却被天下人耻笑。从以上这些看来，到伍子胥和比干，都不值得被尊崇。

“你用来劝说我的，假如告诉我一些鬼怪的事情，那我不能知道；如果告诉我一些人事，不过如此而已，都是我所听闻到的。

“现在我告诉你人的真情：眼睛想要去看颜色，耳朵想要去听声音，口舌想要去品尝味道，心志想要满足。一个人上寿是百岁，中寿是八十岁，下寿是六十岁。去除疾病、丧死、忧患以外，开口笑的日子，一个月不过四五天而已。天和地是无穷尽的，人的生死却是有时限的。用有时限的生命寄托在无穷的天地间，短暂的好像良马穿过缝隙一样。不能够使自己的心志舒畅，保养自己的寿命，都不是通于大道的人。

"你所说的，都是我所要舍弃的。赶紧走吧，不要再说了！你的主张钻营求取，都是欺诈虚伪的，不能用来保全真情，不值得谈论！"

孔子一再叩拜后快步离开，出门上车，手执缰绳毫无知觉三次掉落，眼睛茫然无所见，面如死灰，手扶车前的横木而头低垂，不能喘出气来。回到鲁国的东门外，恰好碰到了柳下季。柳下季说："数日不见，你的车马看起来好像外出过，莫非是前去见跖了？"

孔子仰天长叹说："是啊！"

柳下季说："跖是不是违背了你的心意和我以前说的一样？"

孔子说："是的。我就是所谓的没有生病而自己用艾叶来烧灼的人，迅疾地前去撩拨老虎的头，捋老虎的胡子，几乎不能免于被老虎吃掉。"

原文

子张[①]问于满苟得[②]曰："盍[③]不为行[④]？无行则不信，不信则不任，不任则不利。故观之名，计之利，而义真是也。若弃名利，反[⑤]之于心，则夫士之为行，不可一日不为乎！"

满苟得曰："无耻者富，多信者显。夫名利之大者，几在无耻而信。故观之名，计之利，而信真是也。若弃名利，反之于心，则夫士之为行，抱[⑥]其天[⑦]乎！"

子张曰："昔者桀、纣贵为天子，富有天下，今谓臧聚[⑧]曰：'汝行如桀、纣。'则有怍色，有不服之心者，小人所贱也。仲尼、墨翟，穷为匹夫，今谓宰相曰：'子行如仲尼、墨翟。'则变容易色称不足者，士诚贵也。故势为天子，未必贵也；穷为匹夫，未必贱也；贵贱之分，在行之美恶。"

满苟得曰："小盗者拘，大盗者为诸侯，诸侯之门，义士存焉。昔者桓公小白杀兄入嫂[⑨]，而管仲为臣；田成子常杀君窃国，而孔子受币。论则贱[⑩]之，行则下之，则是言行之情悖战于胸中也，不亦拂[⑪]乎！故《书》曰：'孰恶孰美，成者为首，不成者为尾。'"

子张曰："子不为行，即将疏戚无伦，贵贱无义，长幼无序；

五纪[12]六位[13]，将何以为别乎?”

满苟得曰：“尧杀长子，舜流母弟，疏戚有伦乎？汤放桀，武王杀纣，贵贱有义乎？王季为適[14]，周公杀兄，长幼有序乎？儒者伪辞，墨者兼爱，五纪六位将有别乎？

“且子正为名，我正为利。名利之实，不顺于理，不监[15]于道。吾日[16]与子讼[17]于无约[18]，曰：‘小人殉财，君子殉名，其所以变其情，易其性，则异矣；乃至于弃其所为而殉其所不为，则一也。’故曰：无为小人，反殉而天；无为君子，从天之理。若枉若直，相而天极；面观四方，与时消息。若是若非，执而圆机[19]；独成[20]而意，与道徘徊。无转[21]而行，无成而义，将失而所为。无赴而富，无殉而成，将弃而天。

“比干剖心，子胥抉[22]眼，忠之祸也；直躬证父，尾生溺死，信之患也；鲍子立干，申子不自理，廉之害也；孔子不见母，匡子不见父，义之失也。此上世之所传，下世之所语，以为士者正其言，必其行，故服其殃，离其患也。”

注解

①子张：人名，复姓颛孙，名师，字子张，是孔子的弟子。

②满苟得：虚构的人物，比喻贪求私利的人。

③盍：通“何”。

④为行：修养自己的品行。

⑤反：通“返”，返回。

⑥抱：抱守。

⑦天：天性。

⑧臧聚：奴隶马夫。

⑨入嫂：娶嫂嫂为妻。

⑩贱：轻贱。

⑪拂：矛盾。

⑫五纪：五伦，指父子，君臣，夫妇，长幼，朋友。

⑬六位：君、臣、父、子、夫、妇。

⑭适：通“嫡”，长子。

⑮监：鉴。

⑯日：昔日。

⑰讼：争论。

⑱无约：虚构的人物。

⑲圆机：环中。

⑳独成：独自成就。

㉑转：通“专”，专注，执著。

㉒抉：挖，剜。

译文

子张向满苟得请教说：“为什么不修养德行呢？没有德行就不能够被别人信任，不能够被别人信任就不会被任用，不会被任用就不能够获利。因此，从名的角度来观察，从利的角度来计算，仁义就是这样的。假如抛弃名利，在内心反省，那么读书人的行为，也不能不修仁义呀！”

满苟得说：“不知羞耻的人富有，夸言的人显贵，凡是获得较大名利的，几乎都是通过不知羞耻和夸言得来的。因此从名的角度来看，从利的角度来计算，夸言是重要的。假如抛弃名利，在内心反省，那么士人大夫的行为，也只能保持自己的本性了。”

子张说：“以前夏桀和纣王贵为天子，富有天下，现在如果对奴隶和仆役说：‘你的行为好像桀和纣。’就会有羞愧之色，有不服气的样子，这是连卑贱的人都看不起的。孔子和墨子是穷困的普通百姓，现在对宰相说：‘你的行为像孔子和墨子。’他们就会改变面色说自己比不上，这是士人的可贵之处啊。因此权势大如天子的，不一定尊贵；穷困的民众，不一定卑贱。贵贱的区别，就在于品行的好坏。”

满苟得说："小盗被拘捕，大盗成为诸侯，诸侯门下才有道义存在，从前齐桓公小白杀死哥哥后娶嫂嫂为妻，管仲却做他的臣子；田成子常杀死国君窃取国家，孔子却接受了他赠送的财物币帛。评论起来就认为齐桓公和田成子常的行为卑贱，做起事情来自己却这样去做，这就是说话和做事的在心里的交战，难道不是矛盾吗？因此《书》上说：'谁坏谁好，有成就的就好，无所成的就坏。'"

子张说："你如果不修养自己的德行，就会亲疏不讲伦常，贵贱没有标准，长幼不讲次序。五伦六位，拿什么来区别呢？"

满苟得说："尧杀死了自己的长子，舜流放了自己同母的弟弟，亲疏之间有伦常吗？商汤逐夏桀，武王杀纣王，贵贱之间有标准吗？王季被按照长子对待，周公杀死兄长，长幼之间有次序吗？儒士的虚伪言辞，墨者的兼爱，五伦六位，还有区别吗？

"而且，你正在追求名，我正在追求利。名利的实情都不合于理，也不明于道。我以前和你在无约面前争辩说：'小人为财而死，君子为名殉身，他们改变真情，改变天性的原因不同，但是他们丢弃生命追逐不应该追寻的东西却是一样的。'因此说，不要追随于小人，返回去追寻你自己的天性；不要追随君子所追逐的，遵从自然的道理。或曲或直，顺其自然；观照四方，顺应四时顺序而变化。或是或非，掌握在你的环中。独自完成你自己的本意，和大道一同进退。不要固执你自己的行为，不要推行自己的仁义，那会失掉自己的本性。不要奔赴求取富贵，不要急于获取成功，这会丢弃自然的天性。

"比干被挖心，伍子胥被挖眼，这是忠诚的灾祸；直躬证明父亲偷羊，尾生抱着桥柱淹死，这是诚信的灾祸；鲍焦抱着枯树而死，申子跳水自尽，这是廉的灾祸；孔子不见母亲，匡子不见父亲，这是道义的过失。这些都是上世的传闻，下代的评议，认为读书人应当言论正直，用行为去实践，所以遭受这样的灾殃和祸患。"

原文

无足[1]问于知和[2]曰："人卒[3]未有不兴名就利者。彼富则人归之，归则下之，下则贵之。夫见下贵者，所以长生安体乐意之道也。今子独无意焉，知不足邪，意知而力不能行邪！故推正不忘邪?"

知和曰："今夫此人[4]以为与己同时而生，同乡而处者，以为夫绝俗过世之士焉；是专无主正，所以览古今之时，是非之分也，与俗化。世去至重，弃至尊，以为其所为也；此其所以论长生安体乐意之道，不亦远乎！惨怛[5]之疾，恬愉之安，不监于体；怵惕[6]之恐，欣欢之喜，不监于心；知为为而不知所以为，是以贵为天子，富有天下，而不免于患也。"

无足曰："夫富之于人，无所不利，穷美究埶，至人之所不得逮，贤人之所不能及，侠[7]人之勇力而以为威强，秉人之知谋以为明察，因人之德以为贤良，非享国而严若君父。且夫声色滋味权势之于人，心不待学而乐之，体不待象而安之。夫欲恶避就，固不待师，此人之性也。天下虽非我，孰能辞之！"

知和曰："知者之为，故动以百姓[8]，不违其度，是以足而不争，无以为故不求。不足故求之，争四处而不自以为贪；有余故辞之，弃天下而不自以为廉。廉贪之实，非以迫外也，反监之度。势为天子而不以贵骄人，富有天下而不以财戏[9]人。计其患，虑其反，以为害于性，故辞而不受也，非以要名誉也。尧、舜为帝而雍，非仁天下也，不以美害生也；善卷、许由得帝而不受，非虚辞让也，不以事害己。此皆就其利，辞其害，而天下称贤焉，则可以有之，彼非以兴名誉也。"

无足曰："必持其名，苦体绝甘，约养以持生，则亦久病长厄

而不死者也。”

知和曰：“平为福，有余为害者，物莫不然，而财其甚者也。今富人，耳营钟鼓管籥之声，口嗛于刍豢[⑩]醪醴之味，以感其意，遗忘其业，可谓乱矣；侅溺于冯气，若负重行而上也，可谓苦矣；贪财而取慰，贪权而取竭[⑪]，静居则溺，体泽则冯，可谓疾矣；为欲富就利，故满若堵耳而不知避，且冯而不舍，可谓辱矣；财积而无用，服膺而不舍，满心戚醮[⑫]，求益而不止，可谓忧矣；内则疑劫请之贼，外则畏寇盗之害，内周楼疏，外不敢独行，可谓畏矣。此六者，天下之至害也，皆遗忘而不知察，及其患至，求尽性竭财，单以反一日之无故而不可得也。故观之名则不见，求之利则不得，缭意绝体而争此，不亦惑乎！”

注解

①无足：虚构的人物，用来比喻不知足的人。

②知和：虚构的人物，用来比喻廉洁自适的人。

③人卒：普通人。

④此人：指兴名求利的人。

⑤惨怛：悲伤。

⑥怵惕：惊恐。

⑦侠：通“挟”，挟持。

⑧动以百姓：依据百姓的需要行事。

⑨戏：借为“诩”。

⑩刍豢：泛指牛羊等牲畜。

⑪取竭：费尽精力。

⑫戚醮：烦恼。

译文

无足问知和说："人没有谁不是兴名求利的。如果他是一个富有的人，别人就会去归附他；归附他就会对他谦下，对他卑下就会尊崇他。受到别人谦下的尊崇，是长寿、安适形体、快乐之道。现在只有你没有这种欲念，是才智不足呢？抑或是知道但是能力不足以实行呢？还是故意寻求正道而念念不忘呢？"

知和说："现在假如有这样一个兴名求利的人，自认为和自己同时代出生，居处于同乡，就以为自己是超脱世俗的人，这种人其实内心没有指导的原则，如果以此来看古代和现代，是非的分别，不过是同流于世俗而已。世人丢弃掉最贵重的生命，舍弃最尊贵的大道，而去追寻自己的所求，这样论长寿、安体和使心意快乐的方法，不是相差太远了吗？悲痛的疾病，愉悦的安适，不会由形体显现出来；惊慌的恐惧，欢欣的快乐，不会由心里显现出来；知道去做但是却不知道为什么这样做，所以即使贵为天子，富有天下，也不能免除灾患。"

无足说："富有对于人来说，无所不利。尽享天下的美好与权势，这是至人都不能得到的，贤人也不能企及的。用挟持别人的武力作为自己威强的表现，凭借别人的智慧谋略来显示自己的明察，假借别人的德行来显示自己的贤良，没有享有国家但威严却像君父一样。而且声色、美味、权势对于人来说，不必学习内心就很喜欢，形体不必模仿就感觉安适。欲求、厌恶、避免、趋就，本来不需要教导就是会的，这是人的天性。虽然天下人都非议指责我，谁又能不要富有呢！"

知和说："有智慧的人做事，总是依靠百姓的要求，不违反大众的原则，因此知足而不互相侵夺，能够顺任自然所以不贪求。因为不知足所以贪求，四处争抢而不认为自己贪婪；有所剩余所以辞让，舍弃天下财物也不认为自己清廉。清廉和贪求的实质，不是由于外界的迫使，反观自己的禀性所致。权势大如天子也不以尊贵骄傲待人；富有天下也不用财物自诩别人。权衡祸患，反复考虑，认为对本性有害，因此推辞不接受，并不是为了邀取名誉。尧和舜做帝王相互推让，并不是对天下的仁爱，而是不因为美好而损害性命；善卷、许由得到帝王的位子却不接受，不是假意的推辞谦让，而是不想因为政事损害自己。这些都是取他们有利的，舍弃有害的，而被天下人称赞为贤明的人，这是有躲避危害的念头，但是他们却不是为了求名誉。”

无足说：“假如一定要保持名声，劳苦形体弃绝甘美，节约奉养来维持生命，也不过是长久疲困而没有死去罢了。”

知和说：“平和是福气，有剩余是祸害，万物没有不是这样的，财货就更甚。现在的富人，耳朵要听钟鼓管籥的声音，嘴巴要品尝美酒美食，来刺激他的意念，忘记他的事业，这就可说是惑乱了；沉陷于盛气就像是背负重物爬上山坡一样，可以说是劳苦了；贪图财物而招来怨恨，贪求权势而费尽思虑，闲散就沉迷于享乐，身体充盈则意态骄满，就可以说是疾病了；为了贪求富有而追逐利益，财物堆积得高过于墙也不知道满足，贪求而不能舍弃，就可以说是取辱了；积攒财物而无所用，执意求取而不割舍，满心烦恼，追求更多而不停止，就可以说是忧愁；在家里担心会有窃贼，在外面就会畏惧大盗的伤害，建造的楼房严实封闭，出外不敢独行，就可以说是畏惧了。这六个方面，就是天下最大的祸害，全部都忘记而不知道明察，等到祸患来临，想用尽全部的心思竭尽钱财，只求一天的安稳也不可得。因此，从名的角度来说看不到，从利的角度来寻求而得不到，缠绕身心去争抢名利，难道不是很困惑么！”

点评

本篇内容庞杂，大体可分两部分，前一部分通过十个小故事阐明了恬淡、清虚、顺任的旨趣与生活态度，并抨击了滞留人事者与迷恋权势者。后一部分探讨了宇宙万物的基本规律与宇宙的起源，并对外在事物的主体认识进行了探究，这一部分因涉及宇宙观和认识论的诸多观点，因而也价值颇大。

说　剑

原　文

昔赵文王喜剑，剑士夹门①，而客三千余人，日夜相击于前，死伤者岁②百余人，好之不厌。如是三年，国衰，诸侯谋之。

太子悝患之，募左右曰："孰能说王之意止剑士者，赐之千金。"

左右曰："庄子当能。"

太子乃使人以千金奉庄子。庄子弗受，与使者俱，往见太子曰："太子何以教周，赐周千金？"

太子曰："闻夫子明圣，谨奉千金以币从者。夫子弗受，悝尚何敢言！"

庄子曰："闻太子所欲用周者，欲绝王之喜好也。使臣上说大王而逆王意，下不当太子，则身刑而死，周尚安所事金乎？使臣上说大王，下当太子，赵国何求而不得也！"

太子曰："然。吾王所见，唯剑士也。"庄子曰："诺。周善为剑。"

太子曰："然吾王所见剑士，皆蓬头突鬓③，垂冠曼胡④之缨，短后之衣，瞋目而语难，王乃说之。今夫子必儒服而见王，事必大逆。”

庄子曰：“请治[5]剑服。”治剑服三日，乃见太子。太子乃与见王，王脱白刃持之。庄子入殿门不趋，见王不拜。王曰：“子欲何以教寡人，使太子先？”

曰：“臣闻大王喜剑，故以剑见王。”王曰：“子之剑何能禁制？”

曰：“臣之剑，十步一人，千里不留行[6]。”王大悦之，曰：“天下无敌矣！”

庄子曰：“夫为剑者，示之以虚，开之以利，后之以发，先之以至。愿得试之。”

王曰：“夫子休就舍待命，令设戏[7]请夫子。”

王乃校剑士七日，死伤者六十余人，得五六人，使奉剑于殿下，乃召庄子。王曰：“今日试使士敦[8]剑。”

庄子曰：“望之久矣。”王曰：“夫子所御杖，长短何如？”曰：“臣之所奉皆可。然臣有三剑，唯王所用，请先言而后试。”王曰：“愿闻三剑。”曰：“有天子之剑，有诸侯之剑，有庶人之剑。”

注解

①夹门：拥门。

②岁：一年。

③突鬓：鬓发突出。

④曼胡：粗实。曼，“缦”的借字。胡，通“粗”。

⑤治：通“制”，制作。

⑥千里不留行：行走千里不会滞留，这里指没有阻碍。

⑦戏：剑术比赛。

⑧敦：“对”的借字，对决，比赛。

译文

从前赵文王喜好剑术，剑士聚于门下做门客的有三千多人，他们日夜不停地在赵文王面前击剑，死伤的每年都有一百多人，但是赵文王依然喜好而不厌倦。这样的情况持续了三年，国势开始衰落，诸侯都在谋划如何攻取赵国。

太子悝感到非常担忧，召集左右的随从说："如果谁能够劝说君王使他停止招募剑士的，我赏赐给他千金。"

左右侍从都说："庄子可以。"

于是太子使人携带千金去给庄子进奉，庄子不接受，和使者一起去见太子悝，说："太子有什么要指教的，赏赐我千金？"

太子说："听说先生贤达圣明，恭敬地赠送千金给先生的侍从，先生不接受，我还敢说什么呢？"

庄子说："听说太子打算使用我，是让我断绝君王对剑术的喜好。假如我向上劝说君王而违逆了君王的心意，对下又不能符合太子的心愿，形体就会遭受刑戮死去，我要那千金还有什么用处呢？假如我向上能够说服君王，向下能够满足太子的心愿，那我在赵国有什么需求不能被满足呢？"

太子说："是的。君王所接见的，只有剑士。"庄子说："好的。我也善于击剑。"

太子说："但是君王所接见的剑士，都是头发蓬乱，鬓发突出，帽子低垂，帽缨粗实，上衣短后，瞪着眼睛互相出口责难，君王才能喜欢他。现在先生必定穿儒服去见君王，事情一定不会稳妥。"

庄子说："请太子为我制作剑士的服装。"三天以后剑士的服装制作完成，庄子去见太子。于是太子就和他一起见君王，赵文王抽出剑等着他。庄子不急不慢地走进殿门，见到赵文王也不下拜。赵文王说："你打算怎么指教我呢？让太子先引荐？"

庄子说："我听说君王喜好剑术，因此用剑术来拜见君王。"赵文王说："你的剑怎样禁制对手呢？"

庄子说："我的剑，十步之内能杀死一个人，行走千里不会有阻碍。"赵文王非常高兴地说："天下没有你的敌手了。"

庄子说："击剑的方法是先要展示给别人自己的虚空，使他们有机可乘，然后再发动，抢先击中，我愿意为君王演示。"

赵文王说："先生先在馆驿休息，我安排了击剑比赛再来请先生。"

赵文王让剑士较量了七天，死伤者有六十多人，挑选出了五六个人，使他们拿着剑在殿下等待，于是召见庄子。赵文王说："今天请你和剑士们比试剑术。"

庄子说："我已经盼望很久了。"赵文王说："先生使用的剑，长短怎么样呢？"庄子说："我的剑长短都合适，但是我有三种剑，任由君王选择，请让我先说明再比试。"赵文王说："愿意听听哪三种剑。"庄子说："有天子之剑，诸侯之剑和庶人之剑。"

原文

王曰："天子之剑何如？"

曰："天子之剑，以燕谿石城为锋，齐岱[1]为锷[2]，晋魏为脊[3]，周宋为镡[4]，韩魏为夹；包以四夷，裹以四时，绕以渤海，带以恒山；制以五行，论以刑德；开以阴阳，持以春夏，行以秋冬。此剑，直之无前，举之无上，案之无下，运之无旁，上决浮云，下绝地纪[5]。此剑一用，匡诸侯，天下服矣。此天子之剑也。"

文王芒然自失，曰："诸侯之剑何如？"

曰："诸侯之剑，以知勇士为锋，以清廉士为锷，以贤良士为脊，以忠圣士为镡，以豪桀士为夹。此剑，直之亦无前，举之亦无上，案之亦无下，运之亦无旁；上法圆天以顺三光[6]，下法方地以顺四时，中和民意以安四乡[7]。此剑一用，如雷霆之震也，四封之内，无不宾服而听从君命者矣。此诸侯之剑也。"

王曰："庶人之剑何如？"

曰："庶人之剑，蓬头突鬓，垂冠，曼胡之缨，短后之衣，瞋

而语难。相击于前，上斩颈领，下决肝肺。此庶人之剑，无异于斗鸡，一旦命已绝矣，无所用于国事。今大王有天子之位而好庶人之剑，臣窃为大王薄之。”

王乃牵而上殿。宰人上食，王三环⑧之。庄子曰：“大王安坐定气，剑事已毕奏矣。”

于是文王不出宫三月，剑士皆服毙⑨其处也。

注解

①岱：泰山。

②锷：剑刃。

③脊：剑背。

④镡：剑口。

⑤地纪：地基。

⑥三光：指太阳、月亮和星星的光。

⑦四乡：四方。

⑧三环：绕了三圈。

⑨服毙：自杀。

译文

赵文王说：“天子之剑怎么样呢？”

庄子说：“天子之剑，用燕谿石城来做剑端，用齐国的泰山作为剑刃，用晋国和魏国作为剑背，用周朝和宋国作为剑口，用韩国和魏国做剑把，用四夷包着，用四时围着，以渤海为环绕，使恒山作为剑带，依靠五行来运行，用刑德来评断，用阴阳开合，用春夏扶持，用秋冬运行。这种剑，向前刺没有什么东西可以阻挡它，向上举也没有什么东西可以在它上面，

客乃笑而还[7]，行言曰："仁则仁矣，恐不免其身；苦心劳形以危其真。呜呼，远哉其分于道也！"

子贡还，报孔子。孔子推琴而起曰："其圣人与！"乃下求之，至于泽[8]畔，方将杖拏而引其船，顾见孔子，还乡而立。孔子反走，再拜而进。

客曰："子将何求？"

孔子曰："曩[9]者先生有绪言[10]而去，丘不肖，未知所谓，窃待于下风[11]，幸闻咳唾之音[12]以卒相[13]丘也。"

客曰："嘻！甚矣子之好学也！"

孔子再拜而起曰："丘少而修学，以至于今，六十九岁矣，无所得闻至教，敢不虚心！"

客曰："同类相从，同声相应，固天之理也。吾请释吾之所有而经子之所以。子之所以者，人事也。天子诸侯大夫庶人，此四者自正，治之美也，四者离位而乱莫大焉。官治其职，人忧其事，乃无所陵[14]。故田荒室露，衣食不足，征赋不属，妻妾不和，长少无序，庶人之忧也；能不胜任，官事不治，行不清白，群下荒怠，功美不有，爵禄不持，大夫之忧也；廷无忠臣，国家昏乱，工技不巧，贡职不美，春秋后伦[15]，不顺天子，诸侯之忧也；阴阳不和，寒暑不时，以伤庶物，诸侯暴乱，擅相攘伐，以残民人，礼乐不节，财用穷匮，人伦不饬，百姓淫乱，天子之忧也。今子既上无君侯有司之势，而下无大臣职事之官，而擅饰礼乐，选人伦，以化齐民，不泰多事乎。

"且人有八疵，事有四患，不可不察也。非其事而事之，谓之摠[16]；莫之顾而进之，谓之佞；希意[17]道言，谓之谄；不择是非而言，谓之谀；好言人之恶，谓之谗；析交离亲，谓之贼；称誉诈伪以败恶人，谓之慝；不择善否，两容颊适，偷拔[18]其所欲，谓之险。此八疵者，外以乱人，内以伤身，君子不友，明君不臣。所谓四患者：好经大事，变更易常，以挂功名，谓之叨；专知擅事，侵人自

用，谓之贪；见过不更，闻谏愈甚，谓之很[19]；人同于己则可，不同于己，虽善不善，谓之矜。此四患也。能去八疵，无行四患，而始可教已。”

注解

①缁帷之林：树林的名称。

②杏坛：水泽中的高处。

③揄袂：挥动衣袖。

④陆：高地。

⑤颐：下巴。

⑥族：姓。

⑦而还：转身走。

⑧泽：传桨。

⑨曩：先前。

⑩绪言：未尽的语言。

⑪待于下风：甘拜下风。

⑫咳唾之音：言论。

⑬相：帮助。

⑭陵：混乱。

⑮春秋后伦：朝觐没有次序。

⑯摠（zǒng）：通总，包揽。

⑰希意：迎合别人，逢迎别人的心意。

⑱偷拔：盗取，窃取。

⑲很：固执，执拗。

译文

孔子到名叫缁帷的树林中游玩，在杏坛上坐着休息。弟子们读书，孔子弹琴唱歌。曲子还没有弹奏一半，有个渔父，撑着船下来，胡须和眉毛全都是白的，披散着头发，扬着袖子，沿着水岸朝上走，在一块高地停了下来，左手按在膝盖上，右手托起下巴听孔子弹唱。曲子结束后就用手招呼子贡、子路过去，他俩回应着。

渔父指着孔子问："他是做什么的？"

子路答："是鲁国的君子。"

渔父又问他姓什么，子路回答说："姓孔。"

渔父又问："孔氏研修什么呢？"

子路没有回答，子贡答："孔氏这个人，本性守忠信，推行仁义，修饰礼乐，序列人伦，向上对君主忠诚，向下教化百姓，以此使天下人获利。这就是孔氏所研修的。"

渔父又问："他是拥有土地的君主吗？"

子贡说："不是。"

渔父说："是侯王的辅佐大臣吗？"

子贡说："不是。"

渔父于是笑着转身走了，一边走一边说："说仁义也算是仁义，恐怕不能免除自身的祸患，劳苦形体和内心来危害生命的本真。唉！他离道太遥远了。"

子贡回来，把这件事告诉了孔子。孔子推开琴站立起来说："应该是个圣人吧？"于是就走下去寻找，来到湖畔时，渔父正拿着船桨准备撑船离去，回头看到孔子，转过身来面向他站立，孔子倒退几步，然后上前行拜礼。

渔父说："你找我有什么事情？"

孔子说："刚才先生的话还没有讲完，我愚昧不肖，不明白您所说的是什么意思，我恭敬地在此等待先生，希望有幸听到先生的教导，从而对我有所帮助。”

渔父说：“嘻！你实在是太好学了！”

孔子再拜起身说：“我从小就开始学习，到现在已经六十九岁了，还没有听到过大道理，怎么能够不虚心请教呢！”

渔父说：“只要是相同的物类就会互相会聚，相同的声音也会互相应和，这是自然的道理。我愿意把我知道的告诉你，去帮助你分析你所从事的。你所从事的是人事。天子、诸侯、大夫和庶人，这四种人如能够尽到自己的责任，这就是治世的完美，没有比这四种人离开自己的本位所带来的祸乱更大的了。官吏各司其职，百姓各自处理各自的事情，就会不受侵犯。因此，田地荒芜，房屋破漏，衣食不足，不能按时缴纳赋税，妻妾不和，长幼没有次序，这是庶人所忧虑的事情；能力不能胜任，官事不能够处理好，行为不清白，部下懒散怠慢，功名业绩没有，爵禄不能保持，这是大夫忧虑的事情；朝廷没有忠臣，国家混乱，工技不精美，进献的贡品不完美，春秋朝覲没有顺序，不顺从天子的意思，这是诸侯忧虑的事情；阴阳不调和，寒暑不合时，损伤众物，诸侯暴乱，互相侵扰讨伐，残害黎民百姓，礼乐没有节制，财政匮乏，人伦不整，百姓淫乱，这是天子的忧虑。现在你既然在上没有君侯管理朝政的权势，在下没有大臣职务的官职，而擅自修整礼乐，序列人伦，教化百姓，不是太多事了吗？

“而且人有八种毛病，事有四种灾患，不可以不明察。不是自己的事情却去做的，叫做揽；没有人理会而进言不止的，叫做佞；逢迎别人的心意说话的，叫做谄；不辨是非说话的，叫做谀；喜好说人坏话的，叫做谗；离间亲戚挑拨朋友的，叫做贼；欺诈称誉诋毁别人的，叫做慝；不分善恶，两相兼容容易而且适意的，在暗中偷取自己想要的东西的，叫危全。这八种毛病，对外扰乱别人，对内损伤自身，君子不和他做朋友，圣明的君主不让他做臣子。所谓的四种灾患是指：喜好处理大事情，改变常规，目的是求取功名的，叫做叨；自作聪明，独断专行，干扰他人且刚愎自用的，叫做贪；知道错误不更改，别人劝谏反而错得更多，这叫做很；别人的意见如果和自己相同就认可，如果不同，即使是好的意见也认为是不好的，这叫做矜。这是四种忧患：能够去除那八种毛病，不做这四种灾患的事情，才可以受教育。”

原文

孔子愀然[①]而叹，再拜而起曰：“丘再逐于鲁，削迹于卫，伐树于宋，围于陈蔡。丘不知所失，而离[②]此四谤者何也?”

客凄然变容曰：“甚矣子之难悟也！人有畏影恶迹而去之走者，举足愈数[③]而迹愈多，走愈疾而影不离身，自以为尚迟，疾走不休，绝力而死。不知处阴以休影，处静以息迹，愚亦甚矣！子审仁义之间，察同异之际，观动静之变，适受与之度，理好恶之情，和喜怒之节，而几于不免矣。谨修而身，慎守其真，还以物与人[④]，则无所累矣。今不修之身而求之人，不亦外乎！”

孔子愀然曰：“请问何谓真?”

客曰：“真者，精诚之至也。不精不诚，不能动人。故强哭者虽悲不哀，强怒者虽严不威，强亲者虽笑不和。真悲无声而哀，真怒未发而威，真亲未笑而和。真在内者，神动于外，是所以贵真也。其用于人理也，事亲则慈孝，事君则忠贞，饮酒则欢乐，处丧则悲哀。忠贞以功为主，饮酒以乐为主，处丧以哀为主，事亲以适为主。功成之美，无一其迹矣。事亲以适，不论所以矣；饮酒以乐，不选其具矣；处丧以哀，无问其礼矣。礼者，世俗之所为也；真者，所以受于天也，自然不可易也。故圣人法天[⑤]贵真，不拘于俗。愚者反此。不能法天而恤于人，不知贵真，禄禄[⑥]而受变于俗，故不足。惜哉，子之蚤[⑦]湛[⑧]于人伪而晚闻大道也。”

孔子又再拜而起曰：“今者丘得遇也，若天幸然。先生不羞而比之服役，而身教之。敢问舍所在，请因受业而卒学大道。”

客曰：“吾闻之，可与往者与之，至于妙道；不可与往者，不知其道，慎勿与之，身乃无咎。子勉之！吾去子矣，吾去子矣！”乃刺船[⑨]而去，延缘苇间。

颜渊还车，子路授绥[⑩]，孔子不顾，待水波定，不闻拏音[⑪]而后敢乘。

子路旁车而问曰：“由得为役久矣，未尝见夫子遇人如此其威[⑫]也。万乘之主，千乘之君，见夫子未尝不分庭伉礼，夫子犹有倨傲之容。今渔父杖拏逆立[⑬]，而夫子曲要[⑭]磬折，言拜而应，得无太甚乎？门人皆怪夫子矣，渔人何以得此乎？”

孔子伏轼而叹曰：“甚矣由之难化也！湛于礼仪有间矣，而朴鄙之心至今未去。进，吾语汝！夫遇长不敬，失礼也；见贤不尊，不仁也。彼非至人，不能下人，下人不精，不得其真，故长伤身。惜哉！不仁之于人也，祸莫大焉，而由独擅之。且道者，万物之所由也，庶物[⑮]失之者死，得之者生，为事逆之则败，顺之则成。故道之所在，圣人尊之。今渔父之于道，可谓有矣，吾敢不敬乎！”

注解

①愀然：面色呈现悲伤的样子。

②离：通“罹”，遭受。

③数：迅速，快速。

④还以物与人：使物与人回归自然。

⑤法天：取法自然，效法自然。

⑥禄禄：即碌碌，庸碌无为。

⑦蚤：早。

⑧湛：沉。

⑨刺船：撑船。

⑩绥：缰绳。

⑪拏音：划桨的声音。

⑫威：敬畏。

⑬逆立：对面站立。

⑭要：腰。

⑮庶物：万物。

译文

孔子面带悲伤的表情叹着气，拜了两次后起身说：“我在鲁国被两次驱逐，在卫国遭遇禁止留居，在宋国遭受砍伐大树的污辱，在陈国和蔡国交界的地方被围困，我不知道自己所犯的过失，为何会遭受这四种羞辱呢？”

渔父改变面色凄然地说：“你真是太难觉悟了！人有害怕自己的影子，厌恶自己的足迹，想舍弃它们而走的，走路越频繁足迹越多，跑得越快影子越不离身，自己感觉跑得还很慢，于是就快跑不停，最后筋疲力尽而死。不知道处在阴凉的地方影子自然消失，静止不动就没有足迹，真是太愚蠢了！你审视仁和义之间，察辨同和异的分际，观察静止和运动的变化，调适取舍的尺度，疏理好恶的情感，调和喜怒的节度，几乎不能免于祸患了。谨慎的修养自身，保持自己的本性，使人与物回归自然，就不会有牵累了。现在你不修养自身而去要求别人，不是非常浅陋吗？”

孔子悲伤地说：“请问什么叫做真？”

渔父答：“真是精诚的极致。不精不诚，就不能感动别人。因此，勉强自己啼哭的人，虽然悲痛但却并不哀伤；勉强发怒的人，虽然严厉但是却并不威严；勉强自己亲善的人，虽然笑容满面但是并不和善。真正的悲痛虽然没有啼哭的声音却是很哀伤的，真正的愤怒虽然没有发作但很威严，真正的亲善即使不笑也很和善。真性存在于人的内心，精神流露在外，这就是本‘真’可贵的原因。把它用于人理上，侍养双亲就慈善孝顺，侍奉君王就会忠贞，饮酒就会欢乐，居丧就会悲哀。忠贞以功业为主，饮酒以快乐为主，居丧以悲哀为主，奉养双亲以安适为主。功业的完美，不局限于一种特定的途径。把双亲奉养的安适，不需要考虑为什么；饮酒求欢乐，不挑选饮酒的器具；居丧为了尽悲哀，也就不讲究什么礼仪。礼节是世俗之人的所为，真性是禀受自然的。自然是不能改变的，因此圣人能够效法自然的本真，不拘泥于世俗。愚蠢的人正好相反，不能够向自然取法而体恤人，不知道本真的可贵，庸碌而随世俗变化，所以不知足。可惜呀！你沉溺在人事的虚伪中太早，又是很晚才了解大道的。”

孔子拜了两次后起身说：“现在我得遇先生，真是幸运。先生不以为羞还把我当作弟子，并亲自教导。请问先生的住处在哪里，请让我继续学大道。”

渔父说：“我听说，可以教授的，就教授给他，使他可以体会大道的精妙之处；不可以教授的，不能知道其中的道理的，谨慎而不要教授他，自身也就没有什么过失了。你自己勉励吧。我要离开你了！我离开你了！”于是渔父撑船离开，顺着芦苇的河岸。

颜渊倒转车子，子路把缰绳交给孔子，孔子不看，等到水面的波稳定后，听不到划桨的声音了才乘车而去。

子路在车旁问孔子说："我在门下侍奉先生很久了，从来没有见到先生对人如此敬畏。万乘的君主，千乘的国王，见到先生没有不平等对待的，先生仍然会有高傲的神态。现在渔父手拿船篙站在对面，先生却弯腰鞠躬，先拜再说话，不是太过分了吗？弟子们都怪先生了，一个渔人怎么值得如此看待呢？"

孔子扶着车轼叹气说："子由真是难以教化啊！在礼仪中沉湎已经有一段时间了，为什么浅鄙的心理到现在还没有去除呢？过来，我告诉你！遇到长辈不恭敬，这是失礼；见到贤明的人不尊重，这是不仁。他如果不是至人，就不能使人感到卑下。对人卑下而不精诚，就不能够保持本真，因此才会经常伤害身体。可惜啊！对于人来说，没有比不仁的祸患更大的祸害了，但你偏偏就是这样。而且大道乃是万物所经由的。众物失去它就会死去，得到它就会生存。处事悖逆它就会失败，顺从它就会成功。因此，大道所在的地方，圣人就尊崇。现在渔父对于道，可以说已经体悟了，我怎么能不尊敬呢！"

点评

"渔父"，即捕鱼的老人。本篇通过"渔父"对孔子的批评，指斥了儒家思想，并进而阐述了"持守其真"、还归自然的主张。

本篇也多被指为伪作，但其思想与庄子有相通之处，故此归入庄派后学之作为当。

列御寇①

原文

列御寇之齐，中道而反，遇伯昏瞀人②。伯昏瞀人曰："奚方而反？"

曰："吾惊焉。"

曰："恶乎惊？"

曰："吾尝食于十浆，而五浆先馈。"

伯昏瞀人曰："若是，则汝何为惊已？"

曰："夫内诚不解，形谍[3]成光，以外镇人心，使人轻乎贵老，而齑其所患。夫浆人特为食羹之货，无多余之赢[4]，其为利也薄，其为权也轻，而犹若是，而况于万乘之主乎！身劳于国而知尽于事，彼将任我以事而效我以功，吾是以惊。"

伯昏瞀人曰："善哉观乎！汝处己，人将保[5]女矣！"

无几何而往，则户外之屦满矣。伯昏瞀人北面而立，敦[6]杖蹙之乎颐，立有间，不言而出。宾者[7]以告列子，列子提屦，跣[8]而走，暨乎门，曰："先生既来，曾不发药[9]乎？"

曰："已矣，吾固告汝曰人将保汝，果保汝矣。非汝能使人保汝，而汝不能使人无保汝也，而焉用之感豫出异也！必且有感[10]摇而本才，又无谓也。与汝游者又莫汝告也，彼所小言，尽人毒也。莫觉莫悟，何相孰[11]也！巧者劳而知者忧，无能者无所求，饱食而遨游[12]，汎若不系之舟，虚而遨游者也。"

注解

①列御寇：列子。

②伯昏瞀人：人名，隐士，也作伯昏无人。

③形谍：形态举止。

④赢：赢得的利润。

⑤保：归顺。

⑥敦：竖。

⑦宾者：接待客人的人。

⑧跣：赤脚。

⑨发药：治病救人，此处是指教的意思。

⑩感：通撼，震撼。

⑪孰：即"熟"，相亲相爱。

⑫遨游：遨游。

译文

列御寇去齐国，走到半路又返回来了，遇到伯昏瞀人。伯昏瞀人说："因为什么回来的？"

列御寇说："我感觉吃惊。"

伯昏瞀人说："为什么吃惊呢？"

列御寇说："我曾去十家卖浆的店里吃饭，其中有五家店是送给我的。"

伯昏瞀人说："原来是这样呀，你为什么惊慌呢？"

列御寇说："内心的情感不疏解，形容举动就会有光仪，用这样的外形来镇服人心，使人对我的尊重超过对年老人的尊重，就会招来灾患。卖浆的人不过是做些饮食的买卖，并没有多余的赢利，所得的利润也非常少，权势也非常轻微，尚且这个样子来对待我，更何况是万乘的君主呢！国君身体操劳于国事，而才能和智慧可以耗尽于政事，他们一定会让我担任职事从而要求我有所功绩，我因此感到惊慌。"

伯昏瞀人说："你观察得真准！等待着吧，人们将会来归附于你。"

没过多久，伯昏瞀人去看，列御寇的门外堆满了鞋，伯昏瞀人面向北站着，把拐杖竖起来顶着下巴。站了一会儿，没说话就走了。接待宾客的人告诉了列子，列子提上鞋，光脚跑出来，到了门口，说："先生既然来了，还不指教我吗？"

伯昏瞀人说："算了，我曾经告诉过你，人们将来归附你，果然来归附你了。不是你能使人归附你，而是你不能使人不归附你，你为什么要这样招人的欢心却要表现出与众不同呢？必定是有什么动摇了你的本性，这是无谓的事。和你一起的没有告诉你的，他们的闲言小语，都是毒害人的。没有觉悟，怎么能相爱呢！智巧的人劳苦忧虑，没有智巧的人无所求，吃饱了肚子就自由自在地遨游，像是没有牵系的小舟，虚心而遨游。"

原文

郑人缓[1]也呻吟[2]裘氏之地。只三年而缓为儒，河润九里，泽及三族，使其弟墨。儒墨相与辩，其父助翟。十年而缓自杀。其父梦之曰："使而子为墨者予也。阖尝视其良[3]，既为秋柏之实矣?"

夫造物者之报[4]人也，不报其人而报其人之天。彼故使彼。夫人以己为有以异于人以贱其亲[5]，齐人之井饮者相捽[6]也。故曰今之世皆缓也。自是，有德者以不知也，而况有道者乎！古者谓之遁[7]天之刑。

圣人安其所安，不安其所不安；众人安其所不安，不安其所安。

庄子曰："知道易，勿言难。知而不言，所以之天也；知而言之，所以之人也；古之至人，天而不人。"

注解

①缓：人名。

②呻吟：读书声，这里指读书。

③良：坟墓。

④报：回报，此处指赋予。

⑤亲：亲人，这里指缓的父亲。

⑥捽：争执。

⑦遁：逃避。

译文

郑国有个叫缓的人在裘氏的地方读书。只用了三年的时间缓就成了儒者，就好像河水润泽九里一样，缓恩泽三族，让他的弟弟学墨学。以儒墨的主张互相争论，他的父亲帮助墨家，十年以后缓自杀。他的父亲梦见他说："让你的儿子成为墨家学者的人是我。为什么不来看看我的坟墓，上面的秋柏已经结果实了？"

造物主所赋予人的，不是赋予人为的而是赋予天性。他有什么样的天性就会发展成什么样。缓却认为自己不同于常人而轻视自己的父亲，就好像是齐人挖井饮水还以为是自己造的泉水，而和别人发生争执一样。如此看来现今的世上都是像缓这样的人了。自以为是，有德的人认为是不明智的，更何况在有道的人的眼里呢！古代的人认为这样是和自然相违背的。

圣人安于自然，不安于人为；普通人则安于人为，不安于自然。

庄子说："知道是容易的，不说出困难。知道却不说，这是能够符合自然的。知道而去说，是合于人为的。古代的至人，能够合于自然而不认为人为的是扰民的。"

原文

朱泙漫[①]学屠龙于支离益[②]，单[③]千金之家[④]，三年技成而无所用其巧。

圣人以必不必，故无兵[⑤]；众人以不必必之，故多兵；顺于兵，故行有求。兵，恃之则亡。

小夫之知，不离苞苴竿牍[⑥]，敝[⑦]精神乎蹇浅[⑧]，而欲兼济道物，太一形虚。若是者，迷惑于宇宙，形累不知太初。彼至人者，归精神乎无始而甘冥[⑨]乎无何有之乡。水流[⑩]乎无形，发泄[⑪]乎太清。悲哉乎！汝为知在毫毛，而不知大宁[⑫]！

注解

①朱泙漫：人名，复姓朱泙名漫。

②支离益：人名，复姓支离名益。

③单：通“殚”，耗尽。

④家：家产。

⑤兵：纷争。

⑥苞苴竿牍：香草竹简，此处指交往和应酬。

⑦敝：疲敝，困乏。

⑧蹇浅：浅薄，浅陋。

⑨冥：睡眠。

⑩水流：此处比喻大道。

⑪发泄：发源。

⑫大宁：此处指自然之理。

译文

朱泙漫向支离益学习屠龙，把千金的家产耗尽了，三年以后技术学成但是却没有机会使用他的技术。

圣人把必然的事情视为不必然，因此没有纷争；众人把不必然视为必然，因此纷争很多。顺从这些纷争，因此有的行为追逐贪求。纷争，如果依靠着它就会消亡。

普通人的智慧，离不开交往应酬，把精神疲敝在浅薄的事情上，还想要兼济众生导引万物，以达到太一形虚的虚空境界。像这样，是被宇宙形象所迷惑，身形疲敝劳累而不认识大初的境况。像至人，他们的精神归向于无始而沉湎在无何有之乡。水在无形中流动，动作是自然的。可悲！你的心智就用在毫毛一样的小事情上，不能领悟大宁的境界。

原文

宋人有曹商[1]者，为宋王[2]使秦。其往也，得车数乘；王说之，益车百乘。反于宋，见庄子曰："夫处穷闾阨巷[3]，困窘织屦，槁项黄馘[4]者，商之所短也；一悟万乘之主而从车百乘者，商之所长也。"

庄子曰："秦王有病召医，破痈[5]溃痤者得车一乘，舐痔者得车五乘，所治愈下，得车愈多。子岂治其痔邪，何得车之多也？子行矣！"

注解

①曹商：人名。

②宋王：指宋偃王。

③穷闾阨巷：偏僻狭窄的小巷。

④馘：脸。

⑤痈：流脓的毒疮。

译文

宋国有个叫曹商的人，替宋王出使秦国。他去秦国的时候，得到了数辆车辆，秦王非常喜欢他，增加车子一百辆。返回宋国后，他见到庄子说："居处在偏僻狭窄的陋巷里，贫穷困乏地自己编织草鞋度日，面黄肌瘦的外表，这些方面是我不如人的；一旦参拜了万乘的君主而能得到车马百乘之多的，这是我的过人之处。"

庄子说："秦王得病召见医生，能够使毒疮溃破流脓的，可以获得车子一辆，舔痔疮的人可以获得车子五辆？所医治的越卑下，可以获得的车子越多。你难道是为他医治了痔疮吗？怎么获得了这么多的车呢？你走吧！”

原文

鲁哀公问乎颜阖①曰：“吾以仲尼为贞干②，国其有瘳③乎？”

曰：“殆哉圾④乎！仲尼方且饰羽而画⑤，从事华辞，以支为旨⑥，忍性⑦以视民而不知不信；受乎心，宰乎神，夫何足以上民⑧！彼宜女与？予颐⑨与？误而可矣。今使民离实学伪，非所以视民也，为后世虑，不若休之。难治也。”

注解

①颜阖：鲁国的贤人。

②贞干：比喻国家的栋梁。

③瘳：伤病痊愈。这里指大力治理国家。

④圾：通“岌”，危险。

⑤饰羽而画：指孔子追求文饰装扮。

⑥旨：主旨。

⑦忍性：隐忍性情。

⑧上民：居于民之上，这里指管理百姓。

⑨颐：颐养。

译文

鲁哀公问颜阖说：“我把孔子当成国家的栋梁，国家能被治理好吗？”

颜阖说：“危险啊！孔子一心追求文饰，从事虚华的文辞。把枝节当作主旨，隐忍矫饰于人以夸示于他们，却不知道自己不能被相信。这种做法承受在内心，主宰着精神，怎么能够成为国家的栋梁呢！他适合你吗？

他能够养育百姓吗？那就一定要耽误人了。现在使百姓脱离真实而去学习虚伪，这不足以教化百姓，为后世考虑，不如停止。他是很难能治理好国家的。”

原文

施[1]于人而不忘，非天布[2]也。商贾[3]不齿[4]，虽以事齿之，神者弗[5]齿。

注解

①施：施恩。

②布：施与。

③商贾：商人。

④不齿：指轻视，看不起。

⑤弗：不。

译文

对别人施恩但却不忘记自己的功劳，这不能算是自然的施与。这种行为，商人也会瞧不起他，虽然偶然会因为一些事情谈论到，神人却是不齿的。

原文

为外刑[1]者，金[2]与木也；为内刑者，动[3]与过也。宵[4]人之离[5]外刑者，金木讯之；离内刑者，阴阳食之。夫免乎外内之刑者，唯真人能之。

注解

①外刑：体外的刑罚。

②金：刀、斧等金属器具。

③动：内心的躁动。

④宵：通“小”。

⑤离：通“罹”，遭受。

译文

实施体外刑罚的工具，是刀斧和枷锁；实施内心刑罚的工具，是躁动和懊恼。小人遭受体外刑罚，用刀和枷锁来讯问他；遭受内心刑罚的，阴阳之气交错聚集而侵蚀他。能够免除体外和内心刑罚的，只有真人能够做到。

原文

孔子曰：“凡人心险于山川，难于知天[①]；天犹有春秋冬夏旦暮之期，人者厚貌深情。故有貌愿而益[②]，有长若不肖，有顺懁[③]而达，有坚而缦[④]，有缓而钎。故其就义若渴者，其去义若热。故君子远使之而观其忠，近使之而观其敬[⑤]，烦使之而观其能，卒[⑥]然问焉而观其知，急与之期而观其信，委之以财而观其仁，告之以危而观其节，醉之以酒而观其则[⑦]，杂之以处而观其色。九征至，不肖人得矣。”

注解

①天：自然。

②益：通“溢”，满溢。

③顺慑：顺从。

④缦：“慢”的借字，散漫。

⑤敬：恭敬谨慎。

⑥卒：通“猝”，突然。

⑦则：作则。

译文

孔子说：“人心比山川还要险恶，比自然还要难以知道；自然还会有春秋冬夏早晚的时限，人却是容貌端庄情感深厚。因此，有的人外貌谨慎而内心却骄溢，有的人看起来好像尊长但是却不肖，有的人外貌圆顺而内心刚直，有的人外貌坚强而内心散漫，有的人外貌舒缓而内心烦躁。因此，他们寻求道义好像饥渴难耐，背弃道义好像逃离炎热。所以君子要使他到远处来观察他的忠诚，使他到近处来而观察他的谨慎，使他处理烦乱困难的事情来观察他的能力，突然询问来观察他的智慧，给他紧急的期限来观察他的信用，把钱财交给他保管以此来观察他的廉洁，告诉他危难的事情来观察他的节操，用酒灌醉他来观察他的仪容，使人混杂相处来观察他的色态，这九种现象得到验证，不肖的人就能被看出来。”

原文

正考父①一命②而伛③，再命而偻，三命而俯，循墙而走，孰敢不轨④！如而夫⑤者，一命而吕钜⑥，再命而于车上儛⑦，三命而名

诸父，孰协唐许！

贼莫大乎德有心而心有睫[8]，及其有睫也而内视，内视而败矣。凶德[9]有五，中德[10]为首。何谓中德？中德也者，有以自好[11]也而吡[12]其所不为者也。

穷有八极，达有三必，形有六府。美髯长大壮丽勇敢，八者俱过人也，因以是穷。缘循[13]，偃佒[14]，困畏不若人[15]，三者俱通达。智慧外通，勇动多怨，仁义多责。达生之情者傀[16]，达于知者肖[17]，达大命者随，达小命者遭。

注解

①正考父：人名，宋国的大夫。

②命：任命。

④轨：效法。

⑤而夫：凡夫俗子。

⑥吕钜：腰板挺直，指骄矜的样子。

⑦僎：舞。

⑧心有睫：此处指有心眼。

⑨凶德：指心、耳、眼、舌、鼻。

⑩中德：心。

⑪自好：自以为是。

⑫吡：訾，诽谤。

⑬缘循：顺应自然。

⑭偃佒：指顺从人意。

⑮困畏不若人：怯懦谦卑。

⑯傀：伟大。

⑰肖：狭小。

译文

正考父第一次被任命为士而弯着背，第二次被任命为大夫而弯着腰，第三次被任命为卿而俯着身子，沿着墙走路，有谁敢不效法呢？假如是凡夫俗子，第一次被任命为士就会骄傲自大，第二次被任命为大夫就会坐在车上手舞足蹈，第三次被任命为卿就要使人称呼叔伯了，谁能做到唐尧和许由那样谦虚呢！

没有比存心修养德行而心开如眼目更大的坏事了，等到有了心眼内心就会思谋多虑，内心思谋多虑就会败坏。凶德有五种，中德处在首位。什么叫做中德呢？中德就是认为自己正确而诋毁他不赞同的东西。

穷困有八个方面，通达有三个必然，体形有六脏，美貌、胡须、身长、高大、健壮、华丽、勇猛、果敢，这八个方面都超过别人的，就会因为遭受役使而穷困。随顺外物，遵从人意，怯懦谦卑，这三方面都会使人通达。智慧显露，勇猛躁动多会招人怨恨，推行仁义招来责备。通达生命实情的人心胸就会开阔，通于智巧的人心胸就狭窄，通达大命的人就随顺自然，通于小命的人就随遇而安。

原文

人有见宋王者，锡[①]车十乘，以其十乘骄稚[②]庄子。

庄子曰："河上有家贫恃[③]纬[④]萧[⑤]而食者，其子没于渊，得千金之珠。其父谓其子曰：'取石来锻[⑥]之！夫千金之珠，必在九重之渊而骊龙[⑦]颔[⑧]下，子能得珠者，必遭其睡也寤[⑨]。使骊龙而寤，子尚奚微之有哉！'今宋国之深，非直九重之渊也；宋王之猛，非直骊龙也；子能得车者，必遭其睡也。使宋王而寤，子为齑粉[⑩]矣！"

注解

①锡：通“赐”，赏赐。

②稚：骄。

③恃：依仗，依靠。

④纬：编造，编织。

⑤萧：芦苇。

⑥锻：锤打。

⑦骊龙：黑龙。

⑧颔：下巴。

⑨寤：睡觉。

⑩粉：粉碎。

译文

有个拜见宋王的人，得到了十辆车子的赏赐，他用自己得到的十辆车子向庄子炫耀。

庄子说：“河边有一户人家贫穷，依靠编织苇席而生，他的儿子潜入深渊里，得到了一颗价值千金的宝珠。父亲告诉儿子说：‘拿石头过来砸碎它！价值千金的宝珠，一定是藏在九重深渊里黑龙的下巴下面，你能得到这颗宝珠，一定是黑龙睡着了。假如黑龙醒着，你一定会被吞吃而无所遗留的！’现在宋国之深，不只是九重的深渊；宋王的凶猛，不止于黑龙，你能得到这十辆车子，一定是宋王睡着了的时候。如果宋王醒过来，你就一定会粉身碎骨！”

原文

或[①]聘于庄子。庄子应其使曰："子见夫牺牛[②]乎？衣[③]以文绣，食[④]以刍叔[⑤]，及其牵而入于大庙[⑥]，虽欲为孤犊，其可得乎！"

注解

①或：有的人。

②牺牛：祭祀用的牛。

③衣：此处做动词用，穿衣服。

④食：饲养，喂养。

⑤刍叔：草料和大豆。

⑥大庙：太庙。

译文

有人来聘请庄子。庄子回答来的使者说："你见过用来祭祀的牛吗？让它披上绣有花纹的锦饰，用草料和大豆来喂养它，等到被牵着进入太庙的那一天，还想要做一只孤独的小牛，能做到吗？"

原文

庄子将死[①]，弟子欲厚葬之。庄子曰："吾以天地为棺椁[②]，以日月为连璧，星辰为珠玑，万物为赍送[③]。吾葬具岂不备邪？何以加此！"

弟子曰："吾恐乌鸢[④]之食夫子也。"

庄子曰："在上为乌鸢食，在下为蝼蚁食，夺彼与此，何其

偏也!”

以不平平，其平也不平；以不征⑤征，其征也不征。明者⑥唯为之使神者征之。夫明之不胜神也久矣，而愚者恃其所见入于人，其功外也不亦悲乎!

注解

①将死：将要死去。

②棺椁：棺材。

③赍送：赠送，此处指陪葬。

④鸢：老鹰。

⑤征：验证。

⑥明者：自我显明、自我炫耀的人。

译文

庄子将要死去时，弟子们打算厚葬他。庄子说：“我用天地来做棺材，用日月做连璧，用星星作为珠玑，万物作为陪葬。我的葬礼难道还不完备吗？还有什么比这更好的?”

弟子说："我害怕乌鸦、老鹰啄食先生。"

庄子说："露天会让乌鸦和老鹰啄食，埋在地下会让蝼蛄和蚂蚁食用，从乌鸦和老鹰的嘴里夺过来给蝼蛄和蚂蚁，为什么要偏心呢？"

用不平的方式去追求平均，这种平均仍然是不能平均的；用不应验的东西去验证外物，即使应验了也不能被验证。自我显明的人只能被别人役使，神全的人可以应验。自我显明的人不能超过神全的人已经很久了，但愚蠢的人还在依仗自己不正确的偏见来对待别人，他的功效和疏失，不是很可悲吗？

点评

"列御寇"通过夹叙夹议的小故事阐述了忘我的思想，即人生在世不应炫耀于外，不应求仕求禄，不应追求智巧，不应贪功图报等等。

天下

原文

天下之治方[①]术者多矣，皆以其有[②]为不可加矣。古之所谓道术者，果恶乎在？曰："无乎不在。"曰："神何由降？明[③]何由出？""圣有所生，王有所成，皆原于一[④]。"

不离于宗，谓之天人。不离于精，谓之神人。不离于真，谓之至人。以天为宗，以德为本，以道为门，兆于变化，谓之圣人。以仁为恩，以义为理，以礼为行，以乐为和，熏然慈仁，谓之君子。

以法为分，以名为表，以参为验，以稽为决，其数一二三四是也，百官以此相齿[5]，以事为常，以衣食为主，以蕃息畜藏为意，老弱孤寡皆有以养，民之理也。

古之人其备乎！配神明，醇[6]天地，育万物，和天下，泽及百姓，明于本数[7]，系于末度[8]，六通四辟[9]，小大精粗，其运无乎不在。其明而在数度者，旧法世传之史[10]，尚多有之。其在于《诗》《书》《礼》《乐》者，邹鲁之士[11]，搢绅[12]先生，多能明之。其数散于天下而设于中国者，百家之学时或称而道之。

天下大乱，贤圣不明，道德不一，天下多得一察[13]焉以自好。譬如耳目鼻口，皆有所明，不能相通。犹百家众技也，皆有所长，时有所用。虽然，不该不遍，一曲[14]之士也。判[15]天地之美，析[16]万物之理，察古人之全，寡能备于天地之美，称神明之容。是故内圣外王之道，暗而不明，郁而不发，天下之人各为其所欲焉以自为方。悲夫，百家往而不反，必不合矣！后世之学者，不幸不见天地之纯，古人之大体，道术将为天下裂。

注解

①治方：研究方术。治，研习，研究。

②其有：自己所学的道术。

③明：智慧。

④一：大道。

⑤齿：排列，序列。

⑥醇：借为“准”。

⑦本数：大道的根本。

⑧末度：法度，这里指大道的末节。

⑨四辟：四时顺畅。

⑩世传之史：传世的史书。

⑪邹鲁之士：儒士。

⑫搢绅：儒服，也是指儒士。

⑬一察：明察一方面，指不完备。

⑭一曲：偏于一方，不全面。

⑮判：分割，割裂。

⑯析：离析。

译文

天下研究方术的人很多，都认为自己的所学不用再增加，已经好到极点了。古代所谓的道术，究竟在哪里呢？答："无处不在。"问："神妙是从哪里降下的？智慧是从哪里出现的？"答："圣有所生，王有所成，都是缘于一。"

不离开本宗的，叫做天人。不离开精妙的，叫做神人。不离开本真的，叫做至人。把天作为宗主，把德作为根本，把道作为门径，能够预见变化征兆的，叫做圣人。以仁来施行恩惠，用义树立条理，用礼来规范行为，用乐来调试和顺性情，显出温和和仁慈，就叫做君子。用法来作为分守，用名号来表率，用对比来验证，用稽查来判定，像是数一二三四一样明了，百官按照这样的方式排列顺序。把职事作为平常的事务，把衣食作为主要的，把生产储藏作为自己的意念，使老弱孤寡都有所养，这是养育百姓的道理。

古代的圣人不是很完备的吗？配合造化的神妙，把天地作为准则，养育万物，调和天下，泽被百姓，通晓道的根本，贯通法度，六合能够通达，四时可以顺畅，大小精粗，他参与运行而又无处不在。道术在礼乐制度上显明的，古代的法令和传世的史书上有很多记载。古时道术存在于《诗》《书》《礼》《乐》中的，邹鲁的学者、士绅大多都能明白。这些典章制度散布于天下而设置在中原诸国的，百家的学说经常称述。

天下大乱时，圣明贤哲的人隐藏，道德不一致，天下人都各执己见，自以为是。例如耳目鼻口，都有自己的功能，但是却不能通用。就好像是百家的技能一样，各有所长，时有所用。虽然如此，却不完备不全面，只是浅薄片面的人而已。分割天地的完美，支离万物的常理，偏得古人的全体，很少能够具备天地的完美，与神明的容状相称。因此内心圣明而王于外的道理，暗淡不明朗，抑郁而不散发，天下的人都满足自己的欲望而又自为方术。可悲啊！百家往但是却不知道返回，因此一定不合于大道。后代的学者，不幸不能够看到天地的纯美，古人的全体，道术将被天下人所割裂。

原文

不侈于后世，不靡于万物，不晖[①]于数度，以绳墨[②]自矫[③]，而备世之急；古之道术有在于是者。墨翟[④]禽滑厘[⑤]闻其风[⑥]而说之。为之大过，已之大循。作为《非乐》，命之曰《节用》；生不歌，死无服。墨子泛爱兼利而非斗，其道不怒；又好学而博，不异，不与

先王同，毁古之礼乐。黄帝有《咸池》，尧有《大章》，舜有《大韶》，禹有《大夏》，汤有《大濩》，文王有《辟雍》之乐，武王、周公作《武》。古之丧礼，贵贱有仪，上下有等，天子棺椁七重，诸侯五重，大夫三重，士再重。今墨子独生不歌，死不服，桐棺三

寸而无椁，以为法式。以此教人，恐不爱人；以此自行，固不爱己。未败墨子道，虽然，歌而非歌，哭而非哭，乐而非乐，是果类乎[7]？其生也勤，其死也薄，其道大觳[8]；使人忧，使人悲，其行难为也，恐其不可以为圣人之道，反天下之心，天下不堪。墨子虽独能任，奈天下何！离于天下，其去王也远矣。

墨子称道曰："昔者禹之湮[9]洪水，决江河而通四夷九州也，名川三百，支川三千，小者无数。禹亲自操橐[10]耜[11]而九杂天下之川；腓[12]无胈，胫[13]无毛，沐甚雨，栉疾风，置万国。禹大圣也，而形劳天下也如此。"使后世之墨者，多以裘褐[14]为衣，以跂[15]蹻为服，日夜不休，以自苦为极，曰："不能如此，非禹之道也，不足谓墨。"

相里勤[16]之弟子，五侯之徒，南方之墨者苦获、已齿、邓陵子[17]之属，俱诵《墨经》，而倍谲[18]不同，相谓别墨；以坚白同异之辩相訾，以觭偶[19]不仵[20]之辞相应；以巨子[21]为圣人，皆愿为之尸，冀得为其后世，至今不决。

墨翟、禽滑厘之意则是，其行则非也。将使后世之墨者，必自苦以腓无胈胫无毛，相进而已矣。乱之上也，治之下也。虽然，墨子真天下之好也，将求之不得也，虽枯槁不舍也，才士也夫！

注解

①晖：同"辉"，光辉，此处指炫耀。

②绳墨：规矩。

③矫：勉励。

④墨翟：墨家的创始人，鲁国人。

⑤禽滑厘：墨子的弟子。

⑥风：风气。

⑦果类乎：果真通于人情吗？

⑧觳：通"确"，刻薄，苛刻。

⑨湮:堵塞。

⑩橐:盛土的工具。

⑪耜:挖土的工具。

⑫腓:腿肚子。

⑬胫:小腿。

⑭裘褐:粗布兽皮。

⑮跂:木屐。

⑯相里勤:复姓相里名勤,属于墨家学派。

⑰苦获、已齿、邓陵子:人名,都属于墨家学派。

⑱倍谲:倍,通“背”;背异。

⑲觭偶:奇偶。

⑳仵:相同。

㉑巨子:人名,墨学的领导人物。

译文

不用奢侈来教导后世,不浪费万物,不炫耀礼数法度,用规矩自我劝勉,以求完备来应对当世的急需。古代的道术有这方面的。墨翟、禽滑厘听到这种风气就喜欢。实行太过分,节止也太过分。作《非乐》,讲《节用》,活着的时候不作乐,死去后没有衣服。墨子主张博爱兼利反对战争,教导人们不要怨怒,他又好学而且知识广博,不标新立异,也不同于先王,毁弃古代的礼乐制度。黄帝的时候有《咸池》,尧的时候有《大章》,舜的时候有《九韶》,禹的时候有《大夏》,汤的时候有《大濩》,文王的时候有《辟雍》,武王、周公的时候作《武》。古代的丧礼,贵贱有不同的档次,上下有等差。天子的棺材有七层,诸侯的五层,大夫的三层,士人的两层。现在墨子单独主张活着的时候不作乐欢歌,死后没有服饰,只有三寸的桐棺而没有外椁,把这作为标榜。用这种方式来教化民众,恐怕不是爱人的道理,依照这种方式自己来实行,也是对自己的不爱护。即使这样,也没有影响墨子的学说,然而,唱歌的时候反对唱歌,哭泣的时候反对哭泣,演奏音乐的时候反对演奏音乐,这样真的合乎人情吗？活着的时候勤劳，死后菲薄，他的学说非常苛刻；使人感到忧苦和伤悲，他的主张却难以实行，如果实行起来困难，就恐怕不能够成为圣人之道，反而违背了天下人的心愿，让天下的人不堪忍受。墨子虽然独自能够担当，无奈天下人却不能够履行！背离了天下的人，距王道也就远了。

墨子称颂说："以前大禹堵塞洪水，疏导江河能够沟通四夷九州，大川有三百，支流有三千，小的不计其数。禹亲自拿着盛土和掘土的工具而汇合天下的河流，累得腿肚子上没有肉，小腿上没有汗毛，暴雨淋在身上，狂风梳理头发，设置了万国。禹是个圣人，但是却为天下如此操劳。"所以后代墨家的学者，多以粗布和兽皮做衣服，穿着木屐草鞋，日夜不停息，把劳苦自己作为原则，说："不能这个样子，就不是禹的道，不足以称为墨者。"

相里勤的弟子，伍侯的门徒，南方的墨者苦获、已齿、邓陵子一派，都吟诵《墨经》，却背异不相同，互相指责对方"别墨"。用坚白、同异的论辩互相诋毁，用奇偶不合的言论互相对应；把巨子当作圣人，都愿意让他做宗师，希望继承他的事业，至今纷争还没有停止。

墨翟、禽滑厘的心意是很好的，但行为却很过分。这会使后代的墨者，一定要劳苦到自己的腿肚子上没有肉、小腿上没有毛，依靠这些互相竞争罢了。这是扰乱天下的罪多，治理天下的功劳小。即使如此，墨子真能算是天下真正的善人了，实在是求之不得的人，纵使他的面容枯槁他也不会把自己的主张放弃，真是救世的贤能之士啊！

原文

不累于俗，不饰于物，不苟于人，不忮[①]于众，愿天下之安宁以活民命，人我之养毕足而止，以此白心，古之道术有在于是者。宋钘、尹文闻其风而悦之。作为华山之冠以自表，接万物以别宥[②]为始；语心之容，命之曰心之行，以聏[③]合欢，以调海内，请欲置之以为主。见侮不辱，救民之斗，禁攻寝兵，救世之战。以此周行天下，上说下教，虽天下不取，强聒[④]而不舍者也，故曰上下见厌而强见也。

虽然，其为人太多，其自为太少，曰："请欲固[⑤]置五升之饭足矣。"

先生恐不得饱，弟子虽饥，不忘天下，日夜不休，曰："我必得活哉！"图傲乎⑥救世之士哉！曰："君子不为苛察，不以身假物。"以为无益于天下者，明之不如已也。以禁攻寝兵为外，以情欲寡浅为内，其小大精粗，其行适至是而止。

注解

①忮：悖逆。

②别宥：去除成见。

③聏：和蔼，亲善。

④聒：喧嚷，唠叨。

⑤固："姑"的借字。

⑥图傲乎：高大的样子。

译文

不被世俗牵累，不用外物来粉饰，不苟求于别人，不悖逆众情，希望天下安宁保全百姓的生命，使别人和自己的给养充足，用这种观点来表白自己的心意。古代的道术有属于这方面的，宋钘、尹文听到这种风尚就十分喜欢。制作了一种像华山一样的帽子来表明自己提倡人类平等的主张，应接万物以去除成见为先，讲述内心的包容，把它命名为心的行为，以和蔼的神态取得别人的欢心，使海内调和，请求大家把内心包容万物作为自己的宗旨。被欺辱不认为是侮辱，解救人们的争斗，禁止攻伐平息用兵，解救世间的征战。用这种意旨来周行天下，向上劝说君王，向下教化民众。即使天下没有人接受，他仍然唠叨不停，因此说：上下的人都厌烦但是仍然勉强见面。

但是，他们为别人做得多，为自己做得太少，他们说："请为我们准备五升的饭就足够了！"不仅宋、尹先生恐怕不能吃饱，弟子们也经常处于饥饿中但他们仍旧不能忘记天下人，他们日夜不停地为着人民，他们说："我们一定要活着！"高大的救世之士啊！他们说："君子不斤斤计较，不为外物所役使。”认为对天下没有好处的,不如不做,把禁止攻伐停止用兵作为外部活动,把清心寡欲作为内在的修养,他们主张的大小精粗,及其所行所为也只能如此。

原文

公而不党[1],易而无私,决然无主[2],趣物而不两,不顾于虑,不谋于知,于物无择,与之俱往,古之道术有在于是者。彭蒙、田骈、慎到[3]闻其风而悦之。齐万物以为首,曰:“天能覆之而不能载之,地能载之而不能覆之,大道能包之而不能辩之。”知万物皆有所可,有所不可。故曰:“选则不遍,教则不至,道则无遗者矣。”

是故慎到弃知去己,而缘不得已。泠汰[4]于物,以为道理。曰:“知不知,将薄[5]知而后邻伤之者也。”謑髁[6]无任,而笑天下之尚贤也;纵脱无行,而非天下之大圣。椎拍[7]輐断,与物宛转,舍是与非,苟可以免。不师知虑,不知前后,魏然[8]而已矣。推而后行,曳而后往,若飘风之还,若落羽之旋,若磨石之隧[9],全而无非,动静无过,未尝有罪。是何故?夫无知之物,无建己之患;无用知之累,动静不离于理,是以终身无誉。故曰:“至于若无知之物而已,无用贤圣,夫块不失道。”豪桀相与笑之曰:“慎到之道,非生人之行而至死人之理,适得怪焉。”

田骈亦然,学于彭蒙,得不教焉。彭蒙之师曰:“古之道人,至于莫之是莫之非而已矣。其风窢然[10],恶可而言。”常反人,不见观,而不免于魭断[11]。其所谓道非道,而所言之韪[12]不免于非。彭蒙、田骈、慎到不知道。虽然,概乎皆尝有闻者也。

注解

①公而不党:公正而不结党。

②决然无主:去除自己的想法而无主见。

③彭蒙、田骈、慎到:人名。

④泠汰:放纵。

⑤薄:通“迫”,强迫,迫使。

⑥謑髁:随便,随意。

⑦椎拍:跟随。

⑧魏然:巍然独立的样子。

⑨隧:回旋,旋转。

⑩宎然:寂静的样子。

⑪輐断:没有棱角。

⑫韪:是。

译文

公正而不结党,平易而不偏私,去除自己的想法而没有主见。顺应外物而不起两意,不起谋虑,不求智谋,对于事物没有主观上的好恶选择,和它们一起变化。古代的道术有属于这方面的,彭蒙、田骈、慎到听到这种风气十分喜欢。把万物齐同作为首要,说:“天能覆盖万物而不能承载万物,地能承载万物但不能覆盖,大道能包容万物但是却不能分辨。”知道万物都有它可以的地方,也有不可以的地方。因此说:“选择就不能普遍,教诲就不能周全,顺着大道就不会有遗漏。”

所以慎到抛弃智慧去除自己的意见,随顺于不得已的事,听任事物自由的变化,来作为他的道理。他说:“强求自己去知道还不知道的东西,势必会被知所胁迫而伤害自己。”顺随外物无所专任,而讥笑天下崇尚贤能的人。放纵解脱不拘泥于行迹,而非难天下的大圣。随顺旋转,与事物一同变化,舍弃是非,或许能够免于拖累。不用智慧谋虑,不瞻前顾后,只是独立而已。推动然后前进,拖曳然后前往,像飘风回还,像羽毛的旋转,像磨石的转动,保全自己不受责难,动静适度而没有过失,从不会有罪。是什么原因呢?像没有智慧的事物,就没有建立自己的忧患,没有使用知虑的牵累,动静不会离开自然的道理,因此终身没有毁誉。所以说:“达到像没有智慧的事物一样的境界,不需要圣明贤哲,土块也不会失于道。”豪杰们讥笑他说:“慎到的学说,不是活着的人能施行的,而是死人的道理,只是让人觉得奇怪而已。”

田骈也是一样的,向彭蒙学习,学到不言之教。彭蒙的老师说:“古代得道的人,达到没有是非的境界而已,他的教化寂静无形,怎么能够用语言来表达呢?”经常违反人的心意,不能够被别人欣赏,但是却不能免除随物旋转。他所说的道不是道,所认为正确的也是不免于错的。彭蒙、田骈、慎到都不明白道。尽管如此,他们都还听说过道的大概。

原文

以本[①]为精，以物为粗，以有积为不足，澹然[②]独与神明[③]居，古之道术有在于是者。关尹[④]、老聃闻其风而悦之。建之以常无有[⑤]，主之以太一[⑥]，以濡弱谦下[⑦]为表，以空虚不毁万物为实。关尹曰："在己无居，形物自著。其动若水，其静若镜，其应若响。芴乎若亡[⑧]，寂乎若清。同焉者和，得焉者失。未尝先人而常随人。"

老聃曰："知其雄，守其雌，为天下谿；知其白，守其辱，为天下谷。"人皆取先，己独取后，曰受天下之垢[⑨]；人皆取实，己独取虚。无藏也故有余；其行身也，徐而不费，无为也而笑巧[⑩]；人皆求福，己独曲全，曰苟免于咎。以深为根，以约为纪，曰坚则毁矣，锐则挫矣。常宽于物，不削[⑪]于人，可谓至极。关尹、老聃乎，古之博大真人哉！

注解

①本：大道。

②澹然：恬静淡然。

③神明：神庙灵验。

④关尹：人名。

⑤常无有：常无，常有。

⑥太一：道。

⑦濡弱谦下：柔弱谦卑。

⑧芴乎若亡：恍惚若无。

⑨垢：耻辱，屈辱。

⑩笑巧：取笑，讥笑智巧。

⑪削：剥削侵蚀。

译文

把根本的大道看作精要，把有形的事物看作粗杂，把积蓄看做是不足，恬静淡然地与神妙造化共处，古代的道术有属于这方面的。关尹、老聃听到这样的风气就十分喜欢，建立常无、常有的学说，把它们归结为大一，以柔弱谦卑为表现，以空虚不与外物相斥为实质。关尹说：“自己主观上没有私意，有形的物体都各自显露。运动的时候像水，安静的时候像镜子，反应好像回响，恍惚若无，寂静好像清虚，相同的就会和谐，贪得就会有所失。不去争先而经常随顺别人。”

老聃说：“知道雄强，坚守雌柔，成为天下的沟溪；知道洁白，坚守黑暗，成为天下的山谷。”人们都去争先，他却单独居后，说：“承受天下的耻辱。”人们都追求实际的，他却追求虚空的，没有储藏反而有余。立身处事，宽缓而不耗费，无所作为却讥笑灵巧。人们都求福，他却委曲求全，说：“期望免去祸患。”把精深当作根本，把节约当作纲纪，说：“坚硬的就会毁坏，锐利的就会受挫。”经常宽容对待外物，不侵蚀剥削别人，可以说是达到极致了！关尹，老聃，古代的博大真人啊！

原文

芴漠①无形，变化无常，死与生与，天地并与，神明往与！芒乎何之，忽乎何适，万物毕罗②，莫足以归，古之道术有在于是者。庄周闻其风而悦之。以谬悠③之说，荒唐之言，无端崖之辞，时恣纵而不傥，不以觭见之也。以天下为沉浊，不可与庄语，以卮言④为曼衍，以重言为真，以寓言为广。独与天地精神往来而不敖倪⑤于万物，不谴是非，以与世俗处。其书虽瑰玮⑥而连犿⑦无伤也。其辞虽参差⑧而諔诡⑨可观。彼其充实不可以已，上与造物者游，而下与外死生无终始者为友。其于本也，弘大而辟，深闳而肆；其于宗也，可谓稠适⑩而上

遂矣。虽然,其应于化而解于物也,其理不竭,其来不蜕,芒乎昧乎[11],未之尽者。

注解

①芴漠:恍惚。

②毕罗:包罗。

③谬悠:悠远。

④卮言:随心所欲的言论。

⑤敖倪:傲视,轻视。

⑥瑰玮:奇特,奇异。

⑦连犿:宛转。

⑧参差:变化多种多样。

⑨諔诡:诡异。

⑩稠适:稠,通“调”;调适,调和。

⑪芒乎昧乎:恍惚,蒙昧。

译文

模糊茫昧没有形迹,变化没有常规,死生和天地共存,与造化同往,迷茫恍惚要到哪里去,包容万物,不知道归宿在哪里,古代研究的道术有这方面的,庄周听到这种风气十分喜悦。用悠远的学说,无边的言论,没有限制的言辞,时常放任自己而不受拘束,不拘执一个观点。认为天下是浑浊的,不能够用严正的语言来讲述。使用无心的语言来推及,用圣人贤哲的言论来求得真实,用寓言来推广道理。独自和天地精神来往不轻视万物,不拘泥于是非,以此与世俗相处。他的书虽然奇特,但是宛转而不会伤害道理。他的言辞虽然变化多端但是诡异奇特值得欣赏。他充实而无止境,向上与造物主神游,向下与忘记死生没有终始分别的人为友。他讲道的根本,博大开旷,深远广阔;道的宗旨,可以说是和谐的而且能达到最高点。虽然如此,他能顺应事物的变化而解脱于外物的束缚,他的道理是没有穷尽的,来源不脱离于道,迷茫蒙昧,没有尽头。

原文

惠施多方,其书五车,其道舛驳①,其言也不中②。历物③之意,曰:"至大无外,谓之大一;至小无内,谓之小一。无厚,不可积也,其大千里。天与地卑,山与泽平。日方中方睨④,物方生方死。大同而与小同异,此之谓'小同异';万物毕⑤同毕异,此之谓'大同异'。南方无穷而有穷。今日适越而昔来。连环可解也。我知天下之中央,燕之北越之南是也。泛爱万物,天地一体也。"

注解

①舛驳:斑驳错乱。

②中:恰当。

③历物:分析事物。

④睨:通"逆",指偏斜。

⑤毕:全部。

译文

惠施的方术是广博而多方面的,他所写的书能装五辆车,他所讲的道错综繁杂,言辞也不恰当。分析事物道理时说:"大到极点没有外围的,叫做太一;小到极点没有内部的,叫做小一。没有厚度,不可以积累,但是能够扩大到千里之外。天和地一样低,高山和大泽一样平。太阳刚居正又偏斜,事物刚产生又死亡,大同和小同有差异,这就叫做'小同异';万物完全相同也完全不同,叫做'大同异'。南方没有尽头而有尽头。今天去越国而昨天已经到达。连环是可以解开的。我知道天下的中央，是在燕国的北方和楚国的南方。普爱万物，天地是一个整体。”

原文

惠施以此为大，观于天下而晓辩者，天下之辩者相与乐之。卵有毛；鸡三足；郢有天下；犬可以为羊；马有卵；丁子有尾；火不热；山出口；轮不蹍地；目不见；指不至，至不绝；龟长于蛇；矩不方，规不可以为圆；凿不围枘[1]；飞鸟之景[2]未尝动也；镞矢[3]之疾而有不行不止之时；狗非犬；黄马骊牛三；白狗黑；孤驹未尝有母；一尺之捶，日取其半，万世不竭。辩者以此与惠施相应，终身无穷。

桓团、公孙龙[4]辩者之徒，饰人之心，易人之意，能胜人之口，不能服人之心，辩者之囿[5]也。惠施日以其知与之辩，特与天下之辩者为怪，此其柢也。

然惠施之口谈，自以为最贤，曰：“天地其壮乎！”施存雄而无术。南方有倚人[6]焉曰黄缭[7]，问天地所以不坠不陷，风雨雷霆之故。惠施不辞而应，不虑而对，遍为万物说，说而下休，多而无已，犹以为寡，益之以怪。以反人为实，而欲以胜人为名，是以与众不适也。弱于德，强于物，其涂隩[8]矣。由天地之道观惠施之能，其犹一蚊一虻之劳者也。其于物也何庸！夫充一尚可，曰愈贵道，几矣！惠施不能以此自宁，散于万物而不厌，卒以善辩为名。惜乎！惠施之才，骀荡[9]而不得，逐万物而不反，是穷响以声，形与影竞走也，悲夫！

注解

①枘：榫头。

②景：通“影”，影子。

③镞矢：箭头。

④公孙龙：赵国人，曾为平原君的门客，主张“白马非马”“竖白异同”等。

⑤围：限制。

⑥倚人：奇人。

⑦黄缭：是楚国的辩士。

⑧隩：深，曲折。

⑨骀荡：放荡。

译文

惠施把这些道理作为最大的道理，向天下显示来引导辩士，天下的辩士也都喜好这种学说。卵内是有毛的；鸡是三只脚的；楚国的郢包有天下；狗可以是羊；马是有卵的；蛤蟆有尾巴；火是不热的；山有口；车轮不沾地；眼睛看不见东西；事情不能达到物的实际，即使达到也不能够穷尽；乌龟比蛇长；用矩画出来的不方；圆规不能够画圆；凿出的孔不是围绕着孔内的榫头；飞鸟的影子不曾移动；箭头发射的虽然迅疾但却有不前进也不停止的时候；狗不是犬；黄马和骊牛是三个；白狗是黑的；孤独的马驹不曾有母；一尺长的杖，每天取去一半，万世都不会枯竭。辩士们用这些论题和惠施对应，终身都不会有穷尽。

桓团、公孙龙都是辩士一类的人，他们迷惑别人的心思，改变别人的看法，能在口舌上战胜别人，但是却不能使人心服，这就是辩士的局限。惠施每天用他的机智和别人争辩，独自与天下的辩士制造怪异的理论，这就是他们的概况。

惠施的口辩自以为很高明，说：“天地伟大啊！”但他只有雄心而不知道术。南方有个奇异的人叫做黄缭,询问天地为什么不下坠不陷落以及风雨雷霆形成的原因。惠施不推辞就回应,不考虑就回答,遍说万物,论述不止,多得没有穷尽,还自以为说得很少,又加上一些奇怪的论述。把违反常理的事情当作实情,想要超过别人获取名声,因此与众人的看法不适调。弱于修养德行,强于事务的分析,他所走的道路是曲折的。从天地的大道来看惠施的才能,就好像是蚊虻的徒劳,对于事物有什么用处呢!能够发挥一技之长还可以,如果说他能进一步尊重大道,那就差不多了!惠施不能自安于大道,心思分散于万物而不厌倦,终于以善辩成名。可惜啊!惠施的才能,放荡却无所得,追逐万物却不知道返回,这就是用声音来使回声停止,使形体和影子竞走,可悲啊!

点评

“天下”指中国的社会。本篇简明扼要地介绍了庄子时代的学术流派及其观点,并对其进行了点评。因此,本篇既是《庄子》全书的导言,又是中国第一篇哲学思想史,具有重要地位。